30년 외교현장 에세이
외교를 생각한다

30년 외교현장 에세이
외교를 생각한다

초판 1쇄 발행 2013년 10월 15일
초판 3쇄 발행 2019년 4월 25일
–
지은이 류광철
펴낸이 이방원
편 집 김명희·안효희·강윤경·윤원진·정조연
디자인 손경화·박혜옥 **영 업** 최성수 **마케팅** 이미선
–
펴낸곳 세창미디어
출판신고 2013년 1월 4일 제312-2013-000002호
주소 120-050 서울특별시 서대문구 경기대로 88 냉천빌딩 4층
전화 02-723-8660 | 팩스 02-720-4579
이메일 edit@sechangpub.co.kr | 홈페이지 http://www.sechangpub.co.kr
–
ISBN 978-89-5586-189-1 03300

이 도서의 국립중앙도서관 출판시도서목록CIP은 e-CIP 홈페이지 http://www.nl.go.kr/ecip에서
이용하실 수 있습니다. CIP 제어번호 : CIP2013019387

30년 외교현장 에세이

외교를 생각한다

류광철 지음

세창미디어
MEDIA

머 리 말

이 책을 쓰게 된 것은 어떤 분의 권유로 인해서였다. 출판계에 계신 분이었는데 30년 이상 외교 일선에서 근무해 온 내가 그동안 쌓아온 경험을 책으로 내는 것이 어떻겠느냐는 것이었다. 처음에는 좀 망설였다. 아직 은퇴한 외교관도 아닌 내가 자서전을 쓴다는 것은 사리에 별로 맞지 않게 생각되었기 때문이다. 그러다가 생각을 고쳐먹고 이 책을 쓰게 되었다. 그것은 꼭 자서전 형식을 빌리지 않더라도 내가 겪은 경험과 생각을 독자들과 나눌 수 있을 것이라는 생각에서였다. 그러나 막상 글을 써보니 생각만큼 쉽지 않았다. 내가 가지고 있는 지식과 경험 중에서 나눌 만한 것이 그렇게 많지 않았다. 독자들의 호기심을 관통할 만한 소재가 많지 않은 데다 평소에 기록해놓은 것들도 별로 없어 책을 만들 만큼의 분량을 확보하는 데 애를 먹었기 때문이다. 그래도 외교는 내가 평생 해온 직업인지라 곰곰이 지나온 세월을 생각하면서 하나씩 하나씩 추억을 더듬어가는 동안 신기하게도 실타래가 풀리듯이 옛 기억들이 선명하게 떠올랐다. 가족 이야기는 주로 아내의 기억에 의존했다. 이렇게 해서 하나씩 하나씩 써나가다 보니 이 책이 완성되었다. 이 책은 기억을 너듬어 이야깃거리를 찾아낸 결과이다.

나는 외교는 관계라고 생각한다. 사람과 사람 간의 관계가 세상일의 대부분을 결정짓듯이 국가와 국가 간의 관계가 국제적인 일을 매듭짓는다. 국가는 무생물인 것처럼 느껴질 수도 있고 실체가 없는 것처럼 느껴질 수도 있지만 결코 그렇지 않다. 국가는 피부로 느낄 수 있고 살아 있는 생동감이 전해지는 생물과도 같다. 올림픽이나 월드컵에서 두 나라 선수들이 금메달을 놓고 싸울 때 이를 지켜보는 우리 모두는 철저하게 국가라는 한 몸으로 빠져들게 된다. 이것이 외교를 이해하는 요체이다. 외교는 국가 간의 관계이므로 국가적인 이슈를 다루게 되나 현장에서 직접 이를 협상하는 주체는 사람, 즉 외교관이다. 따라서 외교관은 국가를 대표하는 선수가 된다. 축구, 야구, 농구 등 스포츠에 많은 분야가 있듯이 요즘은 외교도 분야가 세분화되어 분야별로 대표선수가 다르다. 그러나 어느 분야든지 외교관은 한국의 대표선수일 뿐 다른 나라의 대표선수가 될 수는 없다. 외교관이 다른 나라 사람들과 아무리 친해도 한국 외교관인 이상 한국 사람보다 더 가까울 수는 없다. 본문에도 나와 있지만 외교관의 지상 과제는 국익이다. 한국 외교관이 한국의 국익을 지키고 신장하지 못하면 아무런 의미가 없는 것이다. 외교관이 하는 모든 일, 모든 행동은 한마디로 이 '국익'이라는 한 단어에 압축되어 있다.

이 책은 외교관을 지망하는 사람이 읽으면 제법 도움이 되지 않을까 생각한다. 그러나 꼭 외교관 지망생이 아닐지라도 외교에 대해 관심을 가진 사람, 외교를 이해하기 원하는 사람, 또는 외교에 대해 비판의식을 가진 사람이 읽으면 흥미를 느낄 수 있을 것으로 믿는다. 이 책은 내가 평소에 생각하는 이론적인 면과 내 경험을 바탕으로 한 실제적인 면 양자를 모두 포함하고 있다. 그러므로 이론에 주로 관심 있는 독자라면 현역 외교관으로서의 내 생각과 논리가 타당한지 그른지에 대해 생각할 소재에 접하게 될 것으로 생각하며, 내 경험에 주로 관심이 있는 독자라면 내 경험을 간접 경험하면서 이런저런 생각을 해보리라고 믿는다. 어떻든 간에 내 의도는 하나이다. 이 책을 읽는 독자들이 외교에 대해 보다 잘 이해하고 보다 많은 관심을 갖게 되기 바라는 것이다. 그러한 뜻에서 이 책을 쓰게 되었다.

세상은 끊임없이 바뀌어 왔으며 앞으로도 그럴 것이다. 디지털 시대, 정보통신 시대의 도래로 말미암아 우리는 정보의 홍수 속에 살고 있다. 정보의 교류가 빛의 속도로 늘어남에 따라 이제 인간세상에서 은밀하고 신비한 것은 거의 없다. 모든 것이 공개되고 알려지게 되었기 때문이다. 불과 십수 년 전까지만 하더라도 외교는 좀 은밀하고 폐쇄적인 구석이 있었다. 직접 외교를 다루는 사람이 아니면 외교의 구체적인 내용을 알기는 어려웠으며 외교관이 무슨 활동을 하고 있는지도 잘 몰랐다. 그러나 지금은 다르다. 물론 외교에는 상대방이 있기 때문에 교섭 내용을 비밀로 하는 경우도 간혹 있지만 지금과 같은 디지털 세상에서는 감출 것도 별로 없고 감추려고 해도 잘 감추어지지도 않는다. 오히려 외교당국은 공공외교를 통해 실적과 업적을 적극 홍보하는 것이 요즘의 추세이다. 또한 외교는 직업외교관의 전유물로부터 벗어나 각계각층의 역량 있는 사람들이 함께 힘을 모아 해나가야 하는 전방위적인 개념으로 바뀌고 있다. 이러한 시대적 변화 속에서 외교가 나아갈 길은 명확하다. 늘 국민과 소통하고 국민과 함께하는 것이다. 이 책에서는 시대의 변화에 적응해나가야 할 외교의 여러 가지 모습에 대해서도 생각해보았다.

이 책은 에피소드를 원하는 독자들에게는 한 외교관의 좌충우돌적인 해외생활, 실수와 실패를 거듭했던 한 인간의 삶, 그리고 외교관 가족의 삶의 모습 등에 대해 접할 기회를 제공할 수 있을 것이다. 또 중동, 아프리카, 코카서스, 유럽, 미국 등 넓고 다양한 지역에서 경험할 수 있는 여러 소재들에 관해서도 비록 단편적이기는 하지만 한번 살펴볼 기회를 줄 수 있지 않을까 생각한다. 이 책의 제목을 『외교를 생각한다』로 정한 이유는 내가 외교일선에서 경험하고 느낀 바를 솔직하게 내어놓음으로써 독자들의 외교에 대한 이해와 사고에 도움을 주자는 뜻에서이다. 이 책에서 다루고 있는 주제들에 대한 내 생각에 오류가 있다면 그것은 전적으로 저자의 책임이다. 독자 여러분의 질정을 바란다.

5　머리말

1　외 교 와　외 교 관　그 리 고　외 교 시 스 템

15　외교는 왜 중요한가?

18　외교관이라는 직업

25　한국의 외교 역량

29　사람을 이해하는 힘

32　시대적 변화 속의 외교관

35　외교관과 역사

39　한국외교의 강점과 약점

49　외교관 생활에서 어려운 점

58　함께 먹는다는 것의 의미

60　외교부 평가 시스템을 생각한다

63　퇴임 외교관을 활용하는 길

67　한국외교와 다른 나라 외교와의 차이

73　외교단

76　다자외교

82　국제기구 진출

85　국제회의 발언

88　답변권 전문가 북한 외교관

90　외교관과 영어

93　신임장 제정

97　출장

2　외 국 에　비 치 는　한 국 과　한 국 인 의　모 습

103　눈치 있는 사람, 눈치 없는 사람

106　국가는 왜 중요한가?

110 선진국과 후진국의 차이를 느끼는 때

113 어렵다고 손 놓을 수 없는 개도국

116 한국의 개발 경험은 어느 정도로 소중한가?

120 외국인도 시끄럽다고 느끼는 한국의 정치

123 강력한 힘을 가진 한국의 언론

126 한국의 강점과 약점

3

해 외 에 서   체 험 한   에 피 소 드

아 프 리 카   133 평창 동계올림픽 유치에 얽힌 에피소드

135 신임장 없는 신임장 제정

138 말라위에서의 특이한 경험

141 악명 높은 남아공 항공

146 끊어진 인연 잇기

150 원양어선에 얽힌 이야기

153 짐에 얽힌 사연

157 김치에 얽힌 이야기

159 무서운 도박 중독

161 차에 얽힌 사연

중동, 유럽 및 기타   164 죽음의 도로

167 아이 윌 낄 뎀

170 국제포경회의

173 악연의 도시 니스

178 노익장

181 험난한 국경 통과

184 캐나다식 폭탄주

188 외교의 걸림돌을 제거하라

보고 만난 사람들   190 선교사

192 교민사회

196 반크와의 관계

202 기억에 남는 사람들

4

＼ **외 교 관 의 개 인 생 활**

211 보따리 꾸리기

215 메이드에 얽힌 이야기

218 좁은 한국인 사회에서 겪는 스트레스

222 후진국에서의 좌충우돌

226 아이들 이야기

230 아내와 병원과의 특별한 관계

5

＼ **외 교 현 장 에 서 보 고 느 낀 특 이 한 경 험**

아 프 리 카   241 나일강의 연원

244 빅토리아 폭포

248 검은 사람들이 알고 보면 좋은 사람

251 어린 병정들

254 선한 사마리아인

257 짐바브웨 잔혹사

261 짐바브웨의 경제난

265 짐바브웨의 지저분한 달러화

267 아프리카에서 만난 인상적인 사람들

272 중국의 아프리카 진출

276 기회의 땅 아프리카

282 아프리카 진출 전략

286 남부 아프리카 교통망 건설

290 아프리카 개발의 관건은 자본

코 카 서 스	295	코카서스 산맥
	298	석유의 나라 아제르바이잔
	306	나고르노-카라바흐(NK) 영토 분쟁
	311	제2의 유태인이라는 아르메니아인
	314	에로틱 이미지의 상징 시르카시아(Circassia)인
중 동	317	풍성한 유적지가 있는 요르단
	322	아랍인 그들은 누구인가?
	325	회교의 양대 파벌 순니파와 시아파
	329	이라크의 문화재
	333	이란-이라크 전쟁에서 돌아온 포로들
	336	예루살렘의 추억
	342	유태인 그들은 누구인가?
	348	노예가 주인이 된 맘룩
유 럽	352	아름다운 알프스
	355	사라예보의 추억
	358	독일인의 지적 우수성
	361	골프 점수 계산에서 보는 독일인
	363	독일병의 정체
	366	독일 외교부의 조직 관리
	369	독일 외교부내 외국인 부인 클럽
	371	음악의 도시 빈
미 국	374	뉴욕, 뉴욕
	380	미국의 국력이 왜 약해졌는가?

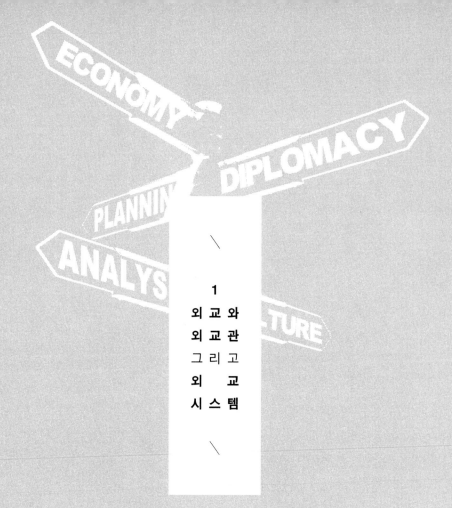

1
외교 와
외교관
그리고
외교
시스템

외 교 는 왜 중 요 한 가 ?

국가의 기능에 있어서 외교가 중요하다는 것은 모두 알지만 왜 중요한지 구체적으로 말할 수 있는 사람은 드물다. 외교라는 것은 주지하는 바와 같이 국가 간의 관계이다. 국가와 국가 간의 관계가 좋을 때에는 평화가 있고 안정이 있다. 특히 이웃나라와의 관계는 중요하다. 이웃나라와 사이가 나빠 으르렁거릴 때에는 모두 불안해한다. 사람은 이웃 간에 사이가 좋아야 평화롭게 잘 지낼 수 있다. 국가 간의 관계도 마찬가지이다. 불행하게도 세계의 많은 지역에서 이웃나라 간에 사이가 좋지 않은 경우는 흔하다. 이러한 경우에는 평화와 안정이 보장되지 않는다. 사람들은 평화롭고 안정된 가운데 생업이 번창하고 풍요를 누릴 수 있다. 국가도 마찬가지이다. 이웃나라와 사이가 좋으면 안정적으로 무역과 투자가 이루어지고 인적 교류가 증가하여 경제에 상호 도움이 될 뿐 아니라 문화와 스포츠 등 다른 분야의 교류도 확대된다.

외교라는 것은 간단히 말해 국가 간에 좋은 관계를 유지할 수 있도록 하는 활동이다. 사람들 사이에 때때로 충돌과 다툼이 있듯이 나라 간에도 다툼과 분쟁이 있기 마련이다. 이때 중재 역할을 하는 것이 외교이다. 일촉즉발 전쟁의 위기가 있을 때에도 상호 입장을 조정하고 해결책을 마련해서 전쟁을 막는 것은 외교의 역할이다.

서희는 거란족의 침입이 있을 때 상대방을 설득하여 전쟁을 막고 군대를 돌려보낼 수 있었다. 키신저는 냉전 중 미국의 국무장관으로 재직하면서 소련 및 중국과의 경색된 관계를 완화시킬 수 있었다. 그는 이 공로로 노벨평화상을 받았다. 키신저의 보이지 않는 공헌이 없었더라면 당시 초강대국들 간에 무슨 일이 벌어졌을지 아무도 모른다. 세계의 화약고라는 중동, 그중에서도 중동의 평화를 좌우하는 것은 이스라엘과 팔레스타인을 비롯한 이웃국가들 간의 관계이다. 이들 나라는 항상 전쟁이 일어날 수 있는 관계에 있다. 이들이 전쟁 대신 협상을 통해 평화를 유지하고 있는 것은 전적으로 외교의 힘이다. 이렇기 때문에 이스라엘과 중동 간의 중요한 평화협상을 성공리에 이끈 사람들은 노벨평화상의 우선적 수상자가 되는 것이다.

외교의 이러한 역할은 사실 눈에 보이는 것은 아니다. 위기를 극복하고 평화를 회복해도 그 당시에는 별로 주목받지 못하는 경우도 많다. 세월이 많이 흐른 후에야 그 진가를 알게 되는 경우도 얼마든지 있다.

외교의 묘미는 협상과 타협이다. 외교에는 상대방이 있기 때문에 일방적인 주장은 통하지 않는다. 서로의 입장이 다른 가운데에서 묘책을 발견해 서로 타협을 통해 합의에 이르는 것이 외교의 핵심이다. 이러한 점에서 외교는 게임이 아니다. 게임에서는 승자와 패자가 있기 마련이지만 외교에서는 승자도 패자도 없는 것이 보통이다. 서로 줄 것은 주고 받을 것은 받아 타협이 이루어지기 때문이다.

거의 타협 가능성이 없는 문제들도 있다. 가령 독도를 둘러싼 한·일 간의 분쟁 같은 것이 그 예이다. 우리 입장에서 보아 독도는 문제랄 것도 없고 우리가 실효적 지배를 하고 있는 우리 영토이지만 일본 측 입장에서 보면 양보할 수 없는 문제이다. 국민의 여론이 배후에 있기 때문이다. 제정러시아가 1867년 알래스카를 단 돈 720만 불에 미국에 팔아넘긴 적이 있지만 현대사회에서 어떤 국가가 자신의 영토를 포기하겠는가? 세상의 많은 국가 간에 영토분쟁이 있지만, 해결을 보지 못하고 있는 것은 이런 이유 때문이다. 그렇다고 해서 우리가 독도 문제를 경시할 수는 없다. 일본이 양보하지 않고 있는 이상 어떤 술책을 부릴지 알 수 없기 때문이다. 일본은 이 문제를 국제사법재판소로 가지고 가자는 입장이다. 우리는 물론 반대이다. 우리 영토인데 우리가 무엇 때문에 일본의 꾀에 넘어가 이 문제를 남의 손에 넘긴단 말인가? 이렇게 외교라는 것이 간단한 것이 아니다. 시간의 변화에 따라 무궁무진한 방안과 전략이 나올 수 있다. 따라서 영토문제와 같은 민감한 문제일수록 더 신경을 쓰고 경계를 게을리해서는 안 되는 것이다.

외교는 비상시에만 필요한 것은 아니다. 오히려 평상시에 많은 국가와 좋은 관계를 유지하는 것이 보다 중요하다. 평상시에 좋은 관계를 유지하면 양국과 양 국민을 위해 서로 이익이 된다. 무역, 투자, 인적 교류, 문화교류 등이 활발히 일어날 수 있기 때문이다. 이렇게 좋은 관계를 평소에 유지하면 설사 분쟁이 발생한다고 해도 해결이 보다 용이하다. 국가 간에 관계가 밀접할수록 서로 지켜야 할 이익이 많기 때문이다. 이러한 점에서 외교는 늘 필요한 것이고 국가의 기능 중 없어서는 안 될 부분이다. 사람도 이웃과 더불어서 사는 것이 가장 좋고 또 이웃과 좋은 관계를 유지하는 것이 필요하다. 결국 좋은 관계는 자신에게 유리한 결과를 가져오기 때문이다.

외교도 마찬가지이다. 이웃나라와 좋은 관계를 유지하고 다른 국가들과도 좋은 관계를 유지하는 것이 결과적으로는 자신에게 많은 이득을 가져다준다. 따라서 외교는 눈으로 보이지는 않는 투자이지만 반드시 필요한 투자이다.

외　교　관　이　라　는　　　직　업

　외교관이라는 직업을 일률적으로 말하기는 어렵다. 나는 내 경험에 입각해서 내가 생각하는 외교관의 이미지에 대해 이야기해 보고자 한다. 나의 이러한 시도는 외교관을 지망하는 사람들이나 외교관의 생활이 어떤 것인지를 알기 원하는 사람들에게 다소 도움을 줄 수 있을 것으로 생각한다.

　사람들은 보통 외교관이라고 하면 화려한 삶을 연상한다. 좋은 옷 입고, 좋은 차를 타고, 호화로운 파티에서 좋은 술을 마시면서 국제 정세에 관해 의견을 나누는 그런 식의 이미지이다. 이런 생각이 완전히 틀린 것은 아니다. 그럴 때도 있다. 특히 대사가 되어 주재국에서 그 나라 정부나 외교단이 주최하는 파티에 참가할 때는 이런 이미지가 거의 들어맞는다. 그러나 이런 것은 외교관 생활의 극히 일부에 해당할 뿐이다. 오히려 외교관 생활의 대부분은 화려한 것과는 거리가 멀다.

　외교관들은 해외 생활의 절반 정도는 후진국에서 생활해야 하는 것이 보통이다. 찌는 듯이 더운 사막국가에서도 살아야 하고, 열악한 인프라로 전기와 물이 부족한 곳에서도 살아야 하며, 정세 불안으로 신변의 위험을 느끼는 곳에서도 지내야 한다. 선진국에서 지낼 때도 여유가 있는 것은 아니다. 물가가 비싸고 문화적 비용이 많이 드는 곳에서 화려한 것들은 그저 남의 것일 뿐 자신과는 관계가 없는 것이 대부분이다.

　필자는 뉴욕에서 생활한 적이 있다. 나는 이때에도 소위 말하는 뉴욕의 명소에 가본 기억이 별로 없다. 타임스퀘어와 브로드웨이에 있는 화려한 극장들이나 오페라하우스, 맨해튼 5번가에 있는 즐비한 명품가게, 이 밖에 유명한 식당이나 사교 클럽들은 내 차지가 아니었다. 그저 열심히 집과 사무실을 오락가락했을 뿐이었다.

　사람들은 외교관이 도대체 무엇을 하는 직업인지 궁금해 한다. 이것은 사실 타당한 의문이다. 30년이 넘게 직업외교관 생활을 한 나도 막상 외교관이 무엇을 하는 사람이냐고 물으면 말문이 막힌다. 외교관도 분명 법률가, 저널리스트, 학자 등과 같이 전문직업인의 하나인 것은 확실한데 한마디로 설명하기는 쉽지 않다. 그 이유는 외교관이 해외에서 하는 일의 범위가 넓은 것과도 관련이 있다. 외교관은 주재국에서 그 나라를 대표하기 때문에 국가와 국가 간의 관계에 관한 모든 일을 다룬다. 정치적, 외교적인 성격의 일은 물론이고 경제, 통상, 에너지, 문화, 홍보, 영사, 행정 등 생각할 수 있는 모든 일을 다 맡아야 하는 것이 보통이다. 물론 주재국의 성격에 따라서 이러한 일의 경중은 다르다. 가령 석유와 가스 등 자원이 많은 나라에서 근무하면 자원을 원활히 확보하는 업무가 자연스럽게 중요시된다. 반대로 우리 교민이 많은 곳에서 근무하면 이들의 이익을 보호하고 사건과 사고를 처리하는 영사 업무가 저절로 중요한 일로 떠오르게 된다. 따라서 외교관은 때때로 만물박사가 되어야 한다. 자기가 잘 모르는 분야라도 필요하면 공부를 해서 알아야 하고 이래야 우리 교민이나 기업에게 도움을 줄 수 있다.

　필자가 오래전에 모신 선배 외교관 한 분은 내게 '외교관은 평생 공부하는 직업'이라고 강조한 적이 있다. 나는 그분 말씀의 진정한 의미를 대사가 된 요즘 절실히 깨닫고 있다. 왜냐하면 대사야말로 공관에서 모든 것을 다루고 모든 것에 대해 책임을 져야 하는 자리이기 때문이다. 대사가 만나는 사람들은 실로 다양하다. 정치인, 경제인, 언론인, 학자, 예술인, 각종 전문직업인, 민원인 등을 수시로 접촉하게 되며 이들과 깊이 있는 대화를 나눌 수 있어야 한다. 이럴 때마다 느끼는 것은 지식과 경험의 부족이다. 이러한 부족감을 느낄 때마다 나는 그 선배 외교관이 했던 말의 의미를 되뇌곤 한다.

　외교관이라는 직업을 한마디로 말하기 어려운 것은, 외교관은 '외교를 하는 사람'

인데 이 외교라는 것을 정의하기가 쉽지 않기 때문이다. 외교는 국내에서도 이루어지고 해외에서도 이루어진다. 이 때문에 외교부는 본부와 재외공관으로 구성되어 있다. 본부는 사령탑의 역할을 한다. 각 공관에 지시를 보내고 공관에서 들어오는 정보를 분석하고 건의를 수렴하며 전반적인 외교정책을 수립한다. 재외공관은 야전 사령부와 같다. 본부의 지시사항을 이행할 뿐 아니라 공관 자체의 목표와 계획을 세워 활동한다. 재외공관은 주재국 정부를 주로 상대하나 활동 범위가 정부에만 그치는 것은 아니다. 기업, 민간단체, 교민단체, 외교단, NGO 등 접촉하는 범위가 넓다. 외교관은 기본적으로 사람을 만나는 직업이기 때문이다.

외교관은 다양한 사람을 만나야 하고 많은 사람과 교류해야 한다. 대사의 경우 나라에 따라 다소 차이가 있지만 최고위급인 대통령, 총리와 정부부처의 장·차관을 위시해서 국회의원, 기업인, 문화체육계 인사, 종교지도자, 사회지도층 인사, 외교단, 교민 등 실로 다양한 사람들을 만나야 한다. 대사가 얼마나 다양한 계층의 많은 사람과 교분을 나누고 있는가는 그 공관이 얼마만큼 적극적으로 외교활동을 하고 있는지 척도가 된다.

외교관은 전시에 군인이 보호해야 하는 국익을 평시에 보호하는 평시군인이라는 말이 있다. 군인이 전시에 보호해야 하는 국익은 국가의 존립에 관한 것이다. 국가의 존립을 유지하고 적으로부터 국가를 지키기 위해서 군인은 전쟁에서 승리해야 한다. 전쟁에서 패배하는 것만큼 쓰라린 일은 없다. 패자는 승자에게 굴복해야 하며 승자의 요구를 무조건 들어주어야 한다. 전쟁에서 지면 영토를 뺏길 수도 있고 막대한 배상금으로 국민의 허리가 휘어질 수도 있다. 그뿐만 아니라 아예 승리국의 군인이 패전국을 점령하여 무력으로 나라를 통치하기까지 한다. 이러한 과정에서 국민이 겪는 고통은 경험해보지 않은 사람은 짐작하기 어렵다.

한국은 구한말의 잘못된 정치로 전쟁 한번 제대로 해보지 못하고 일제에게 나라를 뺏겨 36년간이나 식민통치를 받았다. 독립군이 조직되어 만주벌판과 해외에서 끊임없이 일제에 저항해 싸웠으나 일본의 적수가 될 수는 없었다. 나라가 없었기 때문이다. 이러한 쓰라린 세월을 겪으면서 우리가 느낀 것은 나라의 힘을 키워야 한다는 사실이었다. 이제 한국은 지난 50여 년간 각고의 노력 끝에 경제발전을 이루었고 GDP 기준으로 세계 12-15위권의 경제 강국으로 성장했다. 그뿐만 아니라 자유민주주의를 확고히 수립했으며 세계무대에서 존중받는 나라로 성장했다.

한국은 어렵게 얻은 이러한 힘과 전통을 더욱 발전시켜 나가야 한다. 유사시에 대비해 강군을 양성하는 것은 물론이고 통일에 대비해 국력을 더욱 키워나가야 한다. 이와 더불어 외교력을 발전시켜 평시에 국익을 최대한 신장시켜야 한다. 전쟁에서 지는 것은 단번에 나라를 쇠망으로 몰아넣을 수 있지만 외교전에서 지는 것은 나라를 야금야금 약화시키는 길이다. 가령 올림픽이나 월드컵 유치전에서 한국이 매번 패한다면 한국의 이미지와 위상은 점차 추락하게 될 것이다. 또 한국이 대규모 국제회의나 박람회의 유치전에서 실패하거나 국제기구의 선출직 경쟁에서 탈락하게 되면 이 또한 우리 국익에 막대한 손실을 가져온다. 이러한 손해는 대부분 국민이 직접 피부로 느끼는 일이 아니기 때문에 별것 아니라고 생각할 수 있지만 보이지 않는 가운데 우리의 힘은 서서히 약화된다. 힘이 약화되면 중요한 국익이 달린 외교전에서 패할 수밖에 없다. 따라서 평시에 외교력을 길러 치열한 국제사회의 경쟁에서 늘 승리할 수 있도록 만전을 기해야 한다. 이것이 외교가 나아갈 길이고 외교관이 해야 할 일이다. 국익을 보전하는 것은 가히 외교관에 대한 지상명령이며 외교관은 이를 충실히 수행해야 하는 것이다.

외교관은 확실히 군인과 비슷한 점이 있다. 둘 다 발령장을 받으면 어떤 오지에도 달려가야 하고 본부에서 명령이 하달되면 이를 기필코 이행해야 한다. 군인이 전쟁터에서 나라를 지킨다면 외교관은 평시에 국익을 지킨다. 외교와 국방이란 동전의 양면이다. 둘 다 국가를 지키는 일이고 국민이 안심하고 생업에 종사할 수 있도록 돕는 일이다. 다른 점은 군인이 무력을 가지고 힘으로써 국가를 지키는 반면 외교관은 말과 글을 무기로 한 협상으로 국익을 보전하는 것이다. 외교의 무기가 말과 글이라는 점에서 외교관은 학자나 언론인과 비슷한 점이 있다. 외교관은 학자만큼 깊은 지식을 가지고 있지는 못할지라도 그에 버금가게 많은 연구와 공부를 해야 하는 직업이다. 다른 나라 외교관과의 협상에서 이기기 위해서는 지식이 풍부하고 논리가 탄탄해야 하기 때문이다. 외교관은 또 매일 보고서를 써야 하는 직업이다. 외교관이 리포트를 쓰는 것은 마치 기자가 취재를 통해 기사를 쓰는 것과 비슷하다. 외교관은 어떤 사안이 있을 때 적절한 상대를 만나 대화를 통해 상대방의 의견을 청취한다. 이렇게 해서 수집된 정보는 외교 전문의 형태로 본부에 보고된다. 폭로 사이트 위키리크스가 미국의 외교 전문을 공개한 내용을 보면 세계 각처에 흩어져 있는 미국 외교관들이 어떻게 활동하고 있는지 짐작할 수 있다. 이들은 각처에서 필요한 사람들을 만나 수집한 정보를 외교 전문에 담아 본국 정부에 보고하고 있는 것이다. 한국 외교관도 마찬가지이다. 본부 데스크에 앉아 있으면 이런저런 정책보고서를 쓰거나 연설문이나 각종 회의자료 등을 작성해야 한다. 공관에 근무할 때는 주재국의 전문가들을 만나 청취한 내용을 분석한 후 전문에 담아 본부에 보고하는 것이 외교관의 주 임무 중 하나이다. 이렇게 외교관은 마치 저널리스트와 비슷하게 매일매일 글을 써야 하는 직업이다. 외교관의 리포트는 외교 커뮤니케이션에서 핵심을 차지한다.

외교관을 흔히 보따리장수라고 한다. 외교관이 본부에서 공관 그리고 공관에서 본부 또는 다른 공관으로 옮겨 다니는 빈도가 워낙 잦기 때문이다. 외교관은 입부하면서 은퇴할 때까지 언제라도 새로운 곳으로 떠날 수 있는 마음의 준비를 갖추고 있어야 한다. 외교관이 이렇게 이동의 폭이 넓은 것은 직업의 속성 때문이다. 외교관은 본부와 공관 양쪽에서 근무를 하는데 본부가 되었든 공관이 되었든 한곳에서 일정 기간 근무한 후에는 다른 곳으로 옮겨가야 한다. 외교관의 순환근무는 원활한 외교 행정을 위해 필수적이다. 예를 들어 대부분이 선호하는 특정 부서나 공관을 소수가 독점한다면 외교부는 제대로 유지될 수 없다. 따라서 모든 외교관은 때로는 선진국, 때로는 험지에서 근무해야 한다. 한편 이러한 순환제도는 외교관을 폭넓고 경험이 풍부한 국가의 재원으로 만들기 위해서도 필요한 일이다. 외교관이 한 분야에만 너무 오래 종사하게 되면 그 분야에서는 전문가가 될지 모르나 다른 경험을 쌓지 못하므로 균형을 갖춘 고위외교관으로 성장하는 데에는 한계에 부딪치게 된다. 외교라는 것은 종합예술과 같으므로 외교관은 시작할 때부터 다양한 분야와 지역에서 폭넓은 경험을 쌓는 것이 중요하다. 나중에 공관장이 되면 이러한 경험이 소중하게 사용되기 때문이다. 따라서 외교부에는 순환근무제도가 있고 이 제도에 따라 직원들은 한곳에서 일정 기간 근무한 후에는 다른 곳으로 옮겨 가게 된다. 계속해서 선진국이나 후진국에서만 근무하는 것은 바람직하지 않으므로 외교관은 대개 선·후진국을 번갈아가며 근무하게 된다. 이것이 외교관이 보따리장수라고 불리는 이유이다.

외교관의 이 보따리에는 많은 경험과 추억이 있는가 하면 많은 애환도 서려 있다. 다양한 지역에 근무하면서 폭넓은 경험을 쌓고 문화와 언어가 다른 이질적인 사람들을 만날 수 있다는 것은 외교관이 가지는 일종의 특혜이다. 왜냐하면 이러한 일은 삶의 내용을 풍부하게 해주고 상상력을 키우는 데 도움을 주기 때문이다. 다양한 나라의 역사와 종교 및 문화를 이해해나가다 보면 우리와 다른 모습의 사람과 문화에 대해 열린 마음을 갖게 된다. 반면 이곳저곳으로 떠돌아다니다 보니 자녀에게 큰 부담을 안겨주는 것이 외교관이라는 직업이다. 이제 정착해서 친구를 사귀고 학교도 다닐 만하다고 느낄 때면 또 다른 곳으로 옮겨야 한다. 새로 옮겨간 곳에서도 이러한 과정은 되풀이된다. 새로 친구를 사귀어야 하고 새로운 환경에 적응해야 한다. 외국에서 새로 시작하는 것이 결코 쉬운 일이 아닌데 힘들게 적응해서 겨우 살 만하다고 느낄 때가 되면 꼭 다른 곳으로 떠나야 하니 부모나 자식이나 마음고생이 보통은 아니다. 외교관 자녀들이 적응력은 뛰어나나 마음 한구석에는 잦은 이동으로 말미암은 심리적 불안감이 자리 잡고 있다. 이제 성인이 된 우리 아이들도 자신은 결코 돌아다니지 않고 한곳에서 정착해서 살겠다고 이야기한다. 모두 어린 시절 겪은 심리적 불안 때문일 것이다. 외교관의 애환은 대개 가족과 연루된 이야기가 많다. 후진국에서 근무할 때 자식이 말라리아에 걸려 죽을 뻔한 이야기, 새로 옮긴 학교에서 적응을 못해 선생님에게 불려 다니던 이야기, 가끔 벌어지는 공관원 가족들 간의 불화, 내전이 벌어져 총탄이 빗발치는 속에서 겨우 살아난 이야기, 이런 답답했던 기억들이 애환의 대부분을 차지한다.

한 국 의 외 교 역 량

우리나라의 외교 역량은 현재 어떤 수준에 있을까? 나는 가끔 이런 문제에 대해 생각해보곤 한다. 한국의 GDP가 세계에서 12-15위 정도 된다고 하는데 외교 역량은 어떤 수준에 와 있는지 궁금한 것이다. 외교 역량을 수치로 나타내는 것은 불가능하다. 그러나 몇 가지 지표를 가지고 객관적으로 비교해보는 것은 가능할 것이다. 가령 외교관의 수, 외교 예산, 해외공관의 숫자, 국제 행사 개최 실적, 각종 국제기구에서 선거직에 진출한 내국인 수 등은 분명히 그 나라의 외교력이 얼마나 되는지 살펴볼 수 있는 지표들이다. 이러한 지표들을 놓고 볼 때 한국의 외교력이 신장하고 있는 것은 분명하다.

한국은 2010년 G-20 정상회담을 성공적으로 개최하고 2012년에는 핵안보정상회담을 성공리에 마쳤다. 또한 2011년에는 평창 동계올림픽을 유치함으로써 스포츠 행사에서 그랜드 슬램을 달성한 6번째 국가가 되었다. 이는 미국도 아직 이루지 못한 대단한 업적이다. 많은 한국의 전문가들이 각종 국제기구나 국제행사에서 선출직에 뽑히는 경우도 크게 늘어나고 있다. 반기문 유엔사무총장은 경쟁자 없이 연임에 성공함으로써 한국의 외교사에 새로운 장을 열었다. 그는 한국 외교사에 길이길이 거목으로 기억될 것이 확실하다. 한국의 국력이 신장되면서 외교관 수나 예산 그리고 해외공관의 숫자도 계속 늘어나고 있다.

이렇게 보면 한국의 외교 역량이 선진국 수준에 와 있는 것 같기도 하다. 그러나 이것이 전부는 아니다. 우선 외교 인력의 숫자나 외교 예산은 우리 국력에 비해 아직도 많이 부족하다. 우리가 개도국에 제공하는 공적 원조자금도 예전에 비하면 많이 늘었지만 선진국에 비하면 여전히 낮은 수준을 벗어나지 못하고 있다. 우리 외교관의 개인적인 역량은 어떠한가? 이 부분도 과거에 비해 수준이 높아진 것은 분명하지만 아직 우리 외교관이 선진국 수준에 올라 있다고 말하기는 어려울 것 같다. 우리 외교관의 자질이 다른 나라 외교관에 비해 뒤지는 것은 아니라고 본다. 그러나 우수한 외교관을 길러내는 시스템에 있어서는 우리가 선진국으로부터 배워야 할 점이 분명히 있다. 정부는 외무고시를 폐지하고 대신 외교아카데미를 설립하여 외교관을 선발할 계획이다. 새로운 시스템을 통해 보다 경쟁력이 있는 우수한 인재들이 외교관으로 선발됨으로써 우리 외교력이 업그레이드되기를 기대해본다.

앞에서 말했지만 나는 외교관이 저널리스트와 학자의 중간 정도에 있는 직업이라고 생각한다. 외교관은 저널리스트만큼 다양하고 많은 글을 쓰지는 못한다고 할지라도 자신이 전문성을 가진 분야에서 저널리스트보다 더 깊이 있는 지식과 통찰력을 가져야 한다. 외교관은 또 한 분야에서 학자만큼 깊이 알지는 못한다고 할지라도 보다 넓은 분야에서 종합적인 지식과 경험을 가지고 있어야 한다. 사실 외교관과 저널리스트와 학자는 상호 보완 관계에 있다. 외교관은 대화와 협상을 통해 국제문제를 현장에서 다루어 나가는 반면, 저널리스트는 이를 분석하고 비판하며, 학자는 국제문제 자체를 연구 대상으로 삼아 이를 이론화하고 체계화한다. 그런가 하면 외교관은 다시 이러한 분석과 비판 그리고 이론을 바탕으로 교훈과 아이디어를 얻어 새로운 정책결정과 교섭에 나서게 되는 것이다.

한국 외교관은 아직도 동료 간의 경쟁에만 익숙한 경향이 있는데 앞으로는 경쟁의 패러다임을 국내적인 것으로부터 국제적인 것으로 바꾸어 나가는 사고의 전환이 필요할 것으로 본다. 다소 폐쇄적인 조직 문화에서 벗어나 직업 자체를 즐기며 넓은 세상을 상대로 폭넓은 경험과 지식을 쌓는다는 도전의식과 모험심을 함양할 필요가 있다. 분야별로 지역별로 그리고 다양한 문화에 정통한 진정한 국제 전문가들이 외교관 중에서 양성되어야 하며 이들이 직장과 사회에서 존중되고 널리 쓰임 받는 그런 직업 문화가 정착되면 자연스럽게 우리 외교 역량의 향상에 기여하게 될 것으로 본다.

한국의 국력이 커지고 외교력이 커지면서 한국 외교관 중에서도 유명한 인물들이 배출되고 있다. 반기문 유엔사무총장이 대표적인 인물이다. 처음에는 다소 논란과 시비도 있었으나 5년간의 임기를 마치고 경쟁자 없이 재임에 성공한 반 사무총장은 지금까지 한국이 배출한 가장 저명한 외교관이다. 그의 근면과 성실은 국제사회에서 정평이 있다. 다소 카리스마가 부족하고 지나치게 친미적이라는 항간의 비판에도 불구하고 반 총장은 특유의 끈기와 성실함으로 약점을 극복하고 무난히 재선에 성공했다. 그는 이제 선거에 대한 부담 없이 5년간 소신껏 일할 수 있게 되었다. 그가 유엔을 어떻게 이끌어나가고 세계 평화에 어떤 기여를 할지 많은 사람이 주목하고 있다. 반 총장은 유엔 내부 인사에 있어서도 취임 1기와는 다른 모습을 보여주게 될 것이다. 첫 임기 때에는 지역 배분을 지나치게 중시하여 능력이나 추진력이 다소 떨어지는 인물을 기용한다는 지적도 있었다. 2기 때에는 보다 과감하게 능력과 추진력 위주로 인선을 하여 남은 기간 동안 유엔을 이끌어나갈 라인업을 구성하게 될 것으로 짐작한다. 그리고 그가 구두선처럼 외치는 유엔의 내부 개혁을 성공적으로 완수하게 될 것을 기대한다. 반 총장 덕분에 한국 외교관의 위상이 한 단계 높아진 것은 사실이다. 우선 한국 외교관을 대하는 국제기구 직원의 태도가 많이 달라졌다. 국제기구 직원은 마치 자신들의 노력과 실적을 한국 외교관에게 잘 홍보하면 이것이 사무총장에게 전달될 것처럼 열성을 보이는 경우도 흔히 있다. 또 현장에 나와 있는 국제기구는 한국과 협력하고 한국의 지지를 얻어 어떠한 새로운 일을 만들어내는 데에도 적극적이다. 이는 한국의 국력이 커진 것도 있지만 반 사무총장이 유엔의 수장으로 있는 데에서 기인하는 바가 크다고 생각한다.

반기문 총장 외에도 한국 외교를 대표할 만한 경륜과 식견을 갖춘 분들이 여럿 있다. 예를들어 외교장관과 주미대사를 지낸 한승주, 주미대사와 주영대사 및 국무총리를 지낸 이홍구 같은 분들이 있다. 이분들은 국제무대에도 꽤 알려진 분들이고 한국에서 개최되는 국제행사에는 단골손님으로 참가한다. 그만큼 높은 연륜을 가지고 있기 때문이다. 그러나 이들을 세계적인 인물의 반열에 올려놓기는 어려울 것으로 본다. 세계적인 인물이 되기 위해서는 독창적인 업적이나 새로운 사상 같은 것이 있어야 하는데 우리 외교관 중에서 아직 그런 인물을 찾아보기는 힘들다. 한반도, 동북아 또는 아시아 전문가로 통할 수 있을지는 모르나 세계의 '현인클럽'에 들어갈 만큼 뛰어난 식견과 업적 및 역량을 가진 사람은 드물다. 이러한 인물을 배출하는 것은 아무래도 후대의 몫이 될 것같다. 좋은 교육을 받고 다양한 경험을 쌓으면서 착실하게 성장하고 있는 젊은 외교관 중에서 앞으로 시간이 흐르면 세계적인 인물이 나올 수 있을 것으로 기대한다.

세계적 외교관을 배출하려면 토양이 중요하다. 노벨 과학상 수상자를 배출하기 위해서는 자유롭고 창의적으로 연구할 수 있는 시설과 환경이 있어야 하듯이 외교에서도 훌륭한 외교관을 길러내기 위해서는 넓은 세상에서 다양한 경험을 쌓도록 하는 환경이 중요하다. 외교는 훈련이기 때문에 하루아침에 훌륭한 외교관이 나올 수 없다. 산전수전 다 겪으면서 차근차근 성장한 외교관이 언젠가는 지혜와 노련미를 갖춘 세계적인 인물로 성장할 수 있는 것이다. 외교는 국력이기 때문에 이러한 성숙한 인재를 길러내면 그만큼 국력이 상승한다. 우리 정부에서는 제2, 제3의 반기문이 나올 수 있도록 빼어난 외교관을 양성하는 데 노력을 기울여야 할 것이다.

사 람 을   이 해 하 는   힘

30여 년간 외교현장을 떠돌아다니면서 "과연 내가 이 세월 동안 무엇을 배우고 무엇을 터득했는가?" 하는 생각을 자주 하게 된다. 그동안 가족과 함께 또는 혼자서 거주했던 나라가 10여 개국 그리고 방문했던 나라가 80여 개국은 되는 것 같다. 20대 중반에 이르기까지 외국 여행은커녕 비행기도 한 번 타보지 못했던 내가 이렇게 국제무대에 익숙하게 된 것은 순전히 외교관이 된 때문이다. 이렇게 보면 국가에 대해 감사해야 할 일이 정말 많다. 세월이 흐르는 동안 애들은 모두 훌쩍 커버렸고 이제는 외국에 나가도 아내밖에는 동행할 사람이 없다. 부지런히 이곳저곳 쫓아다니면서 구경도 많이 했고 사람들도 많이 만났는데 막상 손에 잡히는 것은 별로 없다. 대부분의 기억이 아스라이 추억 속에만 남아 있을 뿐이다. 이슬람 문화, 아랍 문화, 터키 문화, 러시아 문화, 아프리카 문화 등도 경험해봤고 귀에 익숙지 않은 다양한 언어와도 접해보았다. 그러나 구체적으로 무엇을 배웠는지 말해보라고 하면 자신이 없다. 오랜 세월 동안 많은 대화를 영어로 해온 탓인지 영어에는 꽤 익숙해졌을 뿐 언어에 있어서도 다른 언어는 자신이 없다. 조금씩 할 줄 아는 외국어가 몇 개 있지만 능숙하다고는 할 수 없다. 그러면 도대체 무엇을 배웠단 말인가?

곰곰이 생각해보다가 무릎을 친다. "아! 그것이다." 마침내 하나 자신 있는 것을 발견한 것이다. 그것은 내가 사람들을 이해하는 힘이 생겼다는 것이다. 그렇다, 이건 거짓이 아니다. 나도 모르게 여러 나라, 여러 다른 문화권 속에서 많은 사람과 만나 소통하다 보니 확실히 사람을 이해하는 능력이 생긴 것이다. 다른 사람의 말과 뜻을 잘 이해하는 것뿐 아니라 내 생각과 뜻을 상대방에게 이해시키는 능력도 크게 증진한 것 같다.

외교관 초년병 시절에는 아니, 얼마 전까지만 해도 외국인을 만나는 것이 그렇게 반가운 일은 아니었다. 늘 부담이 되었다. 리셉션 같은 곳에서 사람들을 만나 가벼운 대화를 나누는 것도 그리 달가운 일은 아니었다. 그러던 것이 세월이 흐르면서 다양한 지역적, 문화적, 종교적 배경을 가진 사람들과 숱하게 부딪치고 대화하는 가운데 나 스스로가 바뀌었다. 이제는 사람을 만나는 것이 즐겁다. 새로운 사람을 만나 새로운 이야기를 듣는 것이 흥미롭고 즐거운 일로 바뀐 것이다. 대화의 내용과 이야기하는 사람의 스타일은 다를지라도 모든 이야기에는 반드시 배울 것과 새겨야 할 것이 있다. 사람은 누구나 자신의 생각과 경험을 이야기하려고 한다. 인생은 한마디로 이야기(story-telling)라고 하는데 정말 그런 것 같다. 다양한 이야기를 나눌수록 상대방에 대한 이해의 폭은 넓어지는 것 같다. 어떤 목표를 가지고 사람을 만나는 경우에도 한 주제에 대해서만 계속 되풀이해서 이야기를 나누는 것보다 보다 다양하고 광범위한 대화를 나누는 것이 서로를 보다 잘 이해하는 데 도움이 된다. 아제르바이잔에서 대사를 하던 시절, 한 프로젝트를 놓고 주재국의 어떤 장관과 협상을 계속한 일이 있었다. 이 장관을 50여 번은 만난 것 같은데 처음에 특정 주제만 가지고 이야기할 때는 서로를 이해시키기가 쉽지 않았다. 그러나 만남이 계속되는 가운데 다양한 주제에 대해서도 이야기가 이어지고 상대방의 생각이나 특성을 보다 잘 이해하게 되면서 원래의 목적이었던 프로젝트에도 결국 합의할 수 있었다.

사람을 만나는 것이 즐겁고 사람을 이해하는 것이 보다 쉬워지면 여러 가지로 유익한 일이 생긴다. 우선 서로 대화가 잘 된다. 마음을 열어놓고 이야기할 수 있게 되며 이로써 서로에게 친근감이 생기고 신뢰가 쌓이게 된다. 외교는 국가와 국가 간의 일이지만 일을 맡고 있는 상대방은 사람이다. 결국 사람끼리 하는 일이다보니 친분관계와 신뢰가 무엇보다 중요하다. 외교의 요체가 인간관계라는 말은 바로 이를 두고 하는 말이다. 외교를 담당하는 사람끼리 이해도가 높을수록 외교가 잘 될 것은 당연한 이치이다.

다른 문화권에 있는 사람을 대하는 것이 편해지면 그 나라의 문화, 역사, 종교 등에 대한 관심이 증가한다. "왜 이 사람은 이런 생각을 갖고 있고 이런 행동을 하는가?"라는 의문이 생기며 이를 이해하기 위해 그 나라의 문화와 역사를 공부하게 되는 것이다. 나는 아제르바이잔에 근무하면서 아제르바이잔에 관한 책을 썼다. 이는 우리나라에 아제르바이잔이란 생소한 나라에 관한 소개서가 아직 없기 때문이기도 하지만 그보다는 아제르바이잔에서 많은 사람을 만나면서 그들을 보다 잘 이해하기 위해 그 나라 역사와 문화, 풍습, 사회구조 등에 관해 관심을 가졌기 때문이다. 사람에 대한 이해와 관심이 넓어지면서 얻을 수 있는 가장 유익한 점은 사람에 대한 편견이 사라진다는 점이다.

지역, 종교, 풍습, 피부색 등이 사람마다 다르지만 이들과 함께 어울리고 대화하면서 느낀 점은 사람은 기본적으로 같다는 사실이다. 사람은 가족을 중심으로 살아가고 물질적, 정신적 욕구를 만족시키기 위해 일하며 희로애락의 동기가 비슷하고 선한 양심을 가지고 있다는 점에서 모두 동일하다. 세상은 언제나 정치, 경제, 이념, 종교 등에 의해 구분되어 왔고 앞으로도 그럴 것이다. 따라서 그 속에서 살고 있는 사람들이 여러 가지 다른 모습으로 나타나는 것은 당연한 것이지만 사람의 기본적인 생활방식은 다를 바가 없다는 것이 나의 생각이다.

시 대 적 변 화 속 의 외 교 관

　　외교관으로서 갖추어야 할 자세 중 가장 중요한 것은 무엇보다 국익을 우선시해야 한다는 점이다. 외교관은 국가의 공무원이며 해외공관은 국민의 세금으로 운영된다. 따라서 국익을 보호하는 것은 외교관의 존재 이유가 된다. 국제사회에서 외교전은 치열하다. 외교전은 실제 전투가 아니므로 열전이 아닐 뿐 그 내용에 있어서는 열전이나 다름없다. 외교관은 양자외교가 되든 다자외교가 되든 자신이 맡은 분야에서 최선을 다해 국익을 지켜야 한다. 본국에서 훈령이나 지시가 있으면 외교관은 최선을 다해 이를 이행해야 한다. 외교관이 훈령이나 지시를 이행하는 것은 군인이 명령을 수행하는 것이나 마찬가지이다.

　　내가 현재 근무하고 있는 짐바브웨에 있는 전 미국대사의 부인은 한국계였다. 따라서 우리 부부는 이들 부부와 자연스럽게 친하게 지냈다. 그런데 하루는 미국대사가 자기 부인에게 이렇게 말하는 것을 들었다. "당신과 나는 모든 면에서 친미(pro-America)가 되어야 하오. 저 한국 대사와 그 부인이 친한(pro-Korea)인 것처럼 말이오!" 나는 속으로 맞는 말이라고 생각했다. 외교관은 누구나 국익파가 되어야 하기 때문이다.

　　외교관은 그 나라를 대표하는 사람이기 때문에 나라의 얼굴이 된다. 따라서 외교관은 언제 어디서나 예의바르게 행동하고 품위를 지키는 것이 중요하다. 국가에서 외교관에게 비교적 좋은 집을 제공하고 품위를 유지할 정도의 보수를 지급하는 것은 바로 이 때문이다. 앞에서도 언급했지만 외교관은 기본적으로 사람들과 좋은 관계를 만들고 이를 유지·발전시켜 나가는 직업이다. 사람과 사람 사이의 관계가 결국 국가와 국가 간의 관계를 만드는 것이기 때문에 외교관 한 사람 한 사람이 주재국에서 좋은 관계를 만들고 발전시켜 나갈 때 국가 간의 관계도 발전하게 된다. 따라서 외교관에게 인적 네트워크는 가장 소중한 자산이 되는 것이다. 외교관이 매일 사람들을 만나고 오·만찬과 리셉션에 참가하느라 바쁜 것은 바로 이 인적 네트워크를 구축하기 위한 것이다.

외교관은 말과 글에 능숙해야 하는 직업이다. 총이나 대포가 군인에게 무기이듯이 외교관에게는 말과 글이 무기이다.

외교관이 탁월한 논리와 세련된 화법을 갖추고 있으면 상대방을 설득하여 외교적 성과를 거두는 데 큰 도움이 된다. 외교관은 이런저런 기회에 발표나 연설을 하는 경우도 많이 있고 국제회의에 참가하여 발언하기도 한다. 물론 이때 사용하는 언어는 영어를 비롯한 외국어이다. 다른 참가자들과 비교해서 손색이 없는 발표를 하려면 준비를 잘 해야 하는 것은 물론이고 평소 실력이 중요하다. 따라서 외교관은 평소에 논리적으로 그리고 유창하게 외국어로 말하는 훈련을 잘 닦아놓아야 한다.

외교관은 또한 글을 많이 써야 하는 직업이다. 외교관은 자신의 활동 내용을 전문으로 본국정부에 보고하는 것이 보통이다. 다른 나라 외교관들도 마찬가지이다. 폭로 전문사이트 위키리크스는 2010년 은밀히 입수한 미국의 외교 전문 수십만 건을 공개하여 전 세계적으로 큰 파문을 일으킨 적이 있는데 이 글을 읽어본 사람들은 외교관이 얼마나 보고서 작성에 신경을 쓰고 있는지 알 수 있을 것이다. 외교 전문 중에는 명문이 많고 역사에 기록될 만한 것들도 있다. 1946년 모스크바 대사관에 주재하던 조지 캐넌이 워싱턴에 보낸 장문의 전문(long telegram)이 이후 미국의 대소 봉쇄정책을 이끌었다는 것은 잘 알려진 사실이다. 1970년대 말-1980년대 초 격동기에 주한대사를 지냈던 윌리엄 글라이스틴 대사가 쓴 『Massive Entanglement, Marginal Influence』라는 책의 말미에 자신이 국무부로 보낸 전문 사본들이 수록되어 있는데 당시 긴박했던 우리의 정세를 되돌아볼 수 있는 좋은 자료이자 명문이다. 외교관은 보고서나 연설문뿐 아니라 때때로 언론에 대한 기고, 논문 및 저술 등을 통해 자신의 견해와 생각을 밝히기도 한다.

외교는 과거에는 소수의 선택받은 사람들이 하는 일이었다. 근세 서양 외교사에서 외교는 대개 왕족, 귀족 또는 고급군인들의 전유물이었다. 그 이후에도 외교는 꽤 오랫동안 높은 교육을 받고 신분이 높은 사람이 하는 일이었으며 일반인에게는 잘 알려진 분야가 아니었다. 우리나라의 경우 비교적 최근까지만 하더라도 외교에 관심이 있는 사람들은 소수에 불과했고 대부분은 외교관이 무슨 일을 하는지도 잘 몰랐다. 그러나 이제 외교는 더 이상 특수한 분야가 아니며 외교관의 전유물도 아니다. 외교는 대중에게 잘 알려지고 공개된 분야의 하나가 되었으며 애국심이 있고 관심이 있는 국민은 나름대로 모두 외교에 참여하여 기여할 수 있는 그런 시대가 되었다. 왜냐하면 외교는 국가와 국가 간의 관계로서 전방위적인 개념이기 때문이다. 예를 들면 기업인은 비즈니스, 예술가는 공연이나 전시, 스포츠맨은 국제경기를 통해 국위를 선양하고 외교에 기여할 수 있다.

정부는 요즘 필요한 경우 민간전문가에게 '대사' 칭호를 부여하여 국가에 기여토록 하고 있다. 외국어도 이제 소수의 전유물이 아니다. 많은 젊은이가 유학이나 해외여행을 통해 또는 국내에서도 얼마든지 높은 수준의 외국어 실력을 습득할 수 있게 되었다. 교육 수준이 높아지고 해외 경험이 다양해지면서 여러 문화와 여러 외국어에 함께 능숙한 사람도 많아지고 있다. 나는 이러한 시대적 변화를 피부로 느끼고 있는 사람이다. 외교관은 떠나고 바뀌어도 외교는 영원한 것이다. 다양한 경험과 실력을 갖춘 우리 국민이 한국의 외교력 신장을 위해 기여하는 몫이 앞으로 크게 늘어나게 될 것으로 생각한다.

외 교 관 과 역 사

　나는 외교관은 역사에 밝아야 한다고 생각한다. 외교관이 역사를 잘 알아야 하는 이유는 외국인을 상대로 하기 때문이다. 외국인과 대화할 때 많은 사람이 한국의 역사에 대해 관심을 갖는다. 이들에게 한국과 한국인이 걸어온 길을 설명해줌으로써 한국에 대한 관심을 증가시킬 수 있다. 어떤 사람은 한국의 고대사에 관심을 갖고 있고 어떤 사람은 현대사에 보다 관심을 갖는다. 후진국 사람들은 한국이 기적적인 경제발전을 이루었기 때문에 대부분 한국의 현대사 특히 경제발전의 역사에 대해 큰 관심을 보인다. 외교관은 상대방이 원하는 것을 잘 설명할 수 있어야 한다. 외교관은 자국의 역사에 대해 전반적으로 풍부한 지식을 가져야 하고 현대사에서 일어난 일에 대해 잘 알고 있어야 한다. 역사적인 사건을 설명하는 것은 종종 현재의 문제로 연결되기 때문에 현안을 협의하는 데 있어서도 역사 이야기부터 시작하는 것이 도움이 되는 경우가 많다. 외교관은 또 자국의 역사뿐 아니라 세계사 그리고 자신이 현재 근무하는 나라와 지역의 역사에 밝아야 한다. 상대국의 외교관들도 우리와 마찬가지로 자국의 역사와 지역 역사를 설명하는데 이를 잘 이해하기 위해서는 역사에 관한 지식이 필수적이다.

　역사 이야기를 하다 보면 지역을 불문하고 국가와 국민 간에 닮은 점이 많다는 사실을 발견하게 된다. 어느 나라나 역사는 대부분 굴곡의 연속이다. 평탄한 역사를 가진 나라는 없다고 해도 과언이 아니다. 수많은 시련과 도전을 거치면서도 이를 헤쳐나가는 것이 역사의 본질이다. 이러한 점에서 서로 문화와 종교 그리고 사고방식이 달라도 어려운 세월을 살아왔으며 역경을 헤쳐 왔다는 점에서 각국의 역사 간에는 서로 공통점이 있다. 따라서 서로 역사 이야기를 하다 보면 쉽게 가까워질 수 있다.

역사는 우리에게 많은 교훈을 안겨준다. 우리는 역사 속의 인물들을 통해 오늘날의 인물에 대한 평가를 내릴 수 있다. 역사를 통해 어떤 사건이 세계사의 흐름에 얼마나 심대한 영향을 미쳤는지 생각하면서 오늘날 일어나고 있는 일이 앞으로 이 세상에 어떤 영향을 미칠 것인지 짐작해 볼 수도 있다. 어떤 나라가 어떤 중요한 결정을 통해 세계사에서 주도권을 잡았으며 어떤 과정을 통해 선진국이 되었는지 들여다볼 수도 있다. 반대로 세계적으로 또는 지역적으로 강국으로 행사하던 나라들이 잘못된 결정과 정책으로 인해 순식간에 별 볼 일 없는 존재로 전락한 경우를 보면서 오늘을 살고 있는 우리 스스로에게 경종을 울려줄 수도 있다. 이와 같이 역사는 지혜와 교훈의 보고이자 정말 좋은 선생이다. 외교관과 같이 현실적인 국가관계를 다루고 세계정세의 변화에 대해 혜안을 가져야 할 사람들에게 역사는 대단히 중요한 참고서라고 생각한다.

외교관이 역사를 잘 알아야 하는 또 하나의 이유는 외교 현안에는 역사와 관련된 일이 많기 때문이다. 가령 지금도 우리 국민이 큰 관심을 가지고 있는 독도 문제나 동해의 명칭 문제, 그리고 중국과의 민감한 현안인 고구려사 문제 등은 모두 역사와 관련된 문제이다. 이러한 문제에 대해 상대국과 대화를 나누거나 우리가 지켜야 할 정책을 입안함에 있어서 이러한 문제들이 안고 있는 역사적 배경을 잘 아는 것은 필수적이다.

영토 분쟁, 관할권 분쟁, 주민 분쟁, 통상 분쟁 등 분쟁이란 말이 붙은 대부분의 사안은 모두 역사와 관련이 있다. '원인 없이 결과 없다'라는 말과 같이 어떤 일에는 반드시 원인이 되는 사건이 있으며 이 사건이 복잡한 과정을 거치면서 분쟁화하는 것이다. 외교관은 이러한 프로세스를 늘 잘 이해하고 중요한 사안에 대해 그 결과뿐 아니라 원인을 잘 파악하고 있어야 한다. 문제의 원인을 잘 파악해야 해법을 도출할 수 있기 때문이다. 우선 눈에 보이는 현상만 가지고 문제를 해결하려 들면 잘 되지 않는다. 그 문제가 일어난 뿌리가 있기 때문에 이 뿌리를 캐야 진정한 해결책이 나올 수 있다.

유능한 외교관일수록 문제의 원인을 잘 알고 문제의 본질적인 원천이 어디에 있는지 잘 깨달아야 한다. 그래야 남이 생각하지 못하는 곳까지 생각하고 남이 내놓지 못하는 타협안을 내놓을 수 있다. 외교관은 이러한 훈련이 잘 되어 있어야 한다. 이러한 훈련을 하는 데 있어서 유능한 수단은 역사를 잘 아는 것이다.

과거에는 외무고시 시험에 역사 과목이 포함되어 있었다. 국사와 외교사이다. 국사는 우리나라를 대표하는 외교관으로서 몰라서는 안 되는 과목이다. 조국의 역사를 모르는 외교관이 어떻게 나라를 대표할 수 있겠는가? 외교관은 한국사를 바로 이해하여 우리 역사에서 자랑할 만한 소재는 물론이고 쓰라린 실패와 착오 등 우리 역사를 통해 많은 나라 사람이 함께 배우고 교훈으로 삼아야 할 점들에 대해서도 나름대로 생각을 가지고 있어야 한다. 외교관이 한국사에 대해 다른 나라 사람들과 솔직히 이야기하는 것은 한국을 홍보하는 것뿐 아니라 우리 자신을 외국인이 올바르게 이해할 수 있도록 돕는 일이다. 이는 외교관으로서 반드시 필요한 것이며 외교관이 해야 할 과제 중 하나이다.

한편 외교관이 외교사를 알아야 하는 것은 당연하다. 외교사라는 것은 전쟁과 평화의 역사이다. 근세 이후 끊임없이 전쟁에 시달렸던 유럽 국가들이 전쟁에서 이기기 위해 어떠한 전략을 펼쳤는지 또 전쟁이 끝난 후 국가의 이익을 보호하고 전쟁의 재발을 막기 위해 어떠한 외교적 조치를 취했는지 외교사를 읽음으로써 알 수 있다. 서양 열강이 아시아와 아프리카 또는 중남미 등에 식민지를 만들기 위해 어떠한 정책을 전개했으며 어떤 책략을 구사했는지도 외교사를 공부함으로써 알 수 있다. 이러한 것을 알아야 외교관 노릇을 제대로 할 수 있다.

역사는 되풀이된다고 주장하는 학자들도 있지만 역사 속에 일어났던 사건이 그 모습만 달리해서 비슷하게 전개되는 경우도 많다. 구한말 세계정세에 어두웠던 우리 위정자와 지식인들이 잘못된 정책을 펼침으로써 우리 민족은 커다란 고난을 겪었다. 우리 외교관은 이를 교훈 삼아 눈을 크게 뜨고 세계가 어떤 방향으로 가는지, 우리가 어떻게 나아가는 것이 나라를 위하는 길인지 늘 깊이 생각해야 한다. 이러한 생각의 원천이 되는 것이 역사이다. 비단 국사와 외교사에 그치지 말고 세계 각국의 역사와 경제사 그리고 현대사의 흐름에 대해 늘 관심을 가져야 하는 것이 외교관이 할 일이라고 믿는다.

한 국 외 교 의 강 점 과 약 점

　한국은 유엔사무총장을 배출한 나라이고 국제기구의 선출직에 입후보하면 승률 90% 이상을 거두는 외교 강국이다. 논란이 있었던 한·미 FTA를 비롯, 한·EU FTA를 체결했고 이제 중국 및 일본과의 FTA 체결을 서두르고 있는 세계적인 통상 국가이기도 하다. 한국은 이 밖에도 칠레와 페루를 비롯 많은 국가와 FTA를 체결했다. 경쟁력이 약한 우리 산업을 육성하느라 온갖 통상 장벽을 쌓고 외국의 상품이 밀려들어오는 것을 막기 위해 필사적으로 노력했던 우리나라가 이렇게 변한 것이다. 한국은 이제 가장 개방적인 나라가 되어가고 있다. 한국의 전자제품, 통신제품, 자동차, 선박 등은 이제 세계에서 가장 경쟁력이 높은 상품이 되었으며 이 분야에서 최고의 수출을 자랑하고 있다.

　한국은 이제 본격적으로 시작하는 것인가, 아니면 끝을 향해 가고 있는 것인가? 여기에 대한 답을 외교가 쥐고 있다. 왜냐하면 경제가 계속 성장하고 무역이 왕성한 나라에서 외교력의 역할은 막중하기 때문이다. 기업의 활동과 진출을 돕기 위해서는 그만큼 외교 네트워크가 필요하고 다양한 외교적 뒷받침이 필요하다.

　이런 점에서 볼 때 한국 외교는 성장하고 있으며 국운도 더불어 신장하고 있다고 본다. 한국의 공관 수는 2013년 5월 현재 161개나 매년 3-4개씩 공관이 더 늘고 있으며 외교관 수도 더디지만 꾸준히 증가하고 있다. 예산도 늘었다. 옛날에는 외교 예산이 1조 원, 퍼센티지로 전체 예산의 1%에 도달하는 것이 목표였다. 외교 예산이 아직 정부 예산의 1%에 이르지는 못했지만 액수로는 2조 원 가까이 될 정도로 성장했다. 한국이 개도국에 공여하는 공적개발원조(ODA)도 해마다 증가하고 있다. 이렇게 되니까 한국의 입김이 개도국에서 점차 커지고 있다. 아무래도 돈 많이 주는 국가가 인기가 있고 중요성이 커지기 마련이다. 한국은 옛날에는 이들에게 별로 소용이 없었다. 한국의 개발원조는 거의 제로 수준이었기 때문이다. 지금은 그렇지 않다. 개도국들은 한국에 거는 기대가 크고 서로 다툴 정도로 기회만 있으면 한국을 방문하려고 한다. 자국을 위해 원조 자금을 보다 많이 확보할 목적이지만 개인적으로도 한국에 가면 대접을 잘 받고 한국에서 유학하면 그만큼 좋은 기회가 생기기 때문이다.

옛날에 한국 외교의 강점은 끈질기게 들러붙는 것이었다. 돈도 없고 실력도 부족한 외교관들이 본국에서 오는 훈령을 이행하기 위해서는 그저 주재국의 담당관을 찾아가 될 때까지 요청하고 또 요청하는 것이었다. 지성이면 감천이라고 이때에는 그러한 전법이 잘 통했다. 워낙 힘이 약한 나라이기 때문에 딱하게 보이기도 했고 또 한국인의 근면과 성실성이 돋보였기 때문이다. 이런 과정을 거치면서 한국 외교는 성장해왔다.

옛날에는 돈이 없는 것이 약점이었지만 지금은 돈이 한국의 강점이 되었다. 영어 잘하는 사람이 드물었지만 지금은 많은 사람이 영어를 잘한다. 옛날에는 국제회의를 하나 유치하면 어떻게 이를 치를까 노심초사했지만 지금은 수많은 국제회의가 한국에서 개최되며 아무리 큰 규모 행사라도 척척 해낸다. 그만큼 한국의 국력이 성장했고 외교력도 성장한 것이다. 지금은 외교가 외교관의 전유물도 아니다. 외교부에서도 부족한 인력을 보충하기 위해 계약직을 고용하여 외교에 투입하고 있고 많은 국제행사는 외부에 용역을 주어 개최하고 있다. 필요한 분야에서 사회 저명인사에게 대사 직함을 주어 외교활동을 돕도록 하기도 한다.

이러한 현상은 무엇을 의미하는가? 이것은 바로 이제 외교가 총력전이라는 것을 의미한다. 즉 국력이 외교력이라는 것이다. 세계 국가들은 생존을 위한 경쟁이 치열하다. 특히 비즈니스 세계에서 기업이 벌이는 경쟁은 사느냐 죽느냐이다. 우리는 우리 기업이 이러한 경쟁에서 살아남도록 도와주어야 한다. 기업이 잘 되어야 나라가 잘 된다. 대한민국의 공관은 각 나라에서 비즈니스의 첨병이다. 정보를 수집하고 유망한 사업 분야를 우리 기업에게 소개하며 기업인이 방문할 때는 필요한 사람들을 만날 수 있도록 도와주어야 하고 문제가 생길 때는 이를 해결할 수 있도록 같이 머리를 맞대고 연구해서 길을 찾아야 한다. 이것이 해외 공관이 해야 할 일이다. 과거에는 공관 업무가 정무 위주로 운영되었으나 공산주의가 멸망하고 전 세계가 자본주의화하면서 이제는 비즈니스 외교가 가장 중요한 업무 중 하나로 떠오르고 있다.

내가 보기에 한국 외교의 강점은 기동력과 신속성이다. 한국인은 대개 절도가 있고 일사불란하게 움직이는데 외교에 있어서도 마찬가지이다. 한국 외교관은 종이 쪽지 하나에 발령만 받으면 언제 어디라도 가야 한다. 선진국과 같이 개인의 의견을 최대한 존중해주면서 발령지를 정하는 그러한 시스템이 아니라 인사위원회에서 정하면 이에 순응하는 시스템이다. 따라서 예기치 못한 일도 흔히 벌어지지만 이러한 상황에 익숙하기 때문에 적응력은 매우 높은 편이다. 어떻게 보면 이러한 일방적인 인사제도를 통해 조직에 순응하고 현지 적응력을 높이는 측면도 있다.

한국 외교는 개인의 역량에 의존하던 시스템으로부터 조직이 일하는 시스템으로 바뀌었다. 한국 외교 조직은 튼튼하여 이제 누가 장관이 되고 누가 고급 간부가 되든지 상관없이 계획한 외교 목표를 향해 꾸준히 나아갈 수 있는 그런 체제가 확립되었다. 외교관 개개인의 자질과 능력도 많이 향상되었다. 외국어만 하더라도 영어는 물론 다른 외국어에 익숙한 외교관이 많이 있고 몇 개 국어에 능통한 외교관도 늘어나고 있다.

한국은 아직 키신저와 같은 저명한 외교관을 배출하지는 못했다. 그것은 한국 외교의 역사가 짧기도 하지만 국력이 그만큼 뒷받침해주지 못했기 때문이다. 앞으로는 다르리라고 본다. 이제는 우리 국력도 크게 성장하여 한국이라는 이름이 그렇게 얕보일 이름은 아니다. 오히려 국제무대에서는 한국이 하는 일이라고 하면 보다 큰 관심을 가지고 지켜보는 그런 세상이 되었다. 이런 세상에서 외교관이 할 일은 보다 많고, 외교관의 역할은 보다 중요해질 것으로 생각한다. 좋은 자질과 언어능력 그리고 좋은 환경에서 잘 훈련된 우리 외교관들이 앞으로 세계 외교무대에서 큰 이름을 날리는 그러한 날이 오게 될 것으로 믿는다.

한국 외교의 약점 중 하나는 덩치에 비해 하는 일이 너무 많다는 것이다. 직원과 예산은 늘어났지만 일이 그보다 훨씬 더 많이 늘어났다. 직원들이 다 감당하기 어려울 정도이다. 이런 시스템 가지고 무슨 창의적인 일을 할 수 있을까 걱정이 된다. 늘어난 국제회의와 행사 때문에 직원들은 늘 차출당하기 일쑤이다. 본부와 공관 모두 만성적인 직원 부족에 시달리고 있다. 본부는 공관 경험이 있는 직원이 늘 부족하여 이제 신참인 직원들과 계약직으로 부족한 일손을 메우고 있으며 정규 직원 수 3-5명인 공관이 과반을 넘는다. 이렇게 부족한 인력 인프라를 가지고 우리가 외교 강국으로 행세하기는 어려울 것이다. 일을 줄이든지 직원을 획기적으로 늘리든지 둘 중 하나를 해야 우리 외교가 더 발전할 수 있을 것으로 본다.

내가 있는 짐바브웨만 하더라도 나를 포함해서 정규 직원 3명에 한국 행정원 2명으로 운영하고 있다. 담당하는 나라는 짐바브웨를 포함 모잠비크(2013년 6월 독립공관으로 분리), 잠비아, 말라위 4개국이다. 출장을 가게 되면 보통 직원 1명이 동행하므로 내가 출장 가 있는 동안 사실상 공관의 기능은 마비된다. 그저 집만 지키고 있는 셈이다. 짐바브웨에서 많은 사람을 만나러 다닐 때도 직원 1명을 대동한다. 대화 내용을 잘 기록했다가 보고서를 쓰기 위해서이다. 내가 데리고 다니는 직원은 늘 고달프다. 보고서를 써야 하고 본부와 늘 연락을 취해야 한다. 출장 가서 만날 사람들을 주선하기 위해 현지에 있는 사람과 연락을 취해야 한다. 그리고 본부에서 온 지시 사항들을 처리해야 한다. 이러니 늘 바쁘게 지낸다. 다른 직원 1명은 총무와 영사를 맡아 주로 사무실을 지키고 있는데 모든 행정을 다 도맡아서 해야 하니 이 역시 매우 바쁘다. 이런 형편이니 얼마나 창의적으로 일할 수 있겠는가? 내 생각에 공관은 최소한 정규인력이 7-8명은 되어야 한다. 이들이 행정원 2-3명과 함께 현지인 직원들을 활용하면서 일을 해야 제대로 외교를 할 수 있다. 내가 아제르바이잔 대사를 지낼 때는 인력이 그 정도 되었다. 적당한 인력 체계를 갖추어 놓으니 창의적으로 열심히 일할 수 있었다. 아제르바이잔에 있으면서 40-50여 건의 새로운 사업을 벌일 수 있었던 것은 이 때문이다.

한국의 외교 지평이 확대되면서 일이 기하급수적으로 늘어난 것은 사실이다. 그렇지만 요즘 우리 외교가 하고 있는 일을 살펴보면 지나치게 일을 벌이고 있는 측면도 없지 않다고 본다. 참가하지 않는 국제회의가 없고 외교관이 다니지 않는 국가가 없으며 우리 기업이 진출하는 곳이면 어느 곳이나 지원을 하고 있고, 우리 동포와 관련된 일이라면 무조건 외교부에서 관심을 가진다. 이것은 슈퍼 파워나 할 수 있는 일이다. 제한된 인력과 예산을 가진 우리 외교부로서 'Jack of all trades' 역할을 하기에는 너무 큰 부하가 걸린다. 이런 상태가 오래가다 보면 우리 모두에게 피로가 오고 자칫하면 'blackout'에 빠질 수도 있다. 외교부는 국가 차원에서 벌이는 국제적인 일을 조정할 필요가 있을 것으로 본다.

우리는 스포츠에 있어서도 '4대 그랜드슬램'을 달성한 세계 6대 국가라고 자랑을 하면서 이는 미국도 못 한 일이라고 한다. 가만히 생각해 보면 자랑스럽기는 하지만 한편으로 미국과 같은 초강대국도 못 한 일을 우리가 이루기 위해서 얼마나 많은 노력을 쏟았는지 생각해볼 필요가 있다. 만일 그러한 노력과 예산을 다른 분야에 쏟았더라면 분명히 그 분야에서 괄목할 만한 진전을 이루었을 것이다. 국제행사나 국제회의 또는 국제기구 진출 등 분야는 외교부가 관장해야 할 분야이다. 외교부가 냉철히 판단해서 너무 지나친 측면이 있으면 속도와 양을 조정할 필요가 있다. 외교의 인프라와 자원은 제한적이기 때문이다. 많은 일을 하는 외교부도 중요하지만 질이 높은 일을 잘 하는 외교부가 더 중요하다. 장기적으로 봐서 이것이 국익에 훨씬 도움이 된다.

　한국 외교의 약점으로 지적되는 또 하나는 지나치게 4강 위주의 외교에 편중되어 있다는 점이다. 미국, 일본, 중국, 러시아 4국은 물론 우리에게 가장 중요한 국가들이다. 이웃나라이고 세계를 호령하는 강국이며 경제적으로도 매우 중요한 국가들이다. 그렇지만 4강에 편중하는 방식은 옳지 않다. 현재 4강이 영원히 4강이 되리라는 법도 없다. 미국도 옛날 같지 않고 일본은 쇠퇴기에 접어들었다는 것이 중론이다. 러시아는 잠재력은 크지만 늘 변수가 많은 나라이다. 우리에게 보다 중요한 국가가 출현할 수도 있다. 중요한 것은 균형을 유지하는 자세이다. 현실에 충실하되 늘 혜안을 가지고 균형을 추구하며 장기적인 안목을 가지고 외교정책을 추진해나가야 한다.

　4강과의 관계가 중요한 이유 중 하나는 북한 때문이다. 북한을 견제하기 위해서는 4강의 도움이 반드시 필요하기 때문이다. 그러나 만일 북한이 무너지고 통일이 된다면 어떻게 될 것인가? 그때에도 지금과 같이 4강 위주의 외교를 할 것인가? 이러한 것을 예측하고 새로운 시대에 대비하는 능동적인 자세가 필요하다. 과거에 통상외교가 이렇게 막강하게 성장하리라고 예측한 사람이 얼마나 있었는가? 그러나 이제 FTA로 상징되는 통상외교는 우리 외교에서 가장 중요한 축 중 하나를 차지하게 되었다. 마찬가지로 4강 관계도 변화할 수 있다. 이러한 점을 생각하고 대비하는 자세가 필요할 것이다.

　현재 세계의 GDP 순위는 미국, 중국, 일본, 독일, 프랑스, 브라질, 영국, 이태리, 러시아, 인도 순이다. 그러나 2020년이 되면 중국, 미국, 인도, 일본, 브라질, 독일, 러시아, 프랑스, 영국, 이태리 순으로 바뀔 것으로 예상된다. 세계의 경제지도는 급격히 바뀌고 있다. 중국이 세계 최대의 경제대국으로 떠오르는 것은 시간문제이다. 경제력이 바뀌면 외교관계도 바뀌기 마련이다. 경제관계가 강화되면 사람, 상품, 기업 등의 교류가 확대되기 때문에 외교관계도 이에 따라 그 내용이 바뀐다. 한국 외교는 이러한 세계정세의 변화에 발맞추어 지금부터 차근차근 외교지도를 바꾸어나가야 할 필요가 있다.

외교 인프라는 늘 제한적이다. 아무리 많은 예산과 인력을 가져도 부족하기 마련이다. 제한적인 예산과 인력을 가지고 가장 효율적으로 운영해야 한다. 그러기 위해서는 선택과 집중이 중요하고 더 나아가 균형이 중요하다. 한국 외교는 늘 좌나 우에 치우치지 않고 균형을 잘 유지해나가야 한다. 한국은 국토나 인구로 봐서 세계를 경영하는 강대국이 되기는 어렵다. 따라서 우리 국익에 가장 적합한 곳에 제한된 인프라를 활용해야 하는데 이때 선택과 집중이 필요하다. 그러나 이것만으로는 부족하다. 자칫하면 너무 지나치게 한곳으로만 나갈 위험이 있기 때문이다. 이를 방지하는 것이 균형 감각이다. 한국은 늘 균형 잡힌 시각을 가지고 외교력을 집중해나갈 필요가 있다.

한국의 외교 시스템이 똑똑한 사람을 오히려 바보로 만드는지는 잘 모르겠다. 그러나 고참 외교관 중에는 이런 식으로 이야기하는 사람들이 흔히 있다. 만일 그렇다면 한국의 외교 시스템에 결함이 있다는 이야기다. 한국의 외교 시스템은 다른 분야와 마찬가지로 많은 변화를 겪어왔다. 초창기 영어 하는 사람들이 없어 소수의 외국 유학파와 군 통역관 출신으로 시작한 외교부는 외무고시를 통해 외교관을 주로 뽑아왔다. 그랬지만 외국에서 영어를 배운 사람이 드물어 외교부에는 영어 잘하는 사람이 많지 않았다.

내가 외교부에 들어갔을 때도 외국에서 공부한 사람은 거의 없었다. 그러나 이때부터 정부는 고시 합격자를 대거 외국으로 유학을 보냈다. 외무고시에 합격한 사람들은 거의 대부분 외국 유학을 갔고 대학에서 석사 학위를 따거나 현지 생활을 통해 영어 실력을 향상시킬 수 있었다. 아마 이때부터 본격적으로 외교관의 질이 높아지기 시작했던 것 같다. 그러나 우리가 보기에도 정말 실력이 있다고 생각되는 동료들은 많지 않았다. 대부분이 고만고만했다. 그러다가 90년대 후반부터는 외국에서 공부한 사람들이 외무고시를 통해 외교부에 들어오기 시작했다. 외교관 자녀들도 서서히 들어오기 시작하더니 점차 그 숫자가 많아졌다. 이들이 외무고시에 합격한 것은 외국 유학파를 대상으로 한 외무고시 2부가 있었기 때문이다. 그러다가 여성이 대규모로 외교부에 들어오기 시작하면서 외교부에는 그야말로 지각 변동이 일어났다. 여성은 보통 어학 실력에 있어서 남자보다 뛰어나고 매우 성실한 사람이 많다. 최근에는 외무고시에서 여성 합격률이 보통 60%에 이른다. 실력 있고 성실한 여성이 외교부에 이렇게 많이 들어오니 앞으로 10년 후 외교부의 모습은 지금과는 크게 다를 것이다.

정부에서는 2010년 외무고시를 폐지하고 외교아카데미를 설립하여 외교관을 선발키로 했다. 그 취지는 외교관으로서의 자질을 갖춘 인재들을 선발하여 외교아카데미에서 소정 기간 교육을 시킨 후 성적에 따라 최종적으로 외교관을 선발한다는 것이다. 마치 사법연수원과 비슷한 개념이다. 외교아카데미 자체가 외무고시라는 비판도 있으나 외무고시는 합격만 하면 되지만 외교아카데미는 합격해도 다시 치열한 경쟁을 통해 최종 관문을 통과해야 외교관이 되기 때문에 다른 제도이다. 이 외교아카데미가 성공하느냐 여부는 첫째 유능한 인재를 어떻게 외교아카데미로 끌어들이느냐 하는 문제와, 둘째 외교아카데미에서 어떤 선별 과정을 거쳐 최종적으로 외교관을 선발하느냐 하는 문제이다. 그리고 탈락한 외교아카데미 졸업생들을 어떻게 활용하느냐 하는 문제도 있다.

중요한 것은 공정성과 합리적인 시스템이다. 차이가 뚜렷이 날 정도로 우열이 명확한 경우는 선별에 문제가 없지만 비슷비슷한 경우는 사실 옥석을 가리기가 쉽지 않다. 어차피 경쟁이기 때문에 별 수 없다고 하는 사람도 있겠지만 아까운 인재가 불운하게 탈락하는 경우는 최소화하는 것이 필요하다. 그리고 외교관 최종 선발에서는 탈락했으나 국제관계에서 유능한 인재임에 틀림없는 외교아카데미 졸업생을 다양한 분야에서 활용할 수 있는 시스템을 정부가 마련해야 한다고 본다.

나도 외무고시를 통해 외교부에 들어왔고 이런저런 과정을 거치면서 성장했으며 대사까지 되었지만 과거에 자주 느낀 것은 외교부 인사가 정실에 의해 좌우되는 경우가 있다는 점이었다. 어떤 인맥, 어떤 학맥 또는 특정한 인연에 따라 소위 말하는 본부의 좋은 보직이나 해외 공관의 보직이 정해지는 경우가 있었다. 나같이 인맥이나 학맥을 동원하는 데 둔감한 사람들은 일이 어떻게 돌아가서 보직이 정해지는지도 잘 몰랐다.

 사실 나는 지금도 이에 대해서는 잘 모른다. 한 가지 확실한 것은 내가 납득하기 어려운 인사를 그동안 보아왔다는 사실이다. 내 자신도 스스로의 인사에 늘 만족하지 못했다. 내가 원하는 보직, 내가 원하는 공관에 발령받는 경우는 극히 드물었다. 반대로 소수이겠지만 늘 자기가 원하는 보직을 얻고 있는 사람들도 있었다. 인맥이나 지연 또는 학연을 활용하는 것도 능력이라고 치부하면 그만이지만 그 정도가 과하다고 생각되는 경우도 있었다. 이번에 아프리카에 발령을 받을 때도 그랬다. 나는 지난번 아제르바이잔에서 초대 대사로 최선을 다해 일했으므로 이번에는 선진국 대사로 발령이 날 줄 알았다. 그런데 결과는 짐바브웨로 가는 것이었다. 내가 어떻게 해서 짐바브웨 대사로 내정되었는지 나는 지금도 잘 모른다. 그저 새로 구성된 인사위원회에서 그렇게 결정되었다는 이야기만 들었을 뿐이다. 섭섭해하는 나에게 나중에 장관으로부터 위로전화 한 통을 받은 것이 전부였다. 나도 처음에는 다소 황당했으나 지금은 마음을 추스르고 일에 전념하면서 잘 지내고 있다. 어차피 어느 곳에서 대사를 하든 자기하기 나름이 아닌가? 큰 곳이라고 좋은 점만 있는 것이 아니고 작은 곳이라고 나쁜 점만 있는 것도 아니다.

 문제는 인사가 잘못되면 사기를 꺾는다는 점이다. 스스로 최선을 다해 열심히 일했고 내놓을 만한 실적도 있으며 주변에서도 그렇게 인정해준다고 생각하는데 인사에서 좋지 않은 결과를 얻으면 사기가 떨어지고 의기소침하게 된다. 이러한 과정이 계속되면 그 사람이 매우 유능한 사람이라고 해도 용기를 잃고 조직에서 뒤쳐진 사람으로 전락하고 만다. 나는 이러한 경우를 가끔 보아왔다. 바로 이것이 외교부가 사람을 키우는 것이 아니라 똑똑한 사람을 바보로 만드는 조직이라는 비판을 듣는 이유일 것이다. 외교부가 스스로 대한민국에서 가장 똑똑한 사람들이 모이는 조직이라는 자화자찬을 선배들로부터 흔히 들었으나 나는 이러한 자랑에는 동의하지 않는다. 외교부는 그저 많은 대한민국 인재 중 일부가 모여 있는 그러한 조직의 하나일 뿐이다. 조직에는 인재를 키우는 조직이 있고 인재를 죽이는 조직이 있다고 한다. 만일 외교부가 후자에 속한다면 매우 안타까운 일이다. 외교부 인사가 전반적으로 잘못되었다고 말하는 것은 터무니 없는 과장일 것이다. 그러나 내가 과거에 본 외교부에는 폐쇄적이고 배타적인 면이 있었다. 그 안에서 일어나는 일 중에 은밀히 진행되는 부분도 있었다. 어떤 조직이든 투명성과 객관성이 부족하면 정실이 개입하기 쉬운데 과거의 외교부에 이러한 모습이 있었다는 점을 부인하기는 어렵다고 본다. 많은 인재가 모여서 한 시대를 열심히 일하고 조직과 나라를 발전시키며 후학들에게 교훈을 남긴 뒤 조용히 물러나는 것이 세상의 이치이다. 외교부도 마찬가지이다. 지금까지 큰 그림에서 보면 외교부는 대단히 많이 발전해왔고 그 발전의 대부분은 긍정적인 것들이다. 그러나 그 근저에는 아직도 뿌리 깊은 학연, 지연, 혈연 및 내밀한 인간관계가 있다고 본다. 외교부가 이러한 정실을 타파하지 않는 이상 외교부의 시스템에 관한 논쟁은 계속될 것이다.

외교부에서 성장해 이제 은퇴를 앞둔 고참 외교관이 된 나는 외교부에 대한 애착이 많다. 외교부는 나를 키워주고 삶의 의미를 깨닫게 해준 조직이기 때문이다. 이러한 조직이 더 발달하려면 무엇보다 중요한 것은 공정성과 객관성 그리고 투명성이 있는 조직 관리이다. 최근 외교부가 이러한 방향으로 노력을 기울이고 있다는 것을 알고 있다. 이러한 노력이 결실을 맺어 외교부가 정말 인재들을 훌륭하게 키우는 그러한 조직이라는 이야기를 듣고 싶다.

외 교 관 생 활 에 서 어 려 운 점

외교관으로서 가장 어려운 점이 무엇이냐는 질문을 종종 받는다. 답변하기 쉬운 질문은 아니며 아마 사람에 따라 다양한 의견이 나올 것이다. 험한 기후나 질병에 시달렸던 사람들은 아마 기후나 병을 들 것이고 이리저리 옮겨 다니느라 자녀 교육에 고통을 받았던 사람은 교육을 들 것이며 이삿짐을 싸고 푸느라 고통을 받았던 사람은 이사를 꼽을지도 모른다.

나의 경우에는 사람이다. 외국 생활에서 가장 힘든 것은 사람을 만나서 인간관계를 맺고 때가 되면 헤어지는 것이다. 사람들은 워낙 다양하기 때문에 자신과 맞는 사람도 있고 맞지 않는 사람도 있다. 해외 생활 특히 직원과 교민들이 몇 명 안 되는 개도국에서 공관생활을 할 때 가장 힘든 부분은 사람과의 관계이다. 마음에 맞는 좋은 사람들과 즐겁게 생활하면 그곳이 천국이 되는 것이고 마음에 맞지 않는 사람들과 이런저런 이유로 부딪치며 긴장 속에서 살 때에는 바로 그곳이 지옥이 된다.

부인들의 경우에도 마찬가지이다. 부인들 간에 화목하면 천국이고 반목하면 지옥이다. 이를테면 아내의 경우 오스트리아에서 근무할 때 요즘 말하는 왕따를 당했던 기억으로 인해 그쪽 방향이라면 화장실도 가기 싫다고 할 정도이다. 후진국에서는 대개 집에 현지인 가사 도우미(maid)를 거느리게 된다. 이때 부인들끼리 하는 농담에 "마담의 행복은 메이드가 결정한다"라는 말이 있다. 농담 속에 진실이 있다고 이는 어느 정도 사실이다. 손버릇이 나쁘거나 말썽을 일으키는 도우미를 만나게 되면 그 집의 평화는 깨어지게 된다. 마음에 들지 않는다고 해서 사람을 바꾸기는 쉬운 일이 아니다. 좋은 사람을 구한다는 보장이 없을 뿐 아니라 한국인의 가사에 익숙하게 되기까지는 많은 시간이 소요된다. 잘 훈련시켜놓은 도우미가 말썽을 일으켜 바꾸게 될 때는 그만큼 큰 고통이 따르기 마련이다.

한국인이든 외국인이든 인간관계는 어렵다. 자신과 궁합(chemistry)이 잘 맞는 사람을 만나는 것은 행운에 속한다. 성격이 맞지 않고 생각이 다른 사람과 함께 생활하면서 호흡을 맞추어 나가는 것은 힘든 일이며 스트레스에 시달리게 된다. 한국과 달리 좁은 공관생활이라 다른 대안이 있을 수도 없다. 그저 참고 지내야 할 뿐이다. 어떤 사람과 너무 지나치게 친한 것도 좋지 않은 결과를 가져오는 경우가 있다. 서로 친하다고 생각하면 사소한 일에 오해가 발생하기 쉬운 까닭이다. 공관생활에서는 무엇보다 인화가 중요하다. 인화가 잘 이루어지지 않으면 공관장이 직원을 통솔하기 어려워지고 일이 잘 돌아가지 않는다. 드물지만 공관장과 불화를 빚어 직원이 본국으로 소환되는 경우도 생긴다. 대개 해외에서 함께 잘 지내면 평생 친구이자 동지가 되고 그 반대의 경우에는 서로 적이 되어버린다. 외국인과도 마찬가지다. 좋은 관계를 맺은 사람과는 헤어져서도 늘 그립고 생각이 나며 다시 만나게 되면 그렇게 반가울 수 없다. 그 반대의 경우도 있음은 물론이다.

따지고 보면 어디 외교관만 인간관계가 힘들겠는가? 인간관계는 우리 삶의 기본이므로 누구에게나 어려운 부분이 있다. 내가 말하고자 하는 것은 외교관이 처한 특수한 상황에서의 인간관계이다. 외교관은 한국을 떠나 가족과 함께 외국에 살면서 늘 한국을 생각해야 하는 직업이다. 몸은 외국에 있지만 마음은 한국에 있다고나 할까? 늘 한국에서 일어나는 일에 신경을 써야 하며 한국의 사정에 익숙해 있어야 한다.

반면 외교관은 자신이 주재하는 나라의 모든 상황에도 정통해야 한다. 양쪽을 다 잘 알고 있어야 외교 활동을 활발히 전개하여 우리 기업과 국민의 이익을 증진하는 데 기여할 수 있게 되는 것이다. 따라서 만나는 사람들도 늘 내국인과 외국인 양 부류가 된다. 내국인에는 동료, 동포, 방문객들이 포함되며 외국인에는 주재국인과 외교단 등이 포함된다. 이렇게 늘 양 다리를 걸쳐야 하는 것이 외교관의 숙명이다. 동질적인 사람과 이질적인 사람들을 동시에 쉴 새 없이 접촉해야 하는 것이 쉬운 일은 아니다. 좋은 인간관계를 구축하고 유지하기 위해 쏟아야 하는 노력과 에너지도 만만치 않다. 이래저래 외교관은 인간관계에서 오는 스트레스에 시달리기 마련이다. 내 경험에 의하면 외교관은 이러한 스트레스를 잘 견뎌야 할 뿐 아니라 어떤 의미에서는 즐겨야 하는 직업이다.

외교부에 들어간 지 얼마 되지 않아서이다. 경험 많은 선배가 술자리에서 이런 이야기를 했다. "외교부란 곳은 특수한 곳이어서 인간관계에서 극히 조심해야 해. 함께 근무한 선배나 동료들을 통해서 그 사람에 대한 평판이 정해지는데 한번 나쁜 인상이 박히면 만회할 기회가 없게 돼. 왜냐하면 한 번 같이 근무한 사람을 또 만난다는 보장이 없기 때문이지." 나는 이 말의 의미를 한참 시간이 흐른 후에야 알게 되었다. 본부에서 근무할 때는 잘 몰랐는데 공관 근무를 시작하면서부터는 전에 함께 근무했던 사람을 좀처럼 만날 기회가 없었다. 내가 본부에 근무할 때는 동료가 공관에 근무하고 내가 공관에서 근무할 때는 동료가 본부에서 근무하고 있었다. 이런 식으로 엇갈려서 다시는 만나지 못하는 경우도 있다. 다시 만난다고 하더라도 20여 년 이상 지나서 만나게 되면 영 다른 사람으로 나타나게 된다. 외교부가 이런 특수한 환경을 가졌다는 사실을 알게 되자 그 선배가 한 말이 옳다는 사실을 깨닫게 되었다.

외교부는 함께 근무한 사람, 특히 공관에서 같이 근무한 사람들 중심으로 인맥이 형성된다. 이는 자연스러운 현상이다. 타국에서 한솥밥을 먹으면서 고락을 함께 한 사람들 간에 친분이 형성되는 것은 당연하다. 이들은 가족끼리도 잘 알고 서로의 흉허물까지 잘 파악하고 있다. 이렇게 끈끈한 관계가 형성되는 것은 좋은 관계를 맺을 때에만 가능하다. 서로 혐오하고 싫어하는 경우에는 그 반대의 관계가 형성된다. 서로 적이 되어버리는 것이다. 한국에서만 사는 경우에는 서로 싫어하다가도 어떤 계기에 다시 좋아지기도 하지만 외국으로 떠돌아다니는 외교관의 경우에는 이러한 반전이 거의 불가능하다. 만회할 기회가 없기 때문이다.

이러한 특수한 환경 속에서 성장해 온 외교관들은 내가 보기에 보호본능이 강하다. 어떤 사람과 관계를 맺을 때에도 마음을 툭 열어놓고 사귀지 못하고 조심스럽게 접근한다. 지금은 관계가 좋을지라도 나중에 관계가 나빠지면 그것이 독이 되어서 자신에게 치명상을 입힐지도 모른다는 의식이 자신도 모르는 사이에 형성되어 있는 것이다. 외교관은 선배들로부터 기자나 교민을 상대할 때 "불가근불가원의 원칙으로 대하라"는 조언을 많이 받는데 이러한 것도 인간관계에서 조심성을 강화하는 요인으로 작용하는 것 같다.

이러한 현상이 우리나라 외교관에게만 해당하는 것은 아니다. 다른 나라 외교관들도 사정은 비슷한 것 같다. 내가 만난 어떤 나라 외교관은 새로운 사람을 만나면 헤어지는 것부터 생각한다고 했다. 리셉션에서, 각종 파티에서 많은 사람을 만나 웃고 떠들지만 사실 흉금을 털어 놓을 만큼 친한 사람은 드물다. 또 누구와 친하게 지냈다고 해도 금방 헤어지는 것이 외교관이다. 그리고 한번 헤어지면 영영 다시 만날 기약이 없는 것이 외교관의 생활이다.

외교관은 겉으로 보기에는 확실히 화려한 직업이다. 양복 잘 차려입고 국제회의 대표단의 일원이 되어 뉴욕이나 제네바의 웅장한 유엔회의장에 앉아 있을 때에는 정말 스스로 우쭐한 생각이 들기도 한다. "아, 내가 정말로 이 직업을 잘 택했구나"라는 생각이 드는 것이다. 그러나 수석대표가 아닌 한 전체회의에서 연설에 참가할 수 있는 기회는 별로 없다. 그리고 국제회의 하나를 참가하기 위해 준비해야 하는 과정은 길고도 복잡하다. 자신이 실무자라면 이 모든 일은 스스로의 몫이다. 불과 2-3일 열리는 회의를 위해 몇 개월을 준비해야 하는 것이 실무자들의 임무이다. 국가원수나 귀빈을 맞이하는 의전행사에 참가하면 최고급 호텔에서 일류 음식과 비싼 술을 맛볼 수도 있다. 이럴 때는 마치 자신이 귀빈이 된 것 같은 생각이 들기도 한다. 그러나 행사가 끝나고 집에 돌아갈 때는 시내버스나 택시에 몸을 싣는 것이 대부분 외교관의 일상사이다. 외교 행사는 극소수의 몇 사람을 스타로 만들기 위해 많은 실무자가 무대 뒤에서 고된 역할을 수행하는 그러한 종류의 일이다. 외교관이 화려한 외교행사에 참가한다고 해서 화려한 일을 할 것이라고 생각하는 것은 착각이다. 화려한 일을 하는 사람은 주빈이나 수석대표 등 한두 명에 불과하고 나머지는 모두 조역이다. 외교부에 들어가서 수십 년간 열심히 일해야 겨우 이 조연 역할에서 벗어나 주연으로 접어들 수 있다. 주연이 되는 것은 이 긴 시간을 잘 참고 견뎌낸 것에 대한 일종의 보상이다.

외교관의 해외생활은 또 어떠한가? 외교관이 해외에서 꿈같은 생활을 할 것이라고 생각한다면 그야말로 꿈같은 생각이다. 외교관의 해외생활은 즐거움도 있지만 많은 스트레스와 어려움을 견뎌내야 하는 일이다. 우선 가족과 함께 해외에서 적응해서 산다는 것이 쉬운 일이 아니다. 더구나 외교관은 선진국만 다니는 것이 아니라 악조건투성이인 후진국에서도 생활해야 한다.

일하는 것도 마찬가지다. 선진국과 같이 약속을 잘 지키고 상식적으로 협상이 이루어지는 곳에서는 오히려 우리가 배울 점이 많고 일을 하는 데 큰 어려움이 없지만 후진국에서는 사정이 판이하게 다르다. 약속을 어기기 일쑤이고 상식에 따라 일이 이루어지지도 않는다. 본국에서 중요한 손님이 와서 일정을 주선할 때에도 자칫하면 큰 실수를 저지를 수 있고 낭패를 맛볼 수도 있다. 책임 의식이 희박하고 약속을 잘 지키지 않기 때문이다. 이러한 것들은 후진국에서 생활하는 우리 외교관에게 큰 스트레스로 작용한다.

P기업이 모잠비크에 진출하기 전 전략기획팀이 미리 현지에 와서 수개월 간 호텔에 머물며 회장의 방문 준비를 했다. 이들의 궁극적인 목표는 회장과 모잠비크 대통령 간 면담을 성사시키는 것이었다. 현지에 도착한 회장의 질문에 전략팀은 "틀림없이 대통령을 만날 수 있다"고 보고했다. 그러나 결과적으로 회장은 대통령을 만날 수 없었다. 회장 일행이 마푸토를 떠나기 전날 열린 회식의 분위기는 쌀쌀했다. 회

장은 매우 화가 나 있었다. 그는 직원들에게 "무슨 일을 그런 식으로 처리하느냐"고 질타했다. 직원들은 몸 둘 바를 몰라 했다. 이런 것이 후진국의 실상이다. 100% 확실한 것처럼 보이는 일도 막상 부딪쳐 보면 그렇지 않다. 결과가 나타날 때까지 마음을 졸이는 것이 후진국 외교의 특성이다.

선진국 외교라고 해서 어려움이 없는 것은 물론 아니다. 후진국에서는 고위급을 만나기가 상대적으로 용이하다. 나는 아프리카와 아제르바이잔에 근무하면서 대통령과 총리를 비롯 각부 장관과 차관 등 고위급을 주로 상대했다. 후진국에서는 외교관을 우대해주고 특히 대사는 대통령을 대신하는 특명전권대사로 깍듯이 우대해준다. 부르는 호칭에도 늘 'Excellency'라는 극존칭을 붙인다. 후진국에서 대사는 그만큼 높은 존재인 것이다. 그러나 선진국에 가면 외교관은 많은 직업 중 하나일 뿐이다. 대사가 만날 수 있는 정부 관료도 국장급 아니면 잘해야 차관보급이다. 장관이나 차관을 만나는 경우는 극히 드물다. 대사를 부를 때에도 대부분 'Mr. Ambassador'이다. 실용적인 서양 사람에게 외교관은 특권층이 아니다. 외교사절은 전문직업인의 하나로서 내국인과 동등한 대접을 받는다. 따라서 선진국에 근무하는 외교관이 여러 가지 특혜를 누리고 대접을 잘 받을 것이라고 생각하는 것은 오산이다. 뉴욕에서 딸애가 고교에 다닐 때 동급생들은 우리가 사는 동네를 게토라고 불렀다. 전반적으로는 좋은 지역이었으나 우리 동네 집들의 규모가 상대적으로 작았기 때문이다. 아는 사람도 없는 학교생활의 초창기에 딸애가 이런 놀림 때문에 어떤 고통을 겪었을지 생각하면서 우리는 부모로서 아픔을 느꼈다. 아내의 경우 정착하기까지 너무 힘든 일이 많았는데 쌓인 스트레스를 풀 데가 없었다. 아내는 혹시라도 외부에서 소리를 듣고 경찰이 올까봐 차고에서 문 닫아걸고 페트병과 이 빠진 그릇들을 모아 깨뜨리고 밟으면서 쌓인 스트레스를 풀었다. 이렇게 선진국에서 가족이 적응해가는 과정은 일종의 생존을 위한 투쟁이다.

외교관이 공통적으로 겪는 문제는 자녀 교육이다. 애들을 이곳저곳으로 끌고 다니다보면 자칫 정체성을 잃을 가능성이 높아진다. 교육은 많이 받았으나 자신이 누구인지 확신을 갖지 못한다. 분명히 한국 애들이지만 주로 외국에서 교육을 받아 한국어나 한국 문화 또는 전통적 가치에 대해 취약하다 보니 사춘기에 접어들면 정체성을 놓고 고민하게 된다. 자신이 한국인인지 외국인인지 헷갈려 하는 것이다. 한국 내에 뿌리가 약하고 친구가 별로 없는 것도 문제로 작용한다. 일반 사람들은 외국에 있더라도 일단 한국에 돌아가면 여러 가지 추억이 있고 친구들이 있어 오랫동안 해외에 살았어도 금방 적응하는 것인데 어려서부터 주로 해외에서 살아온 외교관 자녀는 이러한 것이 없다. 따라서 한국에 들어와도 외국과 같이 느껴지는 것은 당연하다. 부모 입장에서는 애들이 한국인으로 살기를 원하므로 한국 대학에 들어갈 것을 권유하는 경우가 많다. 그러나 애들 입장에서는 오히려 반대이다. 이들은 딱딱하고 경쟁적인 한국의 분위기보다는 자유로운 외국 학교를 선호하는 경우가 많다. 부모가 강요하다시피해서 한국 대학에 들어간 외교관 자녀의 성공 확률은 내가 알기로 그리 높지 않다. 내 경우에도 큰아이를 한국 대학에 보냈는데 실패했다. 애가 적응하지 못해 학교에 나가지 않았다. 물어보니 학교 정문 앞에 가서 많은 학생이 한꺼번에 강의실로 올라가는 것을 보면 개떼들이 먹이를 향해서 우르르 몰려가는 것 같은 느낌이 든다는 것이었다. 또 용기를 내서 수업에 참가하여 교수의 강의에 대해 자신의 의견을 밝혔는데 나중에 조교가 사용하는 언어와 태도를 문제 삼으며 "네가 뭔데 언행이 불손하냐며 한국에서는 그런 식으로 수업에 참가해서는 안 된다"고 꾸중했다. 깍듯이 존댓말을 쓰지 않았다고 시비를 걸었던 것이다. 한국어가 약한 우리 애는 나름대로 수업에 진지하게 참가하기 위해 존댓말보다는 내용에 초점을 두고 적극적으로 자신의 의견을 개진했는데 통하지 않았다. 그리고 지금도 이해되지 않는 부분이지만 출석이 없고 시험을 치르지 않으면 학점이 나오지 않는 것이 상식인데 D학점이 두 개 나와 학사경고를 받았다. 확실한 것인지는 모르지만 수업료를 돌려주지 않기 위해 그렇다는 이야기도 있었다. 결과적으로 우리 아이는 한국 대학을 그만두고 미국에서 대학을 다시 다녀야 했다. 한번 쓰라린 경험을 맛본 아이는 미국에서는 펄펄 날았다. Community College를 2년간 우등으로 다닌 뒤 좋은 대학에 3학년으로 편입했으며 그 대학도 우등으로 졸업했다. 결과는 해피엔딩이었지만 그 과정에는 여러 가지 어려운 일이 있었고 시간과 경제적인 낭비도 컸다. 첫아이로부터 쓰라린 경험을 맛본 우리는 둘째아이는 무조건 본인의 의견을 존중했다. 둘째는 미국으로의 대학 진학을 원했고 우리는 이를 수락했으며 아이는 별 문제없이 순탄하게 대학을 마칠 수 있었다.

외교관 자녀들은 이렇게 시행착오를 거쳐 정착하는 경우가 많다. 애들이 갈팡질팡하지 않고 처음부터 방향을 잘 잡는다면 그것은 특별한 경우이다. 대부분 사춘기에 정체성으로 인해 고민하게 되고 대학을 한국으로 갈까 아니면 외국으로 갈까 고민하며 대학을 졸업해서도 어느 곳에 정착해서 인생을 살아갈까 고민하게 마련이다. 이것이 보통 외교관 아이들이 겪는 인생 여정이다.

외교관이라는 직업이 돌아다니는 것이 일이다 보니 세월이 잘 간다. 나는 1981년에 외교부에 입부하여 30여 년을 서울과 외국을 오가며 지냈는데 금방 세월이 지나가고 말았다. 국내에서 이리저리 옮겨 다녔다면 이렇게 세월의 속도가 빠르지는 않았을 것이다. 말 다르고 문화와 풍습과 모든 여건이 생소한 곳들을 옮겨 다니다 보니 정신없이 세월이 지나간 것이다. 외교관은 해외에 부임하면 3년을 근무하고 본부로 귀임하는 것이 보통이다. 3년 중에서 첫해는 새로운 환경에 정착하고 사람들과 사귀느라 금방 지나가 버린다. 또 마지막 해는 떠날 준비를 하고 그동안 지내왔던 삶을 정리해야 하기 때문에 이 역시 빨리 지나가기 마련이다. 이렇게 보면 마음 편히 일에 열중하는 것은 둘째 해뿐이라고 해도 과언이 아니다. 근무할 때는 3년이라는 세월이 이렇게 후딱 지나가리라고 예측을 못 하지만 지내놓고 보면 정말로 빠른 세월이었다고 누구나 느끼게 된다. 세월이 빨리 지나가는 만큼 아쉽고 후회스러운 것도 많다. 조금 더 최선을 다했더라면, 조금 더 세월을 아껴 썼더라면, 조금 더

하고 싶은 일을 해봤더라면, 하는 아쉬움이 남기 마련이다.

외교관은 추억과 아쉬움이 남는 직업이다. 20-30년 전 애들이 어렸을 때 외국에서 생활했던 시절은 돌이켜보면 마치 흑백영화와 같다. 단편적인 에피소드들과 함께 꿈처럼 달콤했던 일 또는 생각하고 싶지 않은 일들이 겹쳐 흐릿하게 나타난다. 어떤 때는 까맣게 잊어버렸던 일이 꿈에서 나타나 마치 시간을 초월해 옛날로 돌아간 듯한 느낌이 들기도 한다. 꿈에서 나타나는 것은 대개는 좋지 않은 기억들이다. 외교관은 젊어서 장돌뱅이 생활을 시작했던 상인이 긴 세월 동안 전국 장터 곳곳을 돌아다니다 마침내 고향으로 돌아오는 그런 직업에 비유할 수 있다. 세월 속에 어린 추억과 감회가 많으나 다시 가볼 수 없는 경우가 대부분이다. 나는 오랜 세월 이곳저곳을 돌아다니다 이제 고향으로 돌아가는 길목에 서 있다. 고향에 돌아가면 다시는 떠돌아다니지는 않을 것이다. 그러나 때때로 무료함을 느낄지는 모른다. 그리고 많은 추억과 함께 살게 될 것이다.

아내는 함께한 외교관 생활 30년을 이렇게 반추한다. "좌충우돌 몸으로 외교관 마누라 노릇 배워가며 나라를 옮길 때마다 보람과 오랫동안 떨쳐내지 못한 아픈 상처와 혈육보다 더 진한 전우애와 같은 우정으로 인해 마음이 풋풋해지는 추억이 있는가 하면, 뭘 너무 몰라 실수연발이었던 낯 뜨거웠던 일들로 인해 쓰디쓴 독처럼 퍼져 있는 창피함도 이제는 세월과 더불어 무디어져버린 기억이 돌이켜보면 괴롭기도 했지만 행복했던 여정이었다"라고….

함　께　먹　는　다　는　것　의　의　미

　외교활동에서 가장 중요한 수단 중의 하나는 오·만찬이다. 대사는 중요한 손님을 관저나 식당에 초청해서 식사를 함께 하면서 이야기를 나눈다. 대사가 큰 관저에서 거주하는 것도 따지고 보면 손님을 초청해서 오·만찬 행사를 자주 갖기 때문이다.

　밥을 함께 먹는 것처럼 그 사람과 가까워지게 만드는 것도 없다. 특히 한식을 손님들에게 대접하는 것은 특별한 의미가 있다. 우리 문화를 외국인에게 알리는 일이기 때문이다. 요즘 외국인은 한식에 매력을 느끼고 있다. 한식이 건강식으로 알려지면서 더 관심을 가지게 된 것 같다. 식탁에 차려진 한국음식을 소개하는 일이 어느덧 오·만찬에서 중요한 일의 하나가 되었다. 사실 한국음식에 관해 설명하는 것이 쉬운 일은 아니다. 외국인이 한국음식의 내력, 재료, 조리방법 등에 관해 자세히 알고 싶어 하기 때문이다. 외국인들은 요즘 불고기, 갈비, 김치, 비빔밥 등 한국을 대표하는 음식에 관해 대부분 잘 알고 있다. 너무 같은 음식만 대접하면 식상해하므로 보다 다양한 음식을 내놓을 필요가 있다. 한국 술도 요즘 관심의 대상이다. 나의 경우 관저에서 직접 막걸리를 담가 손님들에게 내어놓았더니 좋은 반응이 있었다.

　어느 나라나 대사관저에는 대개 요리사가 있다. 요리가 외교에서 차지하는 역할이 그만큼 중요하기 때문이다. 우리나라의 경우 대부분 한국인 요리사를 채용하고 있지만 외국의 경우에는 제3국에서 요리사를 데려오기도 한다. 내가 알고 있는 일본 대사들은 필리핀, 태국 등 동남아에서 주로 요리사를 데려오는 것을 보았다. 짐바브웨 주재 포르투갈 대사는 요리사를 모잠비크에서 데려왔다. 모잠비크가 과거 포르투갈의 식민지인지라 포르투갈 음식에 익숙하기 때문이다. 인건비가 계속 올라가다 보면 우리도 언젠가는 대사관저에 제3국인 요리사를 채용하게 될지도 모른다.

밥을 함께 먹는 것이 중요한 이유는 회의장이나 사무실에서 하지 못하는 이야기를 자연스럽게 나눌 수 있기 때문이다. 식사할 때는 와인 등 주류를 곁들이게 마련이고 이러한 것도 상대방의 마음을 열게 하는 데 도움이 된다. 세련된 테이블 세팅이나 테이블 매너 같은 것도 좋은 분위기를 만드는 데 도움이 된다. 또 여러 사람을 초청할 때는 좌석 배치를 잘 하는 것도 중요하다. 서로 불편한 사람끼리 나란히 앉지 않도록 배려하는 것이 필요하다.

그러나 역시 가장 중요한 것은 대화의 내용이다. 끊임없이 상대방의 호기심을 자극하면서 대화가 끊기지 않도록 이끌어나가야 한다. 특히 일대일로 하는 오·만찬의 경우 특정 주제에 관한 이야기가 끝나면 대화가 끊길 우려가 있으므로 주의해야 한다. 상황에 맞는 다양한 주제에 관해 계속 의견을 나눌 수 있도록 유도하는 것이 필요하다. 또 상대방에게 진심이 담긴 이야기를 하면 상대방의 반응을 보다 잘 이끌어낼 수 있으므로 무게 있는 이야기를 나누는 것도 좋다.

손님들을 대접하다 보면 여러 부류의 사람들을 맞이하게 된다. 어떤 손님은 끝없이 질문하고 쉴 새 없이 이야기하는 다변가들이 있는가 하면 과묵한 사람들도 있다. 과묵한 사람보다는 다변가가 오히려 더 다루기 쉬운 측면이 있지만 자기 집에 초청한 손님은 어떤 사람이든 최선을 다해 대접해야 한다. 손님을 편안하게 잘 모시는 것이 외교의 기술 중 하나이다. 이를 위해 정성스레 음식을 마련하고 대화가 원만하게 이루어질 수 있도록 만반의 준비를 하는 것이다.

쉽게 보이지만 결코 쉽지 않은 것이 오·만찬 외교이다. 소위 '밥 먹는 외교'를 잘 하는 외교관은 노련한 외교관이라고 할 수 있다.

외 교 부 평 가 시 스 템 을 생 각 한 다

최근 외교부에 공관장을 평가하는 시스템이 도입되었다. 그 내용을 보면 사실 새로울 것은 없다. 그전에도 비슷한 평가 방식이 있었고 이는 성과연봉에 반영되었다. 새로 도입된 평가 제도는 평가 항목을 보다 세분화하고 실적을 구체적으로 입력케 하여 이를 본부에서 평가하는 것이다. 정무, 경제·통상, 영사, 문화, 홍보, 총무, 자원에너지, 개발협력 등으로 분야를 나누어 평가한다. 그리고 전 재외공관을 직원 수 기준으로 4개 그룹으로 나누어 그룹별로 순위를 매기고 이를 바탕으로 전체 순위를 매기는 것이다. 외교부는 2012년부터 이 제도를 본격적으로 도입하여 2번 연속 최하위 평가를 받은 공관장에 대해서는 조기 소환 등을 검토한다고 한다.

외교부가 공관장 평가 제도를 도입한 것은 외교의 경쟁력을 높이기 위한 것으로 이해된다. 외교에 있어서도 얼마나 실적을 거두었는지 측정하여 잘하는 공관장과 못하는 공관장을 구분하여 연봉과 인사에 반영하기 위한 것이다. 그러나 취지는 이해가 되지만 '실적'을 객관적으로 평가한다는 것이 쉬운 일은 아니다. 외교라는 것이 비즈니스와 달라 실적을 숫자로 평가하기가 어렵기 때문이다.

외교부는 이 제도를 도입하기 위해 행정안전부와 평가기관의 전문가들과 수차례 회의를 갖고 어렵사리 평가 시스템을 마련했다고 한다. 외교부가 공관을 평가할 때에는 주로 공관에서 본부에 보낸 전문의 숫자와 질 등을 분석하여 평가하게 되는데 얼마나 객관성이 확립될 수 있을지는 사실 의문이다. 이 제도를 실시하기 전 외교부는 각 공관에 제도의 문제점에 관한 의견을 구했는데 제기된 많은 의견은 평가의 객관성을 어떻게 확보하느냐 하는 것이었다. 왜냐하면 각국의 외교 환경이 모두 다르기 때문이다. 가령 국제기구 대표부에는 영사 업무가 없고 자원 보유국이 아닌 국가에서는 자원외교가 없다. 선진국과 후진국의 여건이 판이하기 다르기 때문에 정무, 경제, 문화, 홍보 등의 업무에 있어서도 내용이 다를 수밖에 없다. 그리고 큰 공관과 작은 공관에서 할 수 있는 일의 성격이 다르다. 직원이 많으면 많을수록 시너지 효과를 낼 수 있는 반면 작은 공관에서는 일을 벌이는 데 한계가 있다. 인원이 적은 공관에서는 모든 분야를 동등하게 다루기 어렵고 성과를 거두기 위해서는 몇 가지 분야를 추려 노력을 집중하는 '선택과 집중'이 필요한데 이렇게 개별적으로 다른 선택을 어떻게 객관적으로 그리고 종합적으로 평가할지도 문제다.

외교부 본부에서는 평가대사를 두어 평가의 객관성을 높이려 하고 있다. 평가대사가 어떤 방식으로 공관장에 대해 공정한 평가를 하게 될지는 앞으로의 과제이다. 현실적으로 평가대사가 전 재외공관을 돌면서 현지 사정을 파악하고 공관장의 활동을 점검하기는 어려울 것이다. 따라서 결국 평가대사도 공관에서 보낸 전문을 기초로 그 공관의 활동을 평가하게 될 것으로 보인다. 물론 특별한 애로사항이 있거나 문제가 있는 공관을 직접 방문해서 활동하는 것은 가능할 것이다. 어느 경우에나 평가자가 염두에 두어야 할 점은 외교라는 것이 수치로 업적을 평가할 수 있는 대상은 아니라는 사실이다. 기업의 실적과 외교의 실적은 같을 수 없다. 외교는 눈에 보이지 않지만 지금 맺어놓은 관계가 나중에 열매를 맺는 경우가 많다. 이러한 질적인 요소, 장기적인 요소를 감안해서 평가하는 것이 좋다. 그러나 이러한 요소들은 다분히 주관적인 것이다.

결국 외교활동에 관한 평가는 수치로 드러날 수 있는 객관적인 요소와 수치로 드러나지 않는 주관적인 요소를 고려할 수밖에 없다. 외교활동을 너무 객관적으로 평가하려고 하다가 공정성을 잃을 우려가 있고 이렇게 되면 평가제도 자체에 대해 정당성 시비가 일 수도 있다. 외교부 본부는 객관적으로 공관장을 평가하는 시스템이 확립됨으로써 큰 성과를 거두었다고 하지만 공정성이 확보되지 않으면 공관장이나 공관원의 사기를 저하시킬 수 있다. 특히 작은 공관의 공관장으로서 최선을 다해 열심히 일했다고 생각하는 사람들이 낮은 평가를 받을 경우 불만이 없지 않을 것이다. 평가는 필요하지만 평가의 결과를 가지고 연봉이나 인사에 반영하는 것에는 보다 신중을 기해야 할 필요도 있을 것이다. 이것은 전체의 사기와 관련된 문제이기 때문이다. 어떻게 평가를 해도 많은 인력과 예산 그리고 본국으로부터 많은 사람이 오가는 주목받는 공관이 유리한 위치에 있는 것은 뻔한 일이다. 이것은 공관장의 책임이 아니다. 공관장의 책임이 아닌 근본적인 외교 환경의 차이가 있는 가운데 공관장을 객관적으로 평가하는 것에는 위험이 따를 수 있다.

　개혁은 필요하지만 '개혁을 위한 개혁'을 해서는 안 된다고 생각한다. 꼭 필요하고 정당성과 공정성을 확보할 수 있는 가운데 실적평가 제도가 시행되어야 전체의 공감을 얻을 수 있을 것이다. 만일 제도를 만들어놓고 여러 가지 문제와 불만이 표출되어 제도에 대한 지지가 떨어진다면 이 제도는 재검토될 수밖에 없는데, 많은 예산과 노력을 기울여 만들어놓은 제도가 폭넓은 지지를 얻지 못해 폐지되거나 지속적인 실시가 유예된다면 그런 낭비도 없다. 개혁이 한창 진행 중일 때에는 이에 반대하는 의견들이 있어도 잘 표출되지 않기 마련이다. 그러나 조용하다고 해서 반대 의견이 없는 것으로 생각하면 오산이다. 공관장 평가제도의 본격적인 실시와 정책에 앞서 이 제도의 입안자들은 과연 이 제도가 객관성과 공정성을 확보하여 지속적으로 다수의 지지를 얻을 수 있을 것인지 다시 한 번 깊이 생각해보는 자세가 필요할 것이다.

퇴 임 외 교 관 을 활 용 하 는 길

이제 한국은 고령화시대로 접어들고 있고 출산율은 세계에서 가장 낮은 나라에 속한다. 앞으로 10-20년 후면 이 문제가 얼마나 심각한지 피부로 느끼게 될 것이다.

이 문제를 풀기 위한 방법 중 하나는 노인들이 사회에서 보다 오래 일하도록 하는 것이다. 어떤 사람들은 노인이 은퇴하지 않고 계속 일하면 젊은이들의 일자리를 뺏는다고 하는데 나는 이러한 견해에 동감할 수 없다. 오히려 노인이 일하지 않고 연금에만 의존한다면 이 사회는 버틸 수 없다. 왜냐하면 노인의 숫자가 점점 늘어남에 반해 일해야 하는 청장년층의 숫자는 거꾸로 줄어들기 때문이다. 젊은이들은 노인들이 직장에서 보다 오랫동안 일해 소득을 얻도록 하는 대신 연금 수령 액수를 줄이거나 수령 시기를 늦추는 방향으로 장려해야 한다. 이것이 젊은층의 부담을 줄이는 길이다. 노인이 자신들의 일자리를 뺏는다고 생각해서는 안 된다. 노인이 일할 수 있는 일자리를 더 만들어주는 것이 핵심이다. 젊은층과 노인층이 일자리를 놓고 경쟁하는 것이 아니라 상생하는 시스템을 만들어야 한다.

특히 전문적인 직업에 종사했던 사람들이 은퇴한 후에 일할 수 있는 기회를 만들어주는 것이 중요하다. 전문가는 하루아침에 만들어지는 것이 아니다. 오랜 세월을 거쳐 다듬어져야 만들어진다. 이러한 전문가들이 불과 30년 정도 일하다가 사라져버리는 것은 사회적으로 봐서 큰 손실이다. 전문가들이 은퇴 후에도 제2, 제3의 직장에서 최소한 10년 이상 일할 수 있도록 해주는 것이 사회로 봐서는 이익이 된다.

외교관은 전문 직업에 속한다. 외교관이 30년 이상 세계 각지를 다니면서 갈고닦은 국제관계에 관한 경험과 지식은 아무나 흉내 낼 수 없다. 노련한 외교관은 국제 정세에 통달할 뿐 아니라 세계가 변화하고 있는 흐름을 읽을 수 있다. 이들은 어떤 나라가 전망이 있으며 어느 나라에는 어떤 문제가 있는지 알고 있다. 지역적으로 어느 지역이 성하고 있으며 어느 지역이 쇠퇴하고 있는지도 안다. 이들은 또한 자신이 근무한 지역과 국가에 많은 인맥을 구축하고 있다. 이러한 외교관의 경험이 쓰임 받지 못하고 사장된다면 국가적으로 봐서 손실이다. 그러나 지금까지는 외교관이 은퇴한 후 별로 쓰임 받지 못하는 것이 관례가 되어 왔다. 외교부에는 조직적으로 퇴임 외교관에게 제2의 직장을 알선해주는 시스템이 없다. 경제부처 등에서는 오랜 공무원 생활을 했던 직원이 은퇴하면 산하 기관이나 국영기업 또는 사기업에 일자리를 마련해주는 것이 관례이다. 외교부가 이런 시스템을 갖추고 있지 않은 것은 외교부가 산하기관을 별로 거느리지 않고 있는 데 큰 이유가 있지만, 외교부가 퇴임 외교관에게 적극적으로 일자리를 마련해주려는 의지와 능력을 보이지 않고 있기 때문이기도 하다.

외교관들은 지금까지 개인의 역량에 따라 은퇴 후 다양한 일자리를 가져왔다. 외교관의 일자리는 대부분 개인적인 노력에 의한 것이다. 주로 대학에서 강의하는 사람이 많았고 일부는 공기업이나 사기업에 진출하기도 했다. 드물지만 국제기구에 진출하는 사람도 있었으며 사회단체의 활동에 가담하거나 봉사활동에 전념하는 사람들도 있다. 재력이 있는 사람들은 문화 단체를 만들거나 박물관, 미술관 같은 것을 세우기도 한다. 그러나 어디까지나 이는 예외적인 경우에 속한다. 대부분은 자신이 갖고 있는 지식과 경험을 살리지 못하고 은퇴 후 한량 같은 생활을 하고 있다. 이는 국가적으로 그리고 사회적으로 낭비가 아닐 수 없다.

내가 보기에 퇴직한 외교관을 활용할 수 있는 기회는 많이 있다.

첫째는 기업에서 외교관을 활용하는 것이다. 본부에서 자문 역할을 담당할 수도 있고 사업이 있는 현지에서 근무하면서 활동할 수도 있다. 어떤 프로젝트의 사업성을 검토하는 데에는 그 나라가 처해 있는 상황을 잘 읽고 미래의 전망을 분석하는 것이 필요하다. 이런 분야에서 외교관은 큰 도움이 될 수 있다. 사업의 교섭에 있어서도 외국어 실력과 풍부한 협상 경험을 가진 외교관은 유리한 결과를 도출하는 데 역할을 할 수 있다. 그들이 가지고 있는 그 나라의 인맥과 그 나라 사정에 관한 풍부한 지식도 유리한 자산이 될 것이다.

둘째 외교관은 외국에 관해 풍부한 경험과 지식을 가진 사람들이므로 학교에서 교수로 활용할 수 있다. 지금까지도 은퇴 후 외교관이 가장 많이 진출하는 곳은 대학이었지만 이를 보다 체계적으로 관리하여 적재적소에 외교관을 활용하는 그러한 시스템을 마련하는 것이 필요하다고 본다. 가령 중남미 관련 문제를 중점적으로 연구하려는 대학은 중남미에서 근무한 경험이 많은 외교관을 교수로 채용하는 것이다. 군축이나 안보 문제를 전문적으로 다루려는 대학은 이 분야에서 경험이 많은 외교관을 채용할 수 있을 것이다. 외교부가 중간에서 매개체 역할을 보다 충실히 한다면 대학도 적절한 사람을 보다 쉽게 찾을 수 있고 외교관 본인도 자신의 장기를 충분히 살릴 수 있는 곳에서 일할 수 있다.

셋째 국가나 사회단체에서 관장하는 외국과 관련된 일에 외교관을 활용할 수 있다. 가령 국제회의나 행사를 주최하는 데 있어서 외교관을 쓴다거나 해외에서 하는 공익사업에 외교관을 파견하여 일을 담당하게 하는 그런 방식이 가능하다. 판사나 검사는 퇴직 후 변호사로 종사하고 의사는 정년이 없으므로 계속 의사로 일할 수 있다. 회계사, 세무사, 변리사 등도 사정은 비슷하다. 이들 못지않게 국제관계에서 전문성을 가진 외교관에게 퇴임 후 일할 기회를 주는 것은 중요한 일이다. 외교관의 경험과 지식을 사장시키는 것은 엄청난 돈을 들여 키운 전문가에게 일을 주지 않고 놀리는 것과 비슷하다.

퇴역 외교관의 숫자는 많지 않다. 얼마 되지도 않는 외교관을 체계적으로 활용하지 못하는 것은 사회적 손실이다. 외교관의 체계적 활용을 위해서는 외교관을 전문

직업인으로 인정하여 은퇴 시 자격증을 부여하는 제도의 도입도 검토할 필요가 있다. 외교관에게 '국제관계전문인' 자격증을 부여할 경우 이들은 사무실을 내고 국제관계에 관한 자문을 본격적으로 행할 수 있을 것이다. 이들의 고객은 중앙정부, 지방정부, 공기업, 사기업, 사회단체 및 개인 등 다양한 층에 이르게 될 것이다. 변호사나 세무사가 은퇴 후 사무실을 개업함으로써 전문직업인으로서의 공백을 없앨 수 있는 것같이 외교관에게도 자격증을 부여할 경우 노는 사람이 없이 계속해서 사회를 위해 기여할 수 있을 것으로 본다.

한 국 외 교 와 다 른 나 라 외 교 와 의 차 이

한국외교와 미국외교의 차이는 무엇일까? 외교라고 해서 같은 외교는 아니다. 한국과 미국의 국력 차이가 있기 때문에 외교력에 있어서도 차이가 있는 것은 당연하다. 우선 미국의 외교관 숫자나 공관 숫자는 한국과 비교가 되지 않을 정도로 많다. 대부분의 미국 공관은 그 나라에 주재하고 있는 외교공관 중에서 가장 크고 인원도 많다. 그리고 미국의 공관은 미 해병대 병력이 보호하고 있다. 미국 대사관을 한 번씩 방문할 때마다 보안의 철저함에 혀를 내두를 정도이다. 이란의 호메이니 시절 대사관을 점거당하고 외교관들이 인질로 잡혔던 사실을 기억하면 이러한 철저한 보호조치에 수긍이 가기도 하지만 미국 대사관을 드나들 때마다 너무 과도하다는 생각이 들기도 한다.

미국이 이렇게 광범위하고 철저한 외교 네트워크를 가지고 있는 것은 미국의 국력이 크기도 하지만 미국이 전 세계를 상대로 외교전을 벌이고 있다는 증거이기도 하다. 중국의 국력이 커지면서 중국의 공관 숫자도 비약적으로 늘고 있고 공관의 규모도 커지고 있지만 아직 미국에게는 미치지 못한다. 미국의 외교력은 미국의 국력을 반영하는 바로미터이다. 미국은 왜 이렇게 대규모의 공관을 필요로 할까? 그것은 미국이 세계를 경영하는 나라이기 때문이다. 미국은 냉전 시 소련과 대치하여 전 세계에서 공산주의의 확산을 방지한 전통이 있었고 냉전이 끝난 지금에도 아직 그 전통의 일부는 남아 있다. 미국 공관에 정보요원과 군 요원들이 많은 이유도 여기에 있다. 이미 냉전은 끝났지만 그러한 전통이 아직 남아 미국의 외교공관은 큰 규모를 유지하고 있는 것이다. 냉전 후 이슬람 과격파나 테러리스트들의 공격에 대비해야 하는 상황이 벌어지면서 미국은 아직도 이렇게 큰 공관들을 유지하고 있다.

그렇다면 미국이 하드웨어에 있어서만 세계 최고 수준의 외교력을 유지하고 있을까? 그렇다고 볼 수만은 없다. 미국의 외교력은 소프트웨어에 있어서도 세계 최고 수준이다. 미국 외교관의 협상력이나 위기대처 능력 그리고 정보수집 능력은 가히 세계에서 으뜸이다. 폭로 사이트 위키리크스가 주로 미국을 대상으로 외교전문을 입수하여 그 내용을 터뜨리고 있는 것은 바로 이러한 이유 때문이다. 미국 외교관의 전문이 가장 내용이 풍부하고 비밀스런 이야기들도 많이 담고 있기 때문이다. 미국 외교관들이 전 세계를 상대로 해서 네트워크를 쌓고 인맥을 구축해서 각종 정보를 수집하는 능력은 가히 경이로울 정도이다.

미국의 협상 능력이나 정보수집 능력이 최고 수준인 것에는 그만한 이유가 있다. 우선 미국의 외교 조직은 시스템이 잘 갖추어져 있다. 지역별, 분야별, 기능별로 업무가 나뉘어져 있으며 각 부서에 인력과 예산도 충분하다. 가히 미국의 공관은 그 나라에 주재하는 미국의 소정부라고 불릴 만하다. 또 미국은 언어에 있어서 강점이 있다. 세계에서 가장 널리 쓰이는 영어를 모국어로 하기 때문이다. 세계의 모든 국가 중 미국 대사들이 정치적으로 임명된 경우가 가장 많은 이유 중 하나는 영어를 쓰기 때문이다. 일반적인 식견을 가진 인물이라도 대사로 임명할 때 별 부담을 느끼지 않는다. 그것은 누구를 대사로 임명하든지 의사소통에서 문제가 없어 대사로서의 직무를 무난히 수행할 수 있기 때문이다. 그러나 내가 알고 있는 미국대사를 통해 들은 바로는 이렇게 정치적으로 임명된 대사 중에 일은 하지 않고 개인적으로 대사직을 즐기는 사람들도 가끔 있다고 한다. 어떤 사람은 업무를 차석에게 맡겨 놓고 거의 사무실에 출근하지 않은 채 개인 생활을 즐기는 사람들도 있다는 것이다.

한국은 어떠한가? 한국의 외교력이 크게 신장한 것은 사실이다. 한국은 전 세계에 161개 공관을 가지고 있으며 그 숫자는 점점 늘어나고 있다. 한국의 외교관 숫자는 2천 명이 넘는다. 외교 예산도 많이 늘어났으며 특히 ODA 예산이 늘면서 KOICA의 역할이 커졌다. 그러나 아직 한국의 외교력은 국력에 걸맞을 만큼 인원이나 예산을 가지고 있지는 못하다. 세계를 경영하는 미국과 비할 바는 못 되지만 5대양 6대주로 뻗어나가는 한국의 경제력에 비추어 볼 때 한국의 외교 인프라는 보다 커져야 할 필요가 있다. 앞에서도 잠깐 언급했지만 한국의 재외공관 중에는 정규 외교관이 3명밖에 되지 않는 미니 공관이 30개가 넘는다. 공관장을 제외하고 직원이 2명인 셈이다. 한 사람이 정무, 경제, 문화, 홍보를 맡고 나머지 한 사람이 영사, 총무, 외신을 맡아야 하는 형편이다. 비록 행정직원이 있고 현지 직원들도 있다고 하지만 한국에서 파견된 책임 있는 직원이 2명에 불과하다는 것은 문제가 있다. 미국과 같이 세계의 모든 나라에 큰 규모의 공관을 유지할 필요는 없지만 우리의 국익을 지키기 위해서는 지금보다는 더 업그레이드된 공관의 인프라가 반드시 필요하다고 본다.

한국외교와 독일외교를 비교할 때 가장 두드러진 것은 독일 외교관에게 주어지는 선택의 자유이다. 독일 외교관 중에는 제너럴리스트가 많다. 이들의 경력을 보면 세계 각국을 돌아다니며 근무한 사람들이 많다. 아프리카 공관에 있다가 본부에 와서 한국을 담당한 후 또 미국으로 근무를 나가는 식이다. 놀라운 것은 이렇게 뱅뱅이를 돌리다 보면 전문 지식은 없을 것 같은데 실제는 그렇지 않다는 사실이다. 독일 외교관은 어느 공관, 본부 어느 자리에 앉혀놓아도 자신의 역할을 훌륭히 소화한다. 이들은 실로 제너럴리스트와 스페셜리스트를 겸한 사람들이다.

나는 독일에 근무할 때 다양한 독일 외교관들을 만났다. 우리 대사관이 독일 외교부와 지척에 있어 외교부를 방문하기가 무척 쉬웠다. 한국이나 동아시아를 담당하는 외교관 외에 각종 지역국을 담당하는 외교관, 경제, 통상, 국제기구, 국제법 등을 담당하는 외교관, 인사와 행정을 담당하는 외교관들도 나의 주 고객이었다. 이들을 만나면서 한결같이 감탄한 것은 이들의 경력이 너무나 다양하다는 점과 그럼에도 불구하고 현재 담당하는 업무에서 탁월한 전문지식을 갖고 있다는 점이었다. 이들이 다양한 업무를 담당하면서도 전문성을 유지할 수 있는 것은 기록 관리와 자료 제공을 전담하는 사서 직원들 덕이 큰 것으로 보였다. 이들의 말로는 독일 외교부의 사서들은 '산 역사'라고 했다. 그만큼 오랜 세월 한 곳에서 근무하면서 모든 기록을 다 정리해서 보유하고 있다는 것이다. 다양한 세상 경험과 공관 근무 경험으로 넓은 지식과 연륜을 쌓은 외교관들이 본부에 와서도 사서들이 필요한 자료만 제때 공급해주면 얼마든지 전문성을 가지고 일할 수 있다는 것이었다. 나는 그때서야 독일 외교관이 제너럴리스트와 스페셜리스트를 겸비한 이유를 알 수 있었다.

한국의 경우에는 처음에 몇 개 공관을 다니다가 언어나 지역 또는 특정 분야 등을 택해 스페셜리스트의 길을 걷는 외교관들이 많다. 통상, 국제기구, 국제법 등을 택하는 사람도 있고 스페인어 전문가가 되어 중남미 지역만 근무하는 사람들도 있다. 이들은 본부에 와서도 그 분야에서만 근무하는 경우가 많다. 다른 부서에서 근무하려고 해도 기회가 별로 없는데다 독일과 같이 사서 서비스가 발달되어 있지 않아 생소한 분야에서 전문성을 쌓는 데에는 애로가 있기 때문이다.

물론 한국 외교관 중에도 이곳저곳 다니면서 한 분야에 얽매이지 않고 일하는 제너럴리스트들도 있다. 대개는 처음 외교부에 들어와서는 제너럴리스트로 활동하다가 중견이 되어서는 한 분야를 택해 스페셜리스트가 되고 나중에 고참이 되면 다시 제너럴리스트로 돌아가는 경우가 많다. 그러나 내가 보기에 한국의 제너럴리스트는 독일의 제너럴리스트만큼 폭넓은 지식과 경험을 가지고 있지는 못하다. 그 이유는 자질과 역량의 차이도 있겠지만 독일 외교관이 보다 폭넓은 선택의 자유를 가지고 있다는 점 때문이라고 생각한다. 이들은 개인의 의사와 선호를 매우 존중해준다. 독일 외교관의 선택의 범위가 넓다는 점은 이들이 특정 공관이나 특정 분야를 선호하는 정도가 우리보다 훨씬 낮다는 것을 의미한다. 개인의 생각과 선호에 따라 선택의 범위가 매우 넓고 몇 몇 분야에 쏠리지 않으므로 독일 외교관의 선택의 자유는 보다 커지는 것이다. 내가 짐바브웨에서 근무하면서 만난 독일대사는 아프리카 전문가로 5-6개 아프리카국을 근무한 경험이 있다. 이 대사는 "언제 어떤 자리에서나 자신은 아프리카를 선택했고 이제 짐바브웨에서 마지막 대사 생활을 한다"고 하면서 "스스로의 선택에 대해 아무 후회가 없고 이를 매우 자랑스럽게 생각한다"고 말한다. 나는 우리 외교관들도 이러한 자세를 배우는 것이 좋겠다고 생각한다. 외교관 스스로가 자신의 주관을 가지고 선택의 범위를 넓히면 많은 사람이 훨씬 더 큰 선택의 자유를 누릴 수 있게 된다. 이렇게 되어야 마음의 부담 없이 외교활동을 즐기고 공관생활을 즐길 수 있다. 보다 많은 사람이 외교관 생활을 진정으로 즐길 수 있어야 그만큼 실력이 쌓이고 궁극적으로 국가의 외교력을 높일 수 있는 것이라고 생각한다.

한국은 거의 개도국을 졸업할 단계에 올라 있는 나라이다. 외국에서는 이미 한국을 선진국으로 생각하는 사람들도 많다. 그러면 한국의 국력 상승에 걸맞게 한국외교는 선진국 수준에 올라 있는 것일까? 한국의 외교는 개도국의 외교에 비해 높은 단계에 있는 것인가? 이러한 의문에 대해 한번 생각해보기로 하자.

나는 한국의 경제력이 선진국 수준에 와 있는 것은 맞으나 경제외적인 수준이 선진국 수준에 도달하려면 아직도 갈 길이 멀다고 생각한다. 가령 한국은 아직도 과학 부문에서 노벨상 수상자를 배출하지 못했다. 이 정도의 경제규모를 가진 한국이 선진국이라면 벌써 몇 사람 노벨과학상 수상자를 배출했어야 맞다. 둘째 한국의 후진국에 대한 공적 원조의 수준은 아직 낮다. 유엔새천년개발목표(MDGs)에 의하면 공여국은 2015년까지 국민소득(GNI)의 0.7%를 지원토록 되어 있으나 한국이 이 수준에 도달하려면 아직 멀었다. 전반적으로 보아 한국이 선진국을 따라가려면 아직도 상당한 시일이 필요할 것이다. 선진국이란 것이 그냥 주어지는 것은 아니다. 모든 면에서 뛰어날 뿐 아니라 의무와 책임을 다하고 국제사회에서도 모범이 되어야 선진국이 될 수 있다. 우리가 우리 자신을 돌아볼 때 선진국 자격이 있다고 생각하는가?

한국이 아직 선진국이 되지 않았다는 것은 외교에서도 한국은 아직 선진국 수준이 아니라는 것을 뜻한다. 내가 보기에 한국외교는 선진국과 개도국 중간 정도에 있다. 이것은 외교 인프라적인 측면에서도 그렇고 외교관의 역량 측면에서도 그렇다. 개도국외교의 특징은 '배우는 외교' 그리고 '받는 외교'이다. 우리도 40-50년 전으로 거슬러 올라가면 개도국외교의 특징을 그대로 가지고 있었다. 선진국의 발달된 제도와 법규 등을 배우고 모방하느라 바쁜 세월이었다. 또 많은 우리 외교관이 선진국에 가서 교육을 받고 훈련을 받았다. 이렇게 지내는 가운데 차차 우리 외교도 발달한 것이다. 우리가 줄 수 있는 것은 거의 없었다. 가진 것이 별로 없었기 때문이다. 개도국에서 근무해보면 개도국 외교관들이 우리의 60-70년대 수준에 머물러 있다는 사실을 확연히 깨달을 수 있다. 이들의 꿈은 한국에 가서 교육이나 훈련을 받는 것이다. 그리고 한국 정부가 자신들에게 가급적 많은 원조를 제공해주는 것을 바란다. 한국은 이제 세계를 상대하는 국가가 되었다. 이에 따라 외교의 범위도 엄청 커져 외교관들이 다 감당하기에 벅찰 정도가 되었다. 개도국 외교는 그와 반대이다. 이들의 관심사는 불과 몇 개에 지나지 않는다. 국제회의에 가보면 선진국과 후진국의 구분이 분명하다. 선진국일수록 관심이 많고 다루는 주제가 많다. 정반대로 후진국일수록 관심의 대상이 적다.

　한국도 과거에는 'single issue delegation'이라는 말을 들은 시절이 있었다. 북한문제 외에는 관심이 없었기 때문이다. 요즘은 물론 그렇지 않다. 유엔사무총장을 배출한 나라, G-20에 속하는 나라, 핵안보정상회담을 주최한 나라로서 다루는 주제와 관심의 대상이 엄청나게 늘어났다. 개도국은 그렇지 않다. 바로 이런 차이가 외교의 내용과 범위를 구분하는 것이라고 생각한다.

외교단이란 그 나라에 거주하고 있는 외교관을 집합적으로 일컫는 말이다. 규모
의 차이가 있기는 하지만 어느 나라에나 외교단은 있기 마련이다. 가령 세계의 수도
격인 워싱턴에는 거의 모든 나라의 대사관이 있고 이곳에서 근무하는 외교관의 수
만 해도 수천 명에 이른다. 한국의 위상이 커지면서 한국에 주재하는 외교단의 숫자
도 100여 개 이상으로 늘어나 상당히 큰 규모가 되었다. 외교단의 규모가 어느 정도
되는지는 그 나라의 국력과 직결된다. 나라가 크고 중요할수록 그 나라에 주재하는
외교사절이 많을 것은 당연한 이치이다.

외교단의 장은 통상 그 나라에서 가장 오래 거주한 대사가 맡는다. 보통 한 나라
에서 최소 5-6년은 거주해야 외교단장이 되는 것 같다. 냉전 시절에는 교황청 대사
가 외교단장을 맡는 경우가 많았다. 이념으로 갈라져 외교관끼리도 서로 원수 보듯
하니 모임이 이루어질 리 없었고 이러다 보니 이해관계가 없는 교황청 대사가 중재
자로 등장했던 것이다. 교황청 대사를 '눈시오'라고 하는데 '사절'이라는 뜻의 라틴
어이다. 교황청 대사가 주로 외교단장을 맡게 된 냉전 시절부터 이 단어는 잘 알려
지게 되었다. 외교단에는 여러 가지 모임이 있다. 대사들끼리 주기적으로 점심이나
저녁 모임이 있는가 하면 직원 간에도 별도 모임이 있다. 또 지역별로 나뉘어 유럽,
중동, 아시아, 아프리카, 중남미 대사들 간에 별도 모임이 있는 것이 보통이다. 개도
국에서는 원조를 많이 제공하는 국가의 대사들 간에 별도 모임이 있기도 하다. 외교
관의 배우자들도 별도 모임이 있어서 바자회나 자선디너 등을 통해 기금을 모아 고

아원, 양로원 등을 상대로 봉사활동을 펼치는 경우가 많다.

외교단은 주재국의 국경일이나 특별한 행사에 약방의 감초처럼 초대받는다. 대통령 취임식이나 국장(國葬)과 같이 매우 중요한 행사에는 통상 본국정부에서 특사를 파견하지만 보통 행사 때는 대사가 그 나라의 대표로 참가한다. 이러한 행사가 중요한 이유 중 하나는 이 기회를 이용하여 외교활동을 할 수 있기 때문이다. 보통 때 만나기 어려운 주재국의 고위인사나 기업가들을 이 기회에 만나 본국 정부의 입장을 전달하기도 하고 현안에 관해 협의할 수도 있다. 유능한 외교관은 기회를 잘 포착해야 한다. 많은 사람의 눈이 있어 다소 민망스럽더라도 어떤 외교관들은 아랑곳하지 않고 사람들 사이를 헤치고 다니면서 필요한 사람을 만나 이야기를 나누는 모습을 볼 수 있다. 이들은 기회를 잘 활용하는 사람들이다.

사람에 따라 외교단 행사에 잘 나타나는 사람이 있는가 하면 전혀 모습을 드러내지 않는 경우도 있다. 나는 짐바브웨에 근무하면서 리비아 대사관이 없는 줄 알았다. 그런데 카다피가 패망하고 반정부군이 트리폴리를 점령한 후 난데없이 하라레에 있는 리비아 대사관이 옛 국기를 내리고 새로운 국기를 게양했다는 사실이 현지 언론에 보도되면서 리비아 대사관이 있다는 사실을 알게 되었다. 이 대사는 결국 짐바브웨 정부로부터 72시간 내에 철수하라는 명령을 받고 떠나게 되었지만 나는 이 사건을 통해 리비아 대사의 존재를 알게 되었던 것이다. 그전에는 어떤 외교단 행사에서도 리비아 대사를 본 적이 없었다.

그런가 하면 약방의 감초처럼 모든 외교단 행사에 빠지지 않고 모습을 드러내는 사람들도 있다. 이들은 마치 외교단을 위해 본국으로부터 파견되어 온 사람들 같다. 그러나 너무 지나친 것은 역시 좋지 않은 것 같다. 왜냐하면 이들을 보면서 "과연 바쁜 일이 많다면 이렇게까지 빠지지 않고 모든 외교단 행사에 나올 수 있을까?" 하는 생각이 들기 때문이다.

외교단 행사 중 백미는 각국의 국경일 리셉션이다. 이 행사를 위해 대사관은 여러 가지 준비를 한다. 자기 나라를 소개하기 위한 좋은 기회이기 때문이다. 전통복장을 차려 입고 전통 음식을 준비하며 미술품이나 공예품 등을 전시하기도 하고 어떤 대사관에서는 음악회 등을 열기도 한다. 그 나라와 주재국의 국기를 게양하고 양국 국가를 연주하며 대개 주재국의 고위인사와 대사가 기념 연설을 한 다음 건배를 하는 순으로 진행된다. 공식 행사가 끝난 다음에는 차려놓은 음식과 주류 등을 즐기게 되는데 제사보다는 젯밥이라고 할까, 사람들이 이 시간을 고대하는 것은 동서고금을 막론하고 비슷한 것 같다.

우리 국경일 리셉션은 인기가 좋아 손님이 많이 오는 편인데 그 비밀은 맛있는 한식에 있는 것 같다. 나는 짐바브웨에서는 큰 나무통을 짜서 아래에는 밥, 그리고 위에는 태극무늬로 배열한 각종 나물을 놓고 대사들과 함께 비빔밥을 비빈 후 손님에게 나누어 주는 행사를 가졌는데 아주 인기가 좋았다. 우리나라의 경우 광복절과 개천절 중 하나를 택해 국경일 리셉션을 개최하는데 광복절이 휴가철과 겹치므로 대부분 공관에서는 개천절을 국경일로 택하게 된다. 그러나 개천절의 경우에도 문제가 있다. 왜냐하면 독일 통일을 기념하는 국경일과 겹치기 때문이다. 한국과 독일은 국경일 리셉션의 중복을 피하기 위해 현지 신사협정을 통해 대개 10월 3일을 교대로 사용하고 있다.

뉴욕의 유엔본부

　　외교 업무를 나눌 때 흔히 양자외교와 다자외교로 나눈다. 양자외교는 말 그대로 양국 간의 외교 즉 1대 1 외교를 말한다. 한·미, 한·중, 한·일, 한·러 관계 등이 대표적인 양자 외교이다. 이에 반해 다자외교는 여러 나라가 함께 모여 어떤 주제에 대해 논의하는 형태, 즉 국제회의 외교를 말한다. 유엔이나 OECD, WTO 등에서 이루어지는 외교활동이 대표적인 예이다.

　　외교부의 젊은 외교관들은 다자외교를 선호하는 경향이 있다. 왜냐고? 각자 사정이 있겠지만 공통적인 이유가 몇 가지 있다. 첫째, 많은 국제회의가 뉴욕, 제네바, 빈, 파리 등 소위 선진국 도시에서 열린다. 대부분의 외교관은 이런 곳에서 살거나 자주 방문하기를 원한다. 따라서 한국 외교관이 뉴욕, 제네바, 빈, 파리 등 국제기구 대표부 근무를 원하는 것은 당연하다. 둘째, 국제회의에 참가하는 것은 신나는 일이다. 젊을수록 특히 그러하다. 소위 폼이 나기 때문이다. 국제회의 전문가가 되는 것은 일종의 스타일리스트가 되는 것이다. 회의에서 무게 있는 발언과 창의적인 제안을 통해 실질적으로 기여하면 더욱 보람 있는 일이고 회의장만 왔다 갔다 하더라도 중간은 간다. 그리고 무엇보다 허드렛일이 별로 없다. 셋째, 국제회의를 다니다 보면 영어가 는다. 주로 하는 일이 남의 발언을 듣거나 스스로 발언을 하는 것 또는 영어로 글을 써서 제출하는 것들이기 때문이다. 이러한 일을 되풀이하다 보면 자신도 모르는 사이에 영어 실력이 향상된다. 다자외교를 택하면 이렇게 수지맞는 일이 생기기 때문에 많은 사람이 이를 선호하는 것이다.

나는 유엔과 관련된 외교활동에 오랫동안 종사했다. 뉴욕과 빈에서 근무했고 제네바에서는 군축 연수를 했다. 그리고 본부에서는 군축원자력 과장을 지냈다. 수많은 국제회의에 참가했고 수많은 곳에 출장을 다녔다. 독일과 아제르바이잔 등 다른 곳에서 근무할 때에도 정부전문가회의 대표 등을 맡아 기회가 있는 대로 국제회의에 여러 번 참가했으니 나와 유엔과의 관계는 실로 밀접하다고 할 수 있다. 특히 나의 유엔외교는 군축과 비확산 분야에 집중되었다. 이른바 군축·비확산은 나의 전공 분야가 된 셈이다. 연륜이 쌓이면서 이런저런 국제회의에서 부의장직을 여러 번 맡았으며 유엔 정부전문가회의(GGE)에도 다섯 번이나 참가했다.

국제회의 전문가가 되면서 얻은 것이 많았지만 잃은 것도 있었다고 생각한다. 흔히 유엔을 '토크숍'이라고 한다. 많은 토론을 하지만 정작 이루어지는 것은 별로 없기 때문이다. 내가 국제회의 참가를 위해 쏟았던 시간과 노력, 회의에서 나온 수많은 말들, 많은 회의 문서들, 회의장 안팎에서 만났던 수많은 사람과의 토론과 대화, 이러한 노력에 비해 얻은 것은 미미하다. 국제회의라는 것이 참가자가 너무 많고 이해관계가 다르다 보니 좀처럼 합의에 도달하기가 어려운 까닭이다. 특히 군축과 같은 특정 주제를 놓고 토론하는 데 있어서 수년 동안 진전이 없으니 답답하고 지루하기 짝이 없었다. 아까운 시간을 너무 낭비한다는 생각이 들었고 이 소중한 시간을 보다 생산적인 일에 쓸 수 있으면 좋겠다는 생각도 했다.

다자외교의 비효율성, 비생산성 때문에 가끔 유엔 무용론이 나오기도 한다. 조지 부시 대통령 때 미국은 유엔을 무시하고 다자외교를 경시했다. 미국은 안보리의 승인을 얻지 않고 이라크를 침공했으며 포괄적 핵실험금지조약(CTBT)을 비준하지 않았고 국제형사재판소에도 가입하지 않았다. 그러나 이와 같은 미국의 태도는 미국에 대한 국제사회의 비난을 가중시켰다. 부시 정부가 실패한 정부로 간주되는 이유 중 하나가 다자외교를 경시했기 때문이다.

다자외교는 비효율적이고 더디기는 해도 유용한 도구이다. 국제사회의 모든 구성원이 모여 자신의 목소리를 낼 수 있기 때문에 가장 민주적인 방식이며 대개 콘센서스에 의해 의사결정을 하기 때문에 다수의 중지를 모을 수 있다. 수많은 국제조약은 이 다자외교의 소산물이다. 조약 중에는 십년 이상 걸려 체결된 것들도 많다. 그만큼 충분하게 토의하고 오랫동안 협상한 결과물인 것이다. 인권, 환경, 통상, 안보, 군축 등 인류의 보편적인 분야에서 다자외교는 많은 규범을 만들었고 이 규범들로 인해 인간사회는 꾸준히 진보하고 있다. 효율성과는 무관하게 다자외교의 역할이 분명히 있기 때문에 국가가 있는 한 다자외교의 가치는 영속할 것이다.

유엔외교를 하면서 여러 가지로 느낀 점이 많았다. 그중 하나는 이 분야가 그림자는 있으나 실상이 없다는 점이다. 각국이 국제회의에 참가하면서 들이는 공은 대단하다. 많은 대표단이 출장을 가야하고 각 주제들에 대해 정성스럽게 자국의 입장을 정하고 다른 나라의 입장을 분석하는 등 자료를 만들어야 한다. 그리고 회의장에서 발표할 자료를 잘 만들어야 한다. 회의장에 도착하면 막후 외교가 시작된다. 대표단 간에 서로 점심과 저녁을 하면서 서로의 입장을 설명하고 지지를 요청하는 것이다. 주고받기 식 외교도 유엔외교의 단골손님이다. A국이 어떤 의제에 대해 우리 입장을 지지하면 우리도 A국의 관심 의제를 지지해주는 식이다. 회의장 내에서도 이런 막후 외교는 회의가 끝날 때까지 지속된다. 따라서 국제회의에 참가하는 대표단은 하루 종일 바쁘다. 남의 이야기를 들어야 하고, 자기 이야기를 해야 하고, 입장을 조정해야 하고, 지지를 확보하기 위해 막후 외교를 해야 한다. 또 자국의 입장을 정리한 문서를 영어로 만들어 배포하는 경우도 많다. 그리고 사무실에 돌아가면 본국에 보고서를 보내야 한다. 이러다 보니 국제회의 대표단은 하루 종일 바쁘게 움직이고 저녁이면 파김치가 된다.

나는 이러한 일을 계속 혹은 간헐적으로 20여 년을 해왔다. 그러다 보니 어찌 느낀 것이 없겠는가? 내가 느낀 것은 이렇게 많은 노력에도 불구하고 손에 잡히는 성과는 거의 없다는 것이다. 어떤 회의는 수많은 노력에도 불구하고 아예 결과문서를 채택하지 못하는 회의들도 있다. 또 결과문서를 채택한다고 해도 '구렁이 담 넘어가는 식'이 되는 경우가 대부분이다. 서로 다른 입장들을 조정하고 타협하다 보니 그렇게 되는 것이다.

따라서 유엔에서는 문서의 내용보다 표현이 더 중요한 경우들이 많다. 대표들도 나중에 결과 문서를 채택할 때에는 내용보다 문장을 고치는 것에 보다 치중한다. 이른바 '어의에 관한 토의'(semantic discussion)가 바로 이를 일컫는 말이다. 처음에는 "유엔이란 아예 이런 곳이로구나"라고 생각하고 토의의 과정과 토의 내용에 관해 재미를 붙이려고 노력했으나 시간이 흐르면서 점차 회의가 생겼다. 왜냐하면 공 들인 노력과 시간에 비해 결과가 너무 미약했기 때문이었다.

그러면 유엔 외교는 소용없는 존재일까? 그렇지는 않다. 유엔이란 것은 원래 태생적으로 낭비적인 속성을 지닐 수밖에 없다. 세계의 모든 국가가 한곳에 모여서 토의를 하다보면 의견 일치를 가져오는 경우는 거의 없다. 모두 이해관계가 다르기 때문이다.

그럼에도 불구하고 모든 국가를 모아 토의에 참가시키는 곳이 바로 유엔이다. 유엔이 좋은 점은 의견이 다른 각 나라들의 입장을 청취할 수 있다는 점이다. 만일 유엔이 없다면 어떤 주제에 관한 각국의 의견을 파악하기 어려울 것이다. 한편 국가의 입장에서는 어떤 문제에 관한 자국의 의견을 온 세계에 알리는 효과가 있다. 결의가 채택되고 안 되고는 둘째 문제이고 우선 할 말은 할 수가 있다는 점이 유엔의 장점이다. 유엔 총회에서는 6개 위원회로 나누어 여러 가지 문제를 토의하고 결의를 채택하는 데 표결의 방식을 취한다. 각 의제에 대해 각국이 의견을 발표할 충분한 기회를 주는 대신 의사결정은 표결로 하는 것이다. 그렇다고 해서 모든 결의가 표결로 채택되는 것은 아니다. 콘센서스로 채택되는 결의들도 많다. 결의안 제안국들은 가급적 콘센서스로 결의를 채택하기 위해 이견이 있는 국가를 대상으로 막후 외교활동을 적극 전개한다. 표현을 수정하고 새로운 문구를 집어넣는 등 방식으로 핵심국가들과 이견이 조정되면 이 결의안은 콘센서스로 채택되는 것이다. 안보리와 같이 결의가 법적 구속력을 가진 기구에서는 막후 외교활동이 보다 활발하다. 안보리 5개 상임이사국은 거부권을 행사할 수 있기 때문에 최소한 이들의 기권을 확보해야 결의 채택이 가능하기 때문이다.

만일 유엔이 없다면 국제적으로 중요한 이슈에 대해 국제사회가 택할 수 있는 수단은 매우 제한적일 것이다. 가령 독재자 카다피 정권에 대한 NATO의 무력 개입이 정당성을 얻기 위해서는 안보리의 결의가 필요하다. 중국과 같은 나라는 이러한 결의에 찬성하지 않지만 최소한 중국의 기권을 얻어내는 것으로도 결의는 통과될 수 있으니 국제사회의 정당성을 얻을 수 있다. 이러한 정당성이 확보되어야 NATO 연합군은 안심하고 카다피군에 대한 공습을 감행할 수 있는 것이다.

유엔이 지닌 여러 가지 약점에도 불구하고 유엔만이 지닌 장점은 '국제사회의 안전과 평화'와 같은 무거운 이슈들도 공개적으로 토론이 가능하다는 점이다. 유엔에서는 감출 것이 없으며 감추어지지도 않는다. 가령 유엔안보리에서 북한의 핵실험을 규탄하는 결의를 채택할 경우 당사국인 북한도 안보리에 출석해서 자신의 입장을 밝힐 수 있다. 재판 절차가 법정에서 이루어지듯이 유엔은 공개된 포럼으로서 모든 국제문제가 유엔에서 당사국의 참석 하에 다루어진다. 이것이 유엔이 가진 가장 큰 장점이라고 생각한다. 안보리를 제외하고는 유엔총회에서 채택된 결의는 법적인 구속력이 없지만 그래도 큰 영향력을 가진다. 국제사회의 대세를 반영하기 때문이다.

많은 국가가 성명이나 입장을 발표할 때 유엔총회의 결의를 인용한다. 그것은 자신의 입장이 국제사회의 광범위한 지지를 얻고 있다는 뜻이다. 이와 같이 유엔만이 가진 독특한 역할이 분명히 있다. 아무리 유엔무용론이 난무해도 유엔이 없어지지 않는 것은 이 때문이다.

국 제 기 구 진 출

국제기구에 진출하는 것이 결코 쉬운 일은 아니다. 선출직에 진출하는 것은 국가의 도움을 얻기 때문에 오히려 더 용이한 측면이 있다.

한국 정부는 일단 선출직에 후보를 내면 총력을 다해 선거 캠페인을 전개하므로 지금까지 성공 확률이 상당히 높다. 우리는 우리 후보가 당선될 수 있도록 모든 외교력을 동원하며 필요시 상대방 국가와 서로 교차지원 협상까지 하면서 표를 확보한다. 한국 사람들의 적극성과 순발력이 표 대결을 통해 승부를 벌이는 게임에서는 빛을 발휘하게 되는 것이다.

그러나 정부의 지원을 얻지 않고 순전히 공개경쟁을 통해 개별적으로 국제기구에 진출하는 것은 매우 어렵다. 측면지원 없이 세계의 모든 국가에서 지망한 수많은 사람과 직접 경쟁을 해야 하기 때문이다. 우리가 국제기구에 내는 기여금에 비해 우리나라 사람들의 국제기구 진출 비율이 낮은 것이 이를 증명한다. 유엔을 비롯한 국제기구는 신규 직원을 뽑을 때 경력, 능력, 출신국가, 성별 등 여러 가지 요인을 신중히 고려한다. 경력이나 실력에서 뛰어난 사람도 지역 배분이나 성별 고려 등에 의해 낙방하는 경우도 많다. 실력도 실력이지만 이곳에서도 운이 크게 작용한다. 특히 개도국 사람들은 국제기구 진출을 크게 선호하기 때문에 그 나라에서 고위직을 지낸 사람들이 국제기구의 낮은 직에 진출하는 것도 꺼려하지 않는다. 아프리카 국가에서 장관을 몇 번씩 지낸 사람이 국제기구의 과장급에서 일하는 경우도 보았다.

이에 비해 우리나라 사람들이 국제기구에 지망하는 숫자는 그렇게 많지 않다. 뚜렷한 목적의식이 있거나 국제기구에서 일하는 것을 인생의 목표로 삼은 사람이나 국제기구 진출에 관심을 가질 뿐 일반인은 크게 관심을 가지지 않는다. 이러다 보니 우리나라 사람의 진출이 많지 않은 것은 어떻게 보면 당연하다.

나는 주유엔대표부에서 근무하던 시절 국제기구 진출을 도모했던 적이 있다. 이 당시 나는 대표부에서 공사참사관으로 근무하고 있었다. 물론 나의 전공과목은 군축·비확산 분야였다. 유엔의 군축 협상은 대부분 제네바에서 이루어진다. 제네바에 군축회의기구(CD)가 있기 때문이다. 뉴욕에서는 군축위원회와 총회 1위원회가 있는데 이들은 협상 기구는 아니다. 주요 군축 문제에 대해 집중토의를 하거나 정치적으로 힘을 실어주는 역할을 주로 한다. 따라서 뉴욕에서 열리는 회의에도 제네바 사람들이 자주 참가한다. 이들을 흔히 '제네바 마피아'라고 부르기도 한다.

내가 지망하고자 한 자리는 바로 군축회의를 관장하는 제네바 군축회의 사무국장이었다. 이 자리는 유엔 직급으로 D-2였으니 상위 국장급이었다. 나는 지원 원서를 제출하고 결과를 기다리고 있었다. 유엔 쪽을 통해서 알아보니 150여 명이 지원했다고 했다. 첫 관문은 서류심사였다. 자격과 경력이 유엔에서 정한 기준에 맞는지를 심사하는 것이다. 약 두 달쯤 걸렸을까 내가 첫 관문을 통과했다는 연락이 왔다. 다음 관문은 서류심사를 통과한 13명에 대해 유엔 군축사무차장이 개별 면담을 하는 것이었다. 나는 유엔사무국에 가서 군축사무차장과 부차장을 상대로 약 1시간가량 개별면담을 했다. 이들의 질문이 특별히 어려운 것은 없었다. 나는 이미 이들과는 잘 알고 있는 사이였다. 뉴욕에서 근무하면서 회의장에서 자주 만나는 사람들이었기 때문이다. 이것이 내가 할 수 있는 마지막 과정이었다. 이후로는 더 이상 면담도 없었고 결국은 유엔사무총장이 적임자를 결정하기 때문이다.

결과를 기다리면서 유엔 측을 통해 사정을 알아보았다. 13명 중에서 8명을 선발한 뒤 마지막 3명으로 최종 후보가 좁혀졌다는 것이었다. 내가 그 3명 중에 끼었는지 궁금했다. 그 당시 우리 대사님이 군축사무차장에게 직접 물어보았더니 "내가 3

명 중의 하나"라고 말했다고 했다. 이제는 정말 운에 맡기는 수밖에는 다른 방도가 없었다. 3명까지 좁혀지면 이미 군축사무국 손을 떠나 여러 명의 사무차장들로 구성된 보다 큰 위원회의 심사를 거쳐 사무총장이 최종 결정하게 된다. 결과는 낙방이었다. 알고 보니 3명 중 2명은 현직 제네바 군축대사들이었다. 그것도 서방그룹에 속해 있는 뉴질랜드와 스웨덴 대사였다. 서방대사들까지 이 자리에 지원하리라고는 미처 생각지 못했다. 나는 당시 대사급이 아니었으니 경쟁에서 불리할 것은 당연했다. 결과적으로 나는 서방대사들 간의 경쟁에서 들러리를 선 것에 불과했다. 최종적으로는 뉴질랜드 대사가 선발되었다.

비록 낙방했지만 좋은 경험을 했다는 생각이 들었다. 원서를 내고 최종 결과를 알기까지 6개월이 넘게 걸린 것 같았다. 풍문에 들어서 개인적으로 국제기구에 들어가기가 얼마나 어려운지 알고 있었으나 막상 내가 해보니 그 이상이었다. 이 일이 있은 후로 나는 국제기구에서 근무하는 분들을 더욱 존경하게 되었다.

국제기구에 들어가도 고위급으로 올라가기는 매우 어렵다. 처음부터 고위직으로 채용되지 않는 한 첩첩이 벽이 쌓여 있어 이 벽을 뚫고 나가기가 쉽지 않다. 국제기구 특유의 관료적 속성에다가 여러 나라 사람으로 구성되어 있는 복잡한 인적 구조 때문에 능력이 있어도 때맞추어 승진한다는 것이 보통 어려운 일이 아니다. 전임 유엔사무총장 코피 아난 같은 사람은 이러한 숲을 헤치고 승진을 거듭하여 결국 사무총장의 자리에까지 올랐으니 보통 사람은 아니다.

국제기구에 진출한 우리 한국인이 특유의 끈기와 집념을 발휘하여 앞으로 고위직에 진출하는 사람들이 많아질 것을 기대한다.

국 제 회 의 발 언

국제회의에서 발언하는 것이 쉬운 일은 아니다. 세계 각국의 대표들이 모여 있는 넓은 회의장에서 마이크에 대고 소신 있는 발언, 본때 있는 발언을 하는 것이 쉽지 않다는 것은 누구나 짐작할 수 있을 것이다.

우리가 발언에서 사용하는 언어는 대개 영어이며 이는 다른 5개국 언어로 동시통역된다. 이러한 긴장된 상황에서는 우리 한국어로 연설하는 것도 어려운데 외국어로 한다는 것은 훨씬 더 어렵다. 처음 국제회의에 나오는 사람은 발언문이 있어도 이를 제대로 읽기가 쉽지 않다. 긴장하기 때문이다. 나도 처음 국제회의에 참가해 발언할 때에는 심장의 박동소리가 들리는 것 같았다. 짧은 연설문이 왜 그렇게 길게 느껴졌는지! 문장 하나하나를 읽는 것이 그렇게 힘든 것인 줄 몰랐다.

유엔회의에서 사용하는 공용어는 영어, 불어, 스페인어, 러시아어, 중국어 및 아랍어 등 6개 언어이다. 이 중 가장 많이 사용하는 언어는 영어이고 다음으로 불어, 스페인어 등이 뒤를 잇는다. 유엔 통역사들은 통역 부스에 앉아 마치 자신이 발언하는 것처럼 손짓과 몸짓을 해가면서 신명나게 통역을 한다. 처음에는 통역사에게 눈길이 미칠 여유도 없었지만 나중에 익숙해지면서는 통역사의 모습까지 관찰할 수 있게 되었다. 회의 종류에 따라 회의장도 다양하다. 유엔총회 본회의장같이 모든 국가의 다수 대표가 참석하는 대규모 회의장이 있는가 하면 이보다는 규모가 작지만 모든 국가의 대표 1-2명이 참석할 수 있는 큰 회의장도 있고 중소 규모의 회의장들도 있다. 유엔안보리 회의장같이 원탁 형태로 되어 있는 회의장도 있다.

국제회의를 담당하는 외교관들은 이와 같이 다양한 회의장에서 각종 회의를 섭렵하면서 점차 성장하게 된다. 처음부터 국제회의를 잘 하는 외교관은 아무도 없다. 오랜 경험과 시행착오를 거치면서 점차 회의에 능숙한 외교관으로 성장하는 것이다. 영어가 필수이지만 영어를 잘 한다고 해서 꼭 회의를 잘 하는 것은 아니다. 순발력이 있어야 하고 경험이 있어야 한다. 소위 말해 '회의 짬밥'을 많이 먹어야 관록이붙는 것이다. 우선 남의 말을 잘 알아들어야 한다. 그런데 이게 말처럼 쉬운 것은 아니다. 유엔 회의에 참가하는 190여 개국의 대표들이 쓰는 언어는 서로 다르다. 영어를 쓰는 대표들의 표현과 악센트도 매우 다르다. 영어 사투리가 줄줄이 등장하는 셈이다. 동시통역을 통해 말을 알아듣는 것도 쉽지 않다. 한쪽에서 다른 언어로 이야기하는데 다른 한쪽에서는 영어로 통역하기 때문에 집중하기가 쉽지 않다. 다음으로 특정 분야에서 많이 사용하는 어휘나 약어 및 표현 등에 익숙해야 한다. 어떤 분야든 쌓여온 토의 기록과 경험이 있기 때문에 이를 제대로 이해하기 위해서는 많은시간이 필요하다. 이러한 것이 밑바탕이 되고 경험이 쌓이면서 점차 발언을 잘 할수 있게 된다.

국제회의에서 발언을 잘 하는 요령은 간단하다. 적절한 때에 발언신청을 하여 분위기에 맞는 적절한 발언을 하는 것이다. 간단한 것 같지만 막상 해 보면 잘 되지 않는다. 우선 적절한 타이밍을 잡아야 하는데 이게 쉽지 않다. 자기가 하고 싶은 이야기가 있는데 다른 대표가 먼저 선수를 치는 경우가 비일비재하다. 기회를 놓치면 남이 한 말을 반복하는 것에 불과하게 된다. 따라서 적절한 때에 발언에 끼어드는 것이 매우 중요하다. 두 번째는 적절한 발언을 하는 것이다. 무엇이 적절한 발언인지는 자신이 스스로 느낄 수 있다. 좋은 아이디어가 있어서 창의적인 발언이면 더욱좋고, 그렇지 않더라도 남의 이야기를 종합해서 적절한 제안을 하거나 결론을 내리는 그러한 발언도 훌륭한 발언이다. 양측 대표 간에 첨예한 의견 대립을 보이고 있는 이슈에 대해 적절한 중재안을 내놓는 것도 좋은 발언에 속한다.

처음에는 어렵지만 차차 익숙해지면서 이런 식으로 기여의 폭이 넓게 되면 소위 '그 물에서 노는 사람'이 된다. 이른바 전문가로 인정받는 것이다. 이렇게 해서 짬밥의 그릇 수가 쌓이면 어떤 회의의 부의장도 되고 의장도 된다. 국제회의 전문가로서 완성품이 나오는 것이다. 내가 전문으로 한 군축 분야에서 이러한 경지에 오르기까지 15년 정도는 걸렸던 것 같다. 어림잡아 국제회의에 100여 번 이상 참가했던 것 같고 특히 유엔 정부전문가회의(GGE)라고 해서 15개국 정도의 대표들만 선발해서 제네바와 뉴욕을 번갈아가면서 4-5차례에 걸쳐 1주일씩 특정 주제에 관해 집중적으로 회의를 한 후 유엔사무총장을 경유하여 총회 1위원회에 보고서를 제출하는 회의가 있는데, 나는 이 회의에 5차례(정대표 3회, 부대표 2회) 참가했던 것이 특히 기억에 남는다. 이 회의는 지역별 배분에 따라 15명 정도만 참가하는 소규모 집중회의이기 때문에 발언을 많이 해야 한다. 조그만 방에서 양 옆으로 6개의 동시통역 부스가 있는 가운데 발언을 할 때면 긴장감마저 돌았던 기억이 생생하다. 나는 GGE 말고도 유엔이 주관하는 군축회의에서 부의장을 여러 번 맡았다. 핵, 소형무기 등에 관한 국제회의 그리고 군축위원회 등에서이다.

처음에는 어려웠던 발언도 실수와 실패를 거듭해가면서 차츰 기여도가 높아지면 자신감이 생긴다. 무엇이나 그렇지만 국제회의에서도 이 자신감이 가장 중요하다. 자신감이 생기면 처음에는 자기보다 다 뛰어나게 보였던 다른 나라 대표들이 점차 작아져 보인다. 이렇게 되면 마음 놓고 자신의 기량을 펼칠 수 있게 된다. 주눅이 들 이유가 없기 때문이다. 국제회의 전문가가 되는 길은 결국 경험을 통해 자신감을 쌓는 것이라고 할 수 있다.

답 변 권   전 문 가   북 한   외 교 관

유엔 총회에는 위원회가 6개가 있다. 매년 가을 총회 시즌이 되면 각 위원회들이 개최되는데 이 중 가장 신경이 쓰이는 위원회는 제1위원회이다. 그 이유는 북한과 신경전을 벌여야 하기 때문이다. 1위원회가 담당하고 있는 분야는 군축과 안보이다. 1위원회의 진행 방식은 다른 위원회와 같이 우선 수석대표들이 기조연설을 한 후 의제를 토의하며 마지막으로 결의안을 채택하는 것이다.

남북관계가 좋을 때에는 1위원회도 별 문제없이 지나간다. 그러나 관계가 악화될 때에는 거의 예외 없이 남북대표 간에 1위원회에서 입씨름이 벌어진다. 특히 북한이 비밀리에 핵개발을 했다거나 핵실험을 자행한 때에는 1위원회가 이를 묵과할 리 없다. 다른 나라 대표들도 북한의 행위를 비난하지만 아무래도 한국과 미국의 발언이 가장 비중이 클 수밖에 없다. 북한은 자신을 비난하는 발언에 대해 그냥 넘어가는 법이 없다. 답변권을 얻어 상투적인 어조로 '미제국주의와 이에 동조하는 꼭두각시 한국' 운운하면서 신랄한 어조로 강변을 늘어놓는다. 남북관계가 좋지 않을 때에는 북한이 먼저 우리를 비난하면서 선제공격을 해오는 경우도 물론 있다. 북한은 자신에 대한 비판에 대해 일일이 논리적으로 대응하는 것보다는 정치적인 수사를 늘어놓는 방식으로 대응하는 경향이 있다.

북한이 답변권을 행사하면 우리도 가만히 있기는 어렵다. 아무리 말이 안 되는 정치선전이라도 기록에 남기 때문에 적절히 대응하는 것이 요구되기 때문이다. 유엔 의사규칙상 답변권은 2번까지 행사할 수 있도록 되어 있다. 따라서 북한이 먼저 답변권을 행사하면 우리가 다음에 답변을 하고, 이에 대해 다시 북한이 답변권을 행사하면 우리가 또 한 번 답변하는 식으로 공방이 전개된다. 이러한 일은 결코 유쾌한 일이 아니다. 같은 민족끼리 모든 다른 나라 대표가 모여 있는 유엔회의장에서 한국어도 아닌 영어로 서로 말싸움을 벌이는 셈이기 때문이다. 양국의 입장은 이미 다 나와 있는데 이를 험한 입씨름으로 다시 한 번 확인하는 것이라고나 할까? 다른 나라 대표들이 남북한 간의 입씨름을 즐기는 것 같은 기분이 들 때도 있어 씁쓸했다.

내가 유엔에서 활동하던 2003-2006년 때도 남북 간에 갈등이 심한 시기였다. 북한이 농축우라늄을 이용해 비밀리에 핵무기를 개발하고 있는 사실이 드러났기 때문이다. 북한과 IAEA와의 관계는 단절되었고 북한은 NPT에서도 탈퇴를 선언했다. 국제사회는 북한의 핵개발을 막기 위해 공조체제를 구축했고 유엔총회에서는 북한핵문제에 관한 결의를 채택하던 시기였다. 이런 상황이었으니 1위원회에서 남북한 대표 간에 설전이 벌어지지 않을 수 있겠는가? 나는 1위원회 담당이었으므로 몇 차례 북한 대표와 답변권을 주고받으며 신경전을 벌였다. 북한 관계 토의 시 우리는 주로 대표부 담당관이 발언을 하는데 북한의 발언은 대표부 담당관 하거나 또는 직접 평양에서 출장 나온 직원이 하는 경우도 있었다. 이들의 발언 내용은 상투적인 것이라 특별한 것이 없었지만 표현 방식은 상당히 독특했다. 잘 쓰지 않는 영어 표현을 총동원해서 가장 강한 표현들을 골라 쓰는 것이 이들의 방식이다. 북한은 보통 다른 의제를 토의할 때에는 거의 발언하는 일이 없다. 그냥 듣고만 있는 것이다. 그러다가 토의가 자신의 문제에 이르면 사생결단을 낼 것같이 덤벼들었다. 북한대표들의 발언 내용이나 표현이 거의 동일한 것을 보면 아마도 이들은 답변권 행사를 위해 특별히 교육을 받은 것 같았다. 우리는 농담 삼아 북한 대표들을 '답변권 전문가'라고 불렀다.

외　교　관　과　　영　어

　　요즘 한국인은 영어에 대해 관심이 크다. 취업할 때에도 영어를 잘하면 훨씬 유리하고 직장에 들어가서도 영어 실력은 출세의 지름길이다. 많은 부모는 어린아이들을 어릴 때부터 영어학원에 보내고 있으며 시중에는 영어 실력을 기르는 비결에 관한 책이 수도 없이 나와 있다. 과연 영어는 그만큼 중요한가? 다른 나라 사람들은 쉽게 영어를 하는 것 같은데 왜 한국인에게는 영어가 그렇게 어려운가?

　　나는 영문과를 나온 사람도 아니고 어려서부터 영어를 배운 사람도 아니다. 대학에서는 외무고시에 합격하기 위해 영어 공부에 신경을 썼고 외교부에 들어간 후부터는 생존을 위해 영어에 몰두했던 것 같다. 해외에서 생활하는 외교관에게 영어는 필수이기 때문이다. 이러고 보면 최소한 30년 동안은 영어와 씨름하며 살아온 셈이다. 지금의 나는 솔직히 영어에 큰 불편은 없다. 누구와 어떤 이야기를 해도 서로 주고받고 하는 자연스러운 대화가 가능하며, 읽고 싶은 책이나 기사를 읽을 수도 있고, 쓰고 싶은 글을 쓸 수도 있다.

　　이만하면 이제 영어는 된 것 아닌가? 그런데 아니다. 객관적으로 평가해보면 아직도 멀었다. 이해하지 못하는 말과 글이 아직도 많고, 쓰는 것도 보다 고급스럽게 쓰려면 갈 길이 멀었다. 답답해서 아이들에게 물어보았다. "너희들은 원어민과 같은 수준이 아니냐고?" 짐작하겠지만 우리 아이들은 유치원부터 시작해서 대학까지 모두 외국에서 다닌 아이들이다. 아이들 대답은 놀랍게도 "아니요"였다. 애들 이야기로는 영어가 불편한 것이 아니라 자기들 영어와 원어민 영어를 비교할 때 '플러스

알파'가 부족하다는 것이었다. 따져보니 이는 당연한 일이었다. 한국인에게는 가정 영어(family English)가 없다. 집에서는 한국어를 쓸 뿐 아니라 어려서 할아버지나 할머니가 무릎에 앉혀놓고 영어로 옛날이야기를 해주는 것도 없다. 친척들이 명절 때 한데 모여 가족의 전통이나 역사에 대해 이야기해주는 것도 물론 없다. 이러니 애들이 무언가 부족한 것을 느끼지 않겠는가?

나는 외국어는 결국 정도 문제라고 생각한다. 어느 정도 잘하느냐가 문제이지 완벽하게 잘하는 것은 거의 불가능하다고 생각한다. 외교관에게도 이는 마찬가지이다. 외교관이 아무리 외국어를 잘해도 외국어는 외국어일 뿐이지 모국어는 아닌 것이다. 이렇게 생각하면 영어를 공부하는 것이 좀 쉬워질지도 모른다. 완벽을 추구하지 않으면 대화하는 것이나 쓰는 것이 보다 쉽게 생각된다. 영어를 하는 목적은 결국 의사소통을 위해서가 아닌가? 뜻을 통할 수 있다면 구태여 완벽한 문법을 구사할 필요도, 멋진 문장을 쓸 필요도 없다. 나는 영어를 배우는 사람들에게 절대 주저하거나 겁을 먹지 말고 자신이 할 수 있는 표현을 최대한 유창하게 구사할 것을 권한다. 문법이나 표현은 다음 문제이고 우선은 유창하게 말을 할 수 있어야 한다. 유창하게 말을 하는 것에 익숙해지면 이때 보다 정확하고 다양한 표현으로 말해볼 것을 권고한다. 영어를 잘 하는 사람을 가리킬 때 '유창(fluent)'하다고 하지 않는가? 나는 영어의 목표는 말을 유창하게 하는 데 두어야 한다고 생각한다. 말을 유창하게 하면 상대방과 대화를 주고받기가 용이하기 때문에 저절로 다른 사람의 말을 이해하는 것도 쉬워진다. 또 대화가 용이해지면 글쓰기도 쉬워진다. 글이라는 것은 결국 자기가 하고 싶은 말을 문자로 옮기는 것이기 때문이다.

나는 지금 항상 외국인을 상대해야 하는 대사라는 직업을 가지고 있다. 나는 누구와 어떤 주제에 관해 이야기해도 유창하게 말하려고 노력한다. 상대방이 내 이야기를 100% 알아듣든 그렇지 않든 간에 생각나는 대로 이야기한다. 신통한 것은 우리의 발음이나 문법이 다소 서툴러도 외국인은 대부분 우리가 하는 말을 잘 이해한다는 사실이다. 이렇게 해야 상대방의 적극적인 반응을 이끌어낼 수 있다. 내가 적극적으로 말을 많이 하는데 상대방이 어찌 반응이 없겠는가? 이렇게 해서 서로 주고받는 대화를 이끌어야 한다. 상대방이 말을 많이 하면 그로부터 새로운 단어나 표현을 자연스럽게 배우기도 한다. 대화를 하면서 영어공부를 하는 셈이다. 이런 훈련이 잘 되면 나중에는 생각과 말이 거의 동시에 이루어지는 것을 느낄 수 있다. 나는 이 단계에만 이르면 영어는 되었다고 생각하는 사람이다.

신 임 장 제 정

나는 지금까지 다섯 번에 걸쳐 신임장을 제정했다. 신임장이라는 것은 국가원수가 대사를 파견하면서 자신을 대신해서 모든 권한과 책임을 가진 인물이라는 것을 보증하는 문서이다. 대사를 특명전권대사라고 부르는 이유는 바로 이 신임장을 상대국 원수에게 제출하기 때문이다. 대사는 신임장을 제출한 뒤 비로소 공식적으로 업무를 개시할 수 있다. 신임장을 제정하기 전까지는 주재국의 장관 등 주요 인사들을 접견하지 못하는 것이 보통이다. 신임장을 제정해야 본격적으로 활동할 수 있기 때문에 대사들은 가급적 빠른 신임장 제정을 원한다. 그러나 신임장 제정 시기는 나라마다 천차만별이다. 국가원수의 일정, 관례, 신임장을 제출하는 나라의 중요도 등 여러 가지 요인에 따라 신임장 제정 시기가 달라질 수 있다. 보통 4-5명의 대사들을 모아 같은 날 신임장을 제출토록 하는 경우가 많다.

내가 다섯 번이나 신임장을 제정한 것은 겸임국 때문이다. 아제르바이잔에서 대사를 할 때에는 겸임국이 없었으나 짐바브웨에서는 잠비아, 말라위, 모잠비크를 겸임하고 있으므로 4번에 걸쳐 신임장을 제정해야 하는 것이다. 신임장 제정은 다분히 의전적인 행사이다. 나라별로 조금씩 다르기는 하지만 일정한 격식과 절차가 있고 이에 따라야 한다. 어느 나라든지 우선 외교장관을 예방하여 신임장 사본을 제출하고 의전장을 만나 상세한 절차에 관한 사항을 들은 후 다음 날 신임장을 제정하는 것이 보통이다. 차량은 주재국이 제공하는 의전차를 이용해야 한다.

아제르바이잔에서는 국부 묘지와 기념탑에 헌화한 후 대통령궁에 가서 신임장을 제정했으며 기념사진을 찍고 대통령과 환담하는 것으로 비교적 간단히 끝났다. 어떤 나라에서는 지루할 정도로 오래 기다려야 한다. 짐바브웨가 그런 예에 속한다. 하라레에 도착하니 3-6개월씩 기다려서 겨우 신임장을 제정한 대사들이 겁을 주었다. 나는 다행히 2개월을 조금 넘겨 신임장을 제정할 수 있었다. 4개국 대사가 같은 날 신임장을 제정했는데 한국이 첫 번째였고 다음이 남아공, 러시아, 터키 순이었다. 나중에 알고 보니 우리가 비교적 빨리 신임장을 낼 수 있었던 것은 남아공 덕이었다. 이웃나라인 남아공은 짐바브웨에게 가장 중요한 나라인데 마침 우리가 신임장을 제출하는 그 주에 남아공에서 중요한 회의가 있었다. 남아공의 주마 대통령이 무가베 대통령에게 직접 전화를 걸어 "이 회의에 자신의 대사가 참가해야 한다"라고 말했다고 한다. 이 부탁을 들은 무가베는 당장 신임장 제정식을 거행토록 지시했고 이렇게 해서 다른 대사들까지 덩달아 신임장을 제정하게 된 것이었다. 신임장 제정에 앞서 리허설이 있었다. 짐바브웨 의전장이 강조하는 것은 대통령에게 머리 숙여 인사하는 것과 'Your Excellency'라는 호칭을 꼭 사용하는 것, 그리고 무가베 대통령의 연세를 감안해서인지 큰 목소리로 말해달라는 것 등이었다. 우리는 리허설을 끝낸 후에도 3시간가량 대기실에서 기다린 끝에 겨우 신임장을 제정할 수 있었다. 손님을 기다리게 하는 것이 이들의 관례인지 아니면 일부러 그러는 것인지는 알 수 없었지만 대통령과 수행원이 모두 도착한 후에도 1시간 이상을 지체하다가 겨우 신임장 제정식이 시작되었다. 우리는 첫 번째라서 그나마 다행이었지 맨 마지막에 제정한 터키 대사는 오후 4시가 넘어서 겨우 끝났다고 했다. 신임장 제정의 특혜 중 하나는 대통령과 독대할 수 있다는 것이다. 무가베 대통령과의 독대는 서로를 조금 더 잘 이해할 수 있는 좋은 기회가 되었다. 그리고 소문이 무성한 대통령의 건강상태를 내 눈으로 직접 확인할 수 있는 기회도 되었다. 그는 내가 보기에는 87세라는 고령이 믿어지지 않을 정도로 건강해 보였다.

모잠비크에서의 신임장 제정식은 상당히 공식적이었다. 대통령궁에 도착하니 수십 명으로 구성된 의장대의 사열이 있었고 합주대에 의한 양국의 국가 연주가 있었다. 이후에는 다른 나라와 절차가 비슷했다. 큰 소리로 신임장에 관한 사항을 대통령에게 고한 후 신임장을 제정했다. 이후에는 축배, 기념 촬영, 수행원 소개 등이 있었고 대통령과의 독대가 있었다. 게부자 대통령은 나와 키가 거의 비슷했으며 웃는 얼굴이 친근한 모습이었다. 한국과의 경제협력에 관한 관심이 대단했으며 양국 간에 진행 중인 현안도 잘 파악하고 있는 듯했다. 대통령과의 독대는 역시 의미 있는 일임이 틀림없다. 그 전날 외교장관을 만났는데 재미있는 이야기를 했다. 자신이 그동안 많은 신임장 제정식에 참가했는데 어떤 대사들은 너무 긴장해서 대통령 앞에서 한마디도 못 하더라는 것이었다. 신임장을 제정하면서 무슨 이야기를 해야 하는데 갑자기 말문이 막히는 것이다. 외교장관은 그러면서 "나에게는 그러한 일이 없기를 바란다"고 했다. 외교장관이 염려해준 덕분인지 나에게 그런 일은 다행히 일어나지 않았다.

말라위는 소요 사태로 인해 대통령이 내각을 해산한 뒤라 할 일이 별로 없어서인지 월요일부터 목요일 간 무려 나흘 동안이나 신임장 제정식이 있었다. 나는 수요일에 신임장을 제정했는데 독일 대사, 스웨덴 대사와 함께였다. 절차는 다른 나라와 비슷했다. 의장대 사열과 방명록 서명이 있었고 이어서 신임장 예행연습이 있었다. 신임장을 제정한 후에는 무타리카 대통령과 약 30분간 독대했으며 이후에는 기자회견이 있었다. 저녁에 TV 뉴스를 보는데 깜짝 놀랐다. 나의 인터뷰 내용을 전부 방영하고 있었기 때문이다. 현지 TV는 스웨덴 대사의 인터뷰는 아주 짧게 보도했으며 독일 대사의 인터뷰는 아예 보도도 하지 않았다. 우리 국력이 커졌다는 사실을 다시한 번 실감할 수 있었다.

금요일 오후 막 퇴근하려고 하는데 비서가 "잠비아 대통령으로부터 전화가 왔다"고 하면서 연결해주었다. 나는 의아해 하면서도 전화를 받아 보니 정말 사타 대통령이었다. 내용인즉슨 "나를 최대한 빨리 만나고 싶다"는 것이었다. 나도 물론 그러고 싶은데 문제는 아직 신임장을 제정하지 못한 것이었다. 이러한 사정을 설명했더니 사타 대통령은 외무장관에게 지시를 해서 당장 필요한 조치를 취하겠다고 했다. 우여곡절 끝에 신임장도 없이 잠비아를 방문한 나는 '번갯불에 콩 볶아 먹듯이' 신임장 제정식을 치를 수 있었다. 내가 30년 외교관 생활을 하면서 대통령이 직접 걸어온 전화를 받아본 것도 처음이고, 신임장 없이 제정식을 치러본 것도 물론 처음이었다.

　나는 외교관 생활을 하면서 출장을 꽤 많이 다닌 편이다. 본부에서 근무할 때는 군축·비확산외교 때문에 국제회의 참가를 위해 뉴욕, 제네바, 빈 등을 부지런히 다녔다. 이들 외에도 수많은 도시에서 각종 회의들이 열리는데다 또 몇몇 나라들과 양자협의체가 구성되어 있기 때문에 여러 국가를 방문했다. 공관에서 근무하는 동안에도 본부의 지시에 따라 회의 참가를 위해 출장 가는 일이 잦았다. 공관장으로 있으면 출장이 적을 줄 알았더니 그렇지 않았다. 주아제르바이잔 대사로 있을 때는 지방출장을 자주 다녔다. 지방과의 관계 구축이 외교의 지평을 넓히기 위해 중요하기 때문이다. 짐바브웨에 있으면서는 출장이 더욱 잦았다. 이곳에서도 역시 지방을 자주 다녀야 하며 이 밖에 3개 겸임국이 있기 때문에 이런저런 일로 자주 출장을 다니게 되었다.

　"사무실만 지키고 있는 외교관은 무능하다"는 이야기가 있다. 맞는 말이라고 생각한다. 외교관은 사람을 만나는 직업이기 때문에 부지런히 이곳저곳 다니면서 사람을 만나고 필요한 사람들을 잘 사귀어야 한다. 사람 사는 세상에서 사람만큼 중요한 자산은 없다. 좋은 관계, 좋은 인연을 갖고 있으면 반드시 쓸모가 있게 마련이다. 외교관은 평소에 넓고 원만한 인간관계를 구축하기 위해 노력해야 한다. 그러려면 사무실에만 앉아 있어서는 안 되는 것이다.

　출장을 다니다보면 이런저런 일을 겪는다. 2001년 9.11 테러 직후 LA를 거쳐 뉴욕에 갈 일이 있었다. 하룻밤을 잔 뒤 LA공항에 나가보니 승객들이 장사진을 치고 있었다. 영문을 몰라 살펴보니 공항 측에서 모든 항공사별 출입구를 다 막아버리고 단한 군데만 열어놓고 있었다. 테러에 대비하기 위한 것이었다. 얼마나 줄이 긴지 공항 안으로 들어가는 데에만 3시간이 걸렸다. 공항 안에서의 탑승 수속도 매우 엄격해서 시간이 많이 걸렸다. 이런 상황에서 정상적인 스케줄은 아무 소용이 없다. 모든 수속을 마친 승객들이 타는 대로 비행기가 출발하는 것이다. 내가 탈 비행기도 원래는 아침 비행기였는데 오후 비행기로 바뀌었다. 탑승을 위해 소모된 시간이 무려 다섯 시간이 넘었다. 뉴욕에 도착해보니 밤늦은 시간이었다. 그날 하루는 완전히 공친 셈이 되고 말았다.

2002년 여름 군축회의 참가를 위해 스페인을 방문했다. 이 시기는 서울에서 월드컵이 벌어지고 있던 때이다. 우리 팀이 예상을 뒤엎고 이태리를 격파한 뒤 스페인과 맞붙게 되었다. 나는 회의 참가 중이었지만 우리 팀의 경기를 놓칠 수는 없었다. 우리 대사관에서는 공관원들과 교민들이 모여 회의실에 커다란 TV를 갖다놓고 태극기를 휘두르며 응원전을 펼쳤다. 나도 숨을 죽이며 우리 팀을 응원했다. 결과는 우리의 극적인 승리였다. 회의장에 돌아와 보니 내가 왜 자리를 비웠는지 다른 대표들이 벌써 알고 있었다. 의장은 공식적으로 한국의 승리를 알리면서 "한국 대표에게 박수를 보내자"고 제안했다. 박수가 쏟아졌다. 나는 가슴이 뭉클해졌다. 스페인에 와서 한국 팀이 스페인 팀을 무찌르고 4강에 진출하는 극적인 장면을 목격하리라고는 생각지 못했다. 더군다나 모든 나라 대표들이 있는 회의장에서 박수갈채까지 받다니!

1994년 제네바에서 군축 연수를 마치고 유엔본부가 있는 뉴욕으로 갔다. 이제 이곳에서 총회 1위원회를 참관한 후 논문을 한 편 제출하면 모든 과정이 끝나는 것이다. 하루는 회의장에 들어갔는데 동료들이 나를 보고 수군수군 대는 것이 아닌가! 한 사람이 오더니 "TV 뉴스를 못 보았느냐"고 했다. "무엇이냐"고 물어봤더니 한국에서 다리가 무너지는 장면이 뉴스에 나왔다는 것이다. 그러면서 사상자에 대해 애도를 표했다. 나는 급히 밖에 나가 TV를 보았다. 아니나 다를까 성수대교가 무너지는 장면이 CNN에 계속 보도되고 있었다. 나는 얼굴이 화끈해지는 것을 느꼈다. 한국의 경제발전에 대해 다른 대표들이 경이적인 눈초리를 보내고 나도 신이 나서 늘 열심히 설명을 하고 있던 차에 이런 사건이 생기다니!

아제르바이잔 사람들의 손님에 대한 환대는 각별하다. 어느 지방을 가나 따뜻하게 손님을 맞이하고 시장이나 주지사가 만찬을 주최한다. 지방의 특색 있는 곳을 보여주기 위해 이곳저곳으로 우리 일행을 안내하기도 하고 투자가 필요한 사업을 보여준다고 해서 많은 소규모 공장을 시찰하기도 했다.

지방 방문이 잦아지면서 처음에는 별로 느끼지 못했던 문제가 발생했다. 그것은 음식 문제였다. 어느 곳을 방문하든지 아제르 사람은 똑같은 음식을 내어놓았다. 야채와 과일 그리고 메인 메뉴로는 케밥이라고 하는 구운 양고기이다. 지방에 따라서 생선 같은 것을 추가하는 경우도 있지만 기본적으로 아제르인은 손님에게 케밥을 내놓는 것이 전통이다. 아제르인이 집에서 먹는 음식은 따로 있는데 손님에게는 절대 내어놓지 않는다. 이럴 경우 일종의 수치심을 느끼는 것 같다. 우리 입장으로서는 조금 다양한 음식을 맛보고 싶은데 언제, 어디서나 똑같은 음식을 먹어야 하니 큰 고역이었다. 나만 그런가 했더니 바쿠에 있는 다른 대사들과 이야기를 나누어보니 모두 같은 의견이었다. 문제는 우리가 손님의 입장에 있으므로 주인에게 "이것 내놓아라, 저것 내놓아라" 하기가 어렵다는 것이다. 자칫 감정을 건드릴 수도 있었다. 우리는 결국 케밥으로 만족하는 수밖에 없었다. 아제르바이잔의 지방을 생각하면 여러 풍경과 함께 지금도 케밥이 맨 먼저 떠오른다.

아프리카에서 이웃나라로 출장 다니는 것은 쉽지 않다. 직항편이 없거나 항공편이 많지 않고 항공회사가 스케줄을 자주 바꾸기 때문이다. 독점노선이 많아 요금도 매우 비싼 편이다. 가령 내가 살고 있는 하라레에서 조벅(요하네스버그를 줄여서 부르는 말)까지 1,100킬로미터인데 2등석 왕복요금이 성수기에는 800불이나 된다. 내가 겸임하고 있는 모잠비크의 수도 마푸토에 가려면 한나절이 넘게 걸린다. 직항이 있다면 2시간 정도면 갈 수 있는 거리인데 조벅을 거쳐 가야 하기 때문이다. 조벅 공항에서 기다리는 시간만 가는 데 5시간, 오는 데 3시간이다. 실정이 이러니 시간 낭비가 너무 많다. 그렇다고 육로로 갈 수도 없다. 가고 오는 데 각각 이틀씩은 잡아야 하기 때문이다. 이러한 아프리카에도 변화의 물결은 일고 있다. 원래 아프리카의 중심 항공사는 세 개다. 북서아프리카의 모로코 항공(RAM), 북동아프리카의 이집트 항공(EgyptAir), 그리고 남부 아프리카의 남아공 항공(SAA)이 그것이다. 그런데 최근 케냐 항공과 에티오피아 항공이 급부상하고 있다. 케냐 항공은 아프리카 내 42개 도시에 취항하고 있고 에티오피아 항공은 35개 도시를 운항하고 있다. 아프리카와 아시아 간 특히 중국과의 거래가 늘면서 서부아프리카인들이 동쪽인 케냐와 에티오피아에 여행을 많이 다니고 있고 이로써 양대 항공사가 급신장하게 된 것이다. 저가 항공사들이 등장하면서 기존 항공사의 독점 체제가 흔들리는 경향도 있다. 그러다가 마침내 우리 국적기인 KAL이 2012년 6월부터 케냐에 취항하게 되었다. 이로써 한국인의 아프리카 방문은 크게 늘어날 것으로 생각된다. 케냐를 기점으로 해서 아프리카 이곳저곳을 여행하는 한국 사람들의 숫자도 크게 늘어날 것이다. 국적기의 출항으로 한국과 아프리카와의 교류는 본격적으로 확대될 수 있는 기회를 맞이한 것이다. 앞으로는 아프리카에 있는 대사들도 지금보다는 훨씬 수월하게 출장을 다닐 수 있을 것으로 생각한다.

2

외 국 에
비 치 는
한 국 과
한국인의
모　　습

눈 치 있 는 사 람 , 눈 치 없 는 사 람

여러 나라 사람을 상대하다 보니 느끼는 것이 많은데 그중 하나가 눈치에 관한 것이다. 우리 한국인은 눈치가 정말 빠르다. 상대방이 자기를 조금만 소홀히 대해도 금방 알아차린다. 다른 사람 집에 초대받아 방문했다면 주인이 조금만 피곤한 기색을 보여도 금방 자리에서 일어서는 것이 우리 한국인이다. 아마 '왕따'니 '외톨이'니 하는 단어가 한국사회에서 유난히 많은 것도 한국인의 눈치가 유별나게 발달했기 때문이 아닌가 한다.

나는 외국인을 많이 상대했지만 한국인만큼 눈치가 빠른 외국인은 별로 본 적이 없다. 아마 체면을 중시하고 남에게 폐를 끼치는 것을 극도로 꺼리는 일본인 정도가 한국인에 버금갈 만큼 눈치가 발달되어 있을까, 다른 민족들은 그렇지 않은 것 같다. 오히려 눈치 없는 고지식한 사람들도 많다. 한국인이 외국에 나가면 일본인과 쉽게 어울릴 수 있는 이유 중 하나는 서로 눈치가 잘 통하기 때문일 것이다. 서양 사람들은 그렇지 않다. 답답할 정도로 고지식하다. 남의 집에 초대를 받았으면 주인이 힘들지 않도록 알아서 가주어야 하는데 피곤할 때까지 머물러 있는 사람들도 있고, 호의를 베풀거나 은혜를 입었으면 갚아야 하는데 약한 부분이 많다. 우리 상식과는 다른 사람들이 많다. 왜 그럴까?

짐바브웨에 부임한 후 팔레스타인 대사 집에 초대를 받았다. 이때는 5월이라 짐바브웨의 날씨로는 한겨울이다. 거실에 있다가 식당으로 옮겼는데 전혀 난방이 없었다. 추위를 잘 타는 아내는 금방 떨기 시작했다. 옆 사람이 보기에도 금방 눈치를 챌 수 있을 정도로 떨었다. 그런데도 주인인 팔레스타인 대사는 아랑곳하지 않고 장광설을 늘어놓으면서 만찬을 오래 끌었다. 우리뿐만 아니라 다른 손님들도 추위와 밋밋한 음식에 가급적 만찬을 빨리 끝내고 거실로 옮겼으면 하는 생각을 가지고 있는 것이 분명했다. 그러나 주인은 이를 알고도 모른 척하는 것인지 아니면 전혀 느끼지 못하는 것인지 아랑곳하지 않았다. 곤욕을 치른 아내는 "앞으로는 팔레스타인 대사가 주최하는 만찬에는 절대 참석하지 않겠다"고 했다. 결국 이 대사는 눈치 부족으로 인해 한 사람의 친구를 잃은 폭이 되었다.

문화적인 요인이 눈치에 미치는 영향이 크다고 생각한다. 유교문화권인 우리나라 사람은 체면이 중요하고 체면을 차리다보니 눈치가 발달했을 것이다. 또 우리나라 사람은 정이 많아 서로 정을 주고받다보니 눈치가 발달했을 수도 있다. 눈치라는 것은 남의 속을 잘 헤아리는 것이기 때문이다. 가장 큰 이유는 언어 습관에 있지 않은가 한다. 우리나라는 전통적으로 속에 있는 말을 다 하는 문화가 아니다. 하고 싶은 말이 있어도 절제하는 경우가 많고 이심전심으로 뜻을 전달하는 경우도 있다. 특히 어른에게 직설적으로 이야기하면 예의에 어긋난 사람이 된다. 너무 말을 많이 하면 경박한 사람으로 치부되기 쉽고 과묵한 사람에게 더 신뢰를 부여하기도 한다.

서양을 포함하여 많은 다른 지역 사람들은 그렇지 않다. 그들은 할 말은 다해야 직성이 풀리는 사람들이다. 이들은 어려서부터 명확히 의사 전달을 하도록 훈련된 사람이다. 인도의 예를 보자. 인도는 지독한 신분제도인 카스트로 유명한 나라이다. 신분이 엄격히 구분되어 있으며 신분에 따라 하는 일도 구분되어 있다. 그러나 이들은 신분에 관계없이 의사 전달은 확실히 한다. 하고 싶은 말이 있으면 하인도 주인에게 말할 수 있으며 누구도 이를 막지 않는다. 양반과 상민의 구분이 뚜렷했던 우리의 조선시대와 비교해보면 큰 차이가 있다. 그 시대에 하인이 주인에게 하고 싶은 말을 다 할 수 있었겠는가? 그저 주인이 내리는 명령에 '예예' 하며 따라야 했을 뿐이다. 이렇게 언어문화가 다른 것이 눈치의 형성에 큰 영향을 미쳤을 것이다. 말로써 자신의 의사를 다 전달할 수 있다면 구태여 남의 속까지 헤아려 볼 필요는 없을 것이다. 반면 우리와 같이 하고 싶은 말을 다 할 수 있는 문화가 아니라면 눈치가 발달하는 것이 당연한 이치가 아니겠는가?

요즘 같은 글로벌 시대에 눈치는 일종의 자산이다. 상대방의 표정과 행동으로부터 그 사람의 생각을 읽을 수 있다면 이는 분명히 뛰어난 능력이다. 사람이 가지고 있는 재능과 능력이 모두 상품화되는 시대에 있어서 우리 민족의 뛰어난 눈치는 부가가치가 높은 상품이 될 만하다. 요즘 젊은 세대는 의사 표현에 능하며 이는 분명히 바람직한 현상이다. 그러나 선배 세대가 간직하고 있는 눈치라는 노하우도 간과해서는 안 된다. '말과 눈치'라는 두 가지 소프트웨어로 무장한 우리의 젊은이들이 국제사회에서 보다 경쟁력을 높일 수 있을 것으로 생각한다.

국 가 는 왜 중 요 한 가 ?

국가가 중요한 이유는 무엇일까?

많은 사람은 국가가 중요하다는 것은 알고 있으면서도 막상 왜 중요한지에 대해서는 답을 하지 못한다. 사람은 국가가 없으면 보호받지 못한다. 자신의 생명과 안전과 재산을 보호받지 못한다.

소말리아와 같이 부랑국가(pariah state)가 되면 무법천지가 된다. 소말리아는 해적이 판을 치는 국가이다. 소말리아가 정상적인 국가라면 해적은 벌써 소탕되었을 것이다. 소말리아도 옛날에는 정상적인 국가였다. 우리 상주대사관도 있었다. 그러던 소말리아에서 바레 정권이 무너지고 내란이 일어나면서 더 이상 합법적인 정부가 수립되지 않았다. 군벌끼리 세력을 다투는 군벌정치가 계속되면서 소말리아는 중앙정부가 없는 무정부국가가 되어버리고 말았다. 세월이 흐르면서 소득이 부족한 소말리아의 군벌들은 해적질이라는 돈벌 수단을 고안해냈다. 소말리아는 인도양을 따라 긴 해안선을 가지고 있으며 수에즈운하를 통해 홍해를 빠져 나온 선박들이 동양으로 향하는 길목에 있다. 가히 해운의 요충지에 자리 잡고 있는 것이다. 소말리아의 해적들은 대부분 어부들이다. 소말리아가 정상적인 국가였더라면 이들은 평화롭게 고기잡이를 하는 어부로 살았을 것이다. 그러나 이들은 군벌에 포섭되어 해적으로 변신했다. 이들은 중화기로 무장하고 있으며 기동력이 빠른 쾌속정을 타고 다닌다. 이들은 선박을 나포하면 소말리아로 끌고 온다. 그 뒤 몸값에 관한 협상은 이들의 몫이 아니다. 영국에 있는 조직이 인질들과 나포 선박에 관한 협상을 주도한다고 한다. 이들 뒤에는 군벌이 있다. 해적질로 돈벌이가 잘 되자 군벌들은 앞다투어 해적단을 조직했다. 소말리아에서 해적 행위가 빈번해지자 각국들도 자위적인 조치를 취했다. 자국 선박을 보호하기 위해 해군을 파견한 것이다. 우리나라도 해군 선박을 파견했다. 그럼에도 불구하고 해적 행위는 없어지지 않고 있다. 해적이 잡히거나 사살되는 경우가 많아졌으나 해적들은 여전히 건재하다. 이들은 해군을 피해 전에는 가지 않았던 먼 곳까지 진출해서 선박을 나포하는 경우가 늘었다. 남쪽으로는 모잠비크 앞바다까지 진출했다. 수천 킬로미터를 넘나드는 셈이다. 해적이 언제 없어질까? 무력으로는 어렵다. 해적질은 이들의 생계 수단이다. 어떠한 어려움과 위험이 있어도 이들의 해적질은 계속될 것이다. 오직 소말리아에서 정상적인 정부가 수립되고 국가가 국가로서 정상적인 기능을 할 때 해적은 소탕될 수 있다. 그것이 해적을 근절할 수 있는 유일한 방법이다.

이와 같이 국가는 중요한 것이다. 국가가 잘못되면 자국민에게뿐만 아니라 타 국민에게도 피해를 입힌다. 소말리아는 이러한 사실을 우리에게 명확하게 일깨워준 사례이다.

북한과 같은 국가는 국가로서의 기능은 하고 있으나 정상적인 국가는 아니다. 심하게 말하면 북한은 정권을 유지하기 위해 국가와 국민을 인질로 삼고 있는 것처럼 여겨진다. 북한의 목표는 국력을 강하게 하고 국민의 복지를 증진시키는 것이 아니다. 북한의 목표는 어떻게 해서 김일성/김정일/김정은으로 이어지는 김 씨 세습정권을 이어나가느냐 하는 것이다. 북한이 결국 변화할 것이라고 보는 사람들이 있지만 나는 이에 동의하지 않는다. 북한의 변화는 북한의 몰락을 의미할 뿐이다. 북한이 변화하기 위해서는 국가를 개방해야 하는데 개방은 북한의 치부를 드러내고 국민의 정권에 대한 저항을 야기시킬 것이다. 이렇게 되면 정권은 설 땅을 잃고 몰락하게 된다. 이를 알고 있는 김정은 정권이 북한을 개방하겠는가? 북한이 개성공단이나 금강산 관광을 허용한 궁극적인 이유는 단 한 가지, 돈이 필요해서라고 본다.

이들은 관광객 피살 사건 후 신변안전 문제로 갈등이 고조되자 결국 관광코스를 폐쇄했다. 북한이 금강산 관광을 폐쇄한 것은 당시로서는 한국과의 사이가 벌어지면서 관광객이 줄어들 것이라는 점을 감안한 것이다. 돈이 필요한 북한으로서는 한국 관광객이 계속 쏟아져 들어온다는 보장만 있으면 무슨 수를 써서든지 금강산 관광을 지켰을 것이다. 천안함 사건과 연평도 포격이라는 위기에도 불구하고 북한은 개성공단만은 굳건히 지켰다. 북한이 개성공단을 지킨 것은 돈벌이가 잘 되기 때문이었다. 2013년초 북한은 한반도에 위기를 고조시키더니 나중에는 개성공단까지 임시로 폐쇄했다. 그러나 이는 북한의 진심이 아닌 것으로 보여졌다. 아니나 다를까 북한은 우여곡절 끝에 2013년 8월 개성공단을 정상화하는데 합의했다. 사망하기 전 김정일은 빈번히 중국을 방문하면서 중국식 자본주의를 도입하려는 움직임을 보였다. 김정일이 원하는 중국식 자본주의는 북한을 개방하는 것이 아니라 북한의 일부를 특구로 만들어 돈벌이를 하자는 것이다. 북한은 국민이 굶어죽지 않고 정권유지에 필요한 통치자금을 조달할 수 있으면 큰 문제는 없다고 생각할 것이다.

나라를 발전시키고 국민에게 보다 나은 삶을 제공하는 것을 목표로 삼지 않는 북한을 어떻게 정상적인 국가라고 부를 수 있겠는가?

해외를 다녀보면 국가가 중요하다는 것을 피부로 깨닫는다. 해외에서 여권을 잃어버렸거나 소매치기를 당했을 때 대사관의 도움을 얻으면 국가의 중요성을 느낄 수 있다. 국가 대항 축구경기를 할 때 우리는 우리 팀이 이기기를 얼마나 간절히 원하는가? 우리는 여자 골프 선수들이 미국 LPGA에서 우승할 때 자신의 일같이 기뻐하지 않는가? 삼성과 LG의 전자제품이 세계를 휩쓸고 현대자동차가 세계적인 회사로 등장하고 우리의 선박회사들이 세계 시장을 석권할 때 우리는 희열하며 한국을 자랑스럽게 생각한다. 이것이 국가라는 것이다. 국가의 힘이 커지고 좋은 명성을 얻을 때 개인도 어깨를 펼 수 있다.

나는 이라크에서 유엔의 책임자로 있는 미얀마인을 만났다. 매우 지적이고 유능한 사람이었다. 그러나 어딘지 우수를 띠고 있는 모습이었다. 미얀마는 영국의 지배를 받아 영어에 능숙하고 유엔사무총장까지 배출한 나라이다. 이런 나라이니 국제기구에 진출한 사람이 많을 것은 당연한 일이다. 이분도 영국 신사와 같이 세련된 매너를 지니고 있었다. 이분이 어느 날 내게 이렇게 고백했다. "내 고국에 관한 일이 항상 나에게 걸림돌이 된다"라고.

선 진 국 과 후 진 국 의 차 이 를 느 끼 는 때

나는 외교관 생활의 절반은 선진국, 나머지 절반은 후진국에서 보냈다. 이러한 나의 경력은 선진국과 후진국을 둘 다 이해하는데 도움을 주었다. 누가 나보고 어느 곳에서 생활한 것이 보다 보람이 있었느냐고 묻는다면 나는 결코 확답은 하지 않을 것이다. 왜냐하면 나에게 선진국과 후진국은 둘 다 매우 소중한 경험이었기 때문이다. 나는 어느 한쪽을 택하고 다른 한쪽을 버릴 수 없다. 두 가지의 경험은 나에게 모두 큰 가치가 있는 것이다. 내가 한쪽만 경험했더라면 지금의 나는 없을 것이다. 나는 양쪽을 두루 경험했기 때문에 외교관으로서 비교적 균형적인 시각을 가진 사람으로 성장할 수 있었다고 믿고 있다.

양쪽의 경험이 모두 소중한 것과 양쪽의 경험이 매우 다른 것은 별개의 문제이다. 선진국과 후진국은 실로 매우 다르다. 선진국끼리도 다르고 후진국끼리도 다르지만 선진국과 후진국을 비교하면 모든 면에서 너무 차이가 있다. 한마디로 말해서 선진국은 선진국이고 후진국은 후진국이다. 내 말은 선진국은 거의 모든 부문에서 앞서있고 후진국은 거의 모든 부문에서 뒤떨어져 있다는 이야기이다.

그러면 선진국과 후진국은 왜 이렇게 큰 차이가 나는 것일까? 여러 가지 원인이 있지만 가장 중요한 것은 사고 또는 의식의 차이이다. 사람의 생각은 행동을 결정하고 사람의 행동은 문화를 형성한다. 사고방식이 다르기 때문에 사물을 보는 눈이 다르고 사물에 대한 인식이 다르기 때문에 행동이 다르게 나타난다. 이렇게 뇌로부터 나오는 반응이 다르기 때문에 선진국과 후진국은 완전히 다른 존재로 등장하는 것이다.

내가 선진국과 후진국의 차이를 가장 잘 느끼는 것은 사람들을 만날 때이다. 선진국 사람은 이해도 빠르지만 약속을 잘 지킨다. 후진국 사람은 대체적으로 이해도가 낮을 뿐 아니라 약속을 잘 지키지 않는다. 물론 사람에 따라 다르기는 하지만 이러한 경향은 뚜렷하다. 이렇기 때문에 후진국에서는 서로 유익한 사업이 있어도 성사시키기가 어렵다. 서로 대화가 잘 되어 확실하게 보이는 일도 막상 실행 단계에 가면 잘 되지 않는다. 사람들의 책임 의식이 약하고 잘 움직이지 않는다. 특히 공무원의 복지부동은 후진국의 전매특허이다. 좋은 제안이 있어 외교부를 통해 공문을 보내도 담당 부처에 전달되지 않는 경우가 허다하다. "왜 이렇게 좋은 제안에 답이 없는가" 하고 추적해보면 외교부나 관계부처 담당관의 손에서 잠자고 있는 경우가 대부분이다.

관료제도는 어느 나라에서나 복잡하고 일의 진전을 가로막는 요소로 작용한다. 이러한 일은 후진국일수록 더 심하다. 많은 후진국에서는 부처가 다르면 서로 소통이 되지 않는 경우가 왕왕 있다. 내가 있었던 아제르바이잔에서는 각 부처가 마치 서로 다른 왕국과 같다. 여러 부처에 연관되는 일이나 부처 간에 조정이 필요한 일은 잘 이루어지지 않는다. 우리나라 같으면 청와대나 총리실에서 부처 간 조정 역할을 하지만 아제르바이잔에서는 이러한 조정 역할이 부족하다. 각 부처가 대통령 눈치만 보고 대통령도 각 부처를 일대일로 상대하는 점조직 형태로 이루어져 있다. 이러다 보니 금방 될 것 같은 일도 되지 않는 경우가 많이 있었다. 아프리카에서도 이런 현상은 빈번히 일어난다. 수개 부처가 함께 관련되어 있는 일을 조정하는 기능이 약하므로 여러 부처와 협의를 거쳐야 하는 일은 좀처럼 성사되기가 어렵다. 어느 한 부처가 소명의식을 가지고 치고 나와야 하는데 그런 경우를 보기는 좀처럼 힘들다.

선진국일수록 이런 조정 기능이 잘 되어 있다. 부처 간 협의체제가 잘 갖추어져 있기 때문에 복잡한 문제라도 몇 번 회의를 거치면 정부 전체의 입장이 정해지고 이 입장을 가지고 교섭에 나서게 된다. 협상에 참가할 때에도 모든 관계부처의 대표자들이 같이 참가하기 때문에 일사불란하게 움직인다. 나는 유엔에서 정보안보(information security) 관련 회의에 참가한 일이 있는데 미국 대표는 국무부 출신이었다. 그런데 각 관련 부처에서 10여 명의 보좌관이 와 있었다. 나중에 알고 보니 이들은 대부분 그 부처의 법률가들이었다. 이 회의가 새로운 규범을 만드는 회의였기 때문이다. 미국 대표는 새로운 제안이 나올 때마다 보좌관과의 협의를 거쳐 즉석에서 입장을 정해 회의에 임했다. 특별히 워싱턴과 협의를 할 만큼 중요한 사안이 아니면 보좌관과의 협의를 통해 현지에서 문제를 해결할 수 있었다. 이 보좌관들이 각 관련 부처를 대표하는 사람들이었기 때문이다.

어 렵 다 고   손   놓 을   수   없 는   개 도 국

　우리나라 기업의 해외 진출은 이제 세계 전체로 향하고 있다. 불과 30-40년 전만
해도 미국과 일본 그리고 몇몇 국가에 한정되었던 비즈니스가 이제는 5대양 6대주
로 향하고 있다. 중국과 동남아, 인도, 중앙아 등 아시아 국가들은 우리의 앞마당처
럼 가까워졌으며 석유·가스로 막대한 부를 축적한 중동국가들에서 벌어지는 대규
모 프로젝트에 우리 기업이 활발히 참여하고 있다. 어디 이뿐인가? 우리 기업들은
멀리 중남미와 아프리카에서도 자원을 개발하고 있고 여러 가지 굵직한 사업에 참
여하고 있다. 가히 전 세계가 우리의 시장이 된 셈이다.

　세계의 많은 국가가 개도국이며 이러한 현상은 앞으로도 지속될 것이다. 왜냐하
면 개도국이 선진국이 되는 것은 매우 어려운 일이기 때문이다. '아시아의 4용'이라
고 하는 한국, 싱가포르, 대만 등을 비롯해서 불과 몇 개의 국가만이 선진국의 문턱
에 와 있을 뿐 그 밖의 개도국이 선진국 수준으로 올라간다는 것은 요원한 일이다.
따라서 우리가 개척해야 할 시장은 앞으로도 대부분 개도국일 수밖에 없는 것이다.
우리 기업은 앞으로도 개도국의 문을 두드려 진출에 박차를 가해야 한다. 개도국은
우리에게 자원 공급, 상품 수출, 인프라 사업 진출 등의 관점에서 중요할 뿐 아니라
값싼 토지와 풍부한 노동력을 제공해 준다는 점에서 우리의 산업기지로 활용할 수
도 있다. 우리 기업들이 개도국에 산업시설을 세우면 우리에게뿐만 아니라 그 나라
에게도 이익을 가져다준다. 요즘은 자원 부국도 순전히 자원만 수출하는 것은 꺼리
며 자원을 이용해 부가가치를 창출할 수 있는 산업을 유치하려고 한다. 우리 기업이

앞으로 나아가야 할 방향을 제시해주고 있는 셈이다.

개도국에서 비즈니스를 일구는 것은 결코 쉬운 일이 아니다. 문화, 관습 및 사고 방식의 차이에서 연유하는 어려움이 부지기수이며 그 나라의 독특한 실정이나 상관행, 의사결정의 과정과 방식 등을 올바로 파악하는 것도 쉽지 않다. 또한, 요소요소에 적절히 인맥을 구축해야 하고 상호 간에 신뢰와 존중의 관계가 형성될 때 비로소 일이 성사되는 것이 관례이다. 나는 아제르바이잔에서 대사를 지내면서 이러한 어려움을 뼈저리게 경험했다. 금방 될 것 같은 일도 되지 않는 경우가 많았다. 여러 원인이 있지만 특히 시계바늘의 속도가 서로 다르다는 점을 알게 되었다. 신속하게 일을 처리하는 것에 익숙한 우리의 습관에 반해 아제르바이잔의 일처리는 지루할 정도로 느리다. 이러한 차이를 극복하지 못한 많은 우리 기업들이 청운의 꿈을 품고 왔다가 그만 돌아가고 말았다.

개도국의 공통적 현상이지만 위로부터 아래까지 부패가 만연해 있어 정상적인 거래에 지장이 많은데 이를 어떻게 슬기롭게 극복할 것인지도 과제이다. 많은 개도국의 법규, 제도 및 관행 등이 성숙하지 않고 미흡하며 명확한 규정이나 자료 등이 미비한 점도 기업의 진출에 장애요소이다. 아제르바이잔과 같은 구소련 국가들은 독립 후 자본주의와 시장경제를 도입했으나 경험이 일천하여 아직 이해가 부족한 점이 많고 정부와 공기업에 포진해 있는 낡은 세대 중에는 아직 구소련식 사고방식에서 탈피하지 못한 경우도 흔히 볼 수 있다. 이들은 경험과 노하우가 부족하므로 사고의 폭이 좁고 경직되어 있어 새로운 사업에 대한 이해가 부족하다. 따라서 이들을 깨우쳐 가면서 동시에 파트너로 함께 사업을 추진해야 하므로 노력이 두 배로 드는 애로점도 있다. 아프리카 국가들에도 부패, 늦은 일처리, 열의와 책임감 부족, 부족한 사회·경제적 인프라, 자본 결핍 등 생각할 수 있는 모든 약점이 다 있어서 우리 기업이 진출을 꺼린다.

그러나 어려움이 있다고 해서 우리가 노력을 중단할 수는 없다. 개도국 시장 진출은 선택사항이 아니라 필수사항이다. 그리고 점차 경쟁도 높아지고 있다. 중국, 인도, 브라질을 비롯한 신흥 경제대국들이 개도국 진출의 고삐를 더 조이고 있기 때문이다. 이곳저곳 다녀보면서 놀라는 것은 생각지도 않은 곳에 유수한 기업이 벌써 들어와 있다는 사실이다. 세계 최빈국 중의 하나인 말라위에는 세계에서 단일공장으로는 가장 큰 연초공장이 있다. 이 공장에서는 말라위는 물론 인근 잠비아에서 생산되는 엽연초를 가공해 세계 각지에 공급한다. 그뿐만 아니다. 말라위 북부에 있는 우라늄 개발을 위해 팔라딘이라는 호주 회사가 들어와 있는데 이 회사는 5년간 5억 불을 투자해서 우라늄을 생산하고 있다고 한다. 이렇게 개도국의 구석구석까지 눈에 보이지 않는 진출 경쟁이 치열히 전개되고 있다.

한 국 의   개 발   경 험 은   어 느   정 도 로   소 중 한 가 ?

후진국이 가장 부러워하는 것은 한국의 경제성장이다. 60년대 중반부터 시작된 폭풍노도와도 같은 경제성장으로 한국은 세계사에서 유례가 없을 정도로 급격히 현대화되었으며 선진국으로의 진입을 눈앞에 두고 있다. 말레이시아, 베트남을 위시한 많은 아시아 국가가 한국을 모델로 삼아 경제발전을 이루기 위해 노력하고 있으며 아프리카 국가들도 한국의 경험에 관심을 쏟고 있다.

한국의 경제발전 경험은 우리가 가진 중요한 자산 중 하나이다. 정부에서는 이를 홍보하기 위해 KDI를 중심으로 한국의 발전 경험을 개도국과 공유하는 프로그램을 운영하고 있다. KDI에서 운영하는 지식공유 프로그램(Knowledge Sharing Program)이 바로 그것이다.

내가 아제르바이잔에서 근무할 때 경희대 국제대학원장을 단장으로 한 팀이 1년간 아제르 정부에게 '한국의 WTO 가입 경험'을 전수했다. 당시 한국은 개도국의 지위에 있으면서 WTO에 가입한 특이한 경험을 쌓았다. 아제르바이잔 관리들은 열심히 우리 전문가들의 발표를 청취하면서 자신의 경우에 어떻게 적용할 수 있을지 진지하게 질문하고 모르는 것을 이해하기 위해 끊임없이 설명을 요청하는 등 적극적인 자세를 보였다.

나는 대사로 아제르바이잔과 아프리카에 있으면서 틈이 나는 대로 대학과 경제단체 등을 찾아 강연을 했다. 단골 과목은 한국의 경제발전에 관한 것이다. 한국의 경제발전에 관한 청중의 관심은 생각보다 훨씬 크다. 이들은 도대체 세계 최빈국이었던 한국이 어떻게 해서 60년 남짓한 사이에 세계의 주요 경제국가로 성장할 수 있었는지 그 비밀을 알고 싶어 한다. 타당성 있는 경제개발계획과 성실한 이행, 초기 단계에서 정부 주도의 경제 운영, 교육에 대한 열망과 투자, 유능한 인적 자원의 양성, 지도층의 강한 의지와 실천력, 실패를 두려워하지 않는 기업가 정신, 국민의 단합된 의지와 노력, 이런 것들이 우리 경제 성장의 배경인데 이를 하나씩 하나씩 설명하면 모두 놀라움을 감추지 못했다.

청중의 반응에 뿌듯한 마음이 들면서도 한편으로는 이것이 모두 한국식인데 다른 나라에서 과연 얼마나 소화해낼 수 있을 것인가 하는 의구심이 들기도 했다. 한국의 경제성장은 다분히 국민의 정신력과 근면, 성실함에 기인한 바가 크다. 많은 나라 사람들이 한국인과 같지 않기 때문에 우리의 모델을 그대로 적용하는 데에는 무리가 따르기 마련이다. 특히 아프리카와 같이 기후와 문화적 배경이 다른 곳에서 국민들이 한국인만큼 근면하고 성공에 대한 의지가 강하다고 생각해서는 안 된다. 아프리카인은 오히려 그 반대라고 생각하는 것이 옳다. 이들은 미래에 대한 계획을 세우거나 장래를 위해 열심히 일한다는 그런 개념이 별로 없다. 그날그날 살아가는 것에 만족하는 사람들이다. 이들은 내일을 생각하지 않는 것이 보통이다. 이 때문에 낙천적인지는 모르겠으나 가난함에도 불구하고 별로 걱정하는 사람은 없다. 이들을 경제발전의 일꾼으로 만들기 위해서는 우선 정신을 개조해야 한다. 동기를 부여하고 목표를 완수하면 분명히 잘살 수 있다는 확신을 심어주어야 일을 하게 되어 있다. 이러한 정신 개조 작업이 쉽지 않을 것임은 분명하다.

둘째 이들은 오랜 식민지 생활을 거치면서 복종과 굴종에 익숙한 사람이 되어 있다. 이들은 이제 식민주의자를 몰아내고 스스로 나라를 통치함에도 불구하고 위에서 시키는 대로 일하는 것에 익숙하다. 신분상승에 대한 욕망이 별로 없고 도전 의식도 약하다. 그러므로 이들을 일하도록 하기 위해서는 눈에 보이는 유인요건을 계속 공급해야 한다. 이들은 자신이 굴종적인 사람으로 변해 있다는 사실을 알면서도 이로부터 탈피하기 위한 노력을 하지 않고 그저 체념적으로 살아가고 있다. 이러한 상황에서 한국식 경제발전이 먹혀들어가기는 매우 어렵다. 강의를 하면 매우 흥미를 가지고 듣다가도 강의가 끝난 후에는 이를 응용해보려는 노력을 하지 않는 것은 이들의 사고방식이 한국인과 너무 다르기 때문이다.

따라서 아프리카의 경제 발전을 위해서는 국민들이 동기를 가지고 자발적으로 열심히 일할 수 있는 분위기를 만드는 것이 중요하다. 사람은 환경의 산물이므로 아프리카 사람도 동기가 확실하고 경쟁적으로 열심히 일하는 환경이 조성되면 분명히 사고방식이 바뀔 것이다. 아프리카 사람은 바뀌지 않는다고 하는 것은 일종의 인종차별주의이다. 아프리카 사람도 바뀔 수 있다. 뒤돌아보면 우리도 잘 살아보겠다는 동기가 없었으면 의식이 바뀌지 않았을 것이다. 과거 우리는 비가 많이 오거나 흉년이 들면 하늘을 원망했다. 대부분이 농촌에서 가난하게 살면서 농한기 때에는 술과 도박으로 지내는 사람이 많았다. 대부분 사람들이 운명에 좌우되어 체념론자가 되어 살았다. 그러던 것이 경제개발 5개년계획이 세워지고 새마을운동이 전개되면서 의식이 바뀌었다. 잘살아보자는 구호는 전국적으로 퍼졌고 사람들은 자발적으로 새마을운동에 동참하여 자신이 사는 마을을 개조하는 일에 적극 나섰다. 일하는 것이 습관이 되고 생활이 차츰 나아지는 것을 느꼈으며 사는 환경이 차츰 좋아지는 것에 매력을 느끼게 되었다. 박정희 대통령에 대한 평가가 엇갈리지만 박대통령이 이룬 업적 중 단연 최고는 타성에 빠져 무기력하게 지내던 국민에게 잘살 수 있다는 동기를 부여한 것이라고 생각한다.

한국은 개발경험을 전수하면서 여러 가지 노하우를 전수하는 것도 중요하지만 바로 이러한 정신개조운동에 초점을 맞춰야 한다고 본다. 사람들이 동기를 가지고 자발적으로 열심히 일할 수 있는 분위기를 조성하는 것이 경제발전의 첫걸음이다. 이것이 되면 나머지는 시간문제일 뿐 발전은 이루어지게 되어 있다고 생각한다. 우리 뿐만 아니라 아시아의 4용이라는 싱가포르, 홍콩, 대만도 마찬가지이고 중국 역시 이러한 정신이 있었기에 놀라운 경제발전을 이룰 수 있었다. 중국인이 악착같이 남의 기술을 훔쳐가는 것도, 모든 물건을 모방해서 짝퉁을 만드는 것도 알고 보면 이러한 동기가 있으므로 가능한 것이다. 어떻게 해서든지 남을 따라가고 남보다 더 잘 살아보려고 기를 쓰고 있는 것이다. 아프리카에도 이런 분위기와 도전 정신이 전파되면 확 달라질 것이 틀림없다. 따라서 우리는 우리의 경제발전 경험을 소개할 때 각론에 대해 설명하는 것도 중요하지만 이러한 총론적 입장에서 접근하는 것이 중요하다고 본다.

한국의 경제발전은 개도국에게 매력적인 유혹임이 틀림없다. 한국과 같이 되고 싶은 나라들이 얼마나 많겠는가? 이들에게 우리의 경험을 말할 때 한 가지는 분명히 해야 한다. 모든 것이 완비되어도 정신이 달라지지 않으면 우리같이 되기 어렵다고 말이다.

한국은 고도 경제발전의 대가를 치루고 있다. 우리의 전통적인 사회적 규범과 가치는 많이 파괴되었고 지나치게 경쟁적인 사회구조로 말미암아 자살, 정신병, 왕따 등 여러 가지 부작용이 발생하고 있다. 그러나 어떻게 보면 한국사회를 지탱하고 한국을 선진국으로 이끄는 힘은 이러한 경쟁이라고 볼 수 있다. 문제는 경쟁이 지나쳐 잔인하고 냉혹한 사회가 되지 않도록, 아무리 경제적으로 발전했지만 온정이 남아 있는 사회로 이끌어가는 것이라고 생각한다. 사회주의적인 요소, 복지정책, 노인정책, 약자와 빈자에 대한 배려, 이러한 것은 한국의 앞날에 반드시 필요한 것들이다. 한국이 잘 나갈수록 빈부 격차를 줄이고 사회의 이익을 소수 강자가 독식하지 않도록 견제하는 그러한 시스템을 갖추어 나가는 것이 필요하다. 사회는 결국 국민을 위한 것이고 다수를 위한 것이다. 소수가 모든 부와 권력을 장악하는 그런 사회는 갈등만을 초래하는 것이고 오래가지 못하는 법이다. 우리가 개도국에게 경제발전을 전수할 때에도 이들의 미래를 위해 이러한 우리 사회의 약점까지 보여주는 것이 필요할 것이다.

외 국 인 도   시 끄 럽 다 고   느 끼 는   한 국 의   정 치

　한국은 경이로운 경제 발전을 이룩한 나라일 뿐 아니라 그 어렵다는 민주화를 달
성한 나라로도 잘 알려져 있다. 한국의 발전은 우리가 봐도 놀랍다. 1970년대에는
경제가 커가는 것은 피부로 느낄 수 있었으나 정치적으로 민주화는 어렵다고 느꼈
었다. 10.26이 나고 신군부가 들어서면서 군사형 독재주의로 전환했을 때만 해도
"아, 우리나라가 후진국 신세로부터 벗어나기는 어렵겠구나"라고 장탄식을 했었다.
그러던 것이 1987년 군부정권이 국민에게 항복하고 이어진 선거에서 민주정부가
수립된 후부터는 모든 것이 달라지기 시작했다. 물론 순수 민간인이 정권을 잡는 전
통이 시작된 것은 이로부터 5년 후의 일이었지만 하여간 대한민국은 민간인이 선거
를 통해 정권을 잡는 나라가 되었고 5년 후에는 어김없이 다른 사람이 대통령이 되
는 평화적인 정권 교체가 일상화된 그런 나라가 되었다. 강하게 밀어붙이는 독재정
부가 없이는 경제 발전도 없다던 말과는 달리 한국은 민주정부가 수립되면서 보다
더 경제발전에 탄력이 붙기 시작했다. 한국은 명실공히 경제발전과 민주화라는 두
마리 토끼를 한꺼번에 움켜잡은 대단한 나라가 된 것이다.

　이러한 한국에서 정치는 늘 시끄럽다. 어느 나라나 정치가 시끄럽기는 마찬가지
지만 한국에서는 유난히 시끄럽고 말썽이 많다. 다른 나라에서는 좀처럼 보기 드문
국회에서의 몸싸움도 한국에서는 자주 볼 수 있는 일이다. 똑똑한 사람들이라고 해
서 뽑아 국회에 보내놓으면 정당에 휩쓸려 당리당략에 치중하는 것은 일반화된 사
실이다. 국회의원이 소신에 따라 국민을 위해 정치를 하기보다는 당에 충성하여 다

음 번 선거에서 공천을 받는 것이 더 중요한 일이 되어버렸다. 정치를 빼놓고는 거의 모든 분야에서 선진국 수준에 근접한 한국이 유독 정치에 있어서는 후진성을 면치 못하고 있다. 정치적으로 선진국이 되려면 공정한 선거를 통해 대통령과 국회의원을 뽑는 것에 그쳐서는 안 된다. 뽑힌 사람이 성숙하고 차원 높은 정치활동을 보여주어야 한다. 민주주의가 발달된 서구 선진국에도 가끔 정치인 중에서 스캔들을 일으키는 사람이 있지만 극히 소수이다. 뽑힌 선량들은 대부분 공직자로서 손색이 없는 사람들이며 유권자들의 기대에 어긋나지 않게 합리적이고 소박한 처신을 한다. 이들이 하는 토의와 의사결정, 정치적 협상, 행동거지를 보면 "아, 정말로 선진국 사람이로구나" 하는 감탄이 절로 나온다. 나는 이것이 선진 민주주의라고 생각하며 우리도 이러한 방향으로 나아가야 한다고 믿는다.

벌써 한참 지나간 이야기가 되었지만, 한미 FTA 비준을 놓고 국회에서 전운이 짙어지더니 대통령이 국회를 방문하여 내놓은 ISD에 관한 재협상안까지 민주통합당이 거부함으로써 정국은 보다 혼미해졌다. 마침내 한나라당은 직권으로 안건을 상정하여 다수의 힘으로 한미 FTA를 비준함으로써 민주통합당은 원내 등청을 거부하고 시민단체와 함께 장외투쟁에 돌입했다. 이로써 정국은 보다 시끄러워지게 되었다. 이후 우여곡절 끝에 한미 FTA가 발효한 후에도 민주통합당은 자신이 집권하면 FTA를 폐기하겠다고 공언함으로써 한미 FTA는 2012년 4월 총선에서도 여전히 주요 쟁점으로 남았다. 우리 정치인은 문제의 핵심보다는 이를 정치적으로 이용하는 데 더 능숙하다. 이로부터 4년 전 처음 미국과 FTA를 교섭할 때 이를 적극 지지했던 정치인 중에서 많은 사람이 이제는 FTA 적극 반대로 돌아섰던 것이다. 이들의 논리는 그때에는 FTA가 그렇게 나쁜 줄 몰랐다는 것이다. 한나라당도 마찬가지이다. 그때 FTA에 반대했던 사람 중 여러 명이 나중에는 적극 지지로 돌아섰다. 이들은 민주통합당 중진들의 변절을 비난하지만 자신의 모습을 돌아보면 마찬가지 모습을 볼 수 있었다.

이것이 한국 정치의 현 주소이다. 뚜렷한 소신을 가진 정치인이라면 이런 행동은 보이지 않을 것이다. 외국에서 이러한 모습을 보인다면 치명적이다. 외국에서는 당적을 바꾸기도 매우 힘들다. 극히 예외적인 경우에 속한다. 유권자가 이를 용납하지 않기 때문이다. 우리나라에서는 사정이 많이 다르다. 당을 바꾸는 사람도 쉽게 바꾸고 유권자도 이를 용납하는 분위기이다. 좋게 말하면 그만큼 탄력성이 있다는 이야기지만 그만큼 소신이 부족하고 기회주의자가 많다는 이야기이다. 한국 정치의 문제점은 정치인의 행태에 모두 반영되어 있다.

시끄러운 한국 정치는 외국에서도 웃음거리이다. 아프리카에서도 한국 국회의원들은 왜 의사당에서 서로 치고받고 싸우느냐고 물을 정도이다. 이러한 말을 들을 때는 나도 모르게 얼굴이 화끈거린다. 우리 국회의원 중에서도 뜻 있는 사람들은 앞으로 국회의 파행 운행이 있을 때에는 의원직을 사임하겠다는 결의를 했다. 옛날 같았으면 벌써 직권 상정되었을 한미 FTA가 상당 기간 계류되었던 것은 이러한 의원들의 영향 때문이었다. 국회가 정상적으로 운영되면 국회의원 간에 싸움이 벌어질리 없다. 무리수를 써서라도 의안을 통과시키겠다는 파행적인 행태가 있으므로 국회에서 몸싸움이 벌어지고 국회가 난장판이 되는 것이다. 국회의원직을 걸고라도 앞으로는 국회의 파행을 막겠다는 의원이 많아질수록 국회가 비정상적으로 운영되는 일은 적어지며 이렇게 되면 국회 안에서 몸싸움과 같은 추태도 저절로 사라지게 될 것이다. 그 나라의 국회는 그 나라의 민주주의를 대변한다. 우리 국회가 선진국과 같이 토론과 표결을 통해 의사를 결정하고 어떤 경우에도 파행적인 운영을 하지 않는 그런 선진 국회가 되기를 기대해본다. 선진화된 한국의 정치는 한국을 보다 업그레이드시켜 한국이 명실상부한 선진국으로 진입하는 데 주춧돌 역할을 할 것으로 믿는다.

강 력 한 힘 을 가 진 한 국 의 언 론

한국에서 언론의 힘은 무섭다. 요즘은 언론에서 집중적으로 부정적인 보도를 하면 누구라도 살아남기 힘들다. 언론의 힘이 강해짐에 따라 언론의 종류도 무척 많아졌다. 신문, 방송, TV뿐 아니라 인터넷 매체를 통한 언론의 힘이 커졌다. 언론의 힘이 이렇게 커져도 괜찮은가 하는 생각이 들 정도로 언론의 파워는 무섭다.

요즘 언론은 단순히 뉴스를 보도하고 분석하는 것에 그치는 것이 아니다. 잘 알려진 한류의 시작도 언론에서부터이다. 방송국들이 경쟁적으로 드라마를 제작하고 상영함으로써 우리 드라마가 외국에 알려지기 시작했다. 한국 영화도 옛날보다 수준이 높아지고 국제 영화제에서 상을 받기도 하고 외국에 수출되기도 하지만 한류를 주도하는 것은 역시 드라마이다. 언론이 보도를 통해 국민의 알 권리를 충족하고 여론을 형성하는 기능을 한다는 것은 잘 알려져 있다. 요즘은 한 단계 더 나아가 언론이 문화를 주도하고 있다. 이것은 한국에만 해당하는 것은 아니다. 전 세계적으로 언론은 기존의 역할 외에 문화를 창출하고 주도하는 새로운 역할을 담당하고 있다.

언론은 많은 스타를 탄생시키고 있다. 탤런트, MC, 코미디언, 가수 등만이 아니다. 뉴스를 보도하고 TV 프로그램을 진행하는 아나운서, 앵커맨 등은 이 시대의 스타들이다. 인기 있는 여자 아나운서가 재벌가 며느리가 되는 것도 흔한 세상이 되었다. TV 프로그램을 제작하는 PD의 영향력도 막강하다. 이명박 정부 출범 직후 광우병에 관해 보도한 'PD 수첩'으로 인해 촛불시위가 일어나고 이명박 정부는 홍역을 치렀다. 정부는 PD가 제작하는 폭로성 프로그램에 대해 신경을 곤두세운다. 국민의 가장 친근한 상대는 TV이다. 주부들은 일하면서도 드라마 보는 재미로 세상을 산다. 드라마는 이들에게 없어서는 안 될 필수품이다. 드라마를 통해 웃고, 우는 가운데 카타르시스가 이루어진다. 드라마는 한국 주부의 삶에 있어서 가장 큰 위안을 주는 매체이다. 드라마는 직장 생활에 지친 남편에게도 활력소와 같은 역할을 한다. KBS, MBC, SBS의 저녁 뉴스는 국민에게 필수의 시청 과목이다. 국민들은 이 뉴스를 통해 세상이 돌아가는 것을 알고 관심 있는 문제에 대해 의견을 나눈다. 뉴스만을 가지고 보자면 신문의 영향력은 아직도 막강하다. 요즘 신문들은 1면 톱기사 외에도 정치, 경제, 사회, 문화, 스포츠 등에서 심층적인 취재 기사를 많이 싣고 있다. 신문 한 부를 정독하면 거의 책 한 권을 읽는 셈이나 마찬가지이다. 그만큼 기사가 다양하고 읽을거리가 풍부해졌다.

한국 언론의 역사는 그렇게 길지 않지만 굴곡의 역사를 가지고 있다. 일제에 항거해 문필로 싸운 역사도 가지고 있고 독재정권에 항거하다 신문사가 문을 닫은 역사도 가지고 있다. 그런 반면 독재 권력에 순응하여 권력의 꼭두각시 노릇을 했던 불명예스러운 역사도 함께 가지고 있는 것이 한국 언론이다. 군사정부가 종식되고 문민정부가 들어서면서 언론은 점차 바뀌기 시작했다. 권력과 서서히 거리를 두는가 싶었더니 어느덧 정치적 권력을 능가하는 또 하나의 권력으로 자리 잡았다. 한국에서 언론의 화살로부터 벗어날 수 있는 존재가 어디 있겠는가? 이러다 보니 언론이 무소불위가 되어 너무 비대해졌다는 비판도 있다. 언론이 특정 목적을 위해 마녀사냥을 한다는 비판도 있고 정권에 협력한다는 비판도 있다. 그러나 내가 보기에 한국 언론은 상당히 독립적이다. 한국 언론이 특정 정당이나 정부를 옹호하면 독자나 시청자는 금방 이를 알게 된다. 이러한 어용 언론은 결국 발붙이기가 어렵다. 이런 세상이니 언론이 특정 집단만을 옹호하는 것이 가능하겠는가? 크게 볼 때 한국 언론은 제 갈 길을 찾아 올바른 방향으로 나아가고 있다고 생각한다.

한국 언론은 외국 언론과 비교해도 언론의 자유나 보도 내용의 성실성, 그리고 다양한 프로그램의 제작 등 측면에서 전혀 손색이 없다. 언론에 관한 한 한국은 이미 선진국에 진입했다고 생각한다. 언론에는 이미 성역이 없다. 누구라도 법을 어기고 옳지 않은 행위를 한 사람은 언론에 의해 파헤쳐지고 끝내 대가를 치르기 마련이다. 권력을 누렸던 사람 중에 언론 보도에 의해 결국 파국을 맞이한 사람들이 얼마나 많은가? 언론이 사회에 이러한 경종을 울림으로써 미래의 불법행위를 예방할 수 있다. 언론에 의해 파헤쳐지지 않았다면 얼마나 많은 범법자가 지금도 어둠 속에서 웃고 있을지 상상이 가는가? 언론의 견제가 있으므로 절대 권력이라도 권력을 마음대로 행사하지 못한다. 언론의 견제가 있으므로 권력과 부를 가진 자가 함부로 약한 자 위에 군림할 수 없다. 한국 언론은 분명히 이런 기능을 잘 수행하고 있다. '정의의 수호자'로서 언론은 이제 제 기능을 하고 있다고 본다. 언론이 이렇게 발달한 데에는 언론의 숫자와 종류가 많아졌다는 점을 간과할 수 없다. 숫자가 많아지고 취재 경쟁이 강해지다 보니 사회의 어두운 곳을 보다 더 속속들이 파헤치게 되었다고 본다. 언론에도 경쟁 원리를 적용하는 것은 좋은 것 같다.

한국 언론이 아직 약한 분야는 글로벌 문제이다. BBC나 CNN이 강한 분야에서 우리는 약하다. 앞으로 우리 언론도 세계적 언론으로 커나가기 위해서는 세계적 문제에 대해 보다 적극적으로 취재하고 분석하는 그런 방향으로 나아가야 할 것이다. 그러기 위해서는 특파원의 질을 높이고 영어로 방송하는 능력을 향상시켜야 한다. 이런 점에서 카타르에 자리 잡고 있는 알 자지라 방송이 우리에게 좋은 교훈이 될 수 있을 것이다. 알 자지라는 공신력 있는 보도로 아랍권에서 가장 영향력이 있는 방송사로 성장했다. 아프리카에서도 알 자지라는 사람들이 가장 많이 보는 TV 중 하나이다. 2011년 '아랍의 봄' 민중 봉기 시에도 알 자지라는 진실을 보도하기 위해 앞장섰고 그 결과 인기가 더 높아졌다. 한국 TV도 국제적인 TV가 될 수 있도록 착실히 키워 가면 오랜 세월이 지나지 않아 알 자지라와 같은 국제적인 명성을 얻을 수 있을 것으로 본다.

한 국 의 강 점 과 약 점

　한국은 동질성을 지녔다는 점에서 강점을 가지고 있다. 한국은 언어, 인종, 문화, 풍습 등의 측면에서 매우 동질적인 국가이다. 한국이 조그만 나라이기 때문에 그렇다고 할 수도 있지만 우리보다 영토가 작은 나라 중에도 언어와 민족 등에서 이질적인 국가들은 많다. 한국의 이러한 동질성은 우리의 경제발전 과정에서 구심점 역할을 했다. 정부에서 어떤 정책을 정하면 국민은 모두 일사불란하게 이를 따랐고 교육도 이를 뒷받침했다. 한국은 성이 270여 개밖에 안 될 정도로 동질적인 국가이다. 서양인에게 성이 몇 개냐고 물었다가는 그런 어리석은 질문이 어디 있느냐고 한다. 셀 수 없이 많기 때문이다. 이러한 점에서 서양과 한국은 정반대이다. 한국인의 동질성은 한국인을 시장적인 성격으로 만들었다. 한국인은 남이 어떻게 하는지에 대해 매우 관심을 쏟는다. 한국인은 유행에 민감하고 시류를 잘 쫓는다. '엄친아'니 하는 신조어는 모두 한국인의 이러한 시장적인 성격을 반영한 것이다. 세대가 바뀌었어도 한국인의 이러한 기질은 잘 바뀌지 않는다. 왜냐하면 교육제도가 바뀌지 않았기 때문이다. 옛날이나 요즘이나 사람들은 회식하고 술 마시고 노래 부르는 것을 좋아한다. 컴퓨터가 등장하면서 집 안에 틀어박혀 게임이나 사이버 세계와 더불어 살고 있는 일부 신세대 층을 제외하면 지금 세대나 옛날 세대나 생활방식에 큰 차이는 없다. 이러한 한국의 문화는 괴짜를 용납하지 않는다. 한국에서 독자적인 노선을 걷다가는 왕따 당하거나 미친 놈 취급당하기 일쑤이다. 한국의 동질성은 국민을 한 묶음으로 단합시키는 데 결정적으로 기여했다. 가정생활, 직장생활, 학교, 여가, 스포츠 등 사회의 모든 분야에서 한국인은 남과 별로 다르지 않은 그러한 삶을 살아왔다. 이러한 것은 한국이 밑바닥으로부터 경제발전을 이루는 데 매우 유리한 요소였다. 국민의 힘을 분산시키지 않고 어떤 정책이든 일사불란하게 밀어붙일 수 있었기 때문이다.

이제 이러한 동질성은 더 이상 강점이 아니다. 한국은 이미 경제적으로 발전할 만큼 발전했고 사회는 개방되었다. 외국인 노동자가 밀려들고 있고 한국은 글로벌 이코노미의 한 축이 되었다. 외국인과 커플을 이루는 한국인도 크게 늘고 있다. 이렇게 바뀌는 사회구조에서 동질성은 점차 구시대의 유물이 되어가고 있다. 아마 이런 식으로 10년만 지나면 한국에서도 성을 따지고 출신지역을 따지는 습관이 없어지게 될지도 모른다. 한국인 중에도 외국에 살고 있는 사람들이 얼마나 많은가? 이들은 나름대로 순혈주의를 고수하고 한국 문화와 언어를 지키며 살아가고 있지만 글로벌 시대에 외국에 살면서 이런 전통을 계속 지키기는 쉽지 않을 것이다. 배타성으로 유명한 유태인도 외국에 흩어져 살면서 계속 혼혈이 되었기 때문에 이들은 아버지가 아닌 모계 혈통을 따라 유태인을 구분한다. 유태교와 같은 배타적인 종교도 없고 탈무드와 같은 계시적인 책을 갖고 있지도 않은 한민족이 민족으로서의 혈통을 계속 유지할 것이라는 보장은 없다. 세계화, 글로벌화가 가속화될수록 더욱더 그런 경향이 생겨날 것이다.

단일민족은 요즘 세상에서 배겨나기 힘들다. 큰 나라들은 모두 다수 민족으로 구성되어 있으며 싱가포르와 같은 도시국가도 중국인, 말레이인, 인도인 등 다민족으로 구성되어 있다. 다민족국가에서 살면 어려서부터 다양한 문화와 언어를 이해하는 능력이 생긴다. 그만큼 넓은 세계를 이해하게 되므로 포용심과 관용을 가지게 되며 서로 더불어 사는 능력이 배양되는 것이다. 단일민족국가에서 살면 대개 외국인에 대해 배타적이고 인종차별적인 성향이 생긴다. 외국인이 잠깐 방문하는 것은 괜찮지만 아예 함께 살게 되면 불편하게 생각한다. 어려서부터 이질적인 문화를 지닌 사람들과 함께 어울려 사는 훈련이 되어 있지 않은 까닭이다.

　한국의 강점은 근면, 성실 그리고 일사불란한 협동심이다. 한국인은 어려서부터 "근면하라! 성실하라!"라는 말을 귀가 아프게 듣고 자란다. 그리고 가정에서나 학교에서나 이러한 훈련을 집중적으로 받는다. 주위에 근면하고 성실한 사람들이 많은 것도 자연스럽게 이러한 습관이 드는 데 도움이 된다. 한국인의 협동심, 단결심도 대단한 무기이다. 월드컵이나 올림픽 축구 경기 등이 열리면 거리는 붉은 셔츠의 응원단으로 가득 찬다. 이들이 벌이는 질서정연하고 정열적인 응원은 사람들의 가슴을 뜨겁게 한다. 한국인의 이러한 자질은 분명히 큰 자산이다. 한국인의 근면, 성실, 협동이 없었다면 어떻게 오늘의 한국이 있을 수 있었겠는가? IMF 위기 때 집에 있는 금붙이를 들고 나와 위기 극복에 동참할 정도로 애국적인 국민은 한국인밖에 없다.

　반면 한국인은 너무 경쟁적이고 획일적이다. 사람들의 목표는 거의 같다. 중고등학생은 좋은 대학에 진학하는 것이고 대학생은 좋은 직장에 들어가서 돈 많이 벌고 성공하는 것이다. 좀 특이한 꿈을 가진 사람은 보기 드물다. 근면, 성실, 협동은 많은 모범생을 배출하는 데는 성공했지만 독자적인 꿈을 가진 특이한 사람들을 배출하는 데는 실패했다. 아마 경제규모 12-15위권의 국가가 아직 과학, 경제학, 문학 부문에서 노벨상 수상자를 배출하지 못한 이유 중 하나는 인재 양성에 있어서 표준화된 모범생을 주로 배출하는 나라라는 점에 있을 것이다.

　한국인의 끈기와 집념도 우리의 무기이다. 한국은 굴곡이 많은 역사를 지내면서 끈기로 모든 어려움을 이겨내 왔다. 한국인은 포기하지 않는 민족이다. 한국인은 실패해서 망할지언정 중도에 그만두지는 않는다. 이러한 한국인의 기질로 한국은 산업 불모의 땅에서 세계적인 산업국가로 도약했다. 제철소, 석유화학, 조선소, 전자공업 등 한국이 이룬 산업 발전은 가히 경이적이다. 이것이 쉽게 이루어진 것은 결코 아니다. 수많은 실패와 좌절, 난관과 어려움을 견디고 끝까지 버티어 이루어낸 것들이다. 이러한 끈기와 집념을 다른 민족에게서 찾아보기는 쉽지 않다. 정주영,

이병철, 김우중, 박태준 이런 전설적인 기업인들이 외국을 돌아다니면서 때로는 돈을 빌리기 위해 때로는 사업을 성사시키기 위해 끈질기게 노력한 이야기는 우리의 심금을 울려준다. 한국인은 이렇게 좌절하면서도 실패하면서도 결코 포기하지 않는 민족인 것이다.

한편 한국인은 감성적인 민족이다. 한국인은 정이 많고 정에 약하다. 한국인의 감성적인 성격은 한국사회를 법과 이성이 지배하는 사회로 만드는 데 장애가 되었지만 지금에 와서는 한국인의 풍부한 감성이 점차 사라지고 있어 오히려 걱정이다. 인간에게서 감성을 빼내버리면 인간은 극히 삭막한 존재가 되어버린다. 법에도 눈물이 있고 동정이 있다고 하는데 하물며 사람은 오죽하겠는가? 한국인의 풍부한 감성은 문화와 예술을 창달하는 데 크게 기여했다. 요즘 세상을 풍미하고 있는 한류도 한국인의 풍부한 감성에 기초한 것이다. 만일 한국인이 사막에 사는 사람들처럼 사색과 관조에만 빠져 있다거나 더운 나라에 사는 사람들처럼 매일매일을 그저 살아가는 것에만 치중했다면 한국인의 감성은 발달하지 못했을 것이다. 한국인의 감성은 더불어 살면서 지지고 볶고 어려움과 즐거움을 함께 겪고 견디면서 형성된 것이다. 한국인에게 감성은 한국의 문화만큼 소중한 것이다. 우리는 이성적인 사회로 발전해 나갈수록 한편으로는 한국인의 독특한 감성을 더욱 키워나가는 데 주력해야 한다. 옛날에는 한국인의 고유한 정서인 '한'이 한국인의 감성을 키우는 데 크게 기여했다. 한은 여러 가지 감정의 소산이지만 특히 서민들의 인생에서의 아픔이 묻어난 감정이다. '한오백년' 같은 노래를 들으면 한국인은 금방 서러움이 앞서면서 자기도 모르는 사이에 울컥하는 감정을 느낀다. 한국인은 한을 밖으로 배출하지 않고 안으로 삭이면서 이를 승화시켜 왔다. 한국인의 독특한 감정인 한을 그 누가 이해할 것인가?

요즘에는 한국인의 독특한 감정인 한이 점차 사라지고 있다. 이제 젊은이들은 감정 표현이 자유롭고 거리낌이 없다. 옛날과 같이 못살고 힘없고 여러 가지로 억눌리면서 쌓인 감정이 있을 리 없다. 이러면 한은 사라지게 마련이다. 한이 사라진다는 것은 우리 민족만이 가진 고유한 감성의 하나가 사라진다는 것을 의미한다. 이를 살릴 수 있는 길은 없는가? 한번 생각해보아야 할 문제라고 생각한다.

3
해외에서
체 험 한
에피소드

평 창 동 계 올 림 픽 유 치 에 얽 힌 에 피 소 드

2011년 여름 동계올림픽 투표일이 다가오면서 초조해지기 시작했다. 그것은 내가 관할하고 있는 잠비아의 IOC 위원인 차문다(Chamunda)를 만나지 못했기 때문이었다. 내가 거주하고 있는 짐바브웨의 하라레로부터 차문다가 사는 잠비아 북부 키트웨까지는 1,300킬로미터가 넘는 거리로서 구멍이 펑펑 뚫린 아프리카의 도로 사정상 결코 만만한 거리가 아니었다. 본부로부터는 평창에 대한 지지를 요청하는 대통령 친서를 전달하라는 지침을 이미 받아놓고 있었다. 어떻게든 차문다를 만나야 하겠다는 결심을 굳히고 있던 중 6월 17일 저녁 잠비아 Z 명예영사로부터 연락이 왔다. Z는 차문다 위원의 아들과 절친한 사이로서 차문다와도 돈독한 관계를 유지하고 있는 사람이다. 차문다가 6월 19일 오후 2시 비행기를 타고 스위스로 떠나기 때문에 공항이 있는 은돌라에서 12시경에 잠깐 만날 수 있다는 것이었다. 이번 기회를 놓치면 더반 총회 전에 차문다를 만날 수 있는 기회는 더 이상 없었다. 나는 무조건 잠비아로 떠나기로 결정했다.

나는 6월 18일 대사관의 참사관과 함께 길을 떠나 저녁에 루사카에 도착하여 현지 한인회장이 운영하는 여관에서 1박을 하고, 다음 날 아침 일찍이 Z 명예영사와 함께 약속지인 은돌라를 향해 출발했다. 12시가 조금 못 되어 은돌라 시에 도착한 우리는 시내 중앙에 위치한 '사보이'라는 이름의 허름한 호텔 라운지에서 마침내 차문다 위원을 만날 수 있었다. 나는 그에게 우리 대통령 친서를 전달하고 평창 지지를 간곡히 요청했다. 차문다는 한국 대사가 자신의 항공 일정을 감안해서, 그것도 짐바브웨에서 잠비아 북부의 DR콩고 국경까지 차를 타고 찾아온 점에 무척 놀라는 표정이었으며 대통령의 친서에도 깊은 인상을 받은 모습이었다.

내가 이런저런 이유를 대며 평창의 당위성을 홍보하자 차문다는 "자신이 지금까지 한국을 지지했지만 이번에도 한국에 투표할 것"이라고 하면서 걱정하지 말라고 했다. 그는 평창의 동계올림픽 유치를 '그린필드 프로젝트'에 비유하면서 평창이 그간 약속했던 모든 사항을 충실히 이행하여 무에서 유를 창조해냈다는 점을 높이 평가하고, 자신뿐 아니라 많은 IOC 위원이 평창의 이러한 노력을 인정하는 분위기라고 알려주었다.

우리는 면담을 마치고 함께 호텔 밖으로 나왔다. 호텔 앞에는 그의 차가 대기하고 있었다. 공항으로 떠나는 차문다 위원을 배웅하면서 그의 입가에 흐르는 미소를 보고 평창에 대한 지지를 확신할 수 있었다. 우리 일행은 다시 루사카로 돌아와 1박을 한 후 다음 날 하라레로 돌아왔다. 한편, Z 명예영사는 은돌라에서 루사카로 돌아오는 도중 차량이 고장 나는 바람에 차를 은돌라의 정비업소에 맡기고 자신은 항공편으로 저녁 늦게 루사카로 돌아오는 해프닝도 있었다. 차문다 위원과의 만남은 30분에 불과한 짧은 것이었고 2박 3일 여행의 대부분인 26시간 정도를 차에서 보낸 피곤한 여정이었지만 보람을 느낄 수 있었다. 그것은 소중한 한 표를 확보했다고 확신했기 때문이다.

후일담이지만 차문다 위원은 평창의 승리가 확정된 후 나와의 이메일 교환을 통해 평창의 동계올림픽 유치로 "한국 국민의 오랜 열망이 실현된 것을 축하한다"고 하면서, 자신이 더반 총회에서 우리 대통령과 만나 여러 가지 유익한 의견 교환의 기회를 가졌다는 점에 대해서도 기쁘게 생각한다고 했다.

신 임 장 없 는 신 임 장 제 정

2011년 9월 잠비아에서 대통령 선거가 있었다. 이 선거에서 반다 대통령을 물리치고 새로운 대통령에 당선된 74세의 마이클 사타는 청소부, 하급 경찰, 노조지도자, 주지사, 장관, 야당 지도자 등 다채로운 경력을 지닌 입지전적인 인물이다. 사타는 네 번째 도전에서 뜻을 이루었다. 우리로 말하자면 김대중 대통령 같은 인물이라고 할 수 있다.

앞에서 잠깐 언급했지만 사타가 대통령에 취임한 지 한 달도 채 되지 않은 10월 어느 주 금요일 퇴근을 하려고 하는데 비서가 "잠비아 대통령에게서 전화가 왔다"고 하는 것이었다. 나는 속으로 "그럴 리가? 무언가 잘못되었겠지"라고 생각하면서 전화를 받았다. 받아보니 정말 사타 대통령이었다. 그는 처음에 "곤방와"라고 인사를 했다. 내가 "그것은 일본어이고 한국어로는 '안녕하십니까'라고 한다"고 했더니 금방 "안녕하십니까"라고 인사했다. 그러면서 나와 바로 만나자는 것이었다. 나는 우선 "고맙다"고 한 뒤 그런데 아직 신임장을 제정하지 못했다고 했다. 외교 관례상 국가 원수에게 신임장을 제정해야 공식 활동을 시작할 수 있는데 잠비아에서 선거가 있었기 때문에 나는 신임장을 제정하지 못하고 있었다. 사타는 그러면 "외교장관에게 지시해서 다음 주에 신임장을 제정토록 하겠다"고 한 후 전화를 끊었다.

월요일 아침 일찍 잠비아 외교부 차관에게서 전화가 왔다. 대통령의 지시에 따라 수요일에 신임장을 제정토록 주선했다는 것이었다. 나는 차관에게 감사를 표한 후 그런데 본국으로부터 신임장이 올 때까지는 시간이 걸린다고 했다. 그러자 차관은 잠시 생각하더니 우선 신임장 사본을 제출하고 원본은 나중에 제출하는 방안을 제시했다. 본부와 협의를 해봤더니 수요일까지 신임장에 대한 대통령 재가를 받을 확률이 절반 정도 된다고 했다. 나는 무조건 부딪쳐보기로 했다. 사타 대통령이 "나를 꼭 만나자"는데 형식에 사로잡힐 때가 아니라고 생각했다.

내가 거주하고 있는 짐바브웨의 하라레와 잠비아의 수도 루사카는 서로 그렇게 멀리 떨어진 도시들은 아니지만 내왕이 쉽지 않다. 비행기편이 제한되어 있기 때문이다. 우리는 화요일 아침 비행기를 이용해야 했다. 하라레로부터 조벅에 간 후 그곳에서 비행기를 갈아타고 루사카로 가는 코스이다. 남부 아프리카에 있는 도시들은 대부분 조벅을 경유해서 가도록 되어 있다. 조벅과 남아공항공(SAA)이 교통의 허브 역할을 하고 있는 셈이다. 루사카에 도착해서 외교차관과 의전장을 만나 신임장 제정 절차를 설명 받았다. 다른 나라와 절차가 비슷한데 한 가지 특이한 점은 공식 연설문을 작성하여 대통령 앞에서 이를 낭독하는 것이다. 대사가 연설문을 낭독하면 대통령이 이에 대한 답사를 하도록 되어 있었다.

잠비아 측에게 연설문 사본은 건네주었으나 본국으로부터 신임장 사본은 끝내 받지 못했다. 우리의 재가 절차가 다 끝나지 않았기 때문이다. 나는 잠비아 측에게 이러한 사실을 설명하고 양해를 구했다. 이른바 '외상'으로 신임장을 제정하겠다는 것이었다. 잠비아 대통령에게 무엇인가 제정은 해야 하기 때문에 신임장 사본 대신 연설문을 넣어 제정키로 잠비아 측과 합의했다. 나의 신임장 제정은 대통령 지시에 의해 이루어진 특별한 경우이기 때문에 잠비아 측은 형식적인 면은 전혀 문제 삼지 않았다. 수요일에 잡힌 신임장 제정식 순서를 보니 내가 첫 번째로 되어 있었다. 모두 5명의 대사가 같은 날 신임장을 제정하는데 4명은 상주대사이고 나만 비상주대사이다. 그런데 비상주대사인 나를 맨 앞에 올려놓은 것이다. 이것만 봐도 잠비아 측이 우리를 얼마나 중요시하고 있는지 금방 알 수 있었다.

신임장 제정 시 사타 대통령은 과거 자신의 한국 방문을 상기하면서 "한국이 어떤 분야에서는 일본보다 더 선진국"이라고 하면서 우리의 경험을 배우고 싶고 우리와 특별한 관계를 맺기 원한다는 메시지를 힘주어 강조했다. 그러면서 과거에 있었던 한국 대사관을 빠른 시일 내에 복원시켜 줄 것을 요청했다. 잠비아 측은 자신이 먼저 주한대사관을 개설하기 위해 조만간 대표단을 보낼 예정이라고 했다. 사타 대통령은 또 우리 대통령의 국빈 방문을 초청했다. 사타는 한국과 특별한 관계를 맺기 위한 열정을 내게 직접 전달하기 위해 형식을 무시하고 나를 초청한 것이었다. 사타는 내게 5일 후 열리는 독립기념일 행사에 참가해줄 것을 요청하면서 그때 만나면 보다 자세한 이야기를 나누자고 했다. 사타는 아내에게 영부인을 소개해주겠다고 하면서 우리 부부를 관저에도 초청하겠다고 했다. 사타 부부는 김치를 좋아하는데 사타는 맵지 않은 김치, 부인은 매운 김치를 좋아한다고 한다. 사타는 대통령궁을 떠나는 나를 차 앞까지 와서 배웅할 정도로 환대해주었다.

외교관 생활 30년이지만 외상으로 신임장을 제정한 이번 경험은 정말 특별했다. 대통령이 대사에게 직접 전화한다는 자체가 이례적인데 신임장 없이 신임장 제정식에 참가토록 한 것은 정말 전례 없는 일이었다. 사타 대통령은 이제 막 당선되어 5년 임기를 시작한 사람인데 정치를 잘 하면 재선이 가능할 것으로 보였다. 이렇게 되면 10년 동안 우리는 잠비아와 특별한 관계를 맺을 수 있게 되는 셈이다. 사타 대통령의 호의를 잘 받아들여서 잠비아와의 관계를 발전시켜 나가는 것이 좋겠다는 생각을 했다. 이후 사타 대통령은 2012년 10월 부인과 함께 한국을 공식 방문하여 이명박 대통령과 정상회담을 가졌으며, 잠비아정부는 한국에 대사관을 개설하기 위한 준비작업을 진행하고 있다.

말 라 위 에 서 의   특 이 한   경 험

　2011년 12월 초에 다녀온 말라위 여행은 특별한 경험이었다. 이 여행의 단초를 제공한 것은 우리 국회가 말라위 국회에 기증한 컴퓨터 10대였다. 나는 단순히 컴퓨터를 기증하는 것 외에 이 기회를 보다 의미 있게 활용할 수 있는 방안이 없을까 생각했다. 그래서 생각해낸 것이 말라위 국회에서 한국의 경제발전 경험에 관한 강연을 하는 것이었다. 이렇게 해서 출발한 말라위 여행은 그러나 생각보다 훨씬 더 의미 있는 여행이 되었다.

　말라위 의회를 방문했을 때 마침 본회의가 열리고 있었다. 나는 이 본회의를 3시간가량 참관했다. 이 사이에 많은 국회의원과 인사를 나눌 수 있었다. 이들이 영국식으로 토론하고 투표하는 과정을 지켜보는 것은 흥미로웠다. 국회의장이 나를 공식적으로 소개하자 의원들이 기립박수로 환영해주었다. 재미있는 것은 본회의장에 모든 장관이 참석해 있는 것이었다. 이들은 의원들의 질문에 답변을 하기 위해 모여 있었다. 이 덕분에 나는 휴식 시간에 많은 장관을 만날 수 있었다. 장관을 한번 만나려면 외교부에 부탁을 해서 시간을 잡아 사무실로 찾아가야 하는데 시간이 많이 걸리고 절차가 복잡했다. 의회에서는 휴식시간에 특정한 장소에 장관들이 모두 모이기 때문에 만나고 싶은 장관을 바로 만날 수 있어 너무 편했다. 물론 시간이 별로 없어 긴 이야기는 나눌 수 없지만 요점 위주로 대화를 나눌 수 있었다. 나는 국회의장을 먼저 만난 후 외교장관, 에너지광물 장관, 법무내무 장관, 교통장관, 농업장관, 전 보건장관 등을 연쇄적으로 만났다. 가히 일망타진 작전이었다. 많은 장관을 짧은 시간에 만나려면 앞으로도 회기 중 의회를 방문하는 것이 가장 효과적이라는 생각이 들었다.

다음 날 열린 의회에서의 강연은 기대 이상으로 성공적이었다. 강연에 앞서 우리 국회에서 기증한 컴퓨터에 대한 기증식을 먼저 가졌다. 말라위 TV, 라디오 및 신문에서 기자들이 이를 취재하고 인터뷰를 요청했다. 한국을 말라위에 알리는 데 좋은 기회가 되었다. 강연에 참가한 국회의원들은 수석부의장을 비롯 각 상임위 의장과 부의장들이 대부분이었다. 나는 최선을 다해 열심히 한국을 소개하고 한국의 경제발전 경험에 대해 설명했다. 강연이 끝나고 질의응답 시간이 되자 국회의원답게 질문이 쇄도했다. 이 때문에 강연보다 질의응답에 시간이 더 많이 소요되었다. 나는 일일이 질문에 관해 성의껏 답해주었는데 의원들이 연신 고개를 끄덕이며 답변을 경청하는 모습을 보니 반응이 괜찮은 것 같았다. 강연 후에는 수석부의장이 국회식당에서 오찬을 주최했다. 이 날도 몇몇 장관을 더 만나려고 했었는데 강연이 길어져 무산되고 말았다. 그만큼 기증식과 강연이 성공적이었기 때문이다. 컴퓨터 10대를 기증한 덕분으로 말라위 국회에서 이만큼 큰 성과를 거둘 수 있었다는 사실이 믿어지지 않았다. 가만히 생각해보니 이런 일이 가능했던 것은 역시 우리 국력이 신장했기 때문이었다. '한국'이라는 높은 브랜드에 대한 관심이 높아졌기 때문에 한국 대사에게 이런 예외적인 기회를 제공한 것이었다. 한국 경제발전에 관한 강연회는 국회에서뿐만 아니라 릴롱궤에서 차로 30분쯤 떨어진 농업대학에서도 개최되었다. 이 대학 강당에 400여 명의 학생이 빽빽이 모여 강연을 경청했다. 나중에 2명의 학생들이 대표로 질문을 했는데 나는 성의를 다해 이들의 질문에 답해주었다. 로터리 클럽에서도 나를 초청해 연설을 요청했다. 나는 10분가량 한국의 현황과 한국의 경제발전에 대해 연설하고 회원들의 논평과 질문을 청취했다. 로터리 회원 중 많은 사람이 비즈니스맨이기 때문에 이들의 관심은 보다 뜨거운 것 같았다. 내 강연 시리즈는 우선 이것으로 끝났으나 나는 다음에 말라위를 방문하면 다른 대학이나 모임에서 또 강연을 하겠다고 약속했다. 이들의 반응이 생각보다 좋았기 때문이다.

강연이 잘 끝나고 장관들도 많이 만났으나 무타리카 대통령을 예방하지 못한 것이 영 아쉬웠다. 원래 대통령 예방을 신청했으나 외교장관 말에 의하면 탄자니아 공식 방문이 있어 어렵다는 것이었다. 외교장관은 대통령의 친동생이다. 그는 대신 2012년 1월에는 꼭 대통령을 만나도록 해주겠다고 약속했다. 나는 떠나는 날 새벽 말라위 호수를 방문했다. 말라위에서 가장 유명한 곳은 말라위 호수이다. 듣던 대로 호수는 바다와 같이 넓었다. 아름다운 백사장과 따뜻하고 맑은 물, 호수 가운데 있는 아름다운 섬들, 그리고 물속에 산다는 형형색색의 열대어 등 천혜의 관광지로 손색이 없었다. 그런데 아직 개발이 전혀 되어 있지 않아 변변한 호텔 하나도 없었다. 우리 기업이 와서 수준급 호텔을 지을 경우 남아공 백인 관광객을 중심으로 수익을 올릴 수 있겠다는 생각이 들었다. 내가 타야 하는 비행기가 오후 1시 15분 비행기이기 때문에 서둘러 공항으로 갔다. 와서 보니 대통령의 탄자니아 출국을 환송하기 위한 의전행사로 붐비고 있었다. 물어보니 대통령 환송행사가 1시에 개최된다는 것이다. 의전실에 부탁해서 나도 그 의전행사에 참가할 수 있도록 요청했다. 의전실에서는 긍정적인 답이 왔다. 상주대사들 몇 명과 함께 행사에 참가하라는 것이었다. 나는 비행기 트랩 바로 밑에 미국, 남아공, 케냐, 짐바브웨 대사들과 함께 도열해 섰다. 이윽고 대통령이 우리 앞으로 다가왔으며 나는 그와 자연스럽게 대화를 나누었다. 이번에 꼭 만나고 싶었는데 못 만났으니 내년 1월에 시간을 내주면 고맙겠다고 했다. 대통령은 흔쾌히 그러겠다고 하면서 내년 1월에 꼭 만나자고 했다. 이렇게 해서 이번 여행의 마지막 목적은 생각지도 않게 극적으로 달성되었다. 더군다나 내년 1월에 반드시 만나자는 대통령의 약속까지 받아내었으니 더 이상 바랄 것이 없었다. 이 모든 일이 일어날 수 있도록 준비를 철저히 해준 사람은 C 한인회장이다. 기지와 에너지가 넘치는 C 회장은 자칫 아프리카에서 핸디캡이 될 수 있는 여성의 신분에도 불구하고 각계각층의 사람들과 활발한 관계를 유지하면서 대사관이 하는 일에 큰 도움을 주고 있다.

악 명 높 은 남 아 공 항 공

남아공 항공의 악명은 높다. 남부 아프리카에 살고 있는 사람들은 모두 남아공 항공에게 당한 경험을 한두 번은 다 가지고 있다.

나도 마찬가지이다. 특히 짐이 도착하지 않거나 중간에 누군가에 의해 훼손당한 쓰라린 경험을 가지고 있다. 남아공 항공은 'Star Alliance'의 멤버이다. 내가 알기로 이 항공클럽의 멤버들은 아시아나를 비롯 모두 서비스가 뛰어난 세계의 일류 항공사에 속한다. 나는 어떻게 해서 남아공 항공이 'Star Alliance'의 일원이 되었는지 그 이유를 잘 모르겠다. 첫째, 남아공 항공은 불친절하기로 역내에서 악명이 높다. 남아공 항공의 불친절은 기내와 기외를 막론하고 광범위하게 퍼져 있다. 나는 비즈니스 클래스를 이용하는데 남아공 항공의 기내 직원들은 먼저 서비스를 베풀려고 생각하지 않는다. 우리나라 항공사 같으면 당연히 비즈니스 손님들의 양복 웃옷을 받아 걸어주는데 남아공 승무원은 요청하지 않으면 절대 움직이지 않는다. 소독을 위한 것이라고는 하지만 안내방송이나 손님의 양해를 구함도 없이 승무원은 머리가 아플 정도로 강한 냄새가 나는 방향제를 뿌리고 다닌다. 아내는 이 때문에 남아공 비행기를 타면 으레 손수건을 먼저 준비한다.

잠비아 루사카에 다녀오다가 어이없는 장면을 목격했다. 이 비행기가 루사카에서 늦게 출발하는 통에 우리는 조벅에서 비행기를 놓쳐 할 수 없이 하라레에 가는 다음 비행기를 이용할 수밖에 없었다. 물론 남아공 항공 측에서는 이에 대해 한마디 사과도 없었다. 우리는 서너 시간만 기다리면 다음 비행기를 탈 수 있어 그냥 참으면 되었지만 가만히 보니 옆에 기다리고 있는 사람들은 우리보다 사정이 더 심각한 것 같았다. 그런데 남아공 항공사 직원의 태도는 놀라울 정도로 고압적이었다. 이들은 자사 비행기가 늦게 도착함으로써 문제가 발생한 다른 고객들에게 "입 닥치고 아무 불평하지 말라"는 식으로 대하고 있었다. 너무 화가 난 어떤 고객은 자신도 비즈니스 손님인데 대접은커녕 하인 대하듯이 한다고 하면서 나에게 하소연을 했다. 내가 보기에도 남아공 항공 직원들이 고객을 대하는 태도는 상식에 어긋났다. 이 사람들은 무슨 벼슬자리에 앉은 것처럼 고압적인 자세로 손님에게 명령을 내리고 있었다. 주객이 바뀌어도 유분수지 이 사람들은 자신이 주인이고 손님은 하인 취급을 하고 있는 것이었다. 세상에 이런 항공사가 또 있을까? 나도 울분이 터졌지만 뾰족한 방법이 없다. 가장 좋은 방법은 남아공 항공을 타지 않는 것이지만 그럴 수 없기 때문이다.

남아공 항공은 최소한 남부 아프리카에서 독보적인 존재이다. 다른 군소 항공사들과는 비교가 되지 않는다. 이들은 모든 남부 아프리카의 주요 노선을 거의 독점하고 있다. 하라레에 거주하고 있는 내가 다른 이웃국가들을 여행하기 위해서는 대부분 조벅을 경유해야 한다. 다른 방법이 없기 때문이다. 더군다나 짐바브웨 항공의 파산으로 짐바브웨 항공이 하라레-조벅 구간을 운행하지 않기 때문에 이 구간은 남아공 항공의 독무대가 되었다. 독점이기 때문에 비행기 요금은 또 얼마나 비싼지! 하라레-조벅 간이 1,100킬로미터 정도 되는데 성수기 왕복요금이 무려 800불에 달한다. 남아공 항공이 얼마나 폭리를 취하고 있는지 알 수 있는 대표적인 예이다. 역내 다른 주요 도시들의 사정도 비슷하다. 모두 남아공 항공이 독점적인 지위를 누리고 있으며 요금 또한 상식을 뛰어넘을 정도로 비싸다. 분통이 터지는 것은 이렇게 비싼 요금을 받으면서도 서비스가 엉망인 것이다. 서비스는커녕 손님을 종 다루듯하는 것이 남아공 항공의 실체이다.

세계의 대부분 항공사들은 짐을 잃었거나 훼손당했을 경우 또 항공편의 지연으로 불편을 겪었을 경우 이에 상응하는 보상을 해주는 것이 관례이다. 그러나 남아공 항공은 그렇지 않다. 나는 마푸토-조벅-하라레 구간에서 짐을 부쳤다가 아내의 목걸이와 반지 등 귀중품을 잃는 사고를 당했다. 나는 하라레에 있는 남아공 항공 지사장을 불러 단단히 따지려고 했다. 그런데 이 지사장은 자신들의 잘못을 미리 인정하면서 이 문제는 조직범죄 차원의 문제이며 남아공 항공에서도 가장 골머리를 앓고 있다고 했다. 이 여자는 사과와 함께 최선의 보상을 약속했다. 그래서 나는 웃는 낯으로 돌려보냈다. 그러나 도무지 답이 없었다. 시간이 지나면서 지사장을 다시 한 번 불러 진전 상황을 알아보려 했으나 도대체 만날 수도 없었다. 3개월 이상을 끈 후 남아공 항공에서 나에게 온 편지는 75불을 보상금으로 지급하겠다는 것이었다. 그것도 특별히 배려해서 그렇다는 것이었다. 내가 처음에 신청한 보상금은 3천 불이었다. 나는 한편 기가 막히고 한편 화가 났다. 이들이 사람을 농락하고 있다는 생각이 들었다. 강한 항의를 막기 위해 처음에는 보상을 잘 해줄 것처럼 달래어서 우선 입막음을 해놓고 그다음에는 시간을 끌면서 사건이 희미해지기를 기다리는 것이다. 물론 그 사이에 책임자는 연락이 두절되도록 해놓는다. 그러고 나서 말도 되지 않는 액수를 보상금이라고 제시하면서 김을 빼는 식의 전법을 구사하는 것이 남아공 항공이다.

이들이 손님을 농락하고 손님에게 군림하면서 폭리를 취하는 이런 호시절이 그렇게 오래 가지는 않을 것으로 생각한다. 이것은 누가 봐도 부당한 일이기 때문이다. 남부 아프리카의 많은 사람이 남아공 항공에 대해 혐오감을 가지고 있다. 이것은 오랫동안 여러 가지 부당한 일이 쌓이고 쌓여 그렇게 된 것이다. 남아공 항공이 변화해서 고객에게 충실하고 고객의 마음을 달래는 항공사로 거듭나지 않는 한 장래가 그렇게 밝아 보이지는 않는다.

남아공 항공과 관련된 기분 나쁜 일은 계속되었다. 마푸토에서 신임장을 제정하고 돌아오는 때 모잠비크 외교부 의전실 직원의 안내로 공항 의전실에 앉아 있었는데 갑자기 비행기를 못 탄다고 했다. 비행기 좌석 예약이 2중으로 되어 있었는데 우리가 늦게 와서 못 탄다는 것이다. 그러나 우리는 이미 오래전에 와서 의전실에서 탑승을 기다리고 있었다. 의전 직원이 아무리 항의를 해도 소용없었다. 결국 우리 일행은 급히 호텔을 예약하여 마푸토에서 하루 더 체류한 뒤 다음 날 같은 비행기 편으로 돌아왔다. 남아공 항공에서는 호텔을 제공해주기는커녕 일절 사과도 없었다. 한번은 말라위를 가는데 조벡을 경유하는 항공편이었다. 아침 일찍 공항에 나와 항공기를 탔는데 아무리 기다려도 항공기가 움직이지 않았다. 1시간여를 지체한 후 마침내 기장의 안내방송이 있었는데 항공기에 기술적인 문제가 있다는 것이었다. 이후 '기술적인 문제'를 되풀이할 뿐 구체적으로 무슨 문제가 있는지, 승객들은 어떻게 행동을 해야 하는지에 관해 전혀 안내가 없었다. 승객들은 결국 3시간여를 비행기 안에서 기다리다가 내려야 했다. 남아공 항공 측에서 한 것이라고는 승객들에게 다음 날 비행기 편으로 표를 바꿔준 것이 전부였다. 나는 부랴부랴 기존 항공편 예약을 취소하고 오후에 있는 말라위항공 티켓을 급히 구매했다. 오후에 중요한 면담 약속이 있었기 때문이다. 결국 릴롱궤에 도착하기까지 꼬빡 하루가 걸렸다. 말라위 정부 측에는 사정을 설명하고 양해를 구해 겨우 면담을 달성할 수 있었다. 나는 속으로 역시 남아공 항공다운 행동이라고 생각했다.

남아공 공항에서도 흔히 유쾌하지 않은 일이 생긴다. 나는 주로 통과여객이라 휴대품을 조사하는 지역만 통과하면 보세구역으로 들어가 있다가 비행기를 타면 되는데 이 짐 조사구역을 통과하는 것이 유쾌하지 않다. 짐 조사요원들은 흠 잡을 것이 없음에도 불구하고 가방을 열어보라고 하는 일이 흔하다. 나는 이들이 손님을 상대로 희롱하는 고약한 버릇이 있다는 것을 알고 있으므로 조그만 흠이라도 잡히지 않기 위해 화장품이나 샴푸 등을 소형용기에 넣어가지고 다닌다. 화장품 가방을 열어보았자 100ml 미만의 액체가 나오므로 이들의 시빗거리는 없어지게 되어 있다. 이를 알면서도 이들은 승객에게 가방을 열어보라고 요청하는 일이 많다. 열어봤자 제지당할 것이 없으므로 상관은 없으나 뻔히 알면서도 가방을 열어보라고 하는 그 자체가 얄밉기 짝이 없다. 우리는 통과여객의 짐 조사 창구에서 일하는 요원을 '질 나쁜 사람들'이라고 불렀다.

　우리가 남아공 공항에서 겪은 기분 나쁜 일은 남아공 항공에도 결코 도움이 되지 않는다. 공항에서의 불유쾌한 기억으로 인해 남아공 항공의 이미지는 보다 나빠지게 마련이다. 외국 사람 치고 조벅 공항이나 남아공 항공 카운터 또는 항공기 내에서 좋지 않은 기억을 안 가지고 있는 사람은 거의 없을 것이다. 다른 방법이 없어 남아공 항공을 탄다는 사람이 대부분이다. 지금은 경쟁이 없어 남아공 항공이 이 지역에서 판을 치고 있지만 만일 경쟁이 생길 경우 이런 식으로 쌓인 나쁜 이미지는 남아공 항공의 장래에 악영향을 미칠 것이 분명하다.

끊 어 진 인 연 잇 기

잠비아에 출장 가서 해야 할 일이 있는데 내 일정을 주선해줄 Z 명예영사가 마침 가족과 함께 런던에서 휴가 중이었다. "어떻게 한다?"라고 생각하고 있는데 Z에게서 연락이 왔다. 루사카에 도착하면 자신을 대신해서 일을 봐줄 사람을 하나 구해 놓았다는 것이다. 가서 만나보니 '피쇼 므왈레'라는 이름을 가진 비즈니스맨이었다. 카리바 호수에서 틸라피아를 대규모로 양식해서 판매하는 수산업을 하는 사람이었다. 나는 속으로 "이름이 '피쇼(Fisho)'라서 수산업과 인연이 있는 모양이다"라고 생각했다. 피쇼는 생각보다 나이가 많고 생김새도 피부는 검지만 용모는 인도인의 모습을 닮은 그런 사람이었다. 첫날 피쇼의 주선으로 잠비아 투자청장과의 면담을 마치고 호텔로 돌아왔다. 호텔에서 이런저런 이야기를 나누는데 그의 통찰력과 해박함이 점차 나를 놀라게 했다. 피쇼는 잠비아가 처한 문제점이나 남부 아프리카 국가들이 공통적으로 갖고 있는 문제를 정확하게 알고 있었다. 그리고 이러한 문제를 해결하기 위해서는 정부와 국민이 어떻게 행동해야 하는지, 어떤 개혁이 필요한지, 그리고 어떤 나라들과 협력하는 것이 좋은지, 이런 점에 대해 날카로운 견해를 가지고 있었다. 나는 점차 이 사람에게 호감이 가기 시작했다. 우리는 이런저런 문제에 대해 오랜 시간 대화를 나누었다.

대화 끝에 피쇼가 자신과 한국과의 오랜 인연을 소개했다. 1988년 한국에서 올림픽을 개최할 때 자신은 잠비아 축구협회에서 일했다고 하며 그때 협회장은 전 대통령 루피아 반다였다고 한다. 피쇼는 그때부터 한국에 관심을 가졌으며 올림픽 개막

전에 한국에서 열린 축구대회에 잠비아 팀이 참가해야 한다고 주장했다. 당시 잠비아에는 북한 대사관이 있었고 친북파의 입김이 워낙 거세 한국과의 관계 개선에 대해서는 말을 꺼내기도 어려운 분위기였다. 처음부터 강하게 반대하는 사람들을 겨우 설득하여 마침내 잠비아 팀이 방한키로 결정이 내려졌다. 피쇼는 반다와 함께 방한을 위해 우선 한국 대사관이 있는 나이로비를 방문했는데 마침 피쇼 일행이 탄 비행기에는 현 대통령(당시 루사카 주지사) 마이클 사타가 타고 있었다. 이들이 나이로비에 내리자 한국 대사관에서 영접을 나왔고 관저에서 열린 만찬에 참가했다. 사타도 함께 만찬에 참가했는데 사타는 당시 술을 많이 마셔 매우 취했다고 한다. 이런 인연으로 피쇼는 그 후로도 나이로비를 방문할 때마다 우리 외교관을 만났고 한국에 대해 많은 관심을 갖게 되었다. 피쇼가 한국과 친하다는 사실을 알고 북한 요원들이 자신의 집 앞에서 서성거리면서 피쇼를 감시하는 해프닝도 벌어졌다고 한다. 북한은 남의 나라에 와서도 그 나라 사람을 감시하는 행태를 연출했던 것이다. 그 당시 한국 대사관저에서 열린 만찬에 참가했던 세 사람 중 두 사람이 대통령이 되었다는 것은 우연의 일치치고는 대단한 일이다. 또 반다와 경쟁 관계에 있던 사타가 2011년 9월 3전 4기 끝에 반다를 물리치고 대통령으로 당선되었다는 것도 참 묘한 인연이라고 생각된다. 어떻든 반다와 사타는 이때 인연으로 둘 다 한국과 가까운 사람들이 되었다.

피쇼와 이야기를 나누다 보니 그 당시 나는 주케냐대사관에서 2등서기관으로 근무하고 있었다. 나는 그때 정무와 영사 담당이었으니 틀림없이 피쇼를 한두 번은 만났을 것이다. 피쇼 자신도 나를 어디선가 본 것 같은 기억이 희미하게 난다는 것이었다. 23년 전의 일이라 서로 확실히 기억할 수는 없지만 우리는 분명히 스쳐간 인연임에 틀림없었다. 피쇼와 나는 건배를 들면서 우리가 다시 만난 것을 자축했다. 그리고 이렇게 다시 만났으니 이제는 보다 자주 만나고 우의를 돈독히 할 것을 다짐했다. 3일 동안 루사카에서 머문 마지막 저녁 나는 피쇼와 몇 사람을 만찬에 초청했다. 식당은 피쇼가 소개해준 태국 식당이었다. 나는 이번 여행을 성공적으로 마칠 수 있도록 전력을 다해 도와준 피쇼에게 감사한다는 말을 전하고 이번 여행에서 거둔 성과를 앞으로 실현하기 위해 서로 협력하기로 뜻을 모았다. 만찬이 끝나고 헤어질 때 피쇼는 부인이 신장 이식 수술을 받기 위해 다음 날 인도로 출발한다고 했다. 신장 기증은 부인의 친여동생이 해주기로 했다는 것이다. 이 말을 들으니 피쇼가 속으로 얼마나 마음고생을 하고 있었는지 짐작할 수 있었다. 그러나 피쇼는 집안에 이렇게 어려운 일이 있었음에도 불구하고 우리에게는 전혀 내색하지 않았다. 그는 강한 성격을 가진 사람이었다.

피쇼가 들려준 이야기 중 잠비아에 정유공장을 짓는 사업에 특히 관심이 갔다. 잠비아는 1,700킬로미터 떨어진 탄자니아의 다레스살람에서 파이프라인(TANZAM)을 통해 석유를 가져와 은돌라(Ndola)에 있는 정유소에서 정유를 하여 기름을 보급한다는 것이다. 그런데 1973년에 세워진 은돌라 정유소는 시설이 낙후되었을 뿐 아니라 결정적인 약점이 있었다. 그것은 원유를 정유하는 것이 아니라 혼합유를 정유하는 것이다. 이렇게 되면 비싼 기름을 원료로 사용하는 셈이므로 당연히 부가가치가 떨어질 수밖에 없다. 또 TANZAM도 노후하여 기름이 새는 곳이 많으므로 시급한 보완이 필요하다는 것이다. 은돌라에 있는 기존 정유소를 허물고 새로 정유소를 짓든지 아니면 기존 시설을 보완해야 하는데 이것은 타당성 조사를 거쳐보면 답이 나올 것이다. 하지만 프로젝트 자체는 매력이 있어 보였다. 이 프로젝트를 추진할 경우 우선 3가지 장점이 있다. 첫째, 잠비아 정부의 전적인 지원을 얻을 수 있다. 둘째, 원유를 가지고 정유를 하면 가격을 낮출 수 있어 경쟁력이 커지므로 잠비아뿐 아니라 DR콩고, 말라위, 르완다, 부룬디 등 인근 국가에 정제유를 수출할 수 있는 장점이 있다. 셋째, 잠비아는 현재 앙골라와의 국경지대에서 원유 탐사를 하고 있는데 원유가 발견될 가능성이 있다. 만일 상당한 매장량을 가진 유전이 발견될 경우 미리 정유시설을 지어놓은 셈이 되므로 이 사업으로 대박을 터뜨릴 수 있다.

나는 이러한 이유로 인해 이 프로젝트가 마음에 들었다. 프로젝트를 수행하려면 먼저 타당성조사를 해야 하는데 이 조사에 들어가는 비용이 7백만 불 정도 된다고 했다. 나는 이 정도면 검토할 여지가 있는 사업이라고 판단하여 해외건설협회에 관심 있는 기업을 물색해달라고 요청했다. 만일 이 사업이 진행된다면 이는 전적으로 피쇼의 공이다. 아니 정확하게 말하면 피쇼와 나의 끊어졌던 인연이 다시 이어진 덕분일 것이다.

원 양 어 선 에 얽 힌 이 야 기

케냐에 근무할 때이다. 부임한 지 1주일 정도밖에 되지 않았는데 한국 사람들이 나를 찾아왔다고 했다. 궁금해서 복도로 나가봤더니 멀리서 걸어오는 모습으로서는 한국인 같지 않았다. 옷차림이 너무 남루하고 피부색도 검었다. 가까이서 보니 한국인이 맞았다. 이들은 모두 현지인 복장을 하고 얼굴에는 무엇을 칠했는지 검은 모습이었으며 몸에서는 악취를 풍기고 있었다. 무슨 사연이 있겠거니 하고 사무실로 맞아들여 이야기를 들어보니 원양어선 선원들이었다. 이들은 배에서 가혹행위를 당했으며 일이 너무 힘들어 탈출의 기회를 보고 있던 중 배가 항구로 들어오자 간신히 탈출하여 시외버스를 타고 대사관으로 영사를 찾아왔다는 것이었다. 이를 시발로 케냐에서 2년 반 근무하는 동안 평균 1주일에 1-2건 정도는 비슷한 사건이 일어났다.

경험이 없는 나는 처음에는 다소 당황했으나 이러한 일이 되풀이되면서 차차 요령이 생겼다. 이른바 실전경험이 쌓인 것이다. 당시 인도양에는 한국의 원양어선 130여 척이 참치 조업을 하고 있었다. 어선은 보통 300-350톤 규모였는데 참치 가격이 급상승하면서 만선을 하게 되면 거의 배 한 척 값이 떨어졌다. 이렇게 되니 선주는 선장과 특별계약을 맺어 가급적 빨리 만선을 시키는 대가로 선장에게 별도 보너스를 지급했다. 이른바 시간이 돈인 셈이었다. 중간 기항지인 몸바사에는 최신 냉동시설을 갖춘 일본 배들이 늘 들어와 있었다. 우리 선박은 몸바사에서 참치를 일본 배에 넘긴 후 충분히 쉬지도 않고 또 인도양으로 조업을 나가곤 했다. 선원들에 의

하면 바다에서 참치떼를 만나면 2-3일 동안 잠도 자지 않고 계속해서 조업을 한다고
했다. 물론 선원들도 만선이 되면 보너스를 받았지만 선장이나 사관이 받는 금액과
는 비교가 되지 않았다. 따라서 선장 측과 선원 측 간에는 갈등 요인이 상존했다. 무
리를 거듭해서라도 빨리 만선을 시켜 몸바사에서 참치를 일본 배에 넘긴 후 또 조업
을 계속하려는 선장의 입장과 보너스 일부를 포기해도 좋으니 적절한 환경에서 조
업하기 원하는 선원의 입장이 대립되었다. 이러한 입장 대립이 지속되다가 감정싸
움으로 이어지면 탈출하는 선원들이 생겼다.

선장과 사관들은 몸바사 입항 시 선원의 탈출을 막기 위해 나름대로 예방조치를
취했다. 선원을 아예 육지로 상륙하지 못하게 하는 경우도 있고 상륙을 허가한다고
해도 복장이나 휴대하는 용돈의 액수 등을 제한했다. 그러나 아무리 선장 측에서 선
원의 이탈을 예방한다고 해도 한번 탈출키로 마음먹은 선원들을 막기는 어려웠다.
선원들은 용케 감시를 뚫고 몸바사에서 나이로비까지 올라왔다. 대사관의 영사를
만나 귀국시켜 줄 것을 요청하기 위한 것이다.

선원들의 이야기를 들어보면 개인적으로 여러 가지 사정이 있었으나 공통적인 이
유는 어려운 조업환경과 가혹행위로 귀착되었다. 그런데 그 당시 우리나라 법은 무
단이탈한 선원에 대해 매우 엄격한 조치를 취할 수 있도록 되어 있었다. 자칫 잘못
하면 김포공항에 도착하는 대로 바로 체포될 수 있었고 조업에 손해를 끼친 혐의로
그동안 일한 급료를 받지 못할 수도 있었다. 이러한 정황을 알고 있는 나는 가급적
선원이 불이익을 당하지 않도록 대화를 통해 다시 선박으로 복귀토록 설득했다. 그
러는 한편 선장과 연락해서 대사관으로 오도록 했다. 선원에 대한 책임이 있는 선장
들은 곧바로 나이로비로 올라왔고 어떤 선장들은 갑판장이나 기관장 등 사관을 대
동하고 왔다. 나는 선장에게 사건의 전말을 설명하고 선원에게 배로 복귀할 것을 설
득하고 있으니 선원의 복귀 시 또다시 문제가 생기지 않도록 각서를 써줄 것을 요청
했다. 각서를 받은 다음에 선원과 선장을 만나게 해주었다.

이들은 서로 만나면 감정이 끓어올라 서로 부둥켜안고 함께 우는 경우가 많았다. 이렇게 해서 대개는 해피엔딩으로 끝났다. 그러나 가끔 중재가 불가능한 경우도 있었다. 아무리 설득해도 선원이 말을 듣지 않고 귀국을 고집하는 경우이다. 이런 경우에는 선장에게 빠른 시일 내에 선원을 귀국시키는 한편 선원에게 미칠 수 있는 불이익을 최소화하도록 조치해주었다.

선장이 오기를 기다리면서 나는 주로 선원들의 인생 이야기를 들었다. 선원 중에는 기구한 사연을 가진 사람이 많았다. 선원들은 처음에는 죽어도 귀국하겠다고 고집을 부리다가, 내가 받을 수 있는 불이익에 관해 설명하면서 "조금만 더 버티면 그동안 고생한 보람이 있을 것인데 한순간을 못 참아 고생을 헛것으로 만들 것이냐"고 설득하면 점차 수그러들었다. 선원들의 이야기를 듣는 것은 나에게 큰 인생 공부가 되었다. 그들의 이야기 속에는 인생의 리얼리티가 진하게 묻어 있었기 때문이다.

짐　에　얽　힌　사　연

　　외교관처럼 짐을 많이 싸야 하는 직업도 별로 없을 것이다. 외교관이 해외에서 국내, 국내에서 해외, 또는 해외에서 해외로 옮겨 다니면서 길에 뿌린 돈을 다 합산한다면 아마 천문학적인 숫자가 될 것이다. 내가 얼마나 이사를 많이 했는지 정확히는 잘 모르겠는데 20번 이상은 되는 것 같다. 처음에 미국 대학으로 연수를 나갈 때는 짐이 별로 없어 비행기로 싣고 갔는데 공관에 부임하면서부터는 짐이 많아져 배를 이용했고 나중에는 비행기와 배를 함께 이용하는 것에 익숙해졌다.

　　1988년 초 케냐에 부임하면서 배편으로 이삿짐을 부쳤다. 컨테이너를 사용할 만큼 짐이 많지 않았기 때문에 카튼 박스로 짐을 싼 다음 다시 나무 박스로 포장하는 벌크로 짐을 부쳤다. 나이로비에 도착해 한 달쯤 지났을까 운송회사 대리인으로부터 내 짐이 몸바사 항구에 도착했다는 반가운 소식을 들었다. 이제 2-3일만 더 있으면 기다리던 짐을 찾게 되는 것이다. 나는 짐이 온다는 날 옥상에서 거리 쪽을 바라보며 짐을 기다리고 있었다. 마침내 트럭이 하나 나타났다. 내 짐을 싣고 오는 것이 틀림없었다. 그런데 아무래도 모습이 이상했다. 멀리서 보기에도 박스들이 다 찢겨 있는 것이 분명했다. 마침내 도착한 트럭을 보니 아뿔싸 내 짐작이 맞았다. 나무 박스는 보이지도 않고 카튼 박스들이 다 찢겨져 있는 것이 아닌가! 짐을 확인해보니 서울에서 아프리카에 간다고 구입한 옷, 신발, 부엌용품 등이 고스란히 사라지고 없었다. 헌 물건은 놓아두고 새로 구입한 물건만 차분히 챙겨 훔쳐간 것이었다. 운송회사 측과 지루한 싸움을 벌였으나 보상을 받을 수 없었다. 이들은 자신의 과실은 무조건 부인하고 모든 책임을 한국 측에 돌렸다. 도착하자마자 아프리카 프리미엄을 치른 것이다.

2년 반 근무 후 빈으로 전근하게 되었다. 도착할 때의 쓰라린 경험도 있고 해서 짐을 대부분 처분하고 항공화물로 필요한 짐만 부치기로 했다. 내가 직접 일꾼들과 함께 짐을 트럭에 싣고 공항으로 가서 짐이 보세구역으로 들어가는 것을 확인한 후 비로소 안심하고 집으로 돌아왔다. 빈에 도착해서 짐을 찾았더니 내 안심이 헛된 것이었음을 알았다. 보세구역에서 항공기로 짐을 옮겨 싣는 그 짧은 시간을 이용해 또 누군가 짐을 훔쳐간 것이었다. 이래저래 나는 아프리카에서 짐에 관한 한 KO패를 당했다.

아프리카를 떠난 후 21년 만에 다시 아프리카로 돌아왔다. 옛날의 기억이 있어서 좀 불안했는데 다행히 우리가 항공편으로 부친 짐은 모두 무사히 도착했다. 이제 좀 달라졌는가 싶었는데 그것이 아니었다. 짐바브웨 항공을 타고 빅폴(빅토리아 폭포의 준말)에 다녀오면서 짐을 부쳤는데 하라레 공항에 도착해보니 가방의 열쇠가 부서져 있었다. 누군가 짐에 손댄 것이다. 다행히 속옷과 화장품 등 별 가치 없는 물건만 들어 있었으므로 가져간 물건은 없었다. 짐바브웨에 도착한 후 첫 번째 여행에서 이런 일을 당하고보니 자꾸 옛날 생각이 떠올랐다. 그러고 난 후 이번에는 모잠비크를 방문하게 되었다. 아내와 상의한 끝에 예방조치로 가방을 비닐랩으로 싸서 보내기로 했다. 후진국의 공항에는 짐 도난을 예방하기 위해 비닐랩을 씌우는 곳이 많이 있다. 하라레에서 마푸토에 가는 동안에는 아무 일도 일어나지 않았다. 우리는 거의 안심하고 마푸토에서도 랩을 씌워 가방을 하라레로 부쳤다. 비행기는 조벅을 경유해 하라레로 오는 남아공 항공이다. 하라레에 도착했는데 우리 짐이 나오지 않는다. 점점 불안한 생각이 드는 순간 마침내 우리 짐이 나오는 것이 보였다. 그런데 이게 어찌 된 일인가? 분명히 랩으로 쌌는데 랩이 없지 않은가! 가방을 집어 살펴보니 열쇠를 부수고 안에 있는 아내의 화장품 가방을 가져갔다. 아내가 깜빡 잊고 목걸이와 반지를 화장품 가방 속에 넣어두었는데 그것이 화를 부른 것 같았다.

속이 상한 것을 꾹 참고 일단 공항에서 분실 신고서를 작성해서 항공사 직원의 확인을 받았다. 며칠 후 하라레에 있는 남아공 항공 지사장을 방문하겠다고 했더니 지사장이 직접 내 사무실로 왔다. 단단히 따지려고 벼르고 있는 나에게 지사장은 "무조건 미안하게 되었다"고 백배 사과를 하면서 본사에 연락해서 적절한 보상을 받을 수 있도록 최선을 다하겠다고 하는 것이 아닌가! 웃는 얼굴에 침 못 뱉고 친절한 사람에게 험한 말을 못한다더니 나는 이 여자의 사과를 받아들이는 수밖에 없었다. 그러면서 지사장은 짐 도난 문제가 어제, 오늘의 문제가 아닌 고질병으로 남아공 항공의 가장 큰 숙제라고 하면서 거의 모든 도난이 조벅 공항에서 벌어진다고 했다. 짐 도난범들은 신디케이트를 이루어 엑스레이 투시요원과 짐을 나르는 인부들이 협력하여 조직적으로 범행을 저지른다고 한다. 이들은 보스의 지휘 하에 움직이며 가끔 장물의 배분을 놓고 다툼이 벌어져 살인을 저지르는 경우까지 있다고 한다. 회사에서는 분실된 짐에 대한 배상금의 일부를 공항직원들이 부담토록 하기도 하고, 수사망에 올라 있는 직원의 가택을 수색하는 등 여러 가지 조치를 취하고 있으나 조직범죄망으로 구성되어 있는 짐 도난을 근절키가 매우 어렵다고 설명했다. 그러면서 가장 좋은 예방법은 가방에 귀중품처럼 보이는 물건을 넣지 않는 것이라고 했다. 이야기를 듣고 보니 왜 도난사건이 자주 일어나는지 납득이 되었다. 아내와 나는 이후부터는 아예 짐을 최소화하여 체크인하지 않고 기내로 가지고 들어가는 손가방만 갖고 다니기로 하고 있다.

외교관이면 짐에 얽힌 일화를 한두 가지는 다 가지고 있다. 내가 잘 아는 선배 대사는 부친 짐이 부산의 컨테이너 정박소에 있었는데 마침 홍수가 나서 컨테이너가 침수되고 말았다. 많은 물건, 특히 소중한 기록이나 앨범 같은 것들이 다 날아가 버린 것은 말할 필요도 없다. 후배 한 사람의 사연은 더 기가 막히다. 자신의 짐을 실은 컨테이너선이 태평양에서 폭풍우를 맞자 배의 전복을 피하기 위해 위쪽에 있는 컨테이너들을 바다로 집어던지게 된 것이다. 이 후배의 짐은 운이 없게도 위쪽에 실려 있었다. 모든 살림살이가 한순간에 없어지고 만 것이다. 평생을 기록해온 일기장, 가족들의 추억이 서려있는 앨범, 이런 것들이 사라진 것이 가장 가슴 아프다고 했다. 이 배에는 다른 동료의 짐도 실려 있었는데 이분의 짐은 다행히 밑부분에 있어 무사했다고 한다. 컨테이너의 위치로 인해 극명한 희비쌍곡선이 생긴 것이다.

김 치 에   얽 힌   이 야 기

한국 사람치고 한식에 대한 동경심이 없는 사람은 없을 것이다. 나도 그렇지만 내 아내는 특히 그러하다. 서양식은 아무리 맛있는 음식이라도 두 끼 이상 먹으면 질리고 김치와 밥이 그리워진다.

케냐에서 근무할 때의 일이다. 나이로비에 정착한 지 몇 개월이 지나 인도양에 있는 몸바사 항구를 방문할 기회가 있었다. 출장을 겸해 대사님 내외를 모시고 떠난 길이었다. 나이로비에서 몸바사로 가는 기차를 타는 여행은 상당히 고전적인 멋이 있다. 서양식 컴파트먼트 차량에서 가족끼리 지낼 수 있으며 음식도 주문할 수 있다. 이 기차를 타고 이른 저녁에 나이로비 역을 출발하면 다음 날 아침 몸바사에 도착한다. 나이로비는 해발 1,700미터 고지대에 있고 몸바사는 항구이므로 이 기차는 출발하여 도착할 때까지 계속 내려가는 여행을 하게 된다. 잠을 자다가 새벽에 깨면 갑자기 숨쉬기가 편해지는 것을 느끼게 된다. 고지대에서 저지대로 내려가기 때문이다. 창문을 열고 심호흡을 하면 마치 산소마스크라도 쓴 것처럼 기분이 상쾌해진다.

몸바사에 도착해 2-3일 지난 어느 날 저녁 아내가 갑자기 몸이 좋지 않다고 했다. 몸이 으슬으슬 춥고 오한이 들며 열이 난다는 것이었다. 마치 말라리아와 증상이 비슷했다. 나는 속으로 이상하다고 생각했다. 나이로비는 고지대라 말라리아가 거의 없는 지역이며 몸바사는 이제 막 도착했으니 말라리아에 걸릴 이유가 없는 것이다.

나는 몸바사에서 오랫동안 살고 있는 한국 분에게 사정을 설명하면서 도움을 요청했다. 그랬더니 이분은 전에도 그런 사람을 본 적이 있다고 하면서 이럴 때 김치를 먹으면 좋아지는 수가 있다면서 조금 기다리라고 했다. 이분은 무전기로 사정을 설명하며 원양어선에 김치를 얻을 수 있는지 물어보았다. 다행히 원양어선 선장이 냉동 김치를 한 보시기 보내주었다. 그 멀리 한국에서 가져온 이 김치는 가히 '금치'라고 할 만 했다. 나는 이 김치를 받아들고 아내와 함께 중국 식당으로 향했다. 식당에서 상어 지느러미 수프를 한 그릇 시킨 후 누가 먼저라고 할 것도 없이 반으로 갈라 김치를 넣고 휘익 저어 단숨에 먹어 치웠다. 그러자 정말로 신기한 일이 일어났다. 이 김치 수프를 먹은 후 아내의 아픈 증상이 금방 사라진 것이다. 아내가 아픈 것은 말라리아가 아니라 김치 때문이었다. 지금도 가끔 아내는 이 일을 회상하면서 김치 중독에 의한 금단현상이었음이 틀림없다고 얘기하곤 한다.

그러나 이토록 우리에게 소중한 김치는 양면성을 가지고 있다. 김치의 지독한 냄새 때문이다. 본에 있을 때 다니던 한인교회 성가대 지휘자의 지휘로 독일교회 성가대와 한인교회 성가대가 함께 크리스마스에 칸타타 발표회를 갖게 되었다. 이 발표회를 위해 한 달가량 연습이 필요하며 특히 양 교회 합동연습을 하는데 한국인은 1주일 전부터 김치를 먹지 않고 참가해야 한다. 발성할 때 지독한 냄새가 나기 때문에 독일인이 같이 연습하는 동안에는 제발 김치를 먹지 말아달라고 부탁하기 때문이다.

김치 냄새가 지독하다는 사실은 아내의 경험을 통해서도 알았다. 아내가 사고로 병원에 입원했을 때 잠옷을 가져다 달라는 부탁을 받았으나 찾을 수 없어 내가 입던 잠옷을 가져갔었는데 고약한 냄새가 난다고 했다. 이후 퇴원한 아내는 집에 들어오자마자 코를 쥐어박고 집안에서 고약한 냄새가 난다는 것이었다. 바로 김치 냄새였다. 아내는 병원에 있는 동안 꽤 오래 김치를 먹지 않았기 때문에 이미 집에 배어 있는 김치 냄새가 역겨워 비위가 상했던 것이다. 그 후 우리는 외국인을 집에 초청할 때는 3-4일 전부터 창문을 열고 향초를 피우는 것을 반복하면서 김치 냄새가 빠져나가도록 신경을 많이 썼고 외출할 때에도 외국인을 만날 경우에는 가급적 막 세탁한 옷을 입고 향수를 뿌린 후 집을 나섰다.

무 서 운 도 박 중 독

세계 많은 나라에 도박장이 있고 도박 중독으로 인한 피해는 엄청날 것이다. 미국 카지노에는 스스로 도박 중독이라고 생각하면 주저 말고 상담하라는 메시지와 함께 전화번호가 적혀 있다. 우리나라도 강원도 정선에 카지노가 들어선 후 도박에 중독되어 폐인으로 살아가는 사람들의 모습이 심심치 않게 언론에 소개된다. 도박을 좋아하는 습성 때문인지 세계의 많은 카지노는 중국 사람들로 붐빈다. 중국인이 없으면 많은 카지노가 문을 닫아야 할 것이라는 이야기가 있는 것을 보면 얼마나 많은 중국 사람이 도박 중독이며 또 이로 인한 사회적 피해가 얼마나 클 것인지 가늠하기 어렵다.

케냐에 근무할 때 도박으로 인해 폐인이 된 사람을 보았다. 이분은 산부인과 의사로서 아프리카에 정착한 분이었다. 나이로비에 병원을 개업했는데 솜씨가 좋아 늘 환자로 북적거렸으며 많은 돈을 벌었다. 한창때는 돈을 셀 시간이 없어 박스에 무조건 돈을 쑤셔 넣을 정도로 재산을 모았다고 한다. 일밖에 모르던 이분이 우연히 카지노에 갔다가 도박에 빠지고 말았다. '늦게 배운 도둑이 더 무섭다'고 이 의사는 정신없이 번 돈을 모두 카지노에 갖다 바치고 말았다. 새벽까지 도박을 하다가 잠도 제대로 못자고 병원 일을 하면서도 머릿속은 온통 카지노로 가득 차 있었다고 한다. 환자가 칩으로 보일 정도였다고 하니….

이 의사는 많은 돈을 잃자 만회하려는 생각에서 보다 더 크게 배팅을 했는데 결과는 더 많은 돈을 잃을 뿐이었다. 아무리 돈을 잘 벌어도 도박판에서 탕진하면 남아

나는 것이 있을 리 없다. 게다가 정신이 다른 데 쏠린 이분은 수술을 잘못해서 의료 사고까지 일으키게 되었다. 이로 인해 결국 병원은 문을 닫고 이분은 실업자가 되었다. 이쯤 되었으면 이제 도박을 끊고 심기일전 새 출발을 할만도 한데 집념이 강해서인지 이분은 돈이 조금 생기면 카지노로 달려가는 생활을 계속했다.

먼 아프리카까지 와서 처음에는 잘살았고 계속 잘살 수 있었는데 카지노라는 마수에 빠져 패가망신한 이분의 처지를 생각하면 참 안타깝다. 나도 젊어서 한때 카지노 출입을 한 적이 있었는데 이분의 경우가 경종을 울려줬다. 이 의사는 지독한 도박 중독에 걸린 경우이나 이보다는 약하지만 도박 중독에 걸린 한국인이 해외에는 많다. 외국인 전용 카지노에 출입을 금하고 여러 가지로 사회적 제약이 있는 한국과 달리 해외에는 제약이 없기 때문이다. 미국과 같이 우리도 도박에 빠진 사람들이 손쉽게 접근해서 상담을 받을 수 있는 그러한 사회적 서비스가 있는 것이 좋을 듯하다.

극히 드물지만 카지노에서 돈을 따는 사람도 있는 것 같다. 이분은 아프리카에서 사업을 하는 분인데 카지노에 가서 다른 도박은 안하고 룰렛만을 하는데 늘 이긴다고 한다. 이분이 룰렛에서 지키는 원칙은 첫째 오랫동안 앉아 있지 않고, 둘째 원하는 만큼 따면 바로 일어서며, 셋째 한 달에 한 번 정도만 정해진 날짜에 카지노에 가는 것이다. 이렇게 철저하게 원칙을 지키며 게임에서 집중하면 거의 대부분 승리한다고 한다. 이분이 매번 돈을 따가지고 가는 것을 통계적으로 분석한 카지노 측에서는 결국 출입금지령을 내렸다. 자신들이 도저히 당해낼 수 없다고 판단한 것이다.

그러나 이분의 이야기는 정말 예외적인 경우에 속한다. 아마 천 명 가운데 하나 있을까 말까 한 특수한 경우일 것이다. 대부분은 카지노에 발을 들여놓으면 잃게 마련이다. 이분도 자신이 예외적이라는 것을 알고 있다. 자신이 카지노에 가서 돈을 따는 것을 본 후배들이 헛된 꿈을 품고 카지노에 출입하는 것을 가장 경계한다는 것이었다.

차　에　얽　힌　사　연

1988년 첫 해외근무지인 케냐로 발령을 받고 부임 준비를 했다. 당시 외국에 나가면 보통 외국 자동차를 주문해서 타는데 나는 국산차를 택하기로 했다. 현대차 본사에 가서 계약서에 직접 필요한 사항을 기재했다. 이때는 소나타가 나오기 전이었는데 내가 택한 차는 당시로서는 큰 용량인 2천cc급 스텔라 프리마였다. 현대차의 수출이 많지 않던 시절이라 담당자도 신경을 쓰는 눈치였고 나는 특히 케냐는 오른쪽 핸들 지역이라는 사실에 주의를 당부했다. 담당자는 내게 걱정 말라고 했다.

나이로비에 도착해서 여장을 풀고 한 달쯤 기다렸더니 내가 주문한 차가 몸바사 항에 도착한다는 연락이 왔다. 나는 운송회사 에이전트에게 부탁을 해서 내 차를 찾아오도록 했다. 몸바사에 내려간 에이전트에게서 전화 연락이 왔다. "미스터 류, 당신 차는 잘 도착했어요. 통관도 문제없고 곧 차를 찾을 수 있을 것 같아요. 그런데 하나 이상한 점이 있어요. 차의 핸들이 왼쪽에 달렸다고요." 나는 그게 무슨 소리냐고 되물었다. 아마 잘못 본 것이 아니냐고 따져 물었다. 그런데 에이전트 말로는 확실히 왼쪽 핸들이라는 것이었다.

현대차에 연락을 해서 차가 잘못된 사실을 알리고 배상을 요청했다. 이 차를 다시 가져가고 새 차를 보내든지 아니면 금전적으로 배상을 하라는 것이었다. 현대차 측에서 조사해보니 본사에서 작성한 계약서에는 분명히 오른쪽 핸들이라고 되어 있었는데 담당자가 울산 공장으로 보내는 주문서에 실수로 왼쪽 핸들이라고 적어 보냈던 것이다. 이 담당자는 내게 손이 발이 되도록 빌었다. 순전히 자신의 실수인데 회사에 알려지면 파면감이라고 했다. 그러면서 배상조로 최선을 다했다면서 500불을 보내왔다. 당시 혈기왕성한 젊은 나이였던 나는 이 배상을 받아들이기로 결심했다. 현대차 직원의 처지를 딱하게 생각했기 때문이었다.

오른쪽 핸들 지역에서 막상 왼쪽 핸들 차를 타보니 보통 불편한 것이 아니었다. 2차선이 대부분인 케냐의 도로에서 추월을 하기 위해서는 앞차에 붙어 가면 안 되었다. 시야가 가리기 때문이다. 앞차와 멀찌감치 거리를 두고 앞에서 차가 오는지 확인한 다음에 전 속력을 다해 추월하곤 했다. 처음에는 힘들었는데 시간이 지남에 따라 이것도 익숙해졌다. 엔진이 2천cc라 힘은 좋은 편이었다. 젊었을 때라 그랬지만 나중에는 벤츠나 BMW 같은 고급 승용차들도 추월하고 다녔다. 한국 사람들끼리 모일 때는 현대차의 성능을 과시했으니 "회사에서 내게 특별상을 주어야한다"는 농담을 나누기도 했다.

스피드에서는 괜찮았지만 이 당시 현대차는 문제가 많았다. 차를 탄지 2-3개월도 채 안 되어 카뷰레터가 고장 났다. 차가 시동이 잘 걸리지 않는 것이었다. 당시 현대차 정비소는 물론 없었고 한국 사람이 운영하는 정비소가 하나 있어 그곳에 맡겼더니 차를 오히려 더 망가뜨려 가지고 왔다. 어떻게 수소문해서 솜씨 좋은 사람을 구해 겨우 카뷰레터를 고쳐 차를 타고 다닐 수 있었다. 이제 한시름 놓는가 했더니 몇 개월 지나니까 엔진의 온도가 올라가면서 연기가 나는 것이 아닌가! 알고 보았더니 엔진을 식혀주는 water pump가 새는 것이었다. 현대차 본사에 연락해서 부품을 구했더니 부품이 없다고 한다. 그러면서 이제 이 차는 더 이상 생산이 안 되므로 부품 공급이 안 된다는 것이었다. 기가 막혔다. 이곳저곳 수소문을 했더니 캐나다에 있는 우리 직원에게서 연락이 왔다. 마침 캐나다 현대자동차에 내 차와 같은 모델이 있어 부품이 있다는 것이었다. 나는 그 부품을 보내달라고 했다. 도착한 부품을 보니 모양이 달랐다. 같은 스텔라 프리마라도 북미지역과 중동아프리카 지역에 수출한 차량의 사양이 조금씩 달랐던 것이다. 할 수 없이 이 water pump를 들고 현지인이 운영하는 절삭업체에 가서 내 차에 있는 water pump와 같은 모양으로 깎아달라고 했다. 이렇게 해서 겨우 water pump를 교체할 수 있었다.

몇 번 이러한 어려움을 겪었더니 차는 너덜너덜한 고물차가 되고 말았다. 차를 팔기도 힘든 지경이 되고 만 것이다. 2년 반 만에 오스트리아로 임지를 옮기면서 나는 이 차를 한인교회 목사님에게 기증하다시피 팔고 떠났다. "목사님이 그래도 정든 이 차를 잘 타고 다니시기"를 마음속으로 기도하면서….

죽 음 의 도 로

나는 1999년 여름부터 2001년 봄까지 이라크 대사대리로 근무했다. 당시 나의 근무지는 특이하게도 두 군데였다. 나의 임무는 이라크를 상대로 외교활동을 벌이는 것이었으며 바그다드에 있는 우리 대사관 내에 KOTRA 직원과 행정직원들도 있었으나 정작 내가 가족과 함께 머무는 곳은 인근국 요르단의 수도 암만이었다. 왜냐하면 당시 이라크에 대해 유엔의 경제제재가 부과되어 있어 내가 바그다드에 상주할 처지가 못 되었기 때문이었다. 나는 매월 2주일은 암만 주재 대사관에서 그리고 나머지 2주일은 바그다드 대사관에서 지내는 생활을 했다. 암만에서 하는 일은 바그다드에서 벌인 외교활동을 본국 정부에 보고하고 서울에서 오는 사람들을 만나며 다음 출장을 준비하는 것이 대부분이었다.

이 당시 암만-바그다드 간에는 경제제재로 인해 비행기가 운행되지 않았다. 따라서 택시를 타고 양 수도를 왕복해야 했다. 암만과 바그다드 간 거리는 약 1천 킬로미터다. 택시의 종류는 대부분이 GMC 서버번 트럭으로서 연료와 짐을 충분히 실을 수 있는 큰 차량이었다. 이 차를 타고 암만의 구시가지를 관통하여 굽이굽이 사막을 따라가다 보면 이라크 국경에 도착한다. 국경에서 입국 수속을 마치는 데 나의 경우 보통 1시간 정도가 소요되었다. 일반인인 경우에는 시간이 보다 많이 걸리고 에이즈 검사까지 받아야 한다. 사람들은 귀찮은 에이즈 검사를 피하기 위해 돈을 주고 해결하는 경우가 많았다.

여하튼 입국수속을 마치고 나면 이라크 땅으로 들어가는데 반드시 거쳐 가야 할 곳이 있다. 그것은 바로 주유소이다. 지금도 그렇지만 산유국인 이라크와 비산유국인 요르단의 유가는 하늘과 땅 차이였다. 서버번 트럭에 기름을 가득 넣으면 160리터 정도가 들어가는데 기름값은 1.6불에 불과했다. 리터당 휘발유가 1센트이기 때문이다. '기름이 물보다 싸다'는 이야기가 실감이 났다. 택시회사에서 기름이 많이 드는 서버번을 사용하는 이유도 바로 이 기름값 때문이었다. 당시 이라크 디나르는 인쇄소에서 조잡하게 찍어낸 거의 가치가 없는 돈이었다. 밥 한 끼를 먹으려 해도 이 디나르를 뭉치로 가지고 다녀야 하기 때문에 가방이 필요했다.

서버번에 기름까지 두둑이 넣고 나면 이제 바그다드까지 달릴 일만 남게 된다. 이라크 국경에서 바그다드까지는 7시간 정도가 걸리는 거리이다. 암만에서 국경까지 2시간 그리고 입국수속 1시간을 합하면 암만-바그다드는 10시간 정도 걸리는 거리이다. 국경-바그다드 간 도로는 사막을 가로지르는 4차선 고속도로로 현대건설 등 4개 외국회사가 건설한 도로이다. 지평선이 보일 정도로 곧게 뻗은 이 도로에서 운전자들은 보통 시속 160-180킬로미터로 달린다. 사람들은 이 도로를 '죽음의 도로'라고 불렀다. 이렇게 좋은 도로를 왜 죽음의 도로라고 부를까? 그것은 졸음운전 때문이다. 나도 처음 이 도로를 가는데 백미러를 통해 보니 큰 눈을 가진 아랍 운전자의 눈이 점차 작아지는 것을 목격했다. 운전자가 졸고 있다는 사실을 직감할 수 있었다. 기사에게 당장 차를 멈추고 쉬도록 하고 싶었지만 마땅히 쉴 만한 공간이 없었다. 운전자에게 계속 말을 시키고 조는지 감시하면서 겨우 바그다드까지 도착할 수 있었다. 이후 내가 안전을 위해 개발한 방법은 운전기사 2명을 고용하는 것이었다. 앞좌석에 두 명이 있으면 서로 교대로 운전을 하기 때문에 안심이 되었다.

아무리 도로가 직선이라고 해도 왜 운전자가 조는 것일까? 그것은 택시업주들이 기사를 혹사시키기 때문이다. 업주의 입장에서 보면 차를 쉬지 않고 24시간 운행하는 것이 가장 이득을 많이 올리는 방법이다. 이라크의 싼 기름 때문에 기름값이 거의 들지 않기 때문이다. 업주는 1천 킬로미터를 달려온 기사에게 거의 휴식을 허용하지 않은 채 다시 암만이나 바그다드로 향하도록 하는 무리한 영업을 강행했다. 이러니 졸면서 운전하지 않는 것이 이상할 정도였다. 잘 닦여진 4차선 고속도로의 가드레일이 이곳저곳 파괴되어 있는 것을 보고 이 도로의 위험성을 직감할 수 있었다. 당시 바그다드에 거주하는 외국 대사의 친인척들도 이 도로를 이용하다가 여러 사람이 희생되었다. 내가 만난 방글라데시 대사도 그중 하나였다. 아마 이 도로를 '죽음의 도로'라고 부른 것도 외교단에서 나온 말인 것 같았다.

한번은 바그다드 사무실에 있는데 급한 연락이 왔다. 우리 기업인 2명이 탄 택시가 암만에서 오다가 바로 이 도로에서 사고를 당했다는 것이었다. 운전자는 현장에서 즉사했는데 우리 기업인들은 다행히 경미한 부상만 입었을 뿐 무사했다. 기업인들을 만나 자초지종을 들어보았다. 두 사람은 암만에서 밤늦게 택시를 타고 바그다드로 향했다. 국경에서 입국수속을 마치고 고속도로로 접어들자 아침 해가 솟기 시작했다. 한참 달리던 중 무서운 졸음이 운전자를 엄습했다. 이 운전자는 어제 저녁 바그다드에서 암만으로 돌아온 뒤 거의 쉴 겨를이 없이 다시 바그다드로 출발했던 것이다. 운전자 옆자리에 앉았던 기업인은 안전벨트를 매지 않았었는데 어쩐지 감이 이상하여 안전벨트를 매었다. 이 안전벨트를 맨 지 5분쯤 후에 이 차량은 시속 160킬로미터로 도로 옆에 있는 모래동산을 들이받았다. 이 모래동산은 겉은 모래지만 속은 강한 바위로 되어 있는 구조이다. 바위에 부딪친 택시는 몇 바퀴를 구른 후 거꾸로 멈춰 섰다. 이 와중에 운전자는 튕겨져 나와 즉사했고 옆자리에 앉은 기업인은 머리를 차 천장에 부딪쳐 목에 부상을 입었으나 다행히 중상은 아니었다. 뒷자리에 있던 기업인은 좌석에 누워서 잠을 자던 중이었는데 마침 짐들이 많아 짐 속에 끼어 무사했다. 나는 암만으로 돌아오던 중 사막에 있는 도시에 들러 이 사고차량을 보았는데 차량이라고 볼 수 없을 정도로 형편없이 구겨진 모습에 큰 충격을 받았다. 이 사고가 일어난 후 나는 바그다드를 방문하는 모든 기업인에게 반드시 운전자 2명을 쓰도록 강력히 권고했고 이후부터 택시 1대에 기사 2명은 거의 불문율이 되었다.

아   이   월   낄   뎀

　이라크에 있을 때의 일이다. 당시 한국중공업(현재 두산중공업)은 이라크 내 발전소 개보수 프로젝트를 수주하기 위해 수년 전부터 공을 들이고 있었다. 직원 4-5명이 팀을 이루어 늘 바그다드에 상주하면서 열심히 노력하고 있었음에도 불구하고 좀처럼 수주는 이루어지지 않았다. 한국의 보일러 기술이 우수한 것은 이라크 측도 잘 알고 있었고 이라크 사정에 비추어 한국에게 공사를 맡기는 것이 여러 면에서 효과적이었다. 석유 소비를 문제시하지 않는 이라크는 열효율은 따지지 않고 원하는 용량만큼 전기가 나오는 데에만 관심을 기울였다. 이는 보일러 기술이 우수한 우리 측에게 유리한 조건이었다. 입찰이 나올 때마다 우리 측은 정성을 다해 서류를 만들어 제출했고 관계 요로와 빈번히 접촉하면서 로비 활동도 열심히 했다. 이라크 측은 입찰서류를 심사한 후 short list를 작성해서 최종 결재권자인 라마단 부통령에게 올렸다. 여기까지는 문제될 것이 없었다. 기술과 가격 양면에서 높은 평점을 받은 한중은 매번 short list에 포함될 수 있었다. 문제는 라마단 부통령이었다. 그는 업체를 선정할 때 정치성을 고려했다.

　당시 이라크는 미국이 주도하는 유엔 경제제재 하에 있었으며 유엔안보리는 'oil for food' 프로그램을 통해 일정한 양의 원유를 수출하여 이라크가 필요로 하는 기본적인 물자를 구매할 수 있도록 했다. 미국이 주도하는 이러한 조치를 모든 국가가 옹호하는 것은 아니었다. 감독기구인 유엔안보리 내에서도 상임이사국인 러시아, 중국, 프랑스는 이라크에 동정적이었다. 이 나라들은 모두 바그다드에 정규대사관을 두고 있었고 자국 기업들이 이라크 내에서 활동하고 있었다. 대개 원유개발과 관련된 분야는 러시아, 고급 기술이 필요한 분야는 프랑스, 그리고 일상용품은 중국, 이런 식으로 시장 분할이 이루어졌다. 이라크는 이 3국을 포함 자국에게 우호적인 국가, 미국과 영국 등 적대적인 국가(블랙리스트 국가), 그리고 중간에 있는 국가(grey area 국가: 회색지대 국가) 등 세 부류로 국가를 구분했다. 한국은 grey area 국가에 포함되어 있었다. 라마단은 실무진이 작성한 서류의 평점에 관계없이 grey area 국가는 무조건 제외시켰다. 이들이 친미-반이라크 적이라는 이유 때문이었다. 한중이 실무평가에서 높은 점수를 얻었음에도 불구하고 매번 낙마한 데에는 이러한 사연이 있었다.

나는 바그다드에 갈 때마다 한중 직원들과 대책을 논의했다. 숙의한 끝에 우리가 내린 결론은 아무리 노력을 해도 라마단 부통령이 결재권자인 한 우리가 수주할 가능성은 없으니 다른 회사 명의로 응찰하자는 것이었다. 마침 한중은 베트남에 '한비코'라는 자회사를 가지고 있었다. 우리는 한비코 명의로 응찰키로 하고 역할을 분담해서 활동을 개시했다. 나는 우선 바그다드 주재 베트남 대사를 방문해서 자초지종을 설명하고 베트남 회사인 한비코 명의로 발전소 프로젝트에 응찰키로 했으니 대사와 내가 공동으로 뛰어보자고 했다. 베트남 대사는 좋다고 하면서 한 가지 조건을 내세웠다. 그것은 한비코의 베트남 부사장을 바그다드로 불러오자는 것이었다. 베트남인이 옆에 있어야 자기가 본격적으로 뛸 수 있다는 것이다. 우리는 이에 동의했고 베트남 부사장이 바그다드로 왔다. 작은 키에 깡마른 체격의 부사장은 우리 대사관에 자주 왔고 대사관 회식에도 여러 번 참가했다. 이 사람의 전력을 들어보니 베트콩 출신이었다. 밀림을 헤치며 미군과 싸우다가 전쟁이 끝났다고 했다. 과거의 전사답지 않게 지금은 매우 점잖고 조용한 모습을 하고 있었다.

마침내 활동을 마치고 부사장이 베트남으로 돌아가는 날이 왔다. 우리는 대사관에서 회식을 베풀어 그의 노고를 치하해주었다. 그를 떠나보낸 후 우리는 저녁에 대사관에서 이야기를 나누고 있었다. 이때 전화가 왔다. 한중 직원 1명이 전화를 받으니 그 베트남 부사장이었다. 무슨 문제가 있느냐고 물어봤더니 국경에서 출국 수속을 하는데 이라크 관리들이 입국 시 에이즈 검사를 받지 않았다고 하면서 지금 에이즈 검사를 받도록 강제한다는 것이었다. 너무 멀리 떨어진 국경이라 딱히 도울 방도가 없어 우리는 그에게 웬만하면 검사에 응하고 수수료는 우리가 변제해주겠다고 했다. 그런 식으로 해결이 되었으려니 하고 생각하고 있었는데 이른 아침 다시 전화가 왔다. 그 전화를 받은 한중 직원에 의하면 이 사람이 밤새내 이라크 관리들과 말다툼하면서 버틴 끝에 에이즈 검사를 면제받았다는 것이었다. 그러면서 부사장은 밤새 얼마나 시달렸는지 매우 흥분된 목소리로 이렇게 말했다고 했다. "우리가 과거에 이라크를 얼마나 도와주었는데 나를 무시해! 이라크 놈들이 내가 얼마나 무서운 사람인 줄 모르고 있어. 베트남으로 돌아가면 그곳에 있는 이라크 놈들을 모두 없애버릴 거야!" 하면서 강한 베트남식 억양으로 "아이 윌 낄 뎀! 아이 윌 낄 뎀 올!"을 몇 번이고 외쳤다고 한다.

국 제 포 경 회 의

외교부에 들어온 지 얼마 되지 않아서 처음 해외출장을 나가게 되었다. 영국의 브라이튼에서 열리는 국제포경위원회(IWC) 연례 총회에 참석하기 위해서였다.

당시에는 유럽에 가는 길이 쉽지 않았다. 김포에서 비행기를 타면 앵커리지를 거쳐 북극권 항로를 타고 유럽으로 날아갔다. 처음 타보는 비행기인지라 어떻게 하늘로 솟아오르는지 궁금해 했던 기억이 지금도 새롭다. 파리의 오를리 공항에 내린 뒤 버스를 타고 드골 공항에 가서 런던으로 가는 비행기로 갈아탔다. 런던에서 회의가 열리는 항구도시 브라이튼까지는 승용차로 이동했으며 돌아올 때는 기차를 탔다. 이 회의는 통상적인 총회보다 의미가 컸다. 왜냐하면 이 회의에서 사상 처음으로 상업포경을 금지할 계획이었기 때문이다. 우리는 최대 포경국인 일본, 노르웨이, 소련 등과 함께 포경국에 속했다.

상업포경을 금지하자는 움직임은 수년 전부터 있어왔으며 우리 정부는 어민들에게 이러한 사실을 알리고 전업을 장려하는 등 대비하고 있었다. 내가 태어나서 처음 해외여행을 하는 회의에서 마침 이러한 결정이 내려질 판이었다. 우리는 수산청, 외교부, 업계대표 등으로 대표단을 구성했다. 업계대표로는 부산공동어시장 대표와 포경업자들이 참여했다. 우리 정부가 이들에게 회의 참가를 권유한 것은 국제사회의 추이를 직접 보여주기 위한 것이었다. 내 기억에 우리 대표단은 7-8명 정도였던 것 같다. 회의장인 브라이튼의 한 호텔에 도착하여 놀란 것은 일본의 대표단 숫자였다. 일본은 150여 명의 대규모 대표단이 온 것이다. 알고 보니 일본 대표단의 대부분은 포경업자들이었다. 포경업의 규모가 큰 일본으로서는 이 회의의 결과에 심각한 이해관계가 달려 있었다. 일본의 수석대표는 포경업을 보호하기 위해 사력을 다했던 것으로 기억한다.

이 회의는 상업포경을 금지하려는 서방국가와 일본과의 싸움이라고 해도 과언이 아니었다. 회의장 밖에서는 그린피스 등 포경에 반대하는 민간단체들이 피켓을 들고 시위를 벌였다. 이들은 포경국 대표에게 계란 등을 던졌기 때문에 자칫 봉변을 당할 수도 있었다. 일본과 우리는 용모가 비슷하므로 특히 목표가 되었다. 우리는 식사를 위해 호텔 밖으로 나갈 때마다 봉변을 당하지 않도록 경계해야 했다. 재미있는 것은 당시 우리의 적국이었던 소련이 포경국으로서 우리와 이해관계가 같았다는 사실이다. 이들은 친근감을 표하면서 우리에게 보드카 등을 선물로 주기도 했다. 나는 국제무대에서는 '영원한 적도 영원한 친구도 없다'는 말의 의미를 되새길 수 있었다.

우리도 일본 등 주요 포경국들과 함께 상업포경 금지를 막기 위해 열심히 노력했지만 예상했던 대로 이 회의에서 상업포경을 금지하는 결정이 이루어졌다. 우리 포경업자들은 대표단이 전력을 다해도 이미 국제추세가 상업포경 금지 쪽으로 나가고 있다는 사실을 직접 목격했기 때문에 오히려 정부대표를 위로해 주었다. 이 회의는 내가 처음으로 참가한 국제회의였기 때문에 그만큼 감회가 새롭다. 또 이 회의는 우리 포경업자들의 이익이 걸려 있는 실질적인 회의이기도 했다. 처음 참가하는 국제회의에서 첨예한 이해관계를 놓고 치열한 외교전을 벌이는 경우는 드문데 나는 특별한 경험을 한 셈이다. 이 회의 참가를 계기로 나는 다자외교에 보다 큰 관심을 가지게 되었고 결국 나중에 군축전문가가 되었다. 이 회의는 나의 외교관 인생항로에 있어서도 큰 영향을 미친 셈이다.

1주일간 브라이튼에 머물면서 우리 대표단이 애를 먹은 것은 음식이었다. 이때만 해도 영국 음식은 맛이 없었다. 'fish and chips'나 스테이크가 주종인데 정말 맛이 없었다. 스테이크의 경우는 고기의 양만 많을 뿐 질기고 두꺼워서 먹기가 힘들었다.

마치 가죽을 씹는 기분이었다. 고생하던 우리 대표단은 마침 한 중국음식점을 발견했다. 한국식 중국음식과는 달랐지만 음식이 먹을 만했고 매운 고추 소스도 우리 입맛에 맞았다. 우리 대표단은 회의가 끝날 때까지 내내 이 중국음식점을 이용했다. 그러나 호텔에서 아침에 방으로 배달해주는 아침식사는 좋았다. 빵과 차, 버터, 잼 등의 단순한 식사였음에도 불구하고 늘 즐거운 기분으로 아침식사를 했던 기억이 난다.

돌아오는 길에 파리에 들러 1박을 했다. 샹젤리제 근처에 있는 허름한 여관에 숙소를 정한 뒤 샹젤리제 거리로 밤 구경을 나갔다. 노천카페에 사람들이 많이 모여 있길래 나도 그중 한 카페에 자리를 잡고 앉았다. 웨이터가 와서 무엇을 마실 것이냐고 묻는데 아는 것이 없었다. 마침 보니까 녹색 드링크를 마시고 있는 사람들이 많았다. 나는 옆 사람이 마시고 있는 그 녹색 음료를 가리키며 같은 것을 달라고 했다. 웨이터가 날라 온 녹색 음료를 마셔보니 물이었다. 칵테일이라고 생각했었는데 물이었던 것이다. 그리고 아내와 갓 돌이 지난 큰 아이 선물로 블라우스와 스웨터를 사왔는데 집에 돌아오니 아내의 반응은 "뭐 하러 파리까지 가서 한국옷을 사왔어"라는 것이었다. 이래저래 실수를 연발한 첫 해외출장이었다.

악   연   의   도   시   니   스

　살다보면 악연이 생기는 경우가 있다. 대개는 사람과의 관계에서 악연이 많은데 나의 경우에는 도시와의 악연이 있다.

　1994년 여름 유엔에서 주최하는 군축연수를 받으러 제네바에 갔다. 제네바에서 2개월 정도 기본교육을 받고 1주일간 휴식을 취한 뒤 프랑스, 독일, 스웨덴, 핀란드, 일본 등지에서 현장 교육을 받았다. 마지막으로 뉴욕에 가서 3주간 회의를 참관하고 군축사무국에 논문을 제출한 뒤 수료증을 받는 과정으로 되어 있었다.

　제네바에서의 두 달은 짧았지만 즐겁고 유익했다. 나는 싸구려 여관에 방을 얻어 지내면서 여러 곳에서 모여든 외국인들과 교류하며 지냈다. 장기투숙객과 여관의 운영 직원(대개 아르바이트 학생들임)들로 구성된 우리는 일종의 팀을 이루어 공동으로 취사하며 즐겁게 지냈다. 투숙객 중에서 동양인으로는 나와 한국계 일본인이 있었다. 이 친구는 일본에서 직장 생활을 하다가 뜻이 있어 제네바로 다시 유학을 온 다소 특이한 경우였다. 이 친구와 나는 여행을 좋아하고 술 마시면서 이야기 나누기를 좋아하는 등 서로 뜻이 잘 맞았다. 나는 1주일간의 휴식기간 중 이 친구와 함께 차를 빌려 남부 프랑스와 모나코를 여행키로 했다.

　우리는 '에이비스'에서 차를 빌려 리옹을 거쳐 아비뇽으로 갔다. 그곳에서 1박을 한 후 마르세유로 갔으며 그곳에서 또 1박을 한 후 칸을 거쳐 니스에 도착했다. 여관방을 잡은 후 저녁 무렵이 되었는데 우리는 야경을 보기 위해 모나코로 올라가기로 했다.

니스에서 모나코로 가기 위해서는 몇 개의 조그만 도시를 거쳐야 했다. 한 도시를 지나는데 신호등이 모두 깜빡거리는 노란불로 되어 있었다. 나는 처음 보는 광경인지라 처음에는 긴장해서 주변을 두리번거리며 차를 서서히 몰았다. 그런데 도시 깊숙이 들어갔는데도 움직이는 차가 한 대도 보이지 않는 것이었다. 나는 점차 속도를 내기 시작했다. 사거리를 빠른 속도로 통과하려는데 바로 오른쪽에서 차 한 대가 쏜살같이 달려오는 것이 아닌가! 큰일 났다 싶어서 충돌을 막으려고 더 속도를 내어 빠져나가려고 하는 순간 그 차가 내 후미를 들이받았다. 내 차는 90도로 회전을 한 후 도로변에 세워둔 차 3대를 연쇄적으로 들이받고서야 멈춰 섰다. 나는 우선적으로 다친 곳이 없는가 살폈는데 다행히 다친 곳은 없었다. 내 옆에 앉은 친구도 다행히 무사했다. 차 문을 열고 나왔더니 이게 어찌된 일인가! 그동안 사람과 차의 내왕이 완전히 끊겨 거의 유령의 도시를 연상케 했던 이곳에 웅성웅성 수많은 사람이 몰려들었고 경찰차 3대와 앰뷸런스까지 와 있었다. 집 안이나 카페 등에 있던 사람들이 사고를 보고 밖으로 나온 것이었다. 나는 친구에게 얼른 렌터카 회사에 연락해서 상황을 설명하고 도움을 청하도록 한 뒤 경찰의 조사에 응했다.

다행히 우리는 사고 종합보험을 들어두고 있었다. 문제는 내 불어실력이었다. 읽는 것에는 조금 익숙하지만 서투르기 짝이 없는 내 회화로 경찰과 제대로 대화가 될 리 없었다. 이 경찰들은 영어를 구사하지 못했다. 손짓 발짓을 다해 겨우 내용을 파악해보니 우선 내가 길가에 세워둔 차 3대를 받았으니 이 차의 임자 세 명과 각각 조서를 작성하여 서명해야 한다는 것이었다. 조서 3장에 서명을 한 뒤 경찰과 함께 사고차량의 운전자가 입원한 병원으로 향했다. 가서 보니 초로의 할머니였다. 이 할머니는 다행히 별다른 상처를 입은 것은 없었으나 쇼크를 받았다고 해서 목보호대를 차고 침대에 누워 있었다. 할머니와도 역시 의사소통이 문제였다. 간신히 소통을 해서 다음 날 오전 우리가 묵고 있는 여관의 커피숍에서 만나기로 하고 헤어졌다. 그쪽에서 영어 통역을 데리고 온다고 했다.

다음 날 예정대로 상대방을 만났다. 만나서 이야기를 해보니 "사고는 우리 측 책임"이라는 것이었다. 여름에 많은 시민이 바캉스를 떠나기 때문에 도시가 비어 편의상 모든 신호등에 노란불을 깜빡거리게 해놓고 차들이 알아서 다니는데 이때 주의할 점은 자신의 우측에 차가 오는지 살펴야 한다는 것이다. 즉 우측에서 오는 차가 우선권을 가진다는 이야기였다. 따라서 우측차를 보지 못한 나에게 모든 과실이 있다고 했다. 우리는 니스 시내에 있는 경찰서에 가서 사고 조서를 작성키로 했다. 니스 경찰에게 물어보니 똑같은 대답이었고 규칙을 잘 모르는 나에게 과실 책임이 있다는 것이었다. 렌터카 회사에 연락했더니 아무 걱정 말고 조서에 서명을 한 뒤 공항에 있는 에이비스에 가면 새로운 차를 내어줄 것이라고 했다. 우리는 우리 측 책임을 인정하는 조서에 서명하고 피해자 측과 악수를 나눈 뒤 경찰서를 나왔다. 그 길로 공항에 있는 에이비스 사무실에 갔더니 고생했다고 하면서 처음 렌트했던 차보다 더 크고 좋은 차를 내어주었다. 절망적인 상황에서 빛을 만났다고 할까? 우리는 새 차를 가지고 처음 예정했던 모든 코스를 다 돌며 여행을 즐기고 무사히 제네바에 돌아왔다. 그러나 처음 방문한 도시에서 예기치 못한 사고를 당한 것은 두고두고 뇌리에 남았다.

이후 나는 본에 있는 주독일대사관에서 참사관으로 근무하게 되었다. 1998년 마침 월드컵이 프랑스에서 열렸다. 우리의 첫 번째 게임은 리옹에서 열리는 멕시코와의 대결이었다. 축구를 좋아하는 아들 녀석의 재촉에 나는 우리 4가족의 표를 미리 예매했다.

우리 가족은 한국의 첫 경기가 열리는 날을 전후해서 휴가를 내어 여행을 떠났다. 여행 코스는 본에서 독일 남부와 스위스를 거쳐 이태리의 제노아를 거치는 코스였다. 여행은 순조로웠다. 제노아에서 하룻밤을 자고 우리 일행은 지중해변을 따라 모나코로 향했다. 모나코에 도착하니 옛날 생각이 났다. 가족에게 옛 이야기를 하면서 웃었다. 모나코의 이곳저곳을 다니며 쇼핑을 하고 이태리의 다양한 마카로니를 잔

뚝 차에 실은 우리는 이윽고 니스로 향했다. 니스에서 하룻밤을 자고 경기가 열리는 리옹으로 출발할 예정이었다. 니스에 도착한 우리는 시내 한복판에 있는 호텔에 숙소를 정한 뒤 근처에 있는 식당에서 맛있는 저녁을 먹고 일찍 잠자리에 들었다. 다음 날 아침 일찍 리옹으로 출발해야 하기 때문이었다.

아침에 일어난 우리 일행이 휘파람을 불며 짐을 꾸려 호텔 옆에 세워둔 차로 짐을 옮기려는 참이었다. 이때 아들이 갑자기 내게 "우리 차가 보이지 않는다"고 했다. 나는 그럴 리가 있느냐면서 차를 세워둔 곳으로 갔더니 정말 차가 없었다. 나는 내 눈을 의심했다. 시내 한복판에서 차가 없어진 것이었다. 자세히 살펴보니 유리조각들이 흩어져 있었다. 누군가 삼각유리를 깨고 차문을 연 뒤 차를 훔쳐간 것이었다. 호텔 측에 항의했더니 이런 일은 처음이라면서 경찰에 가보라는 것이었다. 나는 우선 보험회사에 도난신고를 한 뒤 경찰서로 향했다.

경찰서는 1994년 사고 당시의 바로 그 경찰서였다. 가서 보니 차량을 도난당한 사람들이 줄을 서서 기다리고 있었다. 2시간쯤 기다렸다가 겨우 도난 신고를 하고 신고서 사본을 받아왔다. 보험회사에서는 공항에 있는 에이비스에 가면 렌터카를 하나 내줄 것이라고 했다. 이 에이비스도 역시 1994년 내가 사고 후 새 차를 받았던 바로 그 회사였다. 이 무슨 우연의 일치란 말인가! 나는 기가 막혔다. 그러는 사이 이미 시간은 흘러 축구게임은 볼 수 없게 되었다. 나는 빨리 이 악연의 도시 니스를 벗어나고 싶었다.

우리는 근처에 있는 칸으로 가서 호텔에 방을 얻어 TV로 한국과 멕시코의 첫 게임을 시청했다. 다음 날 떠나려고 하는데 경찰에서 연락이 왔다. 바닷가에 버려둔 내 차를 발견했다는 것이었다. 내 차는 오래된 벤츠였는데 범인이 쓸 만한 차인 줄 알고 훔쳤다가 가치가 없어 버린 것이었다. 나는 보험회사를 통해 본으로 차를 보내주도록 요청한 후 전화를 끊었다. 우리는 에이비스에서 내준 렌터카를 타고 본으로 돌아가는 길에 처음 계획했던 대로 몽블랑 구경을 하기 위해 제네바로 갔다. 몽블랑을 오르기 위해서는 준비가 필요한데 차에 넣어 두었던 두꺼운 옷들이 모두 사라졌으므로 불안한 가운데 케이블카에 올라탔다. 중간에 케이블카를 갈아타는 곳이 있는데 그곳에서 딸아이가 화장실이 급하다고 해서 다녀오니 우리가 타야 할 케이블카는 이미 출발해버렸고 다음 케이블카가 올 때까지 기다려야 했는데 영하의 기온에 반팔로 버티려니 얼어 죽을 것만 같았다. 서로 등과 팔을 비비면서 안고 있어도 견디기 어려워 정말로 쓸쓸하기 짝이 없었다.

두 번의 니스 여행에서 두 번 다 사고를 당하다니! 우연치고는 참 기가 막힌 우연이었다. 나는 그 후로는 니스를 방문하지 못했다. 언젠가 다시 방문하게 될 때 또 다른 사건이 생길 것인지? 생각하면 궁금하기까지 하다.

빈에서 근무할 때의 일이다. 빈 남쪽에 있는 오스트리아 제2의 도시인 그라츠에서 명예영사관 개관식이 개최되었다. 그라츠는 공업도시로서 아놀드 슈왈제네거가 살았던 곳으로 유명하며 리하르트 슈트라우스가 오페라 살로메를 초연한 곳이기도 하다. 그 당시 오스트리아대사관은 서부의 중심도시 잘츠부르크와 남부의 중심도시 클라겐푸르트에 각각 명예영사를 두고 있었으나 제2의 도시인 그라츠에 명예영사가 없어 본국 정부와 협의 하에 명예영사를 임명키로 한 것이었다. 우리는 그라츠가 속해 있는 주의 주지사에게 편지를 보내 적절한 인사를 추천해줄 것을 요청했다.

주지사가 추천해온 인물은 엔진 연구·개발회사의 사장이었다. 이 사장을 추천해온 이유는 이분의 아버지가 만주사변과 중일전쟁이 일어났던 1930년대 중국 난징의 공과대학에서 교수 생활을 한 적이 있다는 것이었다. 아무리 찾아봐도 한국과 직접 관련이 있는 기업인이나 유력인사가 없어 대신 중국과 연관이 있는 가문의 사람을 추천했던 것이다. 아버지는 중국에서 고향으로 돌아온 후 엔진 연구·개발회사를 설립했으며 이 회사가 점차 성장해서 오늘에 이르렀다는 것이었다.

나는 대사님을 모시고 명예영사관 개관식에 참석했다. 명예영사관은 회사의 한쪽 건물 내에 두기로 했으므로 그곳에서 식이 개최되었다. 식순에 따라 명예영사 임명장이 수여되고 명예영사관 현판식이 거행되었다. 개관식이 잘 끝난 후 명예영사는 회사를 한번 둘러볼 것을 제의했다. 사장의 안내로 회사를 둘러본 우리는 완벽한 시설과 좋은 직장 분위기에 감탄했다. 알고 보니 이 회사는 자동차는 물론 기차, 비행기 엔진에 이르기까지 모든 엔진의 성능 및 내구성 향상, 연료 절감, 소음 제거 등 효율성 향상을 연구하는 회사였는데 이 분야에서 세계적인 명성을 가지고 있었다. 사장에 의하면 이 회사는 벤츠, BMW, 볼보, 도요타 등 자동차회사, 세계 유수의 기관차 회사 및 항공회사 등으로부터 향후 10년간 일거리를 이미 계약하고 있다고 했다. 더 놀란 것은 이 회사 직원의 70%가 박사학위 소지자이며 매출의 60%를 연구비로 재투자하고 있다는 사실이었다. 우리는 훌륭한 시설에 감탄을 연발하며 회사 내부를 시찰했다.

아침에 도착해서 개관식을 할 때부터 노인 한 분이 보청기를 끼고 열심히 따라다니는 모습이 보였다. 이 노인은 사진기를 가지고 다니면서 행사마다 열심히 사진을 찍고 있었으며 누가 무슨 말을 하는지 수첩을 꺼내어 기록도 하고 있었다. 이 노인은 우리가 회사 내부를 시찰할 때에도, 회사 구내식당에서 점심을 먹을 때에도 늘 함께 있었다. 그러나 누구도 이 노인이 하는 일에 큰 관심을 가지고 있는 것처럼 보이지는 않았으므로 나도 "참 부지런한 노인이로구나"라고 속으로만 생각했을 뿐 크게 관심을 두지는 않았다.

저녁이 되어 새 명예영사가 주최하는 만찬이 있었다. 우리 측에서는 대사님과 내가 참석했고 명예영사 측에서는 회사의 간부들이 참가하여 서로를 축하하며 덕담을 나누는 좋은 자리였다. 이 자리에도 어김없이 이 노인은 참석하고 있었다. 노인은 한구석에 자리를 잡고 조용히 다른 사람들의 이야기에 귀를 기울이며 식사를 했다. 나는 옆에 앉은 회사 간부에게 이 노인이 누구냐고 물어보았다. 그랬더니 이 노인이 바로 난징 공과대학에서 교수 생활을 했던 이 회사의 창업자라는 것이었다. 나는 점점 이 노인에 대해 관심이 쏠렸다. 연세도 퍽 많게 보이는 분이 어떻게 하루 종일 지치지도 않고 모든 행사에 다 참가하고 있는지 경이로운 생각이 들었다. 즐거운 분위기에서 만찬이 진행되고 있는데 마침내 노인이 "나는 자리를 먼저 떠나야겠다"면서 양해를 구했다. 나는 속으로 "이제야 드디어 노인이 피곤한 모양이구나"라고 생각했다. 그러는 순간 노인의 말이 내 귀를 의심케 했다. 자리를 먼저 떠나는 이유가 해외출장이 있어서 밤 비행기를 타야 한다는 것이었다. 나는 옆에 앉은 사람에게 노인의 나이를 물어보면서 다시 한 번 경악했다. 노인의 연세가 96세라는 것이었다. 그러면서 그 사람은 노인이 아직도 현역으로 일하고 있으며 해외출장도 자주 다닌다고 덧붙였다. 대단한 노익장이었다. 귀에 보청기를 꼽고 하루 종일 행사를 쫓아다니던 노인의 모습이 지금도 가끔 떠오른다.

험 난 한 국 경 통 과

아제르바이잔에 있으면서 휴가 때 아내와 함께 중앙아시아 4개국을 여행했다. 처음에 바쿠에서 비행기를 타고 카자흐스탄의 구수도인 알마티로 갔다. 이곳에서 하루를 머문 뒤 차편으로 키르기스스탄의 수도인 비슈케크로 가서 하루를 지냈다. 다음 날은 천산산맥으로 둘러싸여 있는 산중의 호수 '이식쿨 호수'로 가서 하루를 머문 뒤 다시 비슈케크로 돌아와 또 하루를 머물렀다. 그리고 난 후에는 비행기 편으로 타지키스탄의 수도 두샨베로 갔다. 두샨베에서 이틀을 머문 뒤 마지막 여정인 우즈베키스탄으로 가기 위해 국내선 비행기를 타고 국경도시인 쿠잔드로 갔다. 쿠잔드에서 우즈베크 국경을 넘기 위해서는 택시를 타야 한다. 이 택시는 우리를 우즈베크 수도인 타슈켄트로 데려갈 예정이었다.

기온은 35도가 조금 넘었지만 이글거리는 태양열에 달구어진 아스팔트 2차선 포장도로에서 올라오는 열기를 에어컨 없는 차에서 견디기는 힘들었다. 운전수가 던져준 물 한 병으로 버티면서 1시간쯤 달렸을까 우즈베크 국경이 나타났다. 우리는 외교관 여권을 가졌음에도 국경을 통과하는 것이 쉽지 않았다. 출입국 신고서 기록은 물론 가지고 있는 화폐를 다 신고해야 하는 등 수속이 복잡했다.

입국 수속을 하면서 이상한 광경을 목격했다. 타지키스탄에서 온 차량을 우즈베크 관리가 검사하는 것인데 보통 검사가 아니라 아예 차를 분해하는 것이었다. 차량의 앞좌석과 뒷좌석의 바닥까지 일일이 검사하는 것은 물론이고 트렁크에 있는 모든 것을 끄집어내어 조사했다. 그리고는 의자와 창문틀까지 떼어내서 그 안에 감춘 물건이 있는지 조사했으며 차 바닥까지 철저하게 검사했다. 그리고 내시경에 부착된 것과 비슷하게 생긴 카메라로 운전대 속을 구석구석 조사한 뒤 주유구에 집어넣고 휘발유통 속까지 샅샅이 검사하는 것이었다. 마지막으로는 개를 차 안에 넣어 냄새를 맡도록 하는 검사까지 하는 것이 아닌가! 나는 직감적으로 마약 밀반입을 검사하는 것이라고 생각했다. 아무리 그렇다고 해도 너무 지나친 검사가 아닐 수 없었다. 우즈베크 관리들은 이렇게 차를 분해해 놓고 아무것도 나오지 않자 운전자에게 그냥 가라고 했다. 이 운전자는 다시 차를 조립한 후 떠나야 할 형편이었다. 차를 완전히 분해했기 때문에 운전자가 기술이 좋은 사람이 아니면 재조립하기도 힘들어 보였다.

나중에 알게 되었지만 우즈베크의 타지키스탄 차량에 대한 가혹한 조사는 다분히 의도적인 것이었다. 두 나라의 사이가 극히 나쁘기 때문이다. 물론 가끔 마약을 밀반입하는 사건이 일어난다고는 들었지만 이러한 지나친 검사는 다분히 감정적인 것으로 보였다.

이웃국가인 우즈베크와 타지키스탄 간에 직항편이 없는 것도 바로 나쁜 관계 때문이다. 양국 간에 감정의 골이 깊은 것으로 보이는데 주원인은 물 때문이라고 한다. 우즈베크로 흘러가는 강이 타지키스탄을 거쳐서 가는데 타지키스탄이 댐을 건설하거나 물의 수로를 돌리는 방법 등으로 물줄기를 막음으로써 우즈베크의 심기를 건드린다는 것이다. 물이 부족한 우즈베크로서는 몹시 화나는 일이 아닐 수 없다. 이에 대한 보복으로 우즈베크는 타지키스탄에 대한 가스 공급을 빈번히 중단한다고 했다. 겨울에 가스가 끊김으로써 타지키스탄에서는 동사하는 사람들이 속출한다는 것이다. 물과 가스 공급을 교환하는 방식으로 해결책이 있을 것 같은데 합의점을 찾지 못하고 서로 싸우는 모습을 보니 한심한 생각이 들었다.

이웃국가 간에 사이가 좋지 않을 때 피해를 보는 것은 국민이다. 국경을 공유하는 나라끼리 직항편이 없어 국내선 항공기를 타고 국경도시에 내린 후 다시 차를 갈아

타고 한참을 달려 국경을 통과해야 하며 국경 통과 후에도 여러 시간을 달려야 타슈켄트에 도착하는 이런 낭비가 어디 있단 말인가? 이웃나라끼리 사이가 좋지 않은 경우는 흔하다. 이스라엘과 주변의 아랍국가들, 아제르바이잔과 아르메니아, 러시아와 그루지야 등이 그 대표적인 예이다. 사실 우리나라와 일본도 얼마 전까지만 해도 사이가 좋지 않았으며 지금도 독도와 과거사 문제 등으로 가끔 국민 간에 감정이 상하는 일이 있다. 그렇다고 해도 우즈베크와 타지키스탄의 경우처럼 직항편을 단절하고 국경을 통과하는 상대국 차량을 분해할 정도의 가혹한 검사로 보복하는 경우는 별로 본 적이 없다. 우즈베크-타지키스탄 국경을 통과하는 차량의 운전자들에게 동정심을 느꼈다.

캐　나　다　식　폭　탄　주

　　1995년의 일이다. 외교부 군축원자력과에서 군축전문가로 일하고 있던 내게 국방부에서 연락이 왔다. 용건은 우리 전문가가 캐나다에서 단기 군축 연수를 받을 수 있도록 캐나다 국방부와 협의 중인데 이를 지원해달라는 것이었다. 우리 측이 원하는 분야는 검증이었다. 캐나다는 이 분야에서 풍부한 경험과 전문지식을 가지고 있었다.

　　캐나다가 검증 분야에서 선도적 국가가 된 것은 냉전이 끝나자 재래식 무기 처리를 놓고 나토와 바르샤바 조약기구 양측 간에 협상이 이루어져 CFE라는 재래식 무기 감축 조약을 체결했기 때문이었다. 이 조약에 따라 유럽국가들은 양측이 생산한 각종 재래식 무기를 감축했다. 탱크 같은 것은 더 이상 사용이 불가능하도록 머리 부분을 비스듬하게 잘라 폐기 처분했고 장갑차는 트랙터로 개조해서 쓰기도 했다. 양측이 동등한 숫자의 재래식 무기를 감축했는데 무기의 종류에 따라 폐기 처분하는 방식이 협정에 자세히 규정되었다. 나도 그 당시 동독지역에 있는 한 무기 폐기장을 방문한 적이 있는데 엄청나게 넓은 부지에 폐기 대상인 탱크와 장갑차들이 줄을 지어 서 있었던 기억이 난다. 이 조약에서 핵심은 검증이었다. 무기를 부수는 데 있어서 규정에 따라 제대로 부수는가를 검증하는 것이 핵심이었다. 이를 위해 각국은 검증 전문가를 양성했는데 이 중에서도 캐나다 검증관의 명성이 높았다. 좋은 명성을 쌓은 캐나다 검증관들에 대한 수요가 높아지자 이들은 이곳저곳을 다니면서 각종 무기의 폐기를 검증했고 따라서 많은 경험과 전문지식을 쌓았다. 검증 강국이 된 캐나다는 이러한 배경을 업고 유엔 총회 1위원회에서 최초로 검증에 관한 정부 전문가회의를 개최하기도 했다. 이 회의의 의장은 1위원회 서방그룹(메이슨 그룹이라고 함)을 창설한 캐나다 외교부의 여성 군축대사 페기 메이슨이 맡았다.

당시 우리는 갑자기 다가올지도 모르는 남북한 간 군축 협상에 대비해서 검증에 관한 지식과 경험을 쌓고 싶어 했다. 이런 연유로 국방부에서는 캐나다 국방부와 교섭해서 우리 장교들을 캐나다에 보내 검증에 관한 군축연수를 시키려 했던 것이다. 양국 국방부 그리고 외교채널을 통한 교섭 결과 마침내 캐나다로부터 긍정적인 회신이 왔다. 2주 동안 오타와에 있는 캐나다 국방부 건물 맨 위층에서 열린 훈련에 나는 국방부 장교 5-6명과 함께 참석했다. 우리는 현장 경험이 풍부한 캐나다 교관들로부터 열심히 강의를 듣고 모의훈련을 하는 등 최선을 다해 연수에 참가했다. 이윽고 떠나는 때가 다가왔다. 우리는 캐나다 장교들과 2주 동안 함께 생활하는 동안 인간적으로 가까워졌고 헤어지는 것을 서로 섭섭해 했다. 그러면서 우리는 후일 다시 만날 것을 기약했다. 이들에게서 배운 지식을 활용하기 위해 한국군 부대에서 실제로 모의 군축 검증 훈련을 실시하기로 합의했던 것이다.

한국으로 돌아온 우리는 수개월 준비 끝에 캐나다 교관들을 검증관(inspector)으로 초빙키로 했다. 공군부대 하나와 육군부대 하나를 선정해서 각각 모의 검증 훈련을 실시키로 한 것이다. 훈련 내용은 우리가 가상적으로 행한 군축에 대해 캐나다 검증관이 규정에 맞게 시행했는지 꼼꼼하게 검증하고 이에 대한 논평을 행하는 것이었다. 검증관을 영접하고 안내해서 이들이 임무를 완수할 수 있도록 돕는 안내인(escorter) 역할은 캐나다에서 군축연수를 받은 우리가 담당했다.

이틀에 걸친 모의 검증훈련은 성공적으로 끝났다. 캐나다 장교들은 자신의 제자격인 우리가 배운 대로 규정에 맞게 군축을 행하고 검증관에 대한 안내 역할도 성공적으로 행한 데 대해 몹시 만족해하는 모습이었다. 마지막 날 캐나다 검증관의 노고를 치하하는 회식이 국방부 내에 있는 식당에서 열렸다. 이 회식을 주재하는 사람은 한 고위 장군이었다. 이 장군은 한창 회식이 진행되어 분위기가 무르익자 폭탄주를 마실 것을 제의했다. 그러면서 여러 가지 폭탄주를 선보였다. 캐나다 장교들은 처음에는 다소 낯선 듯이 망설이다가 나중에는 우리 측이 권하는 대로 폭탄주를 잘 마셨다. 이렇게 분위기는 폭탄주 파티로 흘러갔다.

우리 측이 권하는 폭탄주가 여러 순배 돌아간 후 캐나다 장교들이 테이블 앞으로 나왔다. 그들은 캐나다에도 폭탄주 문화가 있다고 하면서 이는 '캐나다 공병대'의 전통이라고 했다. 그들이 실연한 캐나다식 폭탄주의 절차는 먼저 의자를 가져와 한 사람이 의자 위에서 물구나무를 선다. 이때 두 사람은 다리를 잡아 물구나무 선 사람의 균형을 유지해준다. 그러면 다른 한 사람이 맥주가 담긴 컵을 물구나무 선 사람에게 먹이는 것이다. 물구나무 선 사람이 맥주 한 컵을 다 마신 후 이들은 박수를 치면서 성공을 자축했다.

그런 다음 이들은 이제 한국 측에서 누가 나와 캐나다 공병대식 폭탄주를 마셔보라는 것이었다. 나는 우리 군인들 중에서 누가 나갈 것으로 생각했다. 그런데 아무도 앞으로 나가는 사람이 없었다. 캐나다 장교들은 자원자가 없자 나를 지명했다. 이들과 나는 캐나다에서의 2주간 훈련과 이번 한국 방문으로 이미 친숙한 사이가 되어 있었기 때문이었다. 사양할 수 없어 나는 앞으로 나갔다. 내가 물구나무를 서기 전에 한 캐나다 장교가 주의사항을 말해주었다. 그것은 자기가 맥주를 서서히 따를 테니 서서히 마시라는 것이었다. 그리고 호흡 조절을 잘해 사래가 들리는 일이 없도록 주의해야 한다고 했다. 또 이 게임을 할 때에 위스키와 같이 독한 술을 가지고 해서는 위험하므로 맥주가 적합하다고 했다. 그리고 그는 내게 맥주 한 잔은 너무 많으니 반 컵만 따라서 먹이겠다는 것이었다. 나는 물구나무를 섰고 캐나다 장교는 내 입에 맥주를 서서히 부었다. 나는 이들이 가르쳐 준 대로 호흡을 가다듬으면서 맥주를 서서히 마셨다. 토해내는 자세에서 맥주 반 컵을 마시는 것이 쉽지는 않았다. 시간이 오래 걸리는 듯한 느낌이었다. 이윽고 내가 맥주를 다 마시자 다리를 잡은 사람들이 내 다리를 놓아주었다. 그리고 모두 박수를 치며 즐거워했다.

나는 겨우 이들에게 체면치레를 한 셈이 되었다. 그러나 한편으로는 이렇게 많은 한국군 장교 중에 자원자가 없었다는 사실이 믿어지지 않았다. 민간인이라고는 딱 한 사람, 나밖에 없었는데 내가 지명이 되어 캐나다식 폭탄주를 마시다니! 지금도 그때를 생각하면 피식 웃음이 나오곤 한다. 물론 그 후로 캐나다식 폭탄주를 다시 마신 적은 없다.

외 교 의 걸 림 돌 을 제 거 하 라

2006년 우리가 아제르바이잔에 진출했을 때 심각한 문제가 하나 기다리고 있었다. 그것은 미수금 문제였다. 1999년 당시 (주)대우가 아제르바이잔의 특별자치주인 나흐치반에 1075만 불 규모의 전자교환기를 수출했는데 나흐치반 통신공사가 물품 하자를 이유로 578만 불의 잔금 결제를 거부한 것이다. 미수금의 담당기관인 수출보험공사와 수출입은행은 아제르바이잔 측과 몇 차례에 걸쳐 클레임 합의를 시도했으나 실패로 돌아갔다. 이렇게 되자 수출보험공사와 수출입은행은 아제르바이잔과의 수출거래 및 우리 기업에게 필요한 신용공여를 거부함으로써 우리 기업의 본격적인 아제르바이잔 진출이 심각한 애로에 처하게 되었다. 이제 우리 기업들이 아제르바이잔으로 몰려들 참인데 생각지도 않은 복병을 만나게 된 것이다.

나는 이 문제를 해결하기 위해 20여 차례에 걸쳐 아제르바이잔 정보통신부 장관을 만났다. '압바소프'라는 이름을 가진 정통부 장관은 다행히 호인풍으로 말이 통하는 사람이었다. 나는 압바소프에게 미수금 문제 해결이 얼마나 중요한지, 그리고 이 문제가 해결되지 않을 경우 어떤 심각한 어려움이 있는지 되풀이해서 설명했다. 나는 어차피 우리가 578만 불 전액을 되돌려 받을 수는 없을 것으로 판단했다. 그래서 수출보험공사와의 협의를 거쳐 450만 불 수준에서 상환을 종결하자는 제안을 냈다.

그동안 우리 대통령의 방문이 있었고 이후 여러 비즈니스 대표단의 방문이 뒤따랐음에도 불구하고 아제르바이잔 측은 좀처럼 움직이려고 하지 않았다. 그러다가 일함 알리예프 대통령의 방한이 확정되었다. 나는 이를 계기로 이 문제를 보다 강하

게 밀어붙였다. "알리예프 대통령의
방한으로 여러 가지 사업이 합의될
것이고 그렇게 되면 당장에 수출입
은행을 통한 금융거래가 필요하게
될 것인데 누가 책임을 질것이냐"고
따져 물었다. 그러면서 압바소프에
게 대통령과 함께 방한해서 한국의
실상을 직접 눈으로 보도록 권유했
다. 이러한 설득이 주효했던지 아제

압바소프 정보통신부장관과 함께

르바이잔 정통부는 대통령의 방한 직전 450만 불을 2007년 내에 전액 지급하겠다는
서한을 대사관으로 보내왔다.

그러나 이 문제가 이로써 다 끝난 것은 아니었다. 아제르바이잔 측은 다시 입장을
바꾸어 450만 불 중 250만 불은 2007년 6월, 그리고 나머지 200만 불은 2008년 3월
까지 상환하겠다는 채무상환약정을 제시했다. 이 스케줄에 따라 아제르바이잔 측
은 대금을 상환했는데 처음에는 잘 이행하는가 했더니 약속한 날짜인 2008년 3월까
지 336만 불만 상환하고 나머지 114만 불은 갚지 않았다. 다시 미수금이 생긴 것이
다. 나머지 미수금 상환을 위해 나는 이 뒤에도 정통부 장관을 여러 번 만나야 했다.

결국 2008년 말이 되어서야 미수금 전액을 상환받을 수 있었고 이로써 수출입은
행의 제재조치가 모두 풀리게 되었다. 수출보험공사에서 나에게 감사패와 부상을
수여하겠다고 하기에 감사패는 대사관 앞으로 하고 부상은 불우이웃돕기 성금으로
써달라고 요청했다. 땀이 날 정도로 뛰어다닌 일이었지만 결국 해피엔딩으로 끝나
좋은 추억으로 남는다. 이 일로 인해 압바소프 장관과는 친해져서 우리 관저 만찬에
도 여러 번 왔고 가까운 친구로 지냈다.

선   교   사

나는 해외에서 근무하면서 우리 선교사를 참 많이 만났다. 이라크에서 김선일 피살 사건과 아프가니스탄에서 선교사 살해 사건 등으로 선교단체와 정부가 마찰을 빚은 적도 있지만 대체적으로 선교사들은 정부에 협조적이라고 생각한다. 내가 만난 선교사들은 정부의 시책을 이해하고 이에 적극 호응하는 사람들이었다. 또 이들 중에는 대단한 애국심을 가진 사람이 많았다. 이들은 국가가 잘 되어야 선교도 잘 된다는 생각을 가진 사람들이다.

선교사들의 생활은 어렵다. 케냐에서 본 한 선교사는 가족과 함께 마사이 부락에 들어가 살고 있었다. 마사이 부족의 생활은 원시인이나 비슷하다. 소똥으로 집을 짓고 소나 양을 키우며 유목민으로 살아간다. 이들은 문명의 혜택을 전혀 받지 못하고 있다. 학교는 물론 전기나 수도도 없다. 이런 곳에서 우리 선교사가 가족과 함께 생활한 것이다. 투철한 신앙심과 소명의식이 없이는 감히 엄두도 못 낼 일이다. 대부분 선교사들은 경제적으로 어렵다. 선교단체와 지인의 헌금에 의존해서 살아가는데 형편이 넉넉지 못하다. 별도로 생업을 영위하여 번 돈으로 선교활동을 해나가는 경우도 많다. 예외적이지만 몇몇 수완이 좋은 선교사들은 사업이 번창해서 돈도 벌고 NGO 단체 같은 것을 만들어 주재국 정부에 등록하면서 봉사활동을 병행해나가는 경우도 있기는 있다. 그러나 어디까지 예외일 뿐 대부분 선교사는 내핍 생활 속에서 묵묵히 선교에 몰두하고 있다. 이슬람 국가에 와 있는 선교사는 신분을 밝힐 수 없다. 신분이 밝혀지면 위해를 당할 가능성이 있고 바로 추방되기 때문이다. 우리 정부에서 가장 신경을 많이 쓰는 사람들이 바로 이슬람 국가에 있는 선교사이다. 이들에 대한 위해사건이 발생하면 여론의 반응이 따가울 뿐 아니라 양국관계에도 악영향을 미치기 때문이다. 정부 입장에서는 우리 선교사가 가급적 이슬람 국가에서는 선교활동을 안 해주면 좋겠는데 그렇다고 강요할 수는 없다. 선교사에게 너무 눈에 띄는 선교활동이나 주재국 정부를 자극할 수 있는 행위 등은 자제토록 계도하는 것 외에 뾰족한 방법은 없다. 민주주의 국가에서 종교의 자유를 통제할 수는 없기 때문이다.

내가 읽은 한 책에 의하면 미국 선교사들이 중동에서 최초로 선교활동을 시작하던 1700년대 말, 40여 년 동안 학교와 병원을 짓고 봉사활동을 겸하면서 열심히 선교를 했지만 결산을 해보니 불과 3명의 이슬람교도를 기독교도로 개종했다고 한다. 개종한 사람들도 이슬람권에 남아 있을 수 없어 결국에는 미국으로 이민했다고 하니 중동 선교가 얼마나 어려운 일인지 짐작이 간다. '밑 빠진 독에 물 붓기'라는 속담이 있는데 중동 선교가 이에 딱 들어맞는 일이 아닐지?

서양 열강의 식민지 개척시대에는 선교가 정부 정책의 보조수단으로 악용된 적도 있었다. 선교사가 가진 현지에 대한 지식이나 경험이 유용하게 쓰였을 뿐만 아니라 이들이 구축해 놓은 현지인과의 관계를 정부가 이용한 것이다. 이 당시에는 선교사가 먼저 들어가서 터를 닦아놓으면 뒤에 군대가 들어가서 점령하고 맨 마지막으로 관리가 들어와서 식민체제를 구축한다는 말이 있을 정도로 선교사-군-행정부 간에 유기적인 협력체제가 갖추어져 있었다.

요즘에는 경우가 다르지만 선교사들이 현지에서 쌓은 경험 및 지식과 인간관계 등은 여전히 외교활동에 도움이 된다. 특히 공관을 창설한다거나 현지에서 특별한 임무를 수행하는 경우 경험 있고 헌신적인 선교사를 만나면 크게 도움이 된다. 나는 아제르바이잔에서 공관을 창설할 때 한인회장을 맡고 있던 우리 선교사의 도움을 크게 받았다. 그분의 헌신적인 도움이 없었다면 아마 훨씬 더 많은 시행착오를 겪으면서 보다 큰 어려움에 봉착했을 것으로 생각한다.

요즘은 어느 나라를 가나 한국인이 없는 곳이 없다. 그리고 대부분 한국 사람들은 잘산다. 20-30년 전만 해도 교민사회의 모습은 지금과는 많이 달랐다. 숫자도 많지 않았고 그렇게 풍족하게 사는 사람도 많지 않았다.

내가 25년 전 케냐에 근무하던 때 크지 않은 교민사회는 갈라져 있었다. 이 당시는 월남전이 끝난 후 이곳저곳을 떠돌다 케냐에 온 사람, 그리고 사우디에서 건설 특수가 그치자 아프리카에 온 사람, 중남미에 이민을 갔다가 정착에 실패하고 아프리카로 온 사람, 한국에서 기회를 잡지 못해 아프리카로 온 사람 등으로 나뉘어 있었다. 이질적인 사람들이 모이다 보니 분쟁과 갈등이 끊이지 않았다. 서로 분파를 만들어 세력 다툼을 벌였고 현지 이민당국을 매수하여 반대파 사람을 추방시키는 경우도 있었다. 교민 중 많은 사람은 한국에서 컨테이너로 물건을 실어온 후 세관당국과 담합하여 적당히 통관을 시키고 이 물품을 팔아 남긴 이득으로 살아가고 있었다. 이러다보니 교민사회가 제 기능을 발휘할 수 없었다.

짐바브웨에 와서 보니 그동안 교민사회가 많이 변화했다는 사실을 실감할 수 있었다. 생업에 열심히 종사하면서 한인회 등의 활동에도 협조적인 교민이 대부분이다. 옛날과 같이 분파를 형성해서 갈등을 조장하고 서로 싸우는 모습은 요즘 찾아보기 어렵다. 아프리카의 경우 대개 생업은 가발업, 사진업 그리고 무역업이 많은데 이제 업종에도 변화가 일어나고 있다. 우선 생업의 종류가 다양해졌다. 가구, 인테리어, 제조업, 전자통신, 컨설팅, 수산업, 요식업 등으로 업종이 다양해졌다. 업종이 다양해진 것이 교민사회에 미치는 영향은 크다. 서로 경쟁할 필요가 없어 협력이 보다 용이해졌기 때문이다. 봉사단체, 선교단체, 병원 등이 늘어나면서 젊은층과 노년층을 막론하고 봉사 활동에 종사하는 사람도 크게 늘었다. 젊은층은 봉사활동을 통해 인생의 진정한 의미를 깨닫고 경험을 쌓기 위해 아프리카로 몰려들고 있고 노년층은 은퇴 후에 보람 있는 일을 하기 위해 역시 아프리카로 몰려들고 있다. 한 가지 특징적인 현상은 이들 중 상당히 많은 사람이 미국에 거주하는 교포라는 사실이다.

말라위의 수도 릴롱궤에는 우리 한국인이 지은 '대양누가병원'이라는 현대식 병원이 있다. 이 병원에는 간호대학도 있는데 학장이 한국인이다. 이 병원에 한국의 젊은이들이 와서 개도국 지원을 위한 프로젝트를 수행하였으며 봉사활동에 참여하는 사람들도 늘어나고 있다.

짐바브웨에는 '짐바브웨 기아대책 기구'가 있다. 수도 하라레로부터 40여 킬로미터 떨어진 곳에 자리를 잡고 본부 건물과 학교 및 농업훈련센터를 건설했다. 이들은 현지 주민과 고아들을 돌보고 농업일꾼을 양성하면서 틈틈이 식품 기증 행사도 갖고 있다. 이들이 마련한 식품과 의류, 신발 등은 한국에서뿐 아니라 현지 교민의 협조로 마련한 것들이다. 이들의 봉사 현장에는 우리 젊은이들로 넘친다.

한국에서 최근에 결성된 '아프리카 미래재단'의 봉사활동도 활발하다. 의사들과 기독교 단체가 중심이 되어 결성한 이 기구는 짐바브웨에 병원을 열었으며 수련의 양성을 위한 병원을 별도로 건립할 계획이다. 미래재단은 말라위에도 에이즈 연구센터를 건립하여 HIV/AIDS 확산 방지를 위해 노력할 계획이다.

세월이 지남에 따라 교민사회는 보다 성숙해지고 주재국에 대한 영향력이 커질 것으로 생각한다. 이렇게 되기 위해서는 교민 2세, 3세들의 역할이 중요하다. 2세-3세들은 부모 세대와 달리 현지의 언어와 문화에 익숙하기 때문에 주류사회로 끼어들기 용이하다. 일본계 중남미 이민의 아들인 페루의 후지모리가 대통령이 된 사실을 기억할 필요가 있다.

우리도 이민국의 주류사회에 꾸준히 진출하다 보면 대통령이 나오지 말라는 법이 없다. 그런데 아직까지 아프리카의 교민은 자녀들을 한국이나 미국으로 진출시키려는 경향이 있다. 자신은 아프리카에 살아도 자녀들은 한국이나 미국에서 대학을 졸업한 후 아프리카로 돌아오지 않고 그곳에서 정착하기 원하는 것이다. 자녀가 선진국에서 살면서 넓은 기회를 잡도록 한다는 측면에서 이러한 생각을 이해할 수 있다. 그러나 장기적으로 볼 때 이는 아까운 결과를 초래할 수 있다. 아프리카에서 성장한 아이들이 고등교육을 받은 후 아프리카에서 활동하는 것이 경쟁이 심한 한국이나 미국에서보다 성공 확률이 훨씬 높을 것으로 생각한다. 이들은 현지 언어와 문화 및 풍습에 익숙하며 현지인 친구를 가지고 있다. 이러한 이점을 활용하면 훨씬 더 보람 있는 일을 할 수 있는 것이다. 국가적으로 봐서도 인재가 한곳에 몰리는 것보다는 세계 곳곳에 퍼지는 것이 보다 바람직하다. 우리 젊은이의 아프리카 진출을 장려하기 위해서는 현지에 거주하고 있는 부모의 사고방식이 바뀌어야 함은 물론이고 정부의 장려 정책도 필요할 것으로 본다.

교민 사회에서는 가끔 다툼이 일어난다. 발단은 대부분 사소한 일이다. 그러나 이 사소한 일로 인해 감정이 깊어지면 사사건건 충돌이 일어난다. 한인회, 한인교회, 한글학교가 교민사회의 축을 이루는데 이러한 기관에서 문제가 발생하는 경향이 있다. 한인회장 선거를 놓고 지지파와 반대파 간에 충돌이 벌어지며 한글학교 교장 및 교사 또는 이사장을 놓고 다툼이 일어난다. 한쪽의 이야기만 들어서는 사건의 전모를 알 수 없다. 반드시 양쪽의 이야기를 다 들어봐야 한다. 이야기를 들어보면 모두 나름대로 이유가 있다. 그러나 자세히 살펴보면 대부분 감정싸움이라는 것을 알 수 있다. 사업을 함께하다가 헤어졌다든지, 무슨 고소 사건이 있었다든지, 물리적인 충돌이 있었다든지 등등이 이유인데 가족까지 함께 얽혀 감정의 골이 깊어진다. 대사관에서는 가급적 중립적 입장에서 문제를 원만히 해결하고 교민사회가 평온을 유지토록 도와주려고 노력한다. 급하게 문제를 해결하려고 하면 오히려 역효과를 거두기 쉽다. 양쪽의 이야기를 모두 잘 들어주고 감정을 완화시키면서 시간을 충분히 가지고 문제를 해결하는 것이 효과적이다. 감정싸움인지라 시간이 지나면 감정 대립이 누그러져서 문제가 저절로 해결되는 경우도 많다.

교민 사회는 한국 사회의 축소판이다. 감수성이 풍부한 한국인들은 쉽게 친해지기도 하고 쉽게 헤어지기도 한다. 이러면서 쌓이는 감정의 앙금으로 인해 여러 곳에서 대립과 충돌이 일어난다. 그러면서도 또 시간이 지나고 어떤 계기가 생기면 서로 화해하고 화합하여 새롭게 출발하기도 한다. 이러한 것이 해외 한국사회의 특징이라면 특징이라고 할 수 있을 것이다.

반　크　와　의　　　관　　계

동북아역사재단 시절 독도를 방문했을 때

　반크는 나라를 사랑하는 젊은이들의 사이버 조직으로 널리 알려진 단체이다. 나와 반크와의 인연은 2010년 내가 동북아역사재단 표기명칭대사로 근무할 때로 거슬러 올라간다.

　당시 나는 동북아역사재단에서 동해와 독도 표기 문제를 담당하고 있었다. 나는 그때까지만 하더라도 반크라는 단체가 있는 줄도 잘 몰랐다. 알고 보니 반크는 동해와 독도 문제에서 큰 공을 세우고 있었다. 정부가 하기 어려운 표기 시정 문제나 우리의 역사와 문화를 올바로 알리는 분야에서 반크는 막강한 회원력을 활용하여 큰 역할을 하고 있는 것이었다.

　나는 이 단체에 관심이 갔고 단체를 운영하는 사람들을 점심에 초대했다. 이렇게 해서 나와 반크와의 인연이 시작되었다. 반크 단장은 박기태라는 젊은 사람이었다. 그는 매우 유쾌하고 거리감이 없는 성격의 소유자로 7-8명의 젊은 사무국 직원들을 거느리고 있었다. 이들은 모두 스스럼없는 젊은이로서 우리는 나이 차이를 떠나 마치 오래전부터 알고 있었던 사람들처럼 거리낌 없이 대화를 나누었고 서로에게 호감을 가지게 되었다. 이들은 내가 오랜 경험을 가진 외교관으로서 이런저런 세상일에 관한 이야기를 하는 데 진지하게 관심을 쏟았으며 특히 해외생활의 궁금한 것에 관해 많은 질문을 했다. 나로서는 나이 차이가 많이 나는 젊은이들이지만 젊은 세대와 거리낌 없이 어울릴 수 있다는 점이 좋았고, 무엇보다 이들이 진취적이고 애국적이며 바른 생각을 가지고 있는 점, 그리고 이들의 순수한 태도가 마음에 들었다.

우리는 서로를 유익한 존재로 생각했으며 우리의 인연은 계속되었다. 주로 점심을 이용해서 모였는데 여러 방면에 걸쳐 대화가 이루어졌고 서로 많은 새로운 생각들을 주고받았다. 대화는 세대 차이를 뛰어넘어, 사회에 기여할 수 있는 통찰력을 어떻게 발휘할 것이며, 어떤 아이디어가 실현 가능한 것인지, 또 우리가 할 수 있는 일은 무엇인지 등에 집중되었다. 나는 박기태 단장의 요청으로 '독도와 동해 문제의 유사점과 상이점'이라는 주제로 구로동에 있는 촬영소에서 강연을 동영상으로 촬영하기도 했다. 이 동영상 강연으로 인해 반크 회원들과 교류가 증진되었으며, 내가 짐바브웨로 떠나기 직전 동북아역사재단에서 '자원외교와 비즈니스외교'라는 주제로 반크 회원을 대상으로 강연을 하기도 했다. 또 박기태 단장은 책을 발간한다고 하면서 나에게 추천사를 부탁해왔다. '청년 반크 세상을 품다'라는 책이었다. 나는 기꺼이 추천사를 써주었고 이 책은 발간되어 성공리에 판매되었다. 이렇게 나와 반크와의 인연은 계속되었다.

2011년 봄이 되어 내가 짐바브웨로 떠날 때가 되었다. 나는 반크와 마지막 오찬을 함께 하면서 이들에게 세상이 얼마나 넓은지, 아프리카가 어떤 곳인지, 그리고 앞으로 아프리카의 잠재력이 얼마나 큰지 등에 관해 이야기해주었다. 그러면서 나는 시간을 내어 꼭 아프리카를 방문토록 권유했다. 짐바브웨에 온 후에도 가끔 반크에게 메일을 보내 아프리카 방문 프로젝트를 꼭 성사시키도록 권유했다.

이렇게 해서 2011년 11월 반크 대표단의 짐바브웨 방문이 이루어졌다. 반크와 관계가 깊은 동북아역사재단에서 경비 일부를 지원하고 외교통상부에서도 지원을 했다. 이들의 방문 목적은 우선 한국을 잘 알리는 데 있었다. 동해와 독도 문제를 비롯한 국가적 현안은 물론 한국의 역사와 문화를 알리고 한국에 대한 관심을 고취시키는 것이었다. 이들은 이를 위해 동영상과 여러 가지 자료를 가지고 왔으며 부채춤도 배워왔다.

이들은 우선 하라레 한글학교를 방문하는 것으로 일정을 시작했다. 한국 학생들에게 한국에 관한 사항들을 알리고 애국심을 고취시켜주었다. 반크는 또 현지 학교와 기아대책본부를 방문해 학생들과 정답게 어울리면서 한국을 알리고 가난한 학생들에게 꿈을 심어주는 활동을 전개했다. 반크는 빅토리아 폭포(빅폴)를 방문하면서 그곳에 있는 현지 학교에서도 봉사활동을 했으며 하라레로 돌아와 UNICEF와 UNESCO를 방문, 이들이 하고 있는 봉사활동과 문화 활동에 관해 브리핑을 받았다. 또한 반크는 짐바브웨 대학에서 한국 소개행사를 개최하고 부채춤과 태권도 시범을 보여주었다. 500여 명의 학생들이 모여 성황을 이루었으며 한국에 대한 관심을 증가시키는 데 크게 기여한 행사였다.

나는 반크 대표단을 이끌고 주재국의 고위인사들을 방문했다. 관광부차관과의 면담에서는 짐바브웨 관광청소년 협의체와 반크가 협력 관계를 맺어 앞으로 한국 내에서 짐바브웨를 보다 널리 알리는 데 기여토록 했다. 이어서 무주루 부통령과의 면담 시에는 앞으로 반크와 짐바브웨 청소년 간에 협력이 잘 이루어질 수 있도록 서로 도울 것을 약속했다. 무주루 부통령은 자신이 청소년 시절에 독립투쟁에 가담해 게릴라로서 온갖 고초를 겪었던 경험을 상세히 이야기하면서 반크 대표단을 따뜻이 맞아주었다.

카수케레 청소년부장관과의 면담도 유익했다. 장관은 미리 언론을 초청해 반크의 방문과 활동을 취재토록 했다. 우리 대표단과 장관은 서로 덕담을 섞어가면서 짐바브웨 청년단체와 반크와의 협력관계가 잘 이루어질 수 있도록 노력하자는 데 합의했다. 나는 반크가 외국 청소년들을 인턴으로 초청하여 사무국에서 일하도록 하는

동북아역사재단 시절 미국 조지아주 사반나에서 열린 전미지리교육협의회 총회에 참가하여 'Understanding the History and Geography of Northeast Asia'라는 제목으로 연설했다.

제도가 있다면서 짐바브웨 측에서도 1-2명을 선발해 반크로 보내는 것이 좋겠다는 제안을 했다. 카수케레 장관은 흔쾌히 이를 지원하겠다고 했다. 장관은 일일이 반크 대표단과 인사를 나누었으며 이들의 재치 있는 언변에 너털웃음을 터뜨리며 즐거워 하는 모습이었다. 장관과 반크 간의 면담은 언론에 크게 보도되었다.

반크는 짐바브웨 체류 중 관저에 머물면서 우리 부부와 많은 이야기를 나누었다. 밤이 되면 풀사이드에 앉아 그날 한 일에 관한 경험을 나누었으며 우리 부부는 양념 으로 우리가 겪어온 외교활동과 경험에 대해서 이야기해주었다. 반크는 귀를 쫑긋 이 세우고 우리 부부의 이야기를 경청했다. 반크는 아내가 들려주는 이야기를 특히

2011년 11월 짐바브웨를 방문한 반크 대표단. 관저 앞에서 기념사진을 찍었다.

좋아했다. 아내의 이야기는 주로 생활에 관한 이야기였기 때문에 반크에게 보다 가까이 다가갈 수 있었다. 이들과 함께 지낸 1주일은 우리에게도 매우 소중한 시간이었다. 이들은 떠나기 전날 만찬에서 우리 부부를 위해 특별히 부채춤을 추면서 그 춤의 한가운데 우리 부부를 넣고 감싸줌으로써 감사하다는 애정 표시를 했다. 이들이 나중에 보내준 사진을 보니 벌써 많은 추억거리가 생긴 것을 알 수 있었다.

나는 반크에게 아프리카와 인연을 맺었으니 이를 잘 키워나가라고 했다. 1년에 한 번씩은 아프리카에 와서 청소년에게 꿈과 희망을 심어주는 역할을 해줄 것을 당부했다. 아프리카의 젊은이들은 내일이 없이 산다. 이들은 학교를 졸업하고도 일자리가 없어 노는 사람이 대부분이다. 이들에게 반크가 하고 있는 일을 소개하면 좋은 자극이 될 것으로 생각한다. 자신도 나라를 위해서, 사회를 위해서, 무슨 보람 있는 일을 할 수 있다는 자신감을 가질 수 있을 것이다. 반크가 하고 있는 일은 돈을 버는 일이 아니다. 아프리카 젊은이도 반크처럼 돈 버는 일이 아니지만 보람 있는 일이 널려 있다는 사실을 깨닫게 되기 바라는 것이다. 그리고 반크는 사이버 단체이다. 아프리카 젊은이들은 아직 사이버 공간을 통해 할 수 있는 일이 얼마나 많은지 잘 모르고 있다. 반크가 인터넷을 통해 사이버 외교관을 양성하고 이렇게 양성된 반크 회원이 외국 여행을 하면서 한국을 소개하는 데 얼마나 큰 공헌을 하고 있는지, 아프리카 젊은이들이 이러한 사실을 알게 되는 것만으로도 의미가 클 것으로 생각한다.

기 억 에 남 는 사 람 들

외교관 생활을 하면서 많은 사람을 만났다. 수많은 사람을 만났지만 기억에 남는 사람이 그렇게 많지는 않다. 내가 게을러서 사람들에 관한 기록을 해놓지 않은 탓이 크지만 외교관이라는 직업이 한군데 정착해 있는 것이 아니고 이리저리 옮겨 다니기 때문에 사람을 사귀어도 떠나면 다시 만나기가 어렵기 때문이다. 따라서 외교관은 만나는 것과 헤어지는 것 모두에 익숙해야 한다. 국내에 있었던 친구들도 오랜 세월 연락 없이 지내다 보면 멀어지는 것이 당연하다. 하물며 외국에서 잠깐 사귀었던 친구들은 임지를 떠나면 좀처럼 다시 만나기 어렵고 이렇기 때문에 추억으로만 남아 있는 경우가 대부분이다.

가장 가슴속에 많이 남아 있는 사람은 역시 직장 상사와 동료들이다. 내가 공관에서 대사로 모셨던 분들에 대한 기억은 생생하다.

오스트리아에서 모셨던 한 대사님은 깐깐한 분으로 소문이 자자했다. 마침 내가 살던 집이 관저와 가까운 곳에 있어 관저 행사가 있을 때 아내가 자주 가서 돕게 되었고 그러한 인연으로 대사님은 우리 가족에 대해 관심을 보여주었다. 마침 관저에서 강아지 한 마리를 데려다 키우게 되었는데 색깔이 까만 강아지였다. 대사님은 이 개의 이름을 어떻게 지을까 고심하고 있었다. 마침 관저에 놀러간 어린 내 딸이 사모님으로부터 이 말을 듣고 '깜이'라고 하면 좋겠다고 하면서 "대사님도 아마 이 이름을 들으시면 '깜이, 거 괜찮다'라고 말씀하실 것"이라고 말했다. 저녁에 요리사 언니가 대사님께 강아지 이름을 '깜이'라고 하면 어떻겠느냐고 하면서 우리 애가 지은 이름이라고 했다. 이 말을 들은 대사님은 "깜이, 그거 괜찮네"라고 동의했고 이후 이 개의 이름은 '깜이'가 되었다. 강아지의 이름을 지어준 인연으로 대사님은 늘 나에게 딸의 안부를 물었다.

이 대사님은 일에 철두철미하고 공사 간에 흐트러짐이 없는 분이었다. 이분은 자신의 영어 연설을 남에게 맡기지 않고 스스로 작성하는 것으로 유명했다. 또 글을 쓰기 좋아해서 중요한 전문은 본인이 직접 작성했다. 본부에서 중요한 대표단이 오면 이들을 안내해서 손수 통역을 하기도 했다. 이분은 속으로는 깊은 인정이 있으면서도 업무에 있어서는 직원들을 추상과 같이 대했다. 이분으로부터 좋은 평가를 받은 직원은 상대적으로 지내기 편했지만 이분의 눈 밖에 난 직원은 불편한 세월을 경험해야 했다. 몇몇 직원들은 냉대를 견디지 못하고 다른 곳으로 옮겨간 사람들도 있었다.

내가 독일에서 모셨던 대사님은 카리스마가 대단하고 다혈질이었다. 이분은 큰일 외에는 모두 직원에게 맡기는 대범한 스타일이었다. 이분은 토론을 좋아했다. 직원회의 때에도 토론을 벌이도록 유도했고 회식 자리에서도 일일이 직원들에게 의견을 말하도록 요청했다. 이분은 대범한 성격인데다 공평무사한 일 처리로 직원의 존경을 받았다. 직원들은 나름대로 모두 대사가 자신을 평가해주고 있다고 생각하면서 지냈다.

이분은 나중에 정부의 요직에 올랐다. 이렇게 되자 직원들은 은근히 인사에서 좋은 처분을 받지 않을까 기대했다. 그러나 우리의 예상과는 달랐다. 함께 근무했던 직원이라고 해서 전혀 배려하지 않았다. 오히려 함께 근무하면 더 손해 본다는 소문이 돌 정도였다. 이분의 그러한 태도는 정실을 없애기 위해서 그런 것이었다. 그러나 섭섭함을 느끼게 하는 경우도 있었다. 나도 거기에 속했다. 이분이 공명정대하게 인사 정책을 취하는 데에는 동감했으나 함께 근무하면서 직원들의 업적과 특성을 알고 있는데 이를 전혀 고려하지 않는 점은 섭섭했다. 나는 지금까지 이분이 왜 그렇게까지 엄격한 인사정책을 취해야했는지 잘 이해하지 못하는 부분이 있다. 대사님의 또 한 가지 독특한 면은 만난 사람을 잘 기억하지 못하는 점이었다. 어느 다른 부처에서 온 직원에 의하면 대사님과 함께 본에서 1년 이상 함께 근무했는데 세월이 지난 후 베를린 총영사관저에서 열린 만찬에 참가한 자신을 몰라보더라는 것이었다. 어떻게 함께 근무한 직원을 몰라볼 수 있는지 이해하기 힘들었다.

내가 주유엔대표부에서 모셨던 대사님은 영어와 불어에 모두 능숙한 분이었다. 그 당시 우리는 역사상 최초로 유엔총회 1위원회 의장국을 맡았고 대사님이 의장이 되었다. 1위원회는 냉전 당시부터 복잡한 역사를 가지고 있어 의제가 이해하기 어렵게 구성이 되어 있었는데 대사님은 유엔사무국의 도움을 받아가며 차근차근 문제를 풀어갔다. 우리는 1주일에 한 번씩 대표부 맨 위층에 있는 회의실에서 사무국 관계자와 각국의 핵심대표들을 초청 오찬을 겸한 토론을 하면서 사전에 이견을 조정했다. 1위원회가 개막되자 의제별로 열띤 토론이 벌어졌는데 이분은 영어와 불어를 섞어가며 무리 없이 토의를 이끌었다. 우리는 그룹별로 핵심대표들을 수시로 오·만찬 협의회에 초청해서 사전에 이해관계를 조정하여 회의가 원만히 진행될 수 있도록 노력했다. 모든 결의안에 대한 투표가 끝나고 1위가 종료되던 날 대사님은 마지막 연설을 했다. 연설 원고는 본인이 직접 작성한 것이었다. 창의성이 뛰어난 대사님은 통상적인 연설이 아닌 매우 독창적인 연설을 했고 청중의 반응도 좋았던 것으로 기억된다. 이분은 외교부를 퇴임한 후에도 유엔에서 고위급으로 특채되어 내전이 있는 한 아프리카 국가에서 평화를 정착시키기 위해 많은 활동을 했다.

나는 노무현 대통령을 2006년 4월 아제르바이잔 국빈 방문 시 처음 만났다. 나는 당시 아제르바이잔 공관을 막 창설하고 1인공관장으로 있었다. 노 대통령은 바쿠에 도착해서 영빈관에 여장을 풀자마자 공관장을 불렀다. 그 당시 아제르바이잔은 주우즈베키스탄 대사가 겸임하고 있었으므로 우즈베키스탄 대사 부부와 우리 부부가 동시에 영빈관으로 호출되었다. 노무현 대통령은 인자하고 소탈한 모습이었다. 영

부인도 격의 없이 우리를 맞아주었다. 대통령 내외가 우리를 부른 목적은 아제르바이잔에 대해 이런저런 궁금한 것들을 물어보기 위한 것이었다. 노 대통령은 바쿠가 카스피해를 끼고 있어 마치 자신의 고향인 부산과 비슷하다고 했다. 영부인은 다른 국가를 방문할 때는 공항으로부터 시내로 들어오는 곳에 우리 기업들이 설치해 놓은 환영 플래카드가 있는데 아제르바이잔은 그렇지 않아 우리 기업이 있는 곳과 없는 곳의 차이를 실감할 수 있었다고 했다.

이 당시 노대통령의 아제르바이잔 방문은 파격적인 것이었다. 왜냐하면 우리 상주공관이 없는 곳에 대한 대통령의 방문은 역사상 처음이었기 때문이다. '비단길 행사'로 명명된 이 행사에서 노대통령은 몽골과 아제르바이잔 그리고 두바이를 방문했는데 행사의 백미는 아제르바이잔 방문이었다. 석유와 가스가 풍부한 아제르바이잔에 우리 기업이 진출하기 위해 전격 추진된 이 행사에서 양국 정상은 상호 대사관 개설을 결정했고 에너지, 자원 및 인프라 분야에서 협력을 증진키로 합의했다. 어렵게 준비한 행사에서 이러한 중요한 합의가 이루어지는 것을 지켜본 나의 가슴은 뛰었다.

대통령의 아제르바이잔 방문이 성공적으로 끝난 후 나는 초대 아제르바이잔 상주대사로 임명되었고 이후 나는 여세를 몰아 일함 알리에프 대통령의 방한을 이끌어냈다. 2007년 5월 나는 알리에프 대통령의 방한을 수행했다. 청와대에서 열린 양국 정상회담이 끝난 후 노 대통령은 내게 "류 대사, 잘하면 대사로서 기록 세우겠어"라고 농담을 건네었다. 1년 만에 양국 정상이 교환 방문하면서 한국과 아제르바이잔 양자 관계가 급속히 가까워진 데 대한 격려였던 것이다. 나는 청와대에서 열린 연례 공관장회의 만찬 시 공관장 대표로 발언하는 기회도 가졌다. 이런저런 인연으로 노 대통령은 내게 친근한 이미지로 다가왔다.

2009년 5월 노 대통령이 돌아가셨다는 소문은 나에게 큰 충격이었다. 그날은 영국대사와 함께 아르메니아 국경지대를 방문하고 있었는데 영국대사가 먼저 뉴스를 듣고 나에게 이 소식을 알려주었다. 이날은 충격으로 하루 종일 우울하게 지냈던 기억이 난다. 우리 대사관에 차려진 빈소에 조문객이 많이 다녀갔다. 주재국 정부에서는 부총리와 외교수석이 대표로 와서 조문하고 알리예프 대통령의 위로 말씀을 전달했다. 노무현 대통령은 한국과 아제르바이잔 관계에서 첫 단추를 끼운 대통령으로 기록될 것이다.

신정부가 수립된 후 얼마되지 않아 총리가 아제르바이잔을 방문했다. 총리는 우즈베키스탄, 투르크메니스탄 및 아제르바이잔을 방문하여 자원과 에너지를 확보하는 데 목표를 두었다. 총리의 아제르바이잔 방문 시 우리는 SKC&C의 바쿠 지능형교통체제 계약, 신도시건설 계약 등을 성사시키려 했지만 원래 계획에는 미치지 못했다. 그래도 지능형교통체제 계약 체결이라는 성과를 이끌어냈다. 총리의 이번 여행에서 중점은 투르크메니스탄에 있는 것 같았다. 나는 이 사실을 우연히 알게 되었다. 왜냐하면 총리가 머물고 있는 하얏트 호텔에서 수행 차 나도 머물고 있었는데 아침에 총리로부터 전화를 받았다. 나는 무슨 일인가 해서 긴장하고 있었는데 총리는 나를 투르크메니스탄 대사로 착각하여 이런저런 방문 후속조치에 관한 지시를 내리는 것이 아닌가! 나는 조심스럽게 아제르바이잔 대사라고 하면서 전화를 잘못 거신 것이 아니냐고 물었다. 그러자 총리는 다소 당황해하면서 전화를 끊었다. 나중에 알고 보니 총리는 투르크메니스탄 방문 시 우리에게 큰 광구 개발권을 주겠다는 약속을 받고 상당히 흥분되어 있는 상태였다. 결과론이지만 총리가 약속받았다고 한 이 광구는 우리에게 주어지지 않았다. 아마 서로 간에 무슨 오해가 있었던 듯하다. 이 때문에 나중에 이명박 대통령의 투르크메니스탄 방문이 준비 도중 취소되는 사태가 벌어지기도 했다.

총리 방문 시 생각지도 않았던 일이 하나 발생했다. 그것은 총리 측근인 총리실의 한 고위인사가 나에게 좋지 않은 감정을 갖고 있다고 누가 귀띔해주었기 때문이다. 나는 그 영문을 알 수 없었다. 나중에 알고 보니 총리 일행이 공항에 도착했을 때 의

전행사에서 내가 그분을 우대해주지 않았다는 것이다. 나는 기억에도 없는 일을 가지고 이분이 나에게 악감정을 가졌다는 사실이 믿어지지 않았으나 어떻든 죄송하다는 의사 표시를 했다. 그럼에도 불구하고 총리 일행이 귀국한 후 또 한 번 믿을 수 없는 정보를 입수했다. 총리실에서 나를 내사하고 있다는 것이었다. 그 이유는 알수 없었지만 짐작건대 이 일과 관련된 것으로 생각되었다. 총리실에서 나를 아무리 조사해 봐도 별 문제가 없었으므로 이 문제는 더 이상 거론되지 않았다. 나와 예기치 않게 불편한 관계가 생겼던 총리실의 이 고위 인사는 나중에 부정사건에 연루되어 수사망이 압박해오자 스스로 목숨을 끊고 말았다.

지구상에서 가장 고령의 지도자 중 한 사람이자 독재자로 유명한 로버트 무가베 짐바브웨 대통령을 2011년 6월 대통령궁에서 만났다. 짐바브웨에 도착한 지 2개월 후 대통령에게 신임장을 제정하기 위해서였다. 아침 8시에 대통령궁에 도착하여 주재국 의전장의 안내로 신임장 제정에 필요한 리허설을 마치고 외빈실에서 기다리고 있는데 아무리 기다려도 소식이 없다. 11시가 되자 마침내 무가베가 나타났다. 이제 식이 시작되는가 했더니 이후로도 1시간 여를 더 기다린 후에야 식을 거행하게 되었다. 무가베 대통령은 87세의 고령에도 불구하고 매우 정정했다. 악수를 하는 손은 차가웠지만 피부가 곱고 걸음걸이도 당당했다. 이야기를 나누면서 차와 소시지 그리고 팬케이크 등을 맛있게 먹는 모습이 도저히 병자같이 보이지 않았다. 항간에는 그가 전립선암에 걸려 싱가포르에 다니면서 치료를 받고 있다는 소문이 널리 퍼져 있고 심지어 어떤 대사는 내게 무가베가 '걸어 다니는 송장'과 같다고 이야기하기도 했다. 그러나 내가 본 모습으로는 무가베가 중병을 앓고 있다는 이야기가 도무지 믿어지지 않았다. 설사 병에 걸렸다 하더라도 앞으로 상당 기간은 끄떡없을 것처럼 여겨졌다.

무가베는 약 30분에 걸친 단독면담 내내 한국과의 경제통상 증진 및 에너지 협력, 그리고 발전소 건설 등 인프라 사업에 관해 말했으며 우리 기업에 대해 잘 알고 있었고 우리 관심사항에 대해서도 상당한 이해와 지식을 가지고 있는 것처럼 보였다. 서방의 대주재국 경제제재, 여-야 연립정부의 불협화음 등에 대해서는 전혀 언급하지 않았는데 이는 한국과의 관계에서는 정치를 배제하고 경제통상과 에너지 협력에 주력하겠다는 의지 때문인 것처럼 보였다. 사람들의 이야기를 종합해보면 무가베는 매우 노련하고 영리한 사람임이 틀림없다. 현지 미국대사 이야기에 의하면 자신이 참가한 행사마다 무가베는 미국을 신랄하게 비난함으로써 대사를 난처한 처지에 빠지게 하지만, 비공식적으로 만날 때는 'brother'라고 부르면서 매우 친밀하게 대해준다고 한다. 무가베는 두 개의 얼굴을 가지고 필요할 때 자유자재로 사용하고 있는 것이다.

4
외교관의
개　인
생　활

보 따 리   꾸 리 기

비행기 안에서 아내에게 농담을 던졌다. "어쩌면 당신 부모, 형제, 친척들이 마중 나와 있을지도 몰라~ 잘 봐! 공항이 국립공원 근처라는데 아마 모두들 기다리고 있을 걸?" 영문을 몰라 의아해하는 아내에게 "거긴 사자들이 많다고 들었거든~"라고 말하자 그때서야 아내는 내가 늘 아프리카 암사자라고 놀렸던 걸 기억하고 미소를 지었다. 처음 맞이하는 공관생활 그것도 아프리카에서의 생활을 앞두고 긴장을 풀기 위해 일부러 농담을 던진 것이다. 외교관 생활이 무엇인지, 외교관 부인이 어떤 역할을 해야 하는지 전혀 모르던 아내는 이로써 오랜 해외생활의 첫 걸음을 내디뎠고 지금까지 나를 따라 이역만리 아프리카, 유럽, 중동, 미국, 코카서스, 그리고 다시 아프리카로 나라를 옮길 때마다 늘 함께 해주었다.

그때나 지금이나 우리의 시작과 끝은 보따리 꾸리기이다. 직업외교관이라면 통상적으로 30여 년을 근무한다고 볼 때 해외 근무지와 본부를 2-3년 주기로 발령 받아 움직인다. 그렇다면 약 13번 정도 해외 이삿짐을 꾸리고, 경우에 따라서는 현장에서 두어 번 더 옮겨야 할 때도 있으므로 최소한 15번 이상은 보따리를 꾸렸다 푼다. 외교관으로서 첫 근무지인 케냐에서부터 대사로서 첫 근무지인 아제르바이잔 그리고 현재의 짐바브웨까지 보따리 안에 들어있는 기억들은 내 인생의 보람과 애환과 그리움들이다. 그중 케냐와 아제르바이잔은 첫사랑이었기에 대체적으로 다른 나라보다 애정과 기대가 큰 만큼 유난히도 시행착오와 고생이 많았다. 케냐야 무지해서 그렇다손 치고 보따리 꾸리기에 이력이 붙은 아제르바이잔 때에도 유난히 몸살을 앓았다. 그리고 정착하기까지 힘이 많이 들었다. 맨땅에 헤딩한 것처럼.

우리는 모이면 우스갯소리로 외교부에서 나가면 이삿짐센터를 하거나 운전기사를 해서 밥은 먹고살 수 있다면서 서로 자신이 겪었던 힘들었던 이야기, 가끔은 눈물이 날 만큼 아픈 이야기들을 농담처럼 주고받으며 웃고 떠든다. 그러나 이렇게 웃으면서 이야기를 나눌 수 있게 되기까지 얼마나 가슴앓이를 했는지는 굳이 말하지 않아도 서로 안다. 해외공관에서의 외교관은 대사관의 경우 대사, 공사, 참사관, 서기관 그리고 총영사관의 경우 총영사, 영사, 부영사 등으로 위계질서가 엄격한데다 가족 단위로 생활하므로 경우에 따라서는 부부가 세트로 스트레스를 받게 되는 다소 특이한 집단이다.

케냐에 부임하기 위해 처음 보따리를 꾸리던 시절로 돌아가 본다. 나이로비로 발령을 받았을 당시에는 짐이 많지 않았던 이유도 있었지만 첫 해외근무였기에 모르는 게 너무 많아 현지조달을 우선으로 하겠다는 생각으로 간단히 준비해 물류 업체를 통해 짐을 벌크로 보내고 몇 가지 귀중품과 옷가지 그리고 짐이 도착할 때까지 살아갈 최소한의 생필품만 챙겨 집을 나섰다. 그땐 해외여행이 어려웠던 시절이었고 가방 개수나 무게가 나라마다, 항공사마다 다른데다가 집에 저울도 없어 짐을 챙기다보면 점점 부피가 커졌다. 하지만 말만 잘 해도 30-40킬로그램은 봐줬던 시절이었으므로 공항에서 되느니 마느니 실랑이를 하면서 보따리를 풀었다가 다시 꾸리느라 시간을 보내는 경우가 허다했다. 이러다 보면 아내는 정든 이들과 이별의 슬픔을 나눌 겨를도 없이 남은 짐 줄렁줄렁 둘러메고 행여 이산가족 될까봐, 두 아이의 손을 "엄마~ 나 손 아파~"라는 하소연이 나오도록 꼭 잡고 먼 길을 떠났다. 아내는 그때의 낯설고 생소했던 기억이 지금까지도 나라를 옮길 때마다 되살아난다고 한다.

임지에 처음 도착하면 동료들이 안내를 해주고 쇼핑도 도와주고 불러다 밥까지 먹여가면서 정착하는 데 필요한 이런저런 정보를 아김없이 제공해준다. 그리고 과거에 일어났던 수많은 사건사고를 들려준다. 예를 들면 어느 부부가 밤에 집으로 돌아가던 중 말다툼 끝에 남편이 도중에 차에서 내렸다고 했다. 부인 역시 말리지 않고 남편을 놔둔 채 뒤도 돌아보지 않고 운전하며 가는데 왠지 불안한 생각이 들어 되돌아 가봤더니 푸르스름한 눈빛이 번뜩이는 수많은 들개 떼에게 둘러싸인 채 막대기 하나 주워 들고 기 싸움 하며 서 있는 남편을 간신히 구출하여 데려왔다고 한다. 케냐에서는 도둑이 집에 들면 "절대 도둑 얼굴을 보지 말라"고 한다. 왜냐하면 도둑 얼굴을 보면 살인강도로 돌변할 수 있기 때문이다. 그 이유는 도둑이 현장에서 잡히면 손을 잘리거나 운이 없으면 죽임을 당하기 때문이다. 집에서 일하던 사람들과 경비원이 짜고 도둑으로 둔갑해 휴가 동안 몽땅 털어갔다는 이야기, 교민 간의 갈등에 관한 이야기 등 으스스한 이야기는 진부할 정도로 많다.

나이로비에 도착한 지 한 달이 채 안 된 어느 날 살림살이를 구입하기 위해 쇼핑센터에 갈 일이 있어 아이들을 데리고 갔다. 한참 물건을 고르는데 옆에 있어야 할 큰애가 없는 것이었다. 순간 혼비백산하여 나는 딸을 안고 경비원에게 가고 아내는 주위를 뛰어다니며 아들을 찾아 헤매었다. 그러다 아내는 핸드백을 날치기 당하고 "아프리카까지 와서 아들을 잃었나" 싶어 눈물을 줄줄 흘렸다. 나 역시 경비원과 함께 이곳저곳을 돌아다녔으나 아들을 못 찾았다. 다리에 힘이 풀려 주저앉고 싶었으나 혹시 하는 마음으로 차를 주차시켜 놓은 곳으로 가봤다. 아들이 거기서 놀고 있었다. 고맙기도 하고 화도 나고, 아무튼 아들을 끌어안으니 겨우 안심이 되었다. 아내는 놀란 가슴을 쓸어내린 뒤에야 잃어버린 핸드백과 현금이 아깝다고 했으나 아들을 찾았기에 액땜을 한 것으로 생각하자고 했다.

기다리던 짐이 도착한다고 에이전트로부터 연락을 받았다. 설레는 마음으로 기다리는데 우리 짐을 실은 트럭이 오는 것이 보였다. 그런데 박스들이 너덜너덜 깃발인 양 나부끼며 눈앞으로 다가오는 것이 아닌가! 아니나 다를까 박스마다 구멍이 숭숭 뚫려 있었고 꺼낼 수 있는 옷은 모두 빼내어 갔다. 주로 내 양복과 아내 옷 그리고 부엌살림과 화장품들이었다. 어쩐지 짐이 도착했다는데 세관에서 오늘내일하며 한 달여간을 끌 때부터 조짐이 이상했다. "오리발 내미는 그들과 실랑이 해봤자 소용없다"는 동료들의 얘기에 억울한 심정을 스스로 추스를 수밖에 다른 도리가 없었다. 다행히 아이들의 옷과 책, 그리고 식품은 그대로 있었기에 그나마 위안이 되었다.

메 이 드 에 얽 힌 이 야 기

아프리카 생활에서 부인들 대화의 절반은 메이드에 대한 흉과 자랑이다. 우리 집이라고 예외일까? 아내를 돕던 플로렌스라는 도우미가 있었는데 전임자가 잘 가르쳐 놓아 착하고 유능했다. 그녀가 어느 날 미국인 집에 일자리가 생겼다고 하면서 가도 되겠느냐고 물어왔다. 아내로서는 내키지 않았지만 플로렌스에게는 더없이 좋은 기회인지라 허락해주었다. 왜냐하면 서양인들 집에는 청소기, 세탁기, 그릇세척기 등 전기제품이 잘 갖추어져 있고 월급도 훨씬 많기 때문에 인간적으로 그녀를 좋아했던 아내로서는 보내주지 않을 수 없었다. 돌이켜보면 그때 "세탁기라도 사주었더라면 시간을 효율적으로 사용하고 일도 덜 힘들었을 텐데"라는 후회가 있다고 아내는 말한다. 플로렌스가 떠난 후 새로운 도우미를 구하면서 생겼던 웃지 못할 해프닝은 두고두고 아내의 수다거리가 되어 주었다.

첫 번째로 구한 도우미는 아그네스라는 이름의 몸집이 큰 아줌마인데 몸에서 나는 특유의 체취가 굉장히 강했다. 아내는 평소에도 비위가 약해 엘리베이터를 타지 않고 계단으로 걸어 다녔던 터라 도저히 견딜 수 없어서 아그네스가 1층에서 청소하면 2층으로 올라가고, 위로 올라오면 아래층으로 내려가곤 했다. 미안한 느낌도 없지 않았지만 아내는 가능한 아그네스와 멀리 떨어져 있으려고 무던히 애쓰다가 결국 작별하게 되었고, 다른 사람을 면접했는데 그녀는 기본적으로 "세탁기, 청소기, 그릇세척기가 있어야 한다"기에 아내는 "그런 환경이면 나도 네가 필요치 않을 것 같다"라고 말하고 되돌려 보냈다.

두 번째로 구한 도우미는 출근할 때마다 비닐 쇼핑백을 가져와서 퇴근할 때에는 무엇인가를 두둑하게 싸가지고 돌아가는 것이었다. 그것도 너무 당당하게! 아내는 차마 보따리 보자는 말은 못하고 혼자 끙끙 앓으면서 한 달여쯤 지냈다. 어느 날 집에 간다면서 나가는데 보따리가 들려 있는 그녀의 어깨가 축 처질 만큼 쇼핑백이 두둑했다. 아내는 순간 이번에는 그냥 보내면 안 될 것 같아 불러 세웠다. 눈치 빠른 그녀는 "옷을 빨아 가방에 넣어서 무겁다"고 얼른 변명했다. 아내는 "알았으니까 확인해보자"며 물건을 모두 꺼내라고 했다. 맨 위에는 정말 축축한 옷이 얹어져 있었다. 도우미는 옷가지를 슬쩍 들춰 보인 후 나머지는 자신의 소소한 물건들이라면서 다시 덮었다. 아내가 모두 꺼내라고 채근하니까 도우미는 갑자기 뻔뻔하고 고약한 표정을 지으면서 그럴 수 없다고 버티었다. 아내는 강경하게 물건을 모두 꺼내라고 큰소리로 말했다. 마지못해 하나씩 꺼내는데 설탕, 비누, 밀가루, 옷, 맥주가 줄줄이 나오고 맨 나중에 핸드백이 나왔다. 어이없어 하는 아내에게 그녀는 "이것은 모두 빌린 것"이라고 변명했다. "누가 네게 빌려 줬냐?"고 물으니 그녀 왈 "창고가 빌려줬다"란다. 인생이 불쌍하기도 하고 화도 나서 "네가 그만 둘래! 아니면 경찰을 부를까!"(케냐 경찰은 피의자를 무조건 때리고 보는 무지막지한 위세를 갖고 있음)라고 했더니 그녀는 그제야 잘못했다고 하면서 그만두겠다고 했다. 케냐의 노동법은 피고용인을 보호하기 위해(특히 외국인의 노동 착취를 막기 위함) 일정 기간이 지나면 해고할 때 3개월분 급여를 지불해야 하므로 정당한 사유가 있거나 아니면 3번의 경고장이 꼭 있어야 한다. 지금 우리가 살고 있는 짐바브웨도 마찬가지이다.

이후에도 두어 명의 도우미를 더 거치다가 한 선교사가 시골 출신인 로즈란 도우미를 데려 왔다. 눈빛도 순해 보이고 인상이 좋았는데 상·하 구분이 없어 우리를 자신의 형제간으로 묶고자 했다. 이를테면 우리와 식사를 같이하겠다면서 식탁에 함께 앉기도 하고 호칭도 아내에게는 '시스터', 내게는 '브라더'라 했다. 몇몇 사람에게 지친 끝이라 "누군들 별 수 있겠나" 싶어 몇 가지 주의사항을 일러 주고 우리가 떠날 때까지 함께 지내게 되었다. 시골에서만 자란 로즈는 가르쳐준 대로 고지식하게 일했다. 어느 날 아내가 부엌에서 나물을 볶던 중 전화가 와서 로즈에게 "지켜보라"고 하고 이층에 잠시 올라갔다가 부엌에 돌아와 보니 그녀는 새카맣게 타고 있는 프라이팬을 들여다보고만 있는 게 아닌가! 아내는 너무 놀라 "지금 뭐하고 있느냐"니까 "마담이 지켜보라 해서 걱정스럽게 지켜보고 있다"라고 땀방울이 송골송골 맺힌 진지한 얼굴로 아내를 쳐다보았다. 아내는 그 얼굴이 지금까지 잊혀지지 않아 가끔 로즈가 보고 싶다고 말한다.

가사 도우미 이야기가 나왔으니 우간다에서 들은 이야기도 해야 되겠다. 우간다에서는 남자 도우미를 쓴다고 한다. 동료 부인이 관저에서 만찬이 있을 때면 애가 먹을 우유를 몇 개의 병에 나누어 담아 도우미에게 시간 맞추어 먹이도록 했다. 나중에 집에 돌아와 보니 도우미의 수염이 하얗게 묻어 있었다. 애가 먹을 우유를 도우미가 먹은 것이 분명했으므로 "왜 애가 먹을 우유를 네가 먹었느냐"고 추궁하는데 "절대 먹지 않았다"고 했다. 어처구니가 없어진 부인은 "네 모습이 어떤지 거울을 한번 들여다보라"고 했다. 이 도우미는 거울을 들여다보지도 않고 손으로 수염을 쓰윽 문지른 후 시치미를 뚝 떼며 자기는 우유를 먹은 적이 없다는 표정으로 어깨를 으쓱할 뿐이었다. 이들의 뻔뻔할 정도로 단순한 모습에 놀라는 적이 한두 번이 아니지만 한편으로 우리와 다른 사고와 행동이 이들의 생존 방식으로 여겨졌다.

좁은 한국인 사회에서 겪는 스트레스

　나이로비는 해발 1,700미터의 높이에 위치해 있어 숨쉬기가 꽤 거북했다. 나는 비교적 적응을 잘했지만 아내는 매우 힘들어 했다. 특히 아내는 자려고 누우면 숨이 콱 막혀 오는 것 같아 벌떡 일어나 소용도 없는 창문을 열어 제치고 숨을 몰아쉬느라 잠을 못 이루곤 했다. 한 주 정도 잠을 못 자면 온몸이 두들겨 맞은 것처럼 아파진다. 그러면 아내는 수면제를 먹고 하루 종일 비몽사몽 잠에 빠져들었다. 그러기를 6개월여 되풀이하다보니 신장 172cm인 아내의 몸무게가 47kg까지 내려갔다. 아내는 거울에 비치는 자신의 모습을 보기 싫어할 정도로 비쩍 말랐지만 그래도 육아와 가사를 꾸리고 외부활동도 하면서 그럭저럭 적응해갔다.

　10월이 되자 투명한 푸른 보랏빛 꽃을 아름드리 피워내는 '자카란다'라는 나무와 적도의 강렬한 태양빛을 고스란히 품은 '플램보이언트'라는 나무, 그리고 고목으로 자란 '포인세티아'는 그보다 더 붉을 수 없는 선홍색의 매혹적인 자태로 병 아닌 병으로 까칠해진 아내에게 새로운 원기를 주었다. 유난히 식물을 좋아하는 아내에게 열대의 이국적인 나무와 꽃은 큰 위안이 되었다. 더욱이 우기가 되면 거의 날마다 하늘이 가까워서인지 새끼손가락만 한 빗줄기가 밤새도록 쏟아지다가 아침이 되면 거짓말처럼 그친다. 촉촉한 흙냄새를 그득히 품은 대지는 살랑거리는 청량한 바람과 함께 적도의 태양에 시달린 초목과 아내의 기력을 회복시켜주었다. 현지인은 이러한 기후를 '불쾌지수 제로'라고 자랑하는데 정말 케냐의 자연과 날씨는 우리나라로 옮겨가고 싶을 만큼 좋았다.

이러한 자연으로부터 받은 에너지 덕으로 우리는 좁디좁은 한국 대사관 그리고 교민사회의 일상에서 버텨낼 수 있었다. 그 당시만 해도 모두 정은 넘쳤으나 성숙함이 부족했던 시절이었고 저마다 걸러지지 않은 감정이 사람들 간의 관계를 지배하고 있었다. 여담이지만 어느 부처에서 온 분은 젊은 직원들을 '아랫것'들이라 칭하면서 대사님께 아랫것들 재롱부리는 것을 보시겠느냐고 하는 사람도 있었다. 이토록 손을 비비던 분이 자신에게 신고하지 않고 외국 출장을 갔다고 집으로 불러 누가 있든지 개의치 않고 "뜨거운 맛을 봐야 알겠느냐"고 눈물이 쏙 빠지도록 나무라던 것도 통하던 시절이었다. 서로 젓가락 숫자까지 헤아리도록 마음을 나누고 때로는 간과 쓸개도 빼주면서 비밀스런 얘기들도 주고받게 되는데 며칠이 지나면 더 이상 비밀이 되지 않기도 하고, 은근슬쩍 다툼을 부추기는 이들 때문에 입장이 난처해진 적도 있었다. 이야기가 와전되어 속앓이를 하는가 하면 편 가르기와 음해도 생활의 일부일 정도로 잦은 그런 시절이었다. 부인들 중에 누가 특별한 음식을 만들면 금방 소문이 나고 요리법을 공개하지 않으면 시샘거리가 되는 그런 좁은 사회에서 버틸 수 있었던 것은 환상적으로 아름다운 자연 때문이었다고 아내는 말한다.

새해 첫날이 되면 직원과 교민이 대사님 부부에게 인사를 드리기 위해 관저에 모인다. 그때 쓸 떡국을 마련하기 위해 영사였던 나는 어깨살이 벗겨지도록 제다에서 떡을 공수해왔다. 중량 초과를 피하기 위해 어깨로 들고 온 분량이 많았기 때문이다. 그러면 관저에서 대사 부인의 지휘 아래 요리사와 직원 부인들은 일주일 동안 국물 우려내고, 나물 무치고, 전 지지고, 불고기 재워 꼬지에 끼우느라 바쁘게 지낸다. 아내 말로는 "숯불에 고기를 구울 때 팔목을 조심하라"는 주의사항을 일부러 일러 주지 않은 동료도 있었다고 한다. 아내가 화상을 입자 그 사람은 지난해 자기도 "고기 담당 했다가 화상을 입었다"면서 그때서야 "조심해야 한다"고 했다고 한다. 어이없는 일이다. 아내는 손이 얼얼할 정도로 냉동새우를 손질하고 전 부치고 튀기고 볶아가며 열심히 음식을 장만하고 예쁘게 꽃꽂이도 하여 테이블 세팅을 마친 뒤,

레몬과 설탕으로 양념에 절은 손을 벅벅 씻고 한복으로 갈아입은 후 향수 뿌려 가며 예쁘게 단장하여 손님맞이 하는 법을 하나하나 몸으로 배웠다. 그러는 가운데 아내는 외교관 부인으로서 점차 자리를 잡아갔다.

우스운 이야기지만 부인들이 관저에 '편하게 드나들 수 있느냐 없느냐'에 따라 분파가 생기기도 한다. 그저 속 좁은 아낙네의 소치로만 돌리기에는 부인들의 생활 영역이 너무 좁고 외로움에 지쳐 아마 이런 현상이 생기는 것 같다. 이러한 일은 세계 어디에 가도 형태만 약간 다를 뿐 늘 유쾌하지 않은 모습으로 다가온다. 피할 수 없고 견뎌야 하는 일이다. 사실 이러한 상황에 부딪쳐도 좀 더 함께 머물면서 화해할 시간이 주어지면 해피엔딩이 되지만, 서로 가슴에 응어리를 남긴 채 떠나게 되면 상처로 남아 다음 임지에서부터는 아예 마음을 닫게 만들기도 한다. 이로 인해 어떤 이는 극심한 스트레스성 면역결핍증에 시달리기도 하고 어떤 사람은 악성 빈혈에 시달리기도 한다. 십이지장염, 두통, 위장염 등은 가벼운 측에 속한다. 정말 가슴이 아픈 것은 어떤 이에게는 정신 분열 현상이 나타나기도 한다는 것이다. 이는 부인들에게만 해당하는 것은 아니고 아이들도 함께 겪는 가장 힘든 과정이다.

특이한 교민도 가끔 있다. 당시 케냐에 K라는 사람이 있었는데 이분은 수영코치로 지내고 있었다. 이 사람은 트러블메이커로 유명했다. 모든 사람이 이분 이야기만 나오면 고개를 절레절레 흔드는 것이었다. 가족은 캐나다에 있고 이분 혼자만 케냐에서 지내는데 어느 날 내 사무실로 찾아와 가족을 보러 가야 하니 무조건 비행기 티켓을 사내라는 것이었다. 자기는 돈이 없으니 "국민 세금으로 운영하는 대사관에서 티켓을 사줘야 한다"는 것이 이분의 논리였다. 이를 필두로 이분은 공항이나 사무실에 수시로 나타나 집요하게 티켓을 요청했다. 한번은 대사관 옥상에 올라가 "티켓을 사주지 않으면 뛰어내리겠다"고 했다. 그러자 대사관 고참 직원인 J씨가 "너 정말 뛰어내리지 않으면 내가 밀어버리겠다"고 했다. 이런 해프닝이 있은 후로는 K가 더 이상 대사관에 나타나지 않았다.

K는 나중에 비극적인 죽음을 맞았다. 이분은 체력 단련을 위해 자전거를 타고 나이로비-나쿠루 구간을 자주 왕복했는데 차에 치어 절명했다고 전해 들었다.

후 진 국 에 서 의   좌 충 우 돌

 새로운 부임지에 도착하여 대사관 식구나 교민들과 함께 모여 식사를 할 때면 부인들은 아내에게 서울맵시는 3개월이 유효기간이라며 3개월만 지나면 모두 평준화된다는 이야기를 농담 삼아 했다는데 나중에 보니 아내도 똑같은 말을 하고 있었다.

 한국 상권이 형성된 곳에는 한국 슈퍼마켓과 미용실 등이 있어 사정이 좀 나은데 후진국에서는 머리 손질을 스스로 해결하거나 아니면 현지 미용실을 이용해야 한다. 아내는 케냐에서 머리를 손질할 때가 되자 큰 호텔 내에 미용실이 있어 시험 삼아 머리를 맡겼다. 머리를 자르고, 롤을 감고, 파마 약을 바르고, 거기까지는 그럭저럭 괜찮았다. 그러더니 미용사는 아내에게 땡볕 속에 있는 의자에 앉아 기다리라고 했다. 아내는 황당하고 불안했지만 내친걸음이니 기다릴 수밖에…. 얼마 안 되어 파마 약 냄새에 머리가 욱신거리기 시작하고 적도의 강렬한 햇볕 때문에 하늘이 노래지면서 속이 울렁거린 아내는 "머리를 그만 풀어 달라"고 했지만 이미 늦었다. 독한 파마 약 때문에 머리가 타버렸기 때문이다. 그래도 "파마 약 값은 지불해야 한다"기에 아내는 울며 겨자 먹듯이 값을 치르고 나왔는데 하루가 지난 뒤 두피가 아프더니 두꺼운 딱지가 얹어졌다. 그 딱지가 벗겨지고 머리카락이 회복되기까지 만 1년이 걸렸다. 아내는 그 이후로는 파마기구를 한국에서 구입해와 스스로 해결하며 지냈다. 아내는 나와 아이들 머리도 모두 잘라주면서 점차 미용기술자가 되어 갔다.

 아내는 20여 년 후 비슷한 경험을 아제르바이잔에서 또 겪었다. 조금 다른 점이 있다면, 미용실 측은 파마 약은 한 가지밖에 없으나 파마 약을 바른 후 '기다리는 시간'에 따라 파마의 효과가 달라진다고 했다. 10분 기다리면 2개월, 30분은 6개월, 그리고 1시간 기다리면 1년짜리가 된다고 했다. 한국에서는 파마 약의 종류에 따라 값차이가 나는데 같은 약을 사용하면서 기다리는 시간에 따라 파마의 효과와 값이 다르다니 잘 이해가 되지 않았다. 아내는 불안해하면서도 우선 그중 제일 짧은 것을 택했다. 아니나 다를까 아내의 불길한 예상은 현실로 드러났다. 머리가 또 타버렸던 것이다. 아내는 머리를 원상으로 회복하기까지 상당한 시간과 노력을 투자해야 했다. 짐바브웨에서는 갈 만한 미용실이 없어 아내는 중국인이 개인적으로 운영하는 미용실을 방문했다. 말이 통하지 않는 까닭에 머리 모양을 그림으로 그려 들고 갔다. 미용사는 잘 알았다는 듯이 고개를 끄덕거린 후 머리를 만들어주었는데 나중에 보니 아내가 원하는 모양과는 딴판이었다. 결국 짐바브웨에서도 아내는 머리를 스스로 해결해야 했다.

아제르바이잔에서는 공관을 창설했다. 나와 아내 그리고 여성 행정직원 1명 이렇게 셋이서 바쿠에 도착하여 처음에는 호텔에서 2개월 정도 머물렀다. 일주일 정도는 큰 무리 없이 현지음식을 먹어가며 버틸 수 있었지만 어느 날부터 식사 때가 되면 고민이 되었다. 배가 고파 먹기는 먹어야 하겠는데 똑같은 스타일의 느끼한 음식을 먹을 생각만 해도 식사가 고역이 아닐 수 없었다. 이때 우리 일행을 헌신적으로 도와주던 C 한인회장 부부가 우리를 가끔 집으로 초대해 된장국, 김치, 삼겹살구이, 상추쌈 등으로 대접해주어 큰 위안이 되었다.

우리는 '한-아제르바이잔 친선협회'의 건물 한쪽에 방을 빌려 우선 임시대사관을 설치하고 업무를 보면서 대사관과 관저 후보지를 물색했다. 본부에 보고할 사안이 생기면 한-아제르바이잔 친선협회 사무실 팩스를 빌려 사용하곤 했는데 얼마 후에는 보안상의 문제가 있어 주우즈베키스탄 대사관 직원이 신서사로서 본부 지시사항을 직접 우리에게 전달했고 나중에는 본부 외신과에서 직원을 파견했다. 한인회장의 적극적인 도움으로 다행히 3층짜리 건물을 얻어 1층은 응접실 겸 식당과 부엌, 2

층은 사무실, 3층은 관저로 썼다. 호텔에서 가방보따리를 챙겨 관저에 들어오자마자 쌀과 채소를 사고 한인회장 댁에서 고춧가루, 간장, 된장, 고추장 등 기본양념을 빌려 한국음식을 만들어 먹던 순간 우리는 정말 행복했었다. 그리고 파우치가 개통되어 시험 파우치로 한국 신문과 라면이 도착했을 때 우리는 모두 만세를 부르며 어린아이와 같이 좋아했다.

우리는 원래 뉴욕에서 아제르바이잔으로 갈 때 서울에서 공관장회의에 참석한 후 식품을 준비할 계획이었다. 그런데 "국빈 방문이 확정되었으니 빨리 들어가 준비하라"는 지시를 받고 고추장튜브 하나 챙기지 못한 채 갑자기 바쿠에 도착했기 때문에 '먹는 것'이 큰 문제가 되었다. 우리뿐만 아니라 그 뒤에 온 직원들도 식사는 현실적인 문제였다. 대사관으로 들어온 후에도 부엌이 1층에 있기 때문에 식사준비를 하면 냄새가 2층 사무실로 퍼져갈 텐데 이는 직원들에게 고문 아닌 고문이 될 것 같았고 가족 없이 홀로 부임한 직원들이 식사 문제로 힘들어 하고 있는지라 우리는 생각 끝에 아예 공동 취사를 하기로 했다. 아내가 현지인 도우미를 훈련시켜 함께 음식을 만들고 직원들에게는 쿠폰을 발급했다. 대사관 내에 구내식당이 생긴 것이다. 대사관의 시스템이 완성되고 직원 가족들이 도착할 때까지 공동취사는 꽤 오래 지속되었다. 그렇게 지내다가 우리 부부가 출장이나 다른 사유로 몇 주일 외부에서 지내다 돌아오면 직원들은 마치 애들이 아빠, 엄마를 반기듯 우리를 반겨주었다. 우리는 그야말로 한 식구처럼 지냈다.

공관 창설이 쉬운 일은 아니다. 'A부터 Z까지' 할 일이 너무 많기 때문이다. 우리 경우 완전히 정착하기까지 1년 이상 걸렸던 것 같다. 처음에는 특히 쇼핑이 문제였다. 젓가락부터 책상, 의자, 식탁, 커튼까지 모두 구입해야 하는데 구소련으로부터 독립한 지 15년 정도 된 이 나라에서는 쇼핑하려면 '내 돈 내면서 사정해야 하는' 실정이었다. 예를 들어, 공관에서 손님 접대용 식기를 구할 때면 정찬용과 뷔페용을 구분해서 그릇을 구입해야 한다. 한 가게에서 큰 접시, 작은 접시, 큰 대접, 작은 대접, 공기, 찻잔 등을 쇼핑바구니에 부지런히 담다가 개수가 부족해 직원에게 "더 달라"고 했다. 한참 후에 매니저가 나타나 "한 개인에게만 많은 양을 팔 수 없다"고 거드름피우며 고압적인 자세로 얘기하는데 자본주의 국가 그것도 뉴욕에서 지내다 온 우리로서는 어안이 벙벙해졌다.

이 당시에는 물건을 사는 것도 힘들지만 화폐 단위가 커서 계산도 힘들었다. 이토록 힘들게 모은 물품을 계산할 때에는 우선 아내가 돈을 세고, 다음에는 우리 기사가 한 번 더 세고, 마지막으로 캐셔가 세서 영수증을 건네받기까지는 1시간가량 걸렸다. 그 당시는 화폐개혁 전이라 뭉치 돈을 가방에 가득 넣어 다니던 때였다. 아내는 쇼핑을 마치고 사무실로 돌아와 여직원과 함께 그날 힘들고 어처구니없었던 얘기를 나누며 "우리가 필요한 것은 청심환이야"라고 부르짖었다.

아 이 들 이 야 기

"잠보(안녕하세요)~ 잠보 부와나 하바리 야꼬 무주리 사나" 등등 인사말로만 이루어진 노래가 있을 만큼 케냐 사람들은 길 가다가 아는 사람을 만나면 장황하게 인사를 한다. 좀 과장하면 인사만으로도 5분 정도는 걸리니까 말이다. 아내는 젊어서 아침잠이 많았던 나를 깨우기가 힘들었는지 케냐 노래를 응용하여 "잠보, 잠보! 일어나요 일어나! 어서 어서 일어나요 일어나!"라고 노래를 지어 불렀다. 이 잠보송을 아주 멋들어지게 부르는 아들이 다니던 학교는 나이로비로부터 2시간가량 떨어진 기숙사 학교였다. 이 당시는 관저에서 외교행사도 행사지만 한창 발령이 잦았던 동료들의 환송·환영회 때문에 아이들만 집에 놔두고 관저에 다녀오는 일이 많았다. 그때 큰애가 여섯 살이었는데 엄마가 돌아올 때까지 자지 않고 '아스까리'라고 불리는 현지인 경비원들과 경비실에서 쭈그리고 앉아 기다리곤 했었다. 이 모습이 안쓰러워 '교육은 전문가에게'라는 이웃집 친구의 권고로 기숙사학교를 찾아낸 곳이 바로 '리프트 밸리 아카데미'이다.

아들이 다니던 학교는 시리아 북부로부터 홍해를 건너와 케냐를 남북으로 가로지른 뒤 모잠비크에 이르는 장장 6천 킬로미터로 세계에서 가장 긴 계곡 '리프트 밸리 (Great Rift Valley)'의 한가운데에 자리 잡고 있다. 이 학교는 원래 선교사 자녀를 위한 기숙사 학교로 출발했는데 일반인 자녀도 받아주었다. 학교가 위치한 지역의 이름은 '키자베'로서 스와힐리어로 '바람의 땅'이라 불리는 곳이다. 그곳은 화산지역인데 분화구가 있었고 자주 안개가 짙게 깔려 입구를 찾는 데 애먹었던 기억이 난다.

우여곡절 끝에 입학하게 되자 큰아이는 너무 좋아했으나 일곱 살 나이에 부모와 떨어져 밤에 잠자리에 들 때면 어찌 힘들지 않았겠는가! 선생님은 아이들을 반딧불 잡기, 자전거타기, 타잔놀이, 텀블링 등으로 심신이 녹초가 되도록 놀게 한 후 저녁을 먹이고 씻겨 잠자리에 들게 한다. 그래도 밤에 잠들 때면 훌쩍이며 우는 녀석들이 생겼고 한 아이가 울면 모두 울었다고 한다. 같은 또래 6명이 한 집에서 대리부모 역할을 해주는 선교사들과 함께 지내게 되는데 이분들은 애들에게 잠들 때까지 책도 읽어주고 달래주기도 하면서 생활지도를 감당했다.

엄마의 육감은 하늘이 주는 것인지 아내가 아무래도 학교에 가봐야겠다고 차를 달라고 하면 나는 애를 나약하게 교육시킨다고 나무랐지만 아내는 막무가내로 길을 나섰다. 신기하게도 아내가 학교를 찾아갈 때마다 아들은 몸이 아파 양호실에 누워 있거나, 머리가 찢겨 꿰맨 후 쉬고 있거나, 아니면 이층침대에서 자던 중 실례를 하여 침구커버를 모두 벗겨 세탁실로 보낸 후 스펀지를 햇볕에 말리면서 벌로 땔감나무를 나르고 있었다. 이미 일이 벌어진 후라 어떻게 도움을 줄 수는 없어도 이럴 때 엄마 얼굴을 보는 것만으로도 아들에겐 힘이 되는 것 같았다.

입학 후 3주 만에 방문 허락을 받고 애를 데리러 갔는데 전쟁고아 같은 모습을 하고 있어서 마음이 아팠다. 아내는 아이를 꼭 끌어안고 빨래보따리를 챙겨 차에 올라탔다. 아이에게는 주말 휴가인 셈이다. 집에 도착하자마자 아내는 애를 욕조에 넣고 긴 시간을 씻겨가며, 손끝에 벗겨진 피부를 깨끗하게 잘라내고 연고도 발라주면서 가슴속에서 올라오는 애잔한 마음을 눌러야만 했다. 아내는 본래 마음이 약하고 눈물이 많은 성격인데 아들을 기숙사 학교에 보내놓고 울음을 얼마나 참았던지 지금도 해가 질 때는 가슴이 먹먹해지면서 울렁증이 오는데 이러한 습관은 이때부터 시작된 것이다. 학교에 데려다주고 돌아올 때면 차를 따라오며 울던 아이가 6개월쯤 지나자 의연하게 손을 흔들며 "잘 가라"고 인사할 정도로 성장하는 모습도 지켜보았다.

매주 토요일이면 군에 간 아들 면회 가듯 바리바리 음식을 싸들고 아들을 찾아가면 "엄마, 아빠는 동생만 예쁘니까 데리고 있고 자기는 사랑하지 않아서 기숙사학교에 보냈다"고 토라져 있었다. 우리는 아들과 한 시간가량 걸으면서 달래고 사랑의 고백을 하면 조금 마음이 풀어지곤 했다. 이런 식으로 기숙사 학교를 오가면서 꼬박 2년을 지내다가 오스트리아로 발령을 받았는데 케냐를 떠나기 이틀 전에야 학교로부터 아들을 데려왔다.

돌이켜 생각해보면 그때 우리로서는 최선이라고 생각하고 애를 기숙사학교에 보냈으나 아이 입장에서는 잃은 것과 얻은 것이 모두 있었을 것이라고 여겨진다.

20여 년 전이면 우리나라는 쓰레기로 몸살을 앓던 시절이었고 80년대 중반 미국에 연수 갔을 때도 쓰레기에 크게 신경 쓸 일이 없었으며, 케냐에서는 쓰레기를 아무 데나 버리면 그뿐이었기에 오스트리아에 도착해서 쓰레기통이 종류별로 여러 가지가 있는 것이 신기했다.

우리는 처음에 방법을 잘 몰라 없는 소견에 종류대로 찾아가며 넣었는데 문제는 일반 생활 쓰레기를 버려야 할 통을 못 찾는 것이었다. 왜냐하면 이 통 저 통 뚜껑을 모두 열어봐도 종이, 병, 고철, 낙엽 등밖에 없었기 때문이다. 고심 끝에 아내는 쓰레기를 낙엽더미 위에 슬쩍 올려놓고 왔다. 며칠 뒤 또 생활쓰레기가 나오자 아들 보고 버리고 오라고 했더니 아들 녀석도 아내와 똑같은 고민을 했던지 "엄마 쓰레기 어디다 버리지?"라고 묻는 것이었다. "그냥 아무 데나 버려라"라고 했더니 얼마 있다가 아들은 울면서 오스트리아 사람과 함께 올라왔다. "쓰레기통을 못 찾아서 그랬다"고 사과를 하는데 영어를 전혀 못 알아듣는 것 같았다. 아내는 독일어를 모르므로 속상한 김에 한국말로 "나도 쓰레기통을 못 찾아서 고민 많이 했다"고 손짓 발짓을 해가면서 열심히 설명했다. 이 아저씨는 난감해 하더니 아내에게 따라오라고 했다. 생활 쓰레기를 버리는 곳은 조금 떨어진 곳에 별도로 있었다. 알고 보니 이 아저씨는 건물관리인으로서 누군가 쓰레기를 잘못 버린 사람을 찾고자 지키고 있었는데 아들이 걸려든 것이었다. 그다음부터는 쓰레기를 버릴 때 철저히 분리하느라 온 가족이 애를 썼다.

　지금은 여덟시까지 열지만 당시 빈의 상점들은 여섯시면 모두 문을 닫았다. 게다가 여름이면 밤 열시까지 밝으므로 여차하면 물건 사는 시간을 놓쳐 곤란한 적이 한두 번이 아니었다. 특히 우유를 먹어야만 잠을 자는 작은아이 때문에 직원 집에서 우유를 빌려왔던 적이 한두 번이 아니었다. 오스트리아 사람들은 동네 슈퍼에 잠깐 나들이할 때에도 화장하고, 구두신고, 핸드백 메고, 목을 높이 세우고 나온다. 아내는 집에서 하던 옷차림 그대로 지갑 하나에 슬리퍼 신고 계산할라 치면 캐셔가 거스름돈을 휙 던져주는 수모를 겪어야 했다. 옷차림 때문에 사람을 얕본 것이었지만 우리는 좀처럼 그들 문화에 이해가 가지 않았다. 그러한 점은 지금도 마찬가지이다.

　저녁에 밖에서 나와 약속이 있어 아내는 두 아이를 데리고 전철에 올라탔는데 할머니들이 아내를 보고 고개를 절레절레 흔들어서 뭔지 모를 모멸감을 느끼게 했다. 아내는 한동안 이유도 모른 채 매번 속상해했다. 나중에 알고 보니 오스트리아에서는 아이들을 여섯시면 밥 먹이고 여덟시면 재워야 하는데 우리는 그 시간에 아이들을 데리고 외출을 하니까 한심하다는 표현을 그렇게 했던 것이다.

　딸을 '마리아 레기나' 유치원이라는 수녀님들이 운영하는 곳에 보냈는데 어린 나이인지라 독일어를 금방 배워 다섯 살 나이에 엄마 통역사 노릇을 훌륭히 해내어 동네 구멍가게 종업원 아가씨가 무척 예뻐했다. 아내는 고마운 마음에 친구로 사귀어볼까 해서 밥 한 끼 대접할 양으로 "시간 있느냐"고 물었더니 "잠시 기다리라"고 하며 수첩을 꺼내 보이는데, 일 년 동안의 스케줄이 월별과 주별로 일목요연하게 정리되어 있는 것을 보고 깜짝 놀랐다.

　이토록 소소한 것부터 보고, 듣고, 배우면서 아내는 해외생활의 요령을 하나하나 체득해 갔다. 그렇다고 물론 지금의 아내가 배운 대로 살아가는 것은 아니지만 뭔가 계속 노력은 해나가는 것 같고 또 노력하는 가운데 스스로의 방식을 찾아가는 것 같다.

아 내 와 　 병 원 과 의 　 특 별 한 　 관 계

　　아내는 젊어서부터 몸이 약한 편이었다. 나이 먹은 지금은 오히려 건강이 좋아져 잘 지내고 있지만 젊어서는 저체중, 저혈압, 소화기 장애 등으로 늘 고통 속에서 지냈다. 이러한 아내를 데리고 이곳저곳 해외생활을 하는 것이 결코 쉬운 일은 아니었다. 아니나 다를까 걱정했던 대로 아내는 해외에 다니는 곳마다 병원에 입원하는 진기록(?)을 세웠다.

　　나의 처음 해외 부임지인 케냐에서 아내는 고지대에 적응을 못해 수면 부족과 만성 피로에 늘 시달렸으며, 어금니가 아파 '영국 학위증'을 크게 붙여놓고 자신을 믿으라고 하는 인도 출신 치과의사에게 치료를 받았는데 그 믿음이 어리석었음을 20여 년간 뼈저린 고통으로 느꼈다. 인도 의사는 처음에 신경치료를 했는데 통증이 멈추지 않아 발치를 해야 했다. 그런데 발치 과정에서 이를 무리하게 흔들다가 부서뜨려 가지고 잇몸과 뼈에 큰 손상을 주었다. 그리고 나서는 멀쩡한 양옆의 이를 갈아 브리지를 했다. 아내는 이 잘못된 치료로 말미암아 한국, 독일, 요르단, 미국 등지에서 이 치아를 살려보려고 계속 노력했지만 불완전한 치료로 고통만 가중시켰을 뿐 모두 실패했다. 첫 단추가 잘못 끼어진 통에 원상복귀 시키는 것이 불가능해졌던 때문이다. 결국 먼 훗날 멀쩡한 이까지 빼낸 후 뼈를 심어 임플란트를 해야 했다.

　　임플란트를 하기 전 미국에서의 에피소드이다. 아제르바이잔 발령을 받고서 짐을 꾸리면서 건강 검진까지 받느라 배우 바빴다. 그런데 치과 의사가 아내 잇몸 뼈에 염증이 생겨 새로 한 브리지를 또 다시 하거나 아니면 스페셜리스트에게 가야 한다는 것이다. 이 의사는 평소에 잘 아는 분인데다 그 스페셜리스트가 친형님이라고 해서 곧 예약하고(원래는 예약이 6개월 정도는 이미 잡혀져 있을 만큼 권위자라고 함) 의사를 만났는데 교묘하게 숨겨진 부위에 염증이 생겨 그동안 몰랐다고 하면서 5-6시간 입을 벌리고 수술해야 한다는 것이었다. 그것도 잇몸을 뚫고 고름을 빼내야 한다는데 아내가 측은하게 느껴졌다. 수술이 끝난 후에는 "절대안정을 취해야 한다"고 해서 내가 짐도 싸고 먹을 것도 챙겨가면서 모처럼 아내를 위해 자상한 보호자가 되고자 했다. 그런데 막상 짐을 꾸리다 보니 힘이 드는데다가 어떻게 할 방법도 잘 몰라 짜증이 났다. "짐을 왜 못 버리고 이렇게 많은 것이냐", "이것은 또 왜 쓸데없이 샀느냐" 하면서 잔소리를 해대니까 누워 있던 아내가 벌떡 일어나더니 "그럼 지금이라도 버려라"면서 내 신발과 지갑까지도 집어다 밖으로 던져버렸다. 화가 난 나도 같이 짐을 버리다가 순간적으로 "어, 이게 아닌데. 밖에 짐을 버렸다가는 금방 누가 가져갈 텐데" 하는 생각이 들어 아내 몰래 뒷문으로 돌아가 버린 짐을 다시 가져왔다. 덕분에 부부 싸움은 싱겁게 끝났지만 아내가 받은 수술의 고통에도 불구하고 한번 고장 난 치아는 다시 말썽을 일으켰고 최종적으로는 한국에서 임플란트를 해야 했다.

오스트리아에서 아내는 기초체력이 저하된 상태에서 과로하다가 저혈압이 악화되어 병원에 입원했다. 오스트리아의 음울하고 축축한 기후가 아내에게 좋지 않았던 것이다. 아내는 병원음식이 입에 맞지 않아 잘 먹지 못했으며 알부민 주사를 맞아도 토했다. 기력이 떨어져 일어나 앉기도 힘들어 하던 아내는 어린아이들 생각이 겹쳐 집에 가서 조리하겠다고 퇴원을 고집했다. 그러나 들어올 때는 맘대로 들어오지만 나갈 때는 맘대로 되지 않는 것이 병원인지라 의사는 한마디로 "노" 했다. 방법을 찾던 우리는 그 병원에서 근무하는 한국 간호원을 통해 "한국인은 식생활이 달라 병원에서 오래 있으면 건강이 더 나빠진다"고 병원 측을 설득하여 "어떤 책임도 묻지 않는다"는 각서를 쓰고 겨우 퇴원할 수 있었다. 그 후 아내는 양방보다 한방이 더 잘 듣는 편이라서 한의사를 찾았는데 마침 중국 본토에서 의사 한 분이 빈으로 와서 음식점을 차리고 한쪽에 조그맣게 약방도 열었다는 소문을 들었다. 이 의사가 용하다는 이야기를 듣고 아내와 함께 찾아갔는데 문제는 언어였다. 이 중국 의사는 중국어밖에 못 했기 때문이다. 어떻게 할까 고민하다가 한자로 필담을 나누는 것을 시도해보기로 했다. 결과는 생각보다 좋았다. 의사가 성명, 생년월일, 증세, 식성, 기호식품, 기피식품, 이런 것들을 물어보았고 내가 답할 수 있었기 때문이다. 그 뒤로도 이 의사를 몇 번 찾았는데 그때마다 우리는 필담으로 의사소통을 할 수 있었다. 이 의사 때문에 다행히 아내의 저혈압 증상이 호전되었다.

독일에서 아내는 췌장염에 걸려 병원에 입원했다. 췌장염에 대한 원인은 지금도 확실히 모른다. 병원에서는 과도한 술, 담배가 원인이라는데 아내는 술은 와인 한두 잔 정도이고 담배는 입에 대본 적도 없기 때문이다. 나는 속으로 스트레스 때문일 것이라고만 추측했다. 아내는 그 당시 부인회 일로 바쁜데다가 내가 독일 외교관이나 전문가들을 집에 수시로 초청했기 때문에 아내의 숨은 스트레스가 많았을 것으로 생각했기 때문이다.

사실 아내의 췌장염은 우연히 발견되었다. 밤에 감기로 힘들어 하는 딸아이를 응급실로 데리고 갔는데 며칠 전부터 소화불량과 통증 등의 증세를 보이던 아내의 용태가 이상했던지 의사는 간호원에게 "아내의 혈압을 재보라"고 하면서 "부인이 매우 힘들어 보이는데 큰 병원으로 가보라"고 했다. 다음 날 큰 병원 응급실로 아내를 데리고 갔다. 거기서 기다리는 동안 통증이 심해진 아내가 졸도를 했다. 순간 코빼기도 보이지 않던 의사 대여섯 명이 우르르 나타나서 순식간에 아내를 데리고 들어갔다. 초조하게 기다리고 있는데 의사가 "보호자는 들어오라"고 해서 가보니 아내가 즉시 입원해야 한다고 하는 것이었다. 췌장에서 리파제라는 중성지방을 분해하는 효소가 분비되는데 과다 분비로 위장이 상해 있어 응급처치를 했지만 결과를 지켜봐야 한다고 했다. 시키는 대로 입원수속을 밟고 병실로 옮긴 뒤 정밀검사를 해봐도 처음에는 원인을 찾지 못하다가 결국 췌장염으로 판정이 났다. 일주일이 넘도록 병원에 머물고 있는데 나는 노르웨이 출장을 가야 하는데다, 딸아이는 소녀가장이 되어 아빠, 오빠를 챙기느라 고생이 많아 병원 측에 얘기하고 아내를 집으로 데려왔다. 의사는 "췌장염에는 특효약이 없다"면서 오직 식이요법이 치료제라고 했다.

췌장염은 정말 고통이 심하고 까다로운 병이었다. 지방은 식물성이든 동물성이든 어떤 것도 안 되고, 과일조차 딸기와 바나나 외에는 안 되며, 잎채소까지 금지하는데다 오직 무, 감자, 고구마, 당근, 그리고 흰 빵과 흰쌀만 먹어야 한다니, 가족 식사와 환자가 먹어야 할 음식 마련이 관건이었다. 여기저기 수소문 끝에 독일인과 결혼한 한국 여자분 소개로 다행히 독일에는 식이요법이 필요한 환자에게 음식을 제공해주는 단체가 별도로 있다는 것을 알았다. 전후에 홀로된 병사나 가족을 잃은 민간인들을 위해 식사를 제공하는 단체로 출발했는데 지금은 환자들을 위한 외식산업으로 바뀐 곳이다. 문제는 아무리 식이요법이라지만 음식이 너무 맛이 없다는 점이었다. 아내는 이 단체가 공급해주는 음식만을 먹으면서 몇 개월을 버텼다. 아내의 노력은 옆에서 보기에도 안타까울 정도였다. 모임을 가거나 파티에 갈 때 아내는 자신의 음식을 도시락처럼 들고 다녔다. 먹다가 헛구역질도 하고, 울면서 먹다가 화가 치밀어오를 때는 음식물을 쓰레기통에 집어던지기도 하면서, 지금까지 견디어 낸 것이 억울해서라도 끝까지 먹는다면서 "하루만 더" 하면서 버텨낸 시간이 4개월이었다. 하여간 고통스러운 인내와 노력 끝에 아내는 췌장염을 극복할 수 있었다.

독일에서는 또 다른 사건이 일어났다. 연말에 본에 있는 후배 집에서 저녁을 한다는 연락이 왔다. 프랑크푸르트에 있는 후배 하나가 맛있는 족발과 싱싱한 회를 가지고 본에 온다는 것이다. 후배 집에 간 나는 거실에서 손님들과 담소를 나누고 있었고 아내는 부엌에서 일을 거들어주고 있었다. 갑자기 아내가 내 옆으로 와서 조용히 "어서 구급차를 부르라"는 것이었다. 나는 자세한 영문도 모르는 상태에서 후배들에게 "구급차를 부르려면 몇 번으로 전화해야 해?"라고 물었다. 모두의 시선이 아내에게 쏠리자 아내는 "조금 다쳤다"며 "주말이라 병원보다는 구급차가 빠를 것 같아서 얘기했다"고 말했다. 곧 구급차가 왔는데 의사 말이 "아무래도 신경이 끊어진 것 같다"면서 지금 바로 병원으로 이송하겠다는 것이었다. 알고 보니 부엌에서 칼로 굴을 까고 있던 아내의 손이 미끄러지면서 칼이 아내의 손을 관통한 것이었다. 아내는 가급적 분위기를 깨지 않기 위해 조용히 일을 수습하려고 나에게 구급차를 부르도록 한 것이었으나 만찬에 참가한 모든 손님이 이를 알게 되었으며 결국 우리는 모두 함께 병원으로 갔다. 구급 요원들은 관통 당한 아내의 손을 묶고 지혈한 후에 손과 발의 치료를 전문으로 하는 병원으로 옮겼다. 구급 요원들은 상처가 생겼을 때 묶거나 눌러서 지혈하면 통증도 심할 뿐만 아니라 피가 흐르면서 자연 소독하는 것을 막으므로 "비전문가는 상처를 묶거나 지혈하면 안 된다"고 했다. 곧 수술이 시작되었다. 처음에는 끊어진 신경이 1개인 줄 알았는데 2개가 끊어진 통에 수술 시간이 4시간이나 소요되었다.

다행히 수술은 잘 끝났다. 아내는 입원실로 옮겨져 일주일을 지내야 했다. 남자 간호사들은 아내를 마늘부인(Frau Knoblauch)이라고 불렀다. 그 이유는 아내가 사고가 나기 전 부엌에서 문어숙회를 딱 한 점 초장에 찍어 먹었는데 그 초장에 생마늘이 첨가되었기 때문에 마늘 냄새가 났기 때문이다. 병원에서 소독할 때마다 '아~' 하는 비명소리와 마늘냄새가 병실을 진동시켰던 모양이다. 그로부터 아내의 손이 완전히 회복되기까지는 수년이 걸렸다. 아내는 지금도 검지와 중지 사이의 감각이 무디다고 한다.

요르단에서 아내는 물갈이 때문에 지독한 배탈이 나 병원 신세를 져야 했고 미국에서는 집에서 가구와 부딪치는 사고를 당해 머리가 찢어져 병원에 입원해야 했다. 또 사거리에서 자동차끼리 부딪치는 사고를 당한 아내가 기절하는 통에 병원에 실려 가는 사건도 있었다.

아무튼 겁 없는 아내의 행보는 계속되었다. 아제르바이잔에서는 대통령 방문 행사 직전에 식중독에 걸린 아내의 몸에 발진이 일어났다. 큰일이라고 생각한 아내는 경희의료 분원에 가서 침을 고슴도치처럼 꽂아 우선 혈액 순환을 좋게 한 뒤, 바쿠에서 가장 좋다는 병원을 찾아가 관장을 한 후 항히스타민주사를 맞으려고 했다. 의사에게 설명하니 의사도 수긍하면서 간호사를 따라가라고 했다. 간호사는 아내를 수도꼭지가 있는 곳으로 데려가더니 "엎드리라"고 하며 별로 깨끗해 보이지도 않은 호스를 들이댔다. 기겁을 한 아내는 관장을 포기하고 의사에게 무조건 항히스타민 주사를 놓아달라고 했다. 의사가 주사를 놓아주겠다고 한 것까지는 좋았는데 왠지 미심쩍은 생각이 든 아내는 국제전화로 114를 불러 국내 아무 병원의 번호든지 알려달라고 한 뒤 이 병원에 전화를 걸어 상황을 설명하면서 항히스타민 주사의 이름과 적당한 용량을 알아낸 뒤 주사를 맞았다. 아내의 노력이 주효했던지 신통하게도 그다음 날 발진이 모두 가라앉았으며 우리는 대통령 방문 행사를 무사히 치를 수 있었다. 이 모든 것이 개도국에서나 있을 수 있고 통하는 이야기들이다.

지금 나는 아내와 함께 짐바브웨에서 지내고 있는데 다행히 아내는 건강하다. 한편으로 안심이 되면서도 과거의 많은 쓰라린 기억 때문에 일말의 불안한 생각이 들기도 한다. 짐바브웨에서는 아내가 아무 에피소드 없이 "건강하게 잘 지냈으면 좋겠다"는 희망에서 가능한 매일 걸으라고 권한다. 여담이지만 아들 녀석이 초등학교 5-6학년쯤 되었을 때이다. 부쩍 키도 많이 크고 체격이 좋아져서 "많이 컸다"라고 느낄 즈음이었다. 어느 날 엄마를 업어 보이면서 "이제 엄마를 업을 수 있으니까 엄마가 아프면 내가 병원에 데리고 갈 수 있겠다"라고 말하는 것이 아닌가! 이 말을 들은 아내는 "부모가 아프면 자식들에게 상처가 되겠다"면서 매우 가슴 아파했다. 해외에서는 가족 외에 의지할 사람이 없다는 사실을 아이들도 본능적으로 깨달은 것이라고 우리는 생각했다.

나는 비교적 건강해서 병원에 간 적이 별로 없었다. 이러한 나에게도 시련이 닥쳐왔다. 짐바브웨에서였다. 하루는 화장실에서 코를 푸는데 피가 쏟아졌다. 그런데 피가 멈추지 않았다. 5시간 정도를 누워 있었더니 겨우 지혈이 되었다. 나는 이때까지만 해도 단순히 콧속의 혈관이 터진 것으로만 생각했다. 이틀 뒤 잠을 자는데 갑자기 또 피가 쏟아졌다. 저녁 10시 반쯤 되어서 시작된 출혈이 아침까지 계속되었다. 그때서야 나는 아스피린을 생각해냈다. 아스피린이 피를 묽게 한다는 사실이 생각났던 것이다. 나는 한국에서 건강검진 결과 동맥경화 초기라고 해서 의사의 권유로 아스피린을 먹고 있었던 것이다. 한국에 전화해서 의사에게 상황을 설명했더니 당장 아스피린을 끊으라고 했다. 이제 원인은 안 것 같은데 문제는 피가 그치지 않는 것이었다. 정부파견의사(정파의)가 있는 일본대사관의 조언을 얻어 최근에 생겼다는 클리닉을 찾아갔다. 이곳에서 우선 혈압, 맥박, 체온, 혈액검사 등 기본검사를 받았다. 이제 전문의를 불러 치료를 받아야 하는데 쉽지 않았다. 일본 정파의로부터 추천받은 이비인후과 전문의 5명의 명단을 가지고 있었는데 수술, 해외출장 등으로 대부분이 연락이 되지 않았다. 겨우 한 사람과 연락이 되었는데 내가 있는 병원으로 올 수 없으니 나보고 시내에 있는 Avenues 병원으로 오라고 했다. 나는 계속 피가 나오는 코를 수건으로 움켜쥐고 Avenues 병원으로 갔다. 이 병원에서는 우선 입원을 해야 전문의 검진이 가능하다고 해서 입원부터 했다. 병실에 누워 있는데 기다리는 전문의는 함흥차사였다. 계속 연락을 취하고 또 취하면서 압박을 가했더니 입원한 지 3시간 만에 전문의가 왔다. 여자 의사였다. 나는 진료실로 옮겨갈 줄 알았더니 의사는 조수 한 명을 데리고 내 침대에서 치료를 시작했다. 의사는 우선 실린더에 몇 가지 약을 섞더니 내게 큰 타구통을 안겨주면서 코를 막은 휴지를 빼라고 했다. 휴지를 뺐더니 피가 쏟아지기 시작했다. 의사는 개의치 않고 실린더에 든 약을 코에 들이부었다. 나는 입으로 넘어오는 피와 분비물과 약을 타구통에 계속해서 뱉어냈다. 이후 의사는 거즈를 20센티미터 정도 되도록 말아 봉을 만든 후 갈색약을 묻혀 콧속으로 밀어 넣었다. 코를 완전히 봉쇄한 것이다. 콧구멍 2개를 이런 식으로 완전히 막았다. 약은 약간 달콤한데다 비릿한 약품 냄새가 났다. 비위가 상한 나는 입으로 넘어오는 약물을 계속 타구통에 쏟아냈다. 의사는 코를 막은 뒤 코 주변에 붕대를 감아 주변과 차단했다. 이제 1차적인 치료가 끝난 것이다. 의사는 고통스러울 줄 안다고 하면서 입으로 숨을 쉬면서 잘 참으면 괜찮아질 것이라고 했다. 의사는 출혈의 원인을 꽃가루 알레르기와 아스피린 복용 때문이라고 했다. 의사는 내 혈액 검사 결과를 보면서 출혈에도 불구하고 피의 양은 정상이니 걱정 말라고 했다. 그러면서 최소한 오늘 하루는 입원해야 한다고 했다.

숨쉬기가 불편한데다 피와 비위 상하는 약이 계속 목구멍으로 넘어오는 고통스런 상황에서도 나는 짐바브웨의 의료시스템이 신통하다는 생각이 들었다. 그 이유는 첫째 처음 병원에서 행한 피검사 결과가 예상보다 빨리 나온 것이었고, 둘째 그 결과를 다른 병원으로 신속히 넘겨 전문의가 피검사 결과를 보면서 나를 진찰하고 있는 것이었다. 그리고 마지막으로 담당 의사의 태도가 너무나 자신만만하고 당당했다. 이 의사는 내게 자신이 경험이 많으므로 걱정하지 말라고 하면서 첫 번째 치료로 괜찮아질 것이라고 했다. 만일 좋아지지 않으면 다른 치료 방법도 있으니 걱정하지 말고 자신이 하라는 대로만 잘 따라주면 된다고 했다. 짐바브웨의 경제가 악화되면서 의료 시스템이 붕괴한 사실을 알고 있는 나는 불안했지만 의사의 당당한 모습을 보고 조금 안심이 되었다. 고통스런 하루 저녁을 보내고 다음 날이 되었다. 아침부터 기다리는 의사는 정오가 되어서야 나타났다. 의사는 상태를 물어보고 코를 막고 있는 거즈는 48시간 후에 제거해야 한다고 말했다. 그러면서 하루 더 병실에 누워 있기를 권했다. 나는 무조건 집에 돌아가겠다고 했다. 집에서 48시간 후에 거즈를 제거한 후 만일 다시 출혈이 있으면 병원으로 오겠다고 했다. 의사는 나의 강한 주장에 마지못해 퇴원을 승인하면서 CT촬영을 하자고 했다. 나는 CT촬영을 마치고 집으로 돌아왔다. 집에서 하룻밤을 더 지낸 후 다음 날 거즈를 제거했다. 다행히 더 이상 출혈은 없었다. 그렇지만 자라보고 놀란 가슴 솥뚜껑을 봐도 놀란다고 그 후에도 가끔 코에서 피가 날 때마다 극도로 긴장하곤 했다. 이러한 트라우마를 제거하기까지 상당한 시간이 걸렸다.

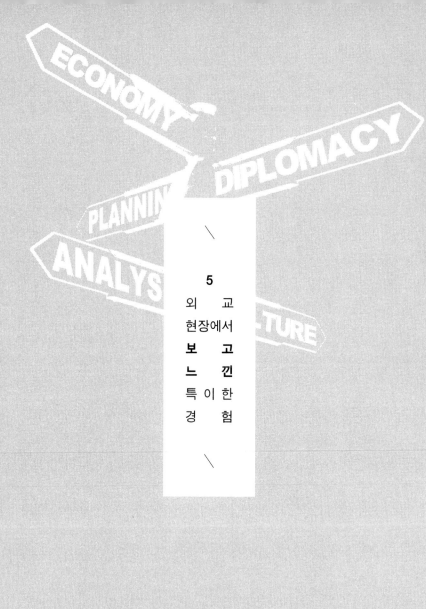

5

외　　교
현장에서
보　　고
느　　낀
특　이　한
경　　험

나　일　강　의　　　　연　원

　케냐에 근무하면서 빅토리아 호수를 보고 "이렇게 넓은 호수가 있으니 나일강의 물이 마르지는 않겠구나"라고 생각했다. 나는 처음에는 빅토리아 호수가 나일강의 원류인 줄 알았다. 19세기 중반 이곳에 온 영국 탐험대도 나와 같이 생각하여 당시 영국 여왕의 이름을 따라 빅토리아 호수로 이름을 붙였다고 한다. 그러다가 지도에서 빅토리아 호수 말고도 우간다, 르완다, 부룬디, 탄자니아, 말라위를 잇는 선에 많은 호수가 있는 것을 보고 아마 나일강의 발원지는 이들 중 어느 하나가 아닌가 생각하기도 했다. 나중에 알고 보니 백나일강의 원류가 밝혀진 것은 비교적 최근인 20세기에 이루어진 일이었다.

　케냐에는 마사이족이 있다. 용맹한 무사로 알려진 이 부족 사람들은 키가 크고 화려한 복장을 하며 높이 뛰는 것을 좋아한다. 이 사람들은 춤을 출 때도 주로 뜀뛰기를 하는데 그 모습이 마치 군인들의 훈련을 연상시킨다. 일설에 의하면 나일강의 원류와 마사이족은 연관이 있다고 한다. 로마의 시저가 이집트를 점령한 후 근위대 500명에게 나일강의 원류를 조사해오라는 명령을 내렸다. 남쪽으로 길을 떠난 이 근위대 중 아무도 돌아오지 못했다. 물론 그들의 소식을 아는 사람은 아무도 없었다. 그러다가 백인이 아프리카 탐험을 시작하면서 마사이족을 발견했는데 그들의 용모와 신장 그리고 호전적인 놀이를 즐기는 모습 등이 로마군인을 닮은 사실을 발견했다. 시저의 역사를 아는 사람들은 즉시 마사이족이 로마 근위병의 후예가 아닌가 하는 생각을 갖게 되었다. 이렇게 해서 이런 설이 나오게 되었다고 한다.

빅토리아 폭포에 있는 Elephant Hills 호텔 객실 베란다에 올라온 원숭이

백인이 아프리카를 본격 탐험한 후에도 좀처럼 나일강의 원류는 밝혀지지 않았다. 빅토리아 호수 주변에서 모여든 물이 호수를 이루는 것은 알지만 그 물의 시작이 어디인지는 알 수가 없었기 때문이다. 큰 산맥이나 강, 계곡 등이 있는 것도 아니고 실개천 같은 것이 합쳐져 조그만 강을 이룬 뒤 이것이 빅토리아 호수로 흘러들어오는데 도대체 이 물이 시작하는 곳이 어디인지에 대해서는 누구도 정확한 답을 몰랐다. 그러다가 마침내 비밀이 풀렸다. 르완다, 부룬디, 콩고가 국경을 이루는 삼각지역에 밀림으로 이루어진 산이 있는데 일 년 내내 구름이 끼어 있고 비가 자주 내리는 지역이다. 이곳의 생태계를 조사한 탐험가들은 다른 곳과는 다른 이끼식물이

번성하고 있는 것을 발견했다. 자세히 조사해보니 이끼가 매우 많은 양의 물을 머금고 있는 사실을 알게 되었다. 이곳은 늘 비가 오고 평소에도 구름이 끼어 있어 수분이 많으므로 특수한 형태의 이끼식물들이 군락을 이루게 된 것이다. 과학자들은 보다 더 세밀한 조사를 통해 이곳이 나일강의 원류라고 결론을 내리게 되었다고 한다. 이곳의 식물이 흡수하고 있는 물이 조금씩 흘러서 실개천을 이루고 이 실개천들이 합류하여 조그만 강을 이룬 후 이 강이 빅토리아 호수에 물을 공급함으로써 백나일강이 시작된다는 것이다.

나는 언젠가 기회가 있으면 6천 5백 킬로미터로 세계에서 가장 긴 나일강(최근에는 아마존강이 더 길다는 학설도 있음)의 원류가 시작된다는 이 지역을 한번 방문하려고 한다. 콩고와 르완다 및 부룬디의 국경지대는 보호종인 고릴라가 살고 있는 지역이기도 하다. 지금은 세계적으로 저명인사가 된 유인원 연구가 제인 구달 박사도 이 지역에서 멀지 않은 탄자니아의 곰베에서 침팬지 연구를 시작했다. 나는 애틀랜타 카터센터에서 열린 군축회의에 참가했을 때 제인을 직접 만나본 적이 있다. 곱게 늙은 이 할머니는 연신 주먹을 모아 침팬지 소리를 내면서 우리에게 평화를 호소하는 감동적인 연설을 했다. 나일강의 원류와 함께 제인이 침팬지를 관찰했다는 장소도 함께 방문해보았으면 어떨까 한다.

빅 토 리 아   폭 포

빅토리아 폭포는 정말 장관이다. 나는 세계 3대 폭포 중 나이아가라와 빅토리아를 보았는데 둘 다 장관이고 다른 맛이 있기는 하지만 구태여 비교한다면 빅토리아를 더 위에 두고 싶다. 잠비아의 고원지대에서 시작된 잠베지강이 짐바브웨와의 국경에 이르러 형성된 이 폭포를 보면 자연의 힘이 얼마나 신비스러운지 새삼 느낄 수 있다. 빅토리아 폭포는 짐바브웨 쪽의 도시 빅폴(Victoria Falls)과 잠비아 쪽의 도시 리빙스턴 양쪽에서 볼 수 있다. 폭포가 떨어진 후 지나가는 협곡 위에 다소 아슬아슬하게 보이는 오래된 다리가 놓여 있다. 이 다리를 통해 짐바브웨와 잠비아가 육로로 연결된다. 현지인은 사용하는 언어에 따라 발음은 다르지만 모두 빅토리아 폭포를 '천둥치는 연기'라고 불렀다. 빅폴이라는 이름은 잠베지강을 탐험하

세계 3대 폭포의 하나인 빅토리아 폭포

빅토리아 폭포의 환상적인 모습

던 리빙스턴 박사가 1855년 붙인 것이다. 물론 이 이름은 당시 영국 여왕의 이름에서 따온 것이다.

짐바브웨 쪽에서 폭포를 보려면 국립공원과 같이 생긴 조그만 밀림지대를 지나야한다. 이 공원 주변으로 길이 나 있는데 길을 따라가면서 폭포를 감상하는 것이다. 숲속에는 원숭이를 비롯한 동물들이 많이 살고 있고 기화요초가 우거져 있다. 처음 폭포를 보는 순간 엄청난 소리와 물보라에 기가 질렸다. 그도 그럴 것이 엄청난 양의 물이 110미터 정도의 폭포로 떨어진 후 폭이 불과 50-70미터 정도 밖에 안 되는 협곡을 타고 흘러가기 때문이다. 물이 떨어지는 곳에는 여러 개의 무지개가 피어 있

잠베지강을 유유히 헤엄쳐건너는 코끼리

었다. 물보라는 공중으로 치솟아 올라가는데 어떤 때는 1킬로미터 상공에 이르기도 한다고 한다. 멀리서 보아도 빅토리아 폭포가 어디에 있는지는 금방 알 수 있다. 바로 이 물보라 때문이다. 정말 '천둥치는 연기'라는 현지 말이 실감난다.

나이아가라 폭포는 기본적으로 넓은 폭포 하나지만 빅토리아 폭포는 여러 개다. 강물이 협곡의 이곳저곳으로 떨어지기 때문이다. 공원을 따라 걸어가면 폭포의 모습이 다양하다는 것을 알 수 있다. 높이는 비슷한 것 같은데 크기나 물이 떨어지는 모습은 조금씩 다르다. 이러한 다양한 모습의 폭포들이 모여 빅폴을 이루고 있다. 어떤 폭포 앞으로 가면 물벼락을 감수해야 한다. 이런 곳에서는 우의나 우산이 필요하다.

또 다른 곳에서는 엄청난 물보라 때문에 물이 떨어지는 것도 보기가 어렵다. 계절에 따라 떨어지는 물의 양이 다르므로 같은 폭포라도 언제 보느냐에 따라 전혀 다른 느낌을 가지게 된다. 비행기 위에서 보면 유유히 흐르던 잠베지강이 갑자기 사라지고 물안개만 자욱한 그런 모습을 볼 수 있다. 폭포에서 떨어진 물은 뱀과 같이 구불구불한 협곡을 따라 거칠게 흘러간다. 자연은 어떻게 이러한 지형을 만들었는지 모르겠다. 협곡은 마치 땅에 난 긴 상처와 같이 넓은 사바나 초원을 뚫고 지나가는 것이다.

폭포의 바로 상류에서 배를 타고 잠베지강을 오락가락 해보는 것도 특이한 경험이 될 것이다. 'sunset cruise'라는 이름이 붙은 이 배를 타면 우선 폭포 쪽으로 뱃머리를 돌린다. 넓은 강은 조용하고 평화롭게 보이지만 사실은 그렇지 않다. 강의 폭군 악어와 하마가 득실거린다. 중간 중간에 조그만 섬이 있어 배는 이 섬들을 왔다 갔다 하면서 강에 살고 있는 동물의 모습을 보여준다. 폭포가 떨어지는 지점을 1킬로미터쯤 남겼을까 배는 더 이상 내려가지 않고 상류 쪽으로 기수를 돌린다. 선원이 승객에게 포도주와 음료수를 제공하는 가운데 차분히 강 양쪽의 수려한 경치를 즐기려 하는데 갑자기 환호성이 쏟아진다. 강 이쪽에서 저쪽을 수영으로 건너는 코끼리를 발견한 것이다. 코끼리가 헤엄쳐서 강을 건너는 모습을 보는 것은 처음이다. 녀석은 코가 길어서 설사 다리에 쥐가 나더라도 익사할 염려는 없을 것 같았다. 계속 상류를 올라가는데 또 환호성이 터진다. 보니 이번에도 강을 건너는 코끼리가 있었다. 빅폴은 코끼리가 흔한 곳이기는 하나 이들이 왜 이렇게 넓은 강을 횡단하는지 그 이유는 알 수 없었지만 이곳 코끼리들이 수영에 능숙한 것은 확실한 것 같았다.

사람들에게는 잠베지강이 그렇게 평화로운 곳만은 아니다. 2007-2008년 짐바브웨의 초인플레 때 잠비아 쪽에서 돈벌이를 하고 있던 짐바브웨인들이 번 돈을 시간에 맞추어 환전하기 위해 위험을 무릅쓰고 잠베지강을 헤엄쳐 건너다가 악어와 하마에게 많이 희생되었다고 한다. 유심히 강 속을 쳐다보면서 희생되었을 사람들의 모습을 상상해보니 끔찍한 생각이 들었다.

검은 사람들이 알고 보면 좋은 사람

사람들은 아직도 흔히 피부색이 검은 사람에 대해 선입견을 갖고 있다. '하얀 것=좋은 것, 우월한 것. 검은 것=나쁜 것, 열등한 것'이라는 등식 속에서 살고 있는 것이다. 이러한 선입견은 물론 사실이 아니다. 아프리카인이 노예로 끌려가지 않고 아프리카가 유럽 국가들의 식민지가 되지 않았다면 이러한 선입견은 없었을 것이다. 흑인은 한때 동물과 같이 취급되었다. 유럽의 노예상인은 흑인 중간상인과 결탁하여 마구잡이로 흑인을 사냥하여 배에 실어 미국으로 보냈다. 흑인들은 쇠사슬에 묶여 배 멀미와 굶주림에 시달리며 대서양을 횡단해야 했다. 많은 사람이 쓰러졌으며 쓰러진 사람들은 배 밖으로 던져져 물고기의 먹이가 되었다. 운 좋게 살아남은 사람들은 노예시장에서 물건처럼 매매되어 백인들의 농장에서 일해야 했다. 이때 백인들은 아마도 흑인을 인간과 동물의 중간 정도에 있는 존재로 생각했을 것이다. 희로애락의 감정이 있으니까 그들도 사람이지만 한편 기계와 같이 명령에 복종해야 하며 시키는 대로 일하지 않으면 안 되는 존재였던 것이다.

노예로 끌려가지 않고 본토에 남은 흑인의 신세도 별반 나을 바는 없었다. 유럽 열강이 아프리카 국가들을 분할하여 식민지로 삼았기 때문이다. 영국, 프랑스, 벨기에, 포르투갈, 독일 등의 식민지 경영 형태는 나라별로 다소 차이가 있었지만 목표는 같았다. 식민지를 수탈하여 자국의 경제적 이익을 도모하는 것이다. 천연자원, 원자재, 특산품 등은 줄줄이 배에 실려 유럽으로 보내졌고 유럽 국가들은 이를 활용, 부가가치가 높은 상품을 제조하여 이를 식민지로 재수출했다. 유럽 국가들의 배는 두 배로 불린 셈이었다. 이렇게 서양 열강에 의해 사람과 자원을 모두 수탈당한 아프리카 국가들은 독립 후에도 빈곤에서 허덕이고 있다. 한국과 같은 경우는 예외적일 뿐 2차 대전 이후 신생 독립한 대부분 국가들은 여전히 후진국으로 머물러 있다. 여러 가지 측면에서 경쟁력이 취약한데다 이를 박차고 뛰어나갈 저력이 없기 때문이다.

질병과 빈곤에 시달리고 있지만 아프리카인은 선하다. 참을성 많고 친절한 사람들이 많다. 검은 피부의 뒤에 숨어 있는 것은 검은 마음이 아니다. 인종과 종족이 많은 아프리카에서 호전적이고 사나운 것으로 소문나 있는 종족들도 몇몇 있다. 그러나 이들은 어디까지나 예외다. 내가 만나본 아프리카 사람은 대부분 착한 사람들이다. "이렇게 착하기에 백인에게 당할 수밖에 없었겠구나" 하는 생각이 들 정도로 착한 사람들이다. 특히 내가 지금 살고 있는 짐바브웨 사람은 인내심이 강하고 순한 사람들이다. 짐바브웨는 과거에 '아프리카의 진주'로 명성을 떨쳤다. 그만큼 사는 환경이 좋았고 농산물 생산도 풍부하여 '남아프리카의 곡창'으로 불리었다. 그러던 나라가 고립을 자초한 정치로 말미암아 피폐해져서 지금은 식량 수입국으로 전락했다. 많은 사람이 일자리를 찾아 남아공 등 인근 국가로 빠져나갔다. 이들은 대부분 의사, 회계사, 교사 등 고급 인력들이다. 초인플레로 인해 경제가 거덜 난 적도 있고 만연한 HIV/AIDS로 인해 장년층이 구멍이 뚫린 상태이다. 아이들 4명 중 1명이 고아라고 하는데 할아버지·할머니나 친척들이 이들을 돌보아주고 있다. 물과 전기의 부족으로 사람들은 계속 고통을 겪어야 한다. 이런 환경 속에서도 사람들의 표정은 밝다. 특히 시골 사람의 순박함과 훈훈한 인심은 넉넉한 고향에 돌아온 듯한 느낌을 준다.

짐바브웨뿐만 아니라 내가 관할하고 있는 잠비아, 모잠비크, 말라위 사람도 모두 순박하고 온순하다. 특히 말라위는 이들 중에서도 가장 가난한 나라인데 사람들은 정말 순박하고 착하다. 이들의 눈빛만 봐도 얼마나 선량한 사람인지 알 수 있을 정도이다. 말라위에서 20년 이상 살고 있는 우리 교포들도 말라위 사람은 정말 좋은 사람이라고 이구동성으로 말한다.

미국에서는 피부색에 대한 잘못된 편견을 불식시키기 위해 "Black is beautiful"이라는 표어를 쓰는 것을 종종 보았다. 우리는 사실 흑인과 아무 은원관계가 없는데도 흑인을 멸시하는 경향이 있다. 이는 매우 잘못된 일임이 틀림없다. 우리도 모르는 사이에 언제부터인가 우리는 앞에서 말한 '검은 것=나쁜 것, 열등한 것'이라는 편견에 사로잡혀 있는 것이다.

얼마 전의 일이다. 말라위 출장을 다녀오는 길에 남아공의 조벅 공항에 들렀다. 환전을 위해 환전소 앞에서 줄을 서 있는데 내 앞에 있는 흑인이 국적을 물어보기에 한국이라고 했다. 그랬더니 이 사람이 대뜸 적의를 드러내면서 "한국인은 모두 인종차별주의자"라고 하는 것이 아닌가! 자신이 3년간 한국에서 영어 학원 강사를 했는데 한국인은 모두 인종차별주의자라는 것이다. 화가 나서 "한국인 모두가 어떻게 인종차별주의자일 수 있겠느냐"고 소리를 질렀지만 영 개운치 않았다. 화가 가라앉은 다음 곰곰이 생각해보니 "이 흑인이 3년 동안이나 한국에 있으면서 정도 들었을 텐데 이렇게까지 한국인에 대해 적개심을 가진 것을 보면 얼마나 차별을 받았을까" 하는 생각이 들어 오히려 동정심이 생겼다.

흑인이 못산다고 해서 깔보는 것은 50년 전 우리의 자화상을 경멸하는 것이나 같다. 남루한 의복, 잘 씻지 않아 냄새나는 몸, 어딘지 자신감이 없어 보이는 모습, 좋지 않은 습관들, 좀도둑 근성, 이런 것들은 원천적인 것이 아니라 가난에서 연유하는 것이다. 우리도 옛날 못살았던 시절에는 이런 모습이 있었다. 보다 큰 오류는 이러한 모습을 피부색과 연결시키는 것이다. 이러한 생각이 얼마나 잘못되었는지는 잘 사는 흑인, 성공한 흑인들을 보면 금방 알 수 있다. 나는 묻고 싶다. 우리가 흔히 접하는 미국의 흑인 배우, TV 사회자, 스포츠 스타들에게서 가난한 아프리카 흑인의 자신 없는 모습을 연상할 수 있는지?

어   린   병   정   들

케냐에서 근무할 때 본부에서 보내온 서류를 전달하기 위해서 먼 길이었지만 차로 우간다에 간 일이 있었다. 나는 가족과 함께 여행을 겸해서 떠났다. 케냐에서 우간다에 가려면 홍학으로 유명한 나쿠루 호수를 거쳐 대단위 차 재배단지를 지나 국경도시인 키수무를 통과하여 우간다로 들어가야 한다. 케냐 내에서 차로 여행을 하는 것은 낭만이 있었다. 군데군데 심하게 파인 도로들이 있기는 했지만 큰 문제는 아니었고 다양한 풍경에 접하는 것은 즐거운 일이었다. 국경을 통과하기 전에 점심을 먹어야 했는데 마땅한 식당이 없었다. 마침 닭을 키우는 집이 있어 주인에게 닭을 한 마리 잡아달라고 해서 점심을 해결했던 기억이 새롭다. 아프리카에서 육로로 국경을 통과하는 것은 쉬운 일이 아니다. 절차가 까다롭고 시간이 많이 걸린다. 그 당시 국경을 통과하는 데만 약 2시간 정도 걸렸던 것으로 기억한다.

우간다로 접어들자 상황이 완전히 달랐다. 당시 우간다는 내전 중이었기 때문이다. 수도인 캄팔라로 가는 길은 얼마나 많은 포탄이 떨어졌는지 움푹 파인 곳이 수도 없이 많았다. 구멍이 워낙 깊어 차바퀴가 빠지기라도 하면 큰일이었다. 나는 조심조심 신경을 곤두세워 운전을 했다. 케냐 국경에서 보통 2시간 정도면 갈 수 있는 거리가 4시간이 넘게 걸렸던 것으로 기억한다.

여하튼 긴장 끝에 캄팔라에 무사히 도착해 동료 외교관의 집에 묵었는데 비상사태에 대비한 보안장치를 보고 깜짝 놀랐다. 높은 담장은 모두 철조망으로 둘러싸여 있었으며 쇠로 만든 육중한 정문을 지나니 집 안으로 들어가는 문도 견고하기 짝이 없었다. 모든 창문은 쇠창살로 보호되어 있어 그야말로 철옹성을 이루고 있었다. 이렇게 해놓고도 집안에는 총이 2정이나 있었다. 만일의 경우 침입자가 있을 때 자위를 위한 무기라는 것이다. 이 당시 캄팔라 시내는 밤이 되면 약탈자들이 무기를 들고 횡행하고 있었으므로 이같이 엄중한 보안조치에 이해는 갔다. 그러면서도 한편으로 "이렇게 살벌한 분위기 속에서 어떻게 살 수 있을까?" 하고 걱정이 되었다. 전기가 들어오는 날이 드물어 발전기가 요란한 소리를 내며 돌아가고 있었는데 나와 아내는 소음 때문에 잠들기가 어려웠지만 그곳 직원들은 이를 '자장가'라고 불렀다.

캄팔라에서 이틀을 지내면서 유명한 빅토리아 호수를 구경하기 위해 차로 이동했다. 중간에 타잔영화를 찍었다는 칙칙한 밀림을 지나는데 어린 시절 보았던 영화의 장면이 있나 찾아보기도 했다. 빅토리아 호수는 정말 넓었다. 우리는 배를 타고 호수의 일부를 돌아보았는데 크기 때문에 바다와 같다는 생각이 들었다. 섬이 많이 있었고 큰 물고기가 사는지 고기들이 물거품을 일으키며 호수 위로 뛰어오르는 모습도 장관이었다. 물고기를 잡아 생계를 이어가는 어부가 많았고 이들이 잡아오는 물고기를 거래하는 어시장도 형성되어 있었다. 가장 무서운 것이 상인이라더니 내전 중인데도 어시장은 북적 북적거렸고 상당히 경기가 괜찮은 것처럼 보였다.

섬 중에는 박쥐가 모여 사는 박쥐섬도 있다. 새까맣게 박쥐로 덮여 있는 이 섬에 가보니 어쩐지 으스스한 느낌이 들었다. 한국 같았으면 빅토리아 호수는 벌써 유명한 관광지가 되었을 텐데, 우간다 내전이 끝난 지 20년이 넘은 지금에도 빅토리아 호수가 이름난 관광 명소라는 이야기는 별로 들리지 않는다. 말라위와 모잠비크의 국경을 이루고 있는 말라위 호수도 사정은 비슷하다. 담수호 중에서 수심이 깊고 맑기로 유명하며 모래사장이 좋고 호수 안쪽으로의 경사가 완만하여 천혜의 놀이터가 될 수 있는 이 호수의 관광지 개발은 아직 이루어지지 않고 있다.

나는 짐바브웨와 말라위 관리들에게 빅토리아 폭포-케이프타운-말라위 호수를 연결하는 3각 관광지대 개발을 제의했다. 이는 폭포-바다-호수를 연결시켜 남부 아프리카를 관광 중심지로 만들자는 아이디어이다. 이 아이디어가 실현될 수 있을지 여부는 개별 국가의 의지와 관광 투자 유치 외에도 남부 국가들 간의 협력 체제 확립에 달려 있다.

우간다에서 케냐로 다시 돌아오는 길에 주유소에 들렀다. 주유소에는 군인이 여럿 있었는데 자기 키만 한 총을 들고 있었다. 유심히 살펴보니 앳된 소년들이었다. 케냐에서 우간다로 올 때에도 도로변에 유난히 젊은 군인들이 많다고 느꼈는데 자세히 보니 모두 소년병들이었던 것이다. 이들이 어떻게 해서 군인이 되었는지는 알 수 없지만 십중팔구 강제로 징용되었을 것이다. 요즘은 '어린 병사(child soldier)' 문제가 국제적인 이슈가 되었지만 24년 전인 그때만 해도 이 문제에 대해 큰 관심이 없었다. 병사들의 처지를 생각하면 동정심이 일어났지만 한편으로 무서운 생각이 들었다. 철없는 애들이 무기를 장난감처럼 지니고 있으니 "외국 사람을 보고 쏘기라도 하면 어떻게 될 것이냐"는 생각 때문이었다. 이 애들이 "이미 전투에서 살인 경험이 있지 않을까"하는 생각도 들었다. 기름을 넣고 있는 나를 옆에서 총을 만지작거리며 유심히 쳐다보고 있는 소년병들의 동작에 신경을 곤두세우면서 이런 생각을 하다 보니 극도로 불안감이 생겨 주유를 중단하고라도 빨리 그 자리를 떠나고 싶었다. 다행히 별 일은 없었지만 지금도 그때를 생각하면 모골이 송연해지는 것을 느낀다. 이래저래 모험으로 점철된 우간다 여행이었다.

짐바브웨 대사 발령을 받고 국내에서 업무와 관련된 사람들을 만나보았다. 이 중 한 분은 회사를 경영하는 J라는 분이었다. 나를 보더니 첫마디가 "어떻게 나를 알고 찾아왔습니까?"라는 것이었다. 내가 J를 찾은 목적은 이분이 말라위에서 병원을 지었다는 소문을 들었기 때문이었다. 말라위는 겸임국으로 내가 관할하는 국가이다. 나는 찾아온 목적을 말하면서 내가 도와줄 일이 있는지 물었다.

그때서야 J는 말문을 열기 시작했다. 자신은 기독교인으로서 우연찮게 사업에 뛰어들어 많은 돈을 벌었는데 이 돈이 자기 것이 아니라고 생각한다는 것이었다. 그래서 기부할 대상을 찾던 중 세계에서 가장 가난한 나라 중의 하나인 말라위에 관심을 가져 방문하게 되었다. 헐벗고 굶주리고 에이즈로 죽어가는 사람들의 모습에 깊은 상처를 받은 이분은 병원을 지어야겠다고 마음을 먹었다. 문제는 자기 일처럼 이 일을 맡아줄 사람이 필요했다. 아무에게나 큰일을 맡길 수는 없기 때문이다. 이때 만난 사람이 P 선교사이다. 여자의 몸으로 말라위 오지에서 선교 활동을 하고 있던 P 선교사도 병원 건립의 필요성을 절실히 느끼고 있었다.

두 사람은 의기가 투합했다. J는 병원 건립에 필요한 모든 자금을 대었고 P 선교사는 최선을 다해 병원을 지었다. 병원의 설계부터 시작해서 건축 자재와 기자재 등은 모두 한국으로부터 가져왔다. 말라위 수도 릴롱궤 공항으로부터 시내로 들어오는 언덕에 위치한 이 병원의 이름은 '대양누가병원'이다. 내가 직접 방문해보니 현대식 건물에 현대식 의료 기기 등 서울에 있는 웬만한 병원 뺨칠 만큼 수준급이었다.

병원 내에 간호대학을 별도로 설립해서 간호사를 양성하고 있는데 학장으로 계시는 분은 이대 간호대학장을 역임하고 은퇴한 뒤 봉사 차원에서 이곳으로 오신 분이다. 학생들이 내가 왔다고 환영하는 노래를 현지어로 부르는데 가슴이 뭉클했다. 말라위 오지에 한국인이 지은 이렇게 훌륭한 병원과 학교가 있다니!

현지인 병원장의 이야기를 들어보니 환자는 쇄도하는데 의사가 부족해서 문제라고 했다. 하루에 400명 정도의 환자가 오는데 한국인 의사 1명을 포함해 의사가 3명밖에 안 된다는 것이었다. 부족한 의사의 몫은 현지인 의료기술자들이 대신하고 있었다. 어떻게 해서든지 한국으로부터 의사들을 데려와서 이 병원이 보다 활발하게 운영될 수 있도록 도와주고 싶은 마음이 들었다.

J는 자신이 하는 일을 남이 아는 것을 극도로 꺼렸다. 내가 이니셜을 사용하는 것도 그분의 뜻을 존중해서이다. J는 "오른손이 하는 일을 왼손이 모르게 하라"는 금언을 몸으로 실천하고 있는 사람으로 보였다. J의 뜻은 알고 보니 보다 원대했다. 이제 병원과 간호대학을 지었는데 이것은 걸음마에 불과했다. 그의 다음 단계 목표는 의과대학을 창립하는 것이다. 의료 인력이 턱없이 부족한 말라위에 의사를 공급하기 위한 것이다. 그다음에는 농과대학을 설립할 것이라고 했다. 한국의 경험에 비추어 볼 때 경제발전에서 가장 중요한 것은 우선 빈곤을 퇴치하는 것이고 이를 위해서는 농업 발전이 무엇보다 중요하다는 것이 그의 소신이다. 농과대학까지 짓고 난 후에는 공과대학과 여타 대학을 순차적으로 건립하여 종합대학을 만들겠다고 한다. 단순한 종합대학이 아니라 현대식 기숙사 시설까지 완비하여 아프리카에서 손꼽히는 일류대학을 만들어 아프리카의 우수한 인재들이 이 대학에서 공부한 후 자기 나라로 돌아가서 국가의 발전에 공헌하는 모습을 보고 싶다는 것이다.

J의 원대한 계획이 완성되려면 최소한 수천만 불 아니 수억 불이 들지도 모른다. J도 어려움을 짐작하고 있는지 자기가 일단 사업을 시작해놓으면 설사 자기 대에 결말을 못 볼지라도 나중에 누군가 완성시킬 것으로 믿는다고 한다.

J나 P 선교사와 같은 선한 사마리아인이 우리에게 많이 필요하다고 생각한다. 아시아, 아프리카, 중남미 등 개도국에는 우리의 도움을 필요로 하는 많은 가난한 사람이 있다. 이들에게 병원과 학교를 지어주거나 빈곤 퇴치 사업을 하는 것은 인도적인 측면에서 소중할 뿐 아니라 우리나라의 이미지를 높이는 일이다. 우리도 어려운 시절이 있었기 때문에 도움의 소중함을 알고 있다. 우리에게 도움을 많이 준 미국과 같은 나라의 이미지가 우리에게 어떠한지 생각해보면 도움의 의미를 깨달을 수 있다. 좋은 이미지가 박히면 여러 가지로 우리나라 사람들에게 도움이 된다. 현지에 정착해서 살고 있는 교민들에게 유리할 것은 말할 필요도 없고 자원 개발이나 인프라 사업 등을 위해 현지에 진출하는 우리 기업들에게 결정적으로 좋은 영향을 미치게 된다. 전혀 자신을 드러내지 않고 보이지 않는 곳에서 묵묵히 큰일을 행하는 선한 사마리아인들이 많이 나오기를 기대한다.

짐바브웨는 1980년에 독립했으니 아프리카 국가 중에서도 독립이 가장 늦은 편에 속한다.

1960년대 식민지배 하에 있었던 아프리카 국가들이 대부분 독립할 때 남로디지아 총독으로 있던 영국계 짐바브웨인 이언 스미스(Ian Smith)는 영국 정부의 뜻에 반해 1965년 남로디지아의 일방적 독립을 선언한 후 짐바브웨를 철권 통치했다. 다른 나라는 다 독립시켜도 짐바브웨만큼은 쉽게 내줄 수 없다는 생각이었던 것 같다.

짐바브웨 흑인들은 당연히 게릴라 조직을 만들어 독립투쟁을

10-15세기에 번창했던 대짐바브웨 왕국의 성터. 돌을 하나씩 하나씩 쌓아올려 만들었다.

했다. 이 투쟁 단체는 종족에 따라 둘로 나뉘었다. 다수족인 쇼나족으로 구성된 단체와 소수 은데벨레족으로 구성된 단체가 그것이다. 쇼나족은 반투 계열의 종족

이고 은데벨레는 남아공의 줄루족과 같은 종족이다. 이 단체들의 리더는 물론 서로 달랐다. 쇼나족의 리더는 무가베, 은데벨레족의 리더는 은코모였는데 무가베는 ZANU(짐바브웨 국가연합)라는 단체를 만들었고 은코모는 ZAPU(짐바브웨 국민연합)라는 단체를 각각 만들었다. 경쟁관계였던 두 사람은 독립투쟁에서 이기기 위해 협력했고 마침내 1980년 독립에 성공했으나 그 이후는 대립의 길을 걸었다.

대통령이 된 무가베는 은데벨레족을 길들이기 위해 이들의 본거지인 남쪽 마타벨레랜드에 군대를 파견했다. 군인들의 목표는 처음에는 반란의 가능성이 있는 ZAPU 게릴라들을 제압하는 것이었으나 나중에는 민간인에게 공포를 가해 무가베 정권에 감히 반대할 엄두를 내지 못하도록 하는 작전으로 확대되었다. 1982년에서 1987년까지 5년간 자행된 이 작전을 쇼나어로 'Gukurahundi'라고 부른다. 구쿠라훈디는 '봄비가 오기 전 내려서 낙엽을 쓸어가는 이른 비'라는 뜻이다. 이 작전으로 인해 약 2만 명이 살해된 것으로 알려지고 있다. 광범위한 살인이 자행된 이 작전에 참가한 군대는 제5군단이다. 물론 이 군대는 쇼나족으로만 구성되었다. 문제는 제5군단의 훈련을 북한 교관이 맡았다는 사실이다. 증인들은 5군단에 속한 군인들이 살인기계와 같았다고 증언하고 있다. 이들은 이 군인들이 북한 교관으로부터 혹독한 훈련을 받아 살인기계로 변모했다고 믿고 있다.

오랜 세월이 지났어도 쓰라린 상처가 쉽게 씻어질 리는 없다. 2010년 남아공 월드컵 시 북한 축구대표단은 전지훈련을 남아공과 가까운 짐바브웨의 제2도시 불라와요에서 가지려고 했다. 불라와요는 마타벨레랜드의 州都이다. 그러나 북한의 이러한 계획은 좌절되었다. 불라와요 시민이 반대했기 때문이다. 일부 짐바브웨인들은 아직까지 북한에 대한 원한을 간직하고 있는 것처럼 보인다.

구쿠라훈디 작전 시 5군단이 저지른 만행에 대해서는 많은 증언이 있다. 군인들은 학교에서 놀고 있는 아이들을 한 자리에 모은 다음 "살려면 전력을 다해 뛰어야 한다"고 했다. 아이들이 뛰자 군인들은 하나씩 하나씩 조준 사격을 해서 쓰러뜨렸

짐바브웨에서 흔히 볼 수 있는 전형적인 돌산. 짐바브웨라는 나라 이름은 '돌집'이라는 뜻이다.

다. 군인들은 학생을 대상으로 짐승 사냥을 한 것이다. 군인들은 마을 사람들을 들판에 모아놓고 구덩이를 파게 한 다음 사살한 뒤 구덩이에 파묻기도 했다. 또 이들은 동네 사람들을 집 밖으로 나오지 못하게 한 뒤 불을 질러 죽였다. 전쟁도 아닌데 같은 나라 사람들끼리 이렇게 잔인한 짓을 할 수 있을까?

은데벨레 사람들 중에는 그 당시 무가베의 목표는 은데벨레 종족 전부를 멸절시키는 것이었다고 믿고 있는 사람도 많다. 이 사건은 아직 끝나지 않았다. 그 당시 군대를 지휘했던 므난가와는 현재 법무장관이며(2013년 9월 새 내각 전까지는 국방장관으로 재직) 모든 책임을 져야 할 무가베 대통령은 아직도 건재하기 때문이다.

아프리카의 두 가지 문제는 심각한 종족 분쟁과 장기 집권이다. 이러한 점에서 짐바브웨는 두 가지 문제 모두를 안고 있다. 더군다나 25-30년 전의 일이기는 해도 많은 인명의 살상과 가혹행위가 결부된 사건이기 때문에 언젠가는 이 사건에 대한 논란이 재연될 가능성이 높다. 이 사건은 현재 정권을 잡고 있는 ZANU-PF나 야당인 MDC 모두에게 부담이 될 것이다. 진상 조사와 책임자 처벌 등의 문제가 생기기 때문이다. 만일 이 사건의 진실이 밝혀진다고 할 때 북한이 이때 행한 역할의 구체적인 내용이 알려질지 사뭇 궁금한 일이다.

짐 바 브 웨 의   경 제 난

짐바브웨는 예전에 '아프리카의 진주' 또는 '남부 아프리카의 곡창'으로 불리던 나라였다. 영국의 지배 시 남로디지아로 불리던 이 나라는 기후가 좋고 국토가 비옥하며 국민성이 온순하여 영국인이 가장 아끼던 나라이다. 1980년에야 흑인 정권이 들어설 정도로 독립이 늦었던 이유도 따지고 보면 결국 백인이 '손 안의 보석'같이 이 땅을 소중하게 여겼기 때문이다.

이런 나라가 무가베 대통령이 집권하면서 점차로 상황이 나빠지기 시작했다. 현재 89세의 무가베는 거의 종신 집권을 노리고 있다. 누구도 그에게 감히 도전할 사람이 없기 때문이다. 한때 그렇게 잘살았던 짐바브웨가 급전직하 추락한 이유는 무가베와 과거 종주국인 영국과의 사이가 나빠졌기 때문이다. 인구 1% 미만의 백인이 경작지의 70%를 차지할 정도로 백인들이 대규모 농장을 경영하면서 많은 농작물을 생산하고 남은 농산물을 외국에 수출하던 이 나라에 21세기로 접어드는 2000년 격변이 시작되었다. 무가베가 백인 농장주들을 쫓아버리고 이 농장을 퇴역 군인을 비롯한 흑인들에게 나누어 준 것이다. 무가베 측은 이러한 조치의 이유로, 백인 농장주로부터 토지를 환수하고 백인에게 배상금을 지급하는 대신 그 배상금을 영국이 지원해주기로 했는데, 영국 정부가 약속을 지키지 않았기 때문이라고 한다. 실제로는 무가베는 민심의 이완을 백인농장 몰수라는 극약처방으로 막아보려 했다. 영국이 이러한 조치에 가만히 있을 리는 없었다. 한때 군사적 조치까지 검토했던 당시 토니 블레어 정부는 서방 국가를 결집하여 짐바브웨에 경제제재를 가했다. 경제가 어려워지면 무가베가 손을 들 것으로 생각한 것이다.

경제가 어려워진 것은 맞았다. 아니 예상보다도 훨씬 어려워졌다. 나는 이라크에서도 경제제재의 파괴력을 보았지만 그 영향은 무섭다. 마치 연탄가스와도 같이 드러나지 않게 사람을 서서히 무력화시키는 것이 경제제재이다. 왜냐하면 돈줄을 막아버리기 때문이다. 돈이 없으면 아무것도 할 수 없는 것이 세상 이치이다. 공장도, 상점도, 은행도 돌아가지 않고 실업자가 급증하게 된다. 이러한 현상이 오래 지속되면 사회 전체가 공황 상태에 빠지는 것이다. 그러나 무가베는 굴복하지 않았다. 농산물 수출국가가 수입국가로 바뀌고, 일자리를 잃은 많은 사람이 이웃나라로 빠져나가고, 나라의 인프라가 노후하여 전기와 물 같은 기본 서비스의 공급이 제대로 되지 않는 상황에서도 버티고 있는 것이다. 경제제재를 맞은 나라가 항복하는 경우는 거의 없다. 북한, 이라크, 쿠바, 유고, 이란 등 과거 많은 사례가 이를 증명한다. 왜냐고? 독재자들이 국민을 인질로 삼아 저항하기 때문이다. 국민은 죽어나지만 정권은 멀쩡한 것은 바로 이 때문이다. 짐바브웨도 예외가 아니다.

2000년 토지개혁을 신호탄으로 점차 악화일로를 걷던 짐바브웨의 경제는 2007-2008년 초인플레를 맞으면서 밑바닥을 경험했다. 하루에도 몇 번씩 물가가 두 배가 되고 빵 한 조각에 1조 6천억 짐달러까지 치솟았던 나라의 경제가 어땠었겠는가? 이때의 인플레율은 어이없을 정도로 높아 최고 단위의 화폐가 100조 짐달러였는데 이것으로 계란 몇 개 정도를 살 수 있었다고 하니 돈이 휴지보다 못했다. 차를 타고 가면 사람들이 버린 돈이 도로 양쪽에 즐비하게 쌓여 있는 모습을 볼 수 있었으며 너무 많은 돈을 찍어냈기 때문에 일일이 돈을 셀 수 없어 무게로 달아 거래했다고 한다. 한 사람이 돈을 가득 실은 수레를 끌고 가다가 잠깐 자리를 비웠는데 돈은 그대로 놔두고 수레만 가져갔다는 일화도 있다. 하라레에서 사업을 하고 있는 교민 한 사람은 한때 자신의 가게에서 하루 거래액이 단순 금액으로 "한국 정부의 10년 예산에 해당했다"고 말하고 있다. 그 당시 하라레에 있었던 외국 대사와 교민들 이야기를 들어보면 하루하루가 생존을 위한 투쟁이었다고 한다. 생필품을 거의 구할 수 없어 인근 남아공, 모잠비크, 보츠와나 등에서 물건을 구입해 와야 했다. 일본대사는 외국에 나갈 때마다 식품, 휴지, 세제 등을 잔뜩 구입해서 들고 왔다고 하고 인도대사는 현지 인도인의 도움으로 겨우 살림을 꾸려나갈 수 있었다고 한다.

특히 자동차에 기름을 넣기 위한 생존경쟁이 치열했다고 한다. 어떤 주유소에 기름이 있다는 이야기를 들으면 모두 주유소에 모여 길게 줄을 서야 했다. 너무 줄이 길기 때문에 웃돈을 줘야 앞에 서서 겨우 기름을 넣을 수 있었는데 차당 20리터가 한정이었다. 주유소의 기름이 동나면 줄서서 기다리던 현지인들은 언제 올지 모르는 기름을 기다리며 차 안에서 잠을 잤다고 한다. 대사관 직원들도 예외가 아니어서 기름을 얻기 위해서는 하던 업무를 중단하고 줄을 서야 했다. 수완이 좋은 사람들은 기름 파동이 지속되자 나중에는 기름공급차로부터 아예 드럼통으로 기름을 구입했다고 한다.

장사하는 사람들은 짐달러를 한시라도 빨리 미달러로 바꾸어야 하기 때문에 환전이 관건이었다. 하루에도 몇 번씩 암시장에서 짐달러를 환전하지 않으면 그날 장사는 헛것이었다. 화폐 가치가 무너진 상황에서 일반 국민들은 원시적인 물물교환으로 겨우 목숨을 부지할 수 있었다. 이런 와중에 일자리를 잃은 많은 고급 인력이 남아공을 비롯한 인근 국가로 빠져나간 것은 물론이다.

'전쟁 통에 큰돈 번다'는 이야기가 있듯이 이러한 경제난과 초인플레 덕분에 백만장자가 된 사람들도 있었다. 중앙은행이나 금융기관과 손이 닿은 사람들은 공식 환율에 짐달러를 미달러로 바꿀 수 있었기 때문이다. 휴지조각과 같은 짐달러를 미달러로 바꾸어 준다면 누가 백만장자가 되지 않겠는가? 단돈 백불을 가지고 거리에 나가서 짐달러로 바꾸고 이를 은행에서 다시 공식 환율로 미달러로 바꾸고 하는 과정을 몇 번 반복하면 백만 달러가 되었다고 한다. 소수의 이러한 행운이 국민 대다수의 희생으로 이루어진 것은 물론이다.

화폐가 무용지물이 되자 짐바브웨 당국은 자국 화폐를 버리고 아예 미달러를 화폐로 삼았다. 이것이 소위 'dollarization' 정책이다. 미달러 도입 후 화폐 가치가 안정을 되찾으면서 짐바브웨 경제는 서서히 정상을 되찾아가고 있다. 그러나 많은 사람에게 2008년 사태는 아직도 악몽이다. 바로 이것이 짐달러를 복귀시키지 못하는 주원인이다. 짐달러를 복귀시켰다가 한번 더 과거와 같은 사태가 일어난다면 짐바브웨는 영영 망하고 말 것이기 때문이다. 그러나 주권 국가가 자국 화폐가 없다는 것은 말이 안 된다. 언젠가는 짐달러가 다시 돌아와야 할 것이다. 그것이 언제일까? 바로 이것이 짐바브웨인의 고민이자 관심이다.

짐 바 브 웨 의   지 저 분 한   달 러 화

짐바브웨는 한때 아프리카의 진주로 불렸던 나라답게 훌륭한 여건을 가지고 있다. 온화한 기후와 빼어난 자연, 온순하고 참을성 많은 국민성, 문맹이 거의 없는 높은 교육, 넓은 국토와 적절한 인구, 풍부한 지하자원, 매우 안전한 치안상태 등 실로 환상적인 여건을 갖추고 있다. 남부 아프리카를 잘 알고 있는 외국대사들이 이구동성으로 장기적으로 보아 짐바브웨의 발전 잠재력이 가장 높다고 말하고 있는 이유도 이러한 여건 때문이다.

2008년 세인을 놀라게 할 만큼 극에 달했던 초인플레를 겪은 짐바브웨가 취할 수 있는 수단은 하나밖에 없었다. 그것은 자국 화폐를 포기하는 것이었다. 짐바브웨는 실제로 이런 조치를 취했다. 이른바 달러화정책이 바로 그것이다. 현재 짐바브웨에서는 미 달러화가 쓰이고 있다. 경제제재에 동참하고 있는 나라의 화폐를 자국 화폐로 삼은 셈이니 아이러니라면 아이러니이다. 그러나 달러화 정책 도입 이후 짐바브웨의 경제는 안정을 되찾고 5-9%대의 경제성장도 이룩해가고 있으니 역시 경화의 위력은 대단하다. 짐바브웨는 경제가 보다 안정되면 언젠가는 자국 화폐를 다시 도입하겠다는 계획은 가지고 있다. 그러나 외채를 갚기 전까지는 어려울 것이다. 그리고 경제제재도 풀려야 한다. 경제제재의 핵심은 돈줄을 막는 것이기 때문에 제재가 계속되는 한 짐바브웨가 자국 화폐를 다시 도입하기는 힘들 것이다. 너무 쓰라린 경험을 맛보았기 때문이다.

짐바브웨에서 쓰고 있는 미국 달러는 몇 가지 점에서 특이하다. 첫째 센트 단위의 동전은 쓰지 않는다. 상점에서 1달러 미만의 물건을 사면 동전 대신 종이쪽지로 된 쿠폰을 준다. 이것을 가지고 있다가 다음 쇼핑 때 쓸 수 있는데 잃어버리기 쉬울 뿐 아니라 돈이 아니므로 소홀히 다루게 된다. 종이 쿠폰이 별 쓸모가 없으므로 결과적으로 물가를 높이는 셈이 된다. 둘째 2달러짜리 지폐가 많이 통용된다. 미국에 살 때에도 2달러짜리 지폐를 별로 본 적이 없는데 먼 아프리카에서 2달러짜리를 흔히 보게 되니 신기했다. 셋째 짐바브웨인들이 쓰는 미 달러화는 지저분하기 짝이 없다. 1달러, 2달러, 5달러, 10달러 지폐들이 주로 사용되는데 모두 너무 흉물스럽다. 왜 그럴까 궁금했는데 알고 보니 짐바브웨인의 화폐 관리 습관 때문이다. 이들은 지갑을 사용하지 않고 몸의 특정부위 등에 돈을 간수한다. 이들은 돈이 이물질에 닿아 지저분해지는 것에 전혀 개의치 않는다. 더러워지면 돈을 물로 빨아서 빨랫줄에 널어놓았다가 마른 돈을 다시 사용한다. 이런 과정이 반복되다보니 돈이 지나칠 정도로 더러워지는 것이다. 어떤 돈은 겨우 형태만 알아볼 수 있을 정도이다. 모잠비크에 가니 짐바브웨인의 이런 습관을 아는지 짐바브웨에서 쓰는 달러는 받지 않는다고 했다.

짐바브웨 한인회에서는 '돈 깨끗하게 쓰기' 캠페인을 벌이려는 계획까지 가지고 있다. 한인회 회원이 대부분 상업에 종사하기 때문에 이들은 '지저분한 돈'을 일상적으로 다루게 된다. 오죽 하면 이러한 캠페인까지 벌이려 하는지 현지에서 살아 보니 그 이유를 알 수 있었다. 돈을 만지는 자체가 혐오스럽기 짝이 없는데 그렇다고 만지지 않을 수도 없기 때문이다.

아 프 리 카 에 서   만 난   인 상 적 인   사 람 들

짐바브웨에는 H 박사가 있다. H는 한국에서 13년간 살았는데 놀라울 정도로 완벽하게 한국어를 구사한다. 그는 짐바브웨 광업회의소 소장을 지내다 최근에는 컨설팅 사업을 하고 있다. H는 1984년 한국에 유학을 가서 서울대에서 경제학 석·박사 학위를 받고 한국과 일본의 기업에서 잠시 근무를 한 후 2000년 짐바브웨에 돌아온 사람으로 부인이 한국인이다. H는 한국어를 배우기 위해 매주 무작정 시골로 여행을 떠나 지방의 한국인과 어울리면서 한국어를 익혔다는 일화를 소개한다. 그의 한국어는 아무 흠 잡을 데가 없는 수준이다. 짐바브웨 광업회의소는 주재국에서 활동하고 있는 광업회사들을 회원으로 거느리고 있는 민간 최대 광업협의체로서, 회원사들에 대한 정보 제공과 각종 회의 개최 등 활동을 하고 있다.

H는 한국의 개발 경험 전수가 주재국 경제발전에 크게 기여할 것을 확신하고 있다. 그는 유력인사를 만날 때마다 "짐바브웨 사람 몇천 명만 한국에 보내서 교육시키면 짐바브웨도 한국처럼 발전할 수 있다"라고 말한다고 한다. H 박사는 한국 체류 시 한국적인 전통과 문화에 깊은 감명을 받았다고 한다. 특히 군과 같이 조직 내부의 위계질서가 엄격해서 전 구성원이 일사불란하게 같은 목표를 향해 움직이는 모습이 인상적이었으며, 이러한 문화가 한국 경제발전의 원동력이 된 것으로 생각한다고 한다.

H는 짐바브웨인으로서 자국의 경제발전에 애정과 관심을 쏟고 있으나 비판도 아끼지 않는다. H는 많은 사람이 짐바브웨의 발전 잠재력을 거론하지만 항상 잠재력

에 불과할 뿐 변화의 속도가 너무 느리다고 한다. 정치적 상황이 여의치 않으므로 전반적으로 발전 속도가 더디다는 것이다. 그는 짐바브웨의 장래를 이끌어나갈 많은 엘리트가 외국에 거주하고 있는 점이 발전 속도를 느리게 하고 있다고 말한다. 해외 거주 짐바브웨인 중 지식과 부를 축적한 사람들의 숫자가 상당한데 정치적 상황이 개선되면 이들이 짐바브웨의 발전에 기여할 것으로 생각하는 것이다. 짐바브웨에는 친여와 친야 언론이 다 있지만 친야 언론도 결국 정부와 여당에 의해 조종되고 있어 실질적으로 언론 자유는 매우 제한적이라고 말한다. 모든 공공기관과 민간 조직에는 정보기관(CIO) 첩자들이 있는데 실제 반정부적 행동으로 옮기지만 않으면 반정부적 의사표현은 자유롭다고 한다. 짐바브웨 정부는 이른바 행동적 불순분자들만을 집중적으로 단속한다는 것이다.

H는 한국이 짐바브웨의 자원개발에 관심이 있는 것을 알고 나를 많이 도와주었다. 그는 일종의 친구그룹(Friends of Korea)을 만들어서 우리가 필요한 정보나 지식을 제공해주었으며 자문도 행해주었다. 나는 대신 그에게 내가 관할하는 4개국에 대한 광물 현황과 한국의 진출 방향에 관한 사항을 연구하는 프로젝트를 맡겼다.

H는 정말 볼수록 대단한 사람이다. 그 어렵다는 한국어를 어떻게 그렇게 완벽하게 구사하게 되었는지 신기하다. 또한 그는 매우 신중하고 사리판단이 분명하다. 이런 사람을 우리의 친구로 두고 있으니 정말 든든하다. 외국과의 관계를 강화하기 위해서는 유력인사들의 친한화가 중요하며 이를 위해 국가적으로 많은 공을 들이고 있는데 H 같은 사람은 호박이 넝쿨째 굴러들어온 셈이다.

잠비아에는 Z라는 명예영사가 있다. 그는 사업가인데 벌써 10여 년째 한국의 명예영사로 활동하고 있다. 내가 그를 처음 만난 것은 짐바브웨에 부임한 지 2개월쯤 되어서였다. 당시 평창의 동계올림픽 유치가 막바지에 달해 한 표가 소중한 상황이었다. 마침 잠비아에 차문다라는 IOC 위원이 있어 나는 신임장 제정 전이었지만 무조건 그를 만나러 잠비아로 갔다. 스위스로 떠나기 직전인 차문다를 만나 성공적으로 일을 마칠 수 있었다. 모든 일정은 Z가 잡아주었는데 알고 보니 차문다는 Z와 가까운 친구의 부친이었다. 나는 Z를 처음 만났지만 그의 언행과 기민한 움직임을 보고 "아, 이 사람은 대단히 유능한 사람이구나" 하고 금방 느낄 수 있었다.

그 뒤 잠비아의 새 대통령에게 신임장을 제정한 것을 필두로 자주 잠비아를 방문하게 되었는데 그때마다 Z는 내가 원하는 일정을 잘 잡아주었다. 그러면서 느낀 것은 Z가 보통 수완가가 아니라는 사실이었다. 영화배우 '에디 머피'의 용모를 닮은 Z는 우선 행동이 빠르다. 보통 아프리카 사람들의 특징 중 하나는 행동이 다소 느린 것인데 Z는 정반대였다. '동에 번쩍 서에 번쩍' 하는 모습이 한국에 갖다놓아도 손색이 없는 사람이다. 또 하나의 특징은 그의 친화력이다. 가히 '마당발'이라는 말이 제격이다. 호텔, 식당, 공항 등 어디를 가도 그와 친밀하게 인사를 나누지 않는 사람이 없다. Z는 루사카의 한국인들과도 매우 가까운 관계를 유지하고 있다. 한인회장을 비롯해서 한국 교민들의 Z에 대한 평은 매우 좋다. 사업가로, 명예영사로 바쁘게 뛰어다니면서 이렇게 넓은 인간관계를 유지하려면 힘이 들 텐데, 정말 대단한 정력가라는 생각이 들었다.

아프리카의 곳곳에 H나 Z와 같이 유능한 사람들이 한국을 위해 일하고 있다는 것은 매우 고무적인 일이다. 어디나 그렇지만 정말 믿을 수 있는 사람을 만나는 것은 특별한 행운이다. 유능한 사람 한 명이 양국 관계의 발전에서 차지하는 기여도는 상상을 뛰어넘는다. 내가 아프리카에서 이런 사람들을 만난 것은 정말로 큰 행운이다. 이들과 함께 호흡을 맞추어 열심히 하다보면 양국에 서로 유익한 새로운 일을 많이 추진할 수 있겠다는 자신감이 생겼다.

내가 아프리카에서 만난 한국인 중 인상적인 사람으로는 말라위의 C 전 한인회장과 모잠비크의 K 전 한인회장을 꼽고 싶다. C 회장은 가냘픈 여성이지만 가히 여장부이다. 얼마나 부지런하고 활동적인지 말라위에서 C 회장을 모르는 사람이 없다. 남아공 백인과 결혼해서 2남을 키우고 있는 주부이자 로지를 경영하고 한인회장과 한글학교 교장을 역임한 바 있는 맹렬 여성이다. 이 집안은 그야말로 국제적 가정이다. 건설회사에서 근무하던 아버지가 말라위로 온 뒤 C 회장과 남동생이 합류했고 이들은 모두 외국인과 가정을 꾸렸다. 남동생은 식당과 로지를 경영하고 있는데 부인은 일본인이다. 일본의 평화봉사단원으로 근무하던 부인을 남동생이 말라위에서 만나 결혼했다고 한다. C 회장 집에는 시어머니까지 함께 살고 있다. 시어머니는 남아공에서 로지를 경영했었는데 강도가 자주 들어 아주 정리를 해서 며느리 집으로 합쳤다고 한다. 독일계 백인인데 매우 마음씨 좋은 할머니이다. C 회장은 대학을 졸업하고 말라위에 와서 처음에는 한국대사관에서 행정원으로 근무했다. 한국에서 대학 다닐 때 사귀던 남자가 있었는데 무용과 학생이었다고 한다. 남자친구가 군에 가 있는 동안 곰곰 생각해보니 이 남자와 결혼하면 늘 남편 주변에는 여자들이 모여 있을 것이라는 생각이 들었고 평생 이를 감당할 자신이 없어 남자친구와 결별했다고 한다. 말라위에 있을 때 가깝게 지냈던 재미 교포들이 미국으로 오라고 해서 한 달쯤 미국에 머물었는데 이 사람들이 청소나 다른 허드렛일로 살아가는 것을 보고 미국에서 정착하라는 권유를 뿌리치고 "뱀의 머리가 될지언정 용의 꼬리가 되지는 않겠다"는 생각으로 말라위에 돌아왔다고 한다. 세 번째 인생의 전기는 남편을 만난 것이다. 담배회사 직원인 남편은 버젓한 직장만 있었을 뿐 재산도 없고 별로 가진 것이 없는 사람이었는데 그의 성실함이 마음에 들어 결혼했다고 한다. 결혼 후에는 남편을 따라 미국에서 살았는데 남편에게 선택권이 주어져 처음에는 케냐로 왔고 그다음에 기회를 보아 말라위로 왔다고 한다. 세계를 한 바퀴 돌아 말라위에서 다시 모든 가족이 합친 셈이다. C 회장은 나중에 기회가 되면 말라위에서 국회의원이 되어 사회에 봉사하겠다는 생각도 가지고 있다. 끊임없이 도전하고 노력하는 C 회장의 꿈이 이루어지기를 기대한다.

K 회장은 모잠비크에서 수산업과 자동차 임대업 등에 종사하고 있다. 대학에서 포르투갈어를 전공한 K 회장은 처음에 포어권인 앙골라에서 사업을 하다가 모잠비

크로 왔다고 한다. 모잠비크 역시 포어권이라 K 회장이 이곳에서 적응하기는 그렇게 어렵지 않았다. 긴 해안선에 새우와 게 등 풍족한 어족 자원을 가진 모잠비크에서 그는 자연스럽게 수산업에 종사하게 되었다. K 회장은 한인회장으로 있으면서 대사관이 하는 일에 적극 협력했다. 우리 대표단이 모잠비크를 방문할 때 K 회장은 일정을 주선하고 공항에서 손님들을 맞이할 뿐 아니라 통역이 필요할 때 적극적으로 도와주었다. K 회장은 모잠비크의 장관 등 주요 인사들과 매우 친분이 두텁다. 그의 친근하고 성실한 태도는 모잠비크인들에게 신뢰를 심어주었다. 이제 모잠비크에서 대규모 석탄 개발과 가스 생산이 이루어지려고 하는 이때 우리 기업들은 모잠비크 진출에 관심이 많다. 이러한 때 우리 기업의 활동을 실질적으로 도울 수 있는 사람이 K 회장이다. 그가 지금까지 쌓아놓은 인맥과 경험은 앞으로 모잠비크에 진출하는 우리 기업에게 큰 도움이 될 것으로 확신한다. K 회장은 마푸토를 자주 방문하는 우리를 빈손으로 보내는 법이 없다. 짐바브웨는 내륙국으로서 수산물이 귀하기 때문에 K 회장은 우리가 마푸토에 갈 때마다 새우나 게 또는 생선류를 마련해서 우리 짐 속에 넣어주곤 한다. 우리가 하라레에 있으면서도 비교적 해산물을 그리워하지 않는 것은 전적으로 K 회장 덕이다. K 회장은 모잠비크의 한인사회가 화목하고 친밀한 관계를 유지토록 하는 데에도 크게 공헌하고 있다. 그가 한인회장으로 봉사하면서 구축해 놓은 한인들 간의 좋은 관계로 인해 모잠비크 한인사회는 그 어느 한인사회에 비해서도 모범이 되는 좋은 모습을 보여주고 있다.

중 국 의   아 프 리 카   진 출

아프리카에 가면 금방 느낄 수 있는 것이지만 중국의 진출이 무섭다. 어느 나라에나 중국 사람이 많이 있고 중국 식당도 많이 있다. 건설회사, 광물회사, 정보통신회사, 금융업, 유통업 등 업종도 다양하다. 내가 거주하고 있는 짐바브웨 주재 중국대사에게 물어보니 1만 명 정도 중국인이 있다고 하는데 실제로는 두 배는 되는 것 같다. 잠비아나 말라위에 가면 훨씬 더 심하다. 거의 중국이 싹쓸이하고 있다고 해도 과언이 아닐 정도로 중국 간판들이 줄줄이 늘어서 있다. 중국의 아프리카 진출은 어떻게 이루어졌으며 이들은 왜 이렇게 아프리카에 공을 들이는 것일까?

중국의 아프리카 진출 역사는 꽤 길다. 신생독립국이 대규모로 생겼던 1960년대 또는 그 이전인 1950년대까지 거슬러 올라간다. 이 당시 중국의 목표는 그러나 지금과는 달랐다. 중국의 목표는 주로 외교적인 것이었다. 아프리카 국가들이 대만 문제에 있어서 중국을 지지토록 하는 것이 우선적인 목표였고 서방의 영향력뿐만 아니라 소련의 영향력을 둔화시키는 것이 또 다른 목표였다. 같은 공산주의 국가라도 중국과 소련은 경쟁 관계에 있었기 때문이다. 가령 짐바브웨의 독립 투쟁 당시 중국은 은코모의 ZAPU를 지원한 러시아와 달리 무가베의 ZANU를 도왔고 이러한 인연으로 인해 지금까지도 무가베 대통령과 가까운 관계를 유지하고 있다.

중국은 처음부터 아프리카 국가에게 선심 정책을 펼쳤다. 서부 아프리카의 많은 국가에 경기장을 지어준 것이다. 이런 이유로 중국의 대아프리카 정책은 종종 '스타디움 디플로머시'로 불린다. 동부 아프리카에서 중국의 원조정책은 서방의 정책과 종종 경쟁 관계에 돌입했다. 탄자니아에서 중국은 철도를 건설했는데 서방은 철도와 나란히 도로도 건설했다. 중국은 이 밖에도 기술 원조, 의사 파견, 장학금 제공 등 아프리카에 다양한 원조를 행했다.

그러나 다분히 정치적인 목적이 우선이었던 중국의 이러한 정책은 80년대에 들어와 바뀌게 되었다. 중국의 경제가 성장하면서 아프리카는 중요한 자원의 공급원이 되었으며 상품 시장으로서의 가치도 높아졌다. 21세기에 접어들면서는 자원을 넘어 산업기지로서의 중요성이 부각되고 있다. 중국은 수단, 나이지리아, 앙골라 등에서 원유개발에 참여하거나 원유를 수입하고 있다. 중국은 잠비아와 콩고에서 동, 코발트 등 개발과 함께 도로 건설 등 인프라 사업에 참여하고 있다. 중국과 아프리카 간 무역액은 2012년 현재 1천 6백 6십억불에 달하며 중국의 대아프리카 직접투자는 400억불에 달하는 것으로 추산된다.

중국의 이러한 약진에는 이유가 있다. 시대적인 상황과 중국의 경제적 여건이 맞아 떨어진 것이다. 중국은 급격한 경제성장으로 많은 외화를 보유하게 되었다. 중국은 그동안 번 돈을 주로 미국의 국채를 구입하거나 서방의 금융자산에 투자했는데 이 돈은 나중에 미국인이 남의 돈으로 빚잔치를 하도록 돕는 역할을 했다. 2008년 전 세계를 뒤흔들었던 금융위기의 뒤에는 중국이나 일본 등이 무역으로 번 돈이 숨어 있다. 금융위기로 인해 서방에 투자하는 것이 결코 안전하지 않다는 사실을 알게 된 중국은 새로운 투자처를 찾고 있다. 중국이 막대한 달러화를 자국 은행에 보관하고 있을 수는 없다. 자칫하면 인플레를 불러일으킬 수 있기 때문이다. 중국은 어차피 이 돈을 다른 곳에 써야 할 입장이다.

이때 아프리카의 가치가 새롭게 부각된 것이다. 아프리카에 투자하는 것은 금융투자가 아니기 때문에 하루아침에 휴지조각이 될 염려는 없다. 장기적으로 보아 자원은 반드시 감소하기 때문에 광물의 가격은 상승할 것이 분명하다. 중국이 기왕에 써야 할 돈으로 광산을 사놓는 것은 확실한 부동산에 투자하는 것이나 마찬가지이다. 게다가 중국은 실업을 줄여야 할 입장에 있다. 중국이 아프리카의 자원 개발이나 건설에 참여하게 되면 중국의 인력을 진출시킬 수 있으며 이는 국내 실업 해소에 도움이 된다. 중국에게는 아프리카 진출이 '꿩 먹고 알 먹는' 장사가 되는 것이다.

그러나 중국의 공격적인 진출은 최근에 와서 벽에 부딪치고 있다. 많은 아프리카 국가가 처음에 생각했던 중국의 이미지와 중국의 실제 행동이 너무 다르기 때문이다. 아프리카 국가들은 처음에 중국이 공짜로 운동장이나 건물을 지어주고 비싼 가격에 광산을 사가는 것에 감격했을지 모른다. 그러나 이들은 중국이 보여준 이후의 행동에 대해 분개하고 있다. 우선 중국의 아프리카 진출은 지역경제에 별 도움이 되지 않는다. 중국은 대부분의 인력을 중국에서 데려오고 있다. 고용 창출을 원하는 아프리카 국가들의 열망과는 반대이다. 그뿐만 아니라 중국의 건설 노동자는 공사가 끝나고도 중국으로 돌아가지 않는다. 중국 노동자 중 많은 사람들이 현지에 남아서 식당을 열거나 장사를 한다. 이들은 현지에 주저앉는데 가히 도사급이다. 이 때문에 많은 중국인이 불법 체류자로서 물의를 일으키고 있다. 중국 정부는 죄수를 건설 노동자로 파견하여 일을 시켰고 중국에서 아프리카로 온 사람 중에는 질이 낮은 사람도 많았다. 중국인이 현지에서 장사를 벌일수록 현지인의 일자리를 빼앗는 결과를 초래한다.

아프리카인의 중국에 대한 불만은 여기서 그치지 않는다. 아프리카인은 중국이 가져오는 상품이 가장 저질로써 중국은 아프리카를 천시하고 있다고 생각한다. 아프리카인들은 중국이 서양이나 아시아에 비해 자신을 '2등 국민'으로 취급한다고 느끼는 것이다. 실제로 아프리카 시장에서 유통되는 중국 상품은 조잡한 것들이 대부분이다.

2010년 잠비아의 한 광산에서는 현지인 노동자가 낮은 임금과 열악한 근무여건에 항거하여 소요를 일으켰는데 중국인 매니저가 총을 발사하여 노동자들이 다치는 사고가 일어났다. 잠비아의 새 대통령으로 선출된 사타는 한때 반 중국 노선으로 유명했다. 그는 대통령 선거 유세에서 강력한 '반 중국 정책'을 공약으로 내걸었다. 그는 결코 과거와 같이 중국에게 특혜를 주는 일은 없을 것이라고 했다. 또 만기가 돌아오는 광업권을 갱신해주지 않는 방식으로 점차 중국의 광산 진출을 견제할 것이라는 이야기도 있었다. 비단 잠비아에서뿐만 아니라 아프리카의 각지에서 반 중국 감정이 점차로 고조되고 있다. 그 원인은 한마디로 아프리카인이 직접 경험해보니까 중국의 진출이 지역 경제 활성화에 도움이 되기는커녕 오히려 자신의 일자리를 뺏어 장기적으로는 경제를 악화시킬 수 있다는 사실을 깨달았기 때문이다.

이러한 분위기 변화는 중국과 경쟁 관계에 있는 서방, 인도, 브라질, 한국 등에게 좋은 기회를 제공할 수 있다. 특히 인도는 최근 들어 활발히 움직이고 있다. 브라질도 간판 자원 기업인 발레를 앞세워 모잠비크를 기지로 해서 자원이 많은 국가에 문어발식 사업 확장을 모색하고 있다. 우리나라는 이제 시작 단계인데 보다 과감하고 보다 적극적으로 움직일 필요가 있다. 남의 눈치를 살피고 너무 이것저것 따지다 보면 기회를 놓칠 우려가 있다. 특히 중국의 세력을 감소시키고 한국의 진출을 장려하려 하는 잠비아 같은 국가의 경우에는 우리 기업이 보다 적극적으로 움직이는 것이 반드시 필요할 것이다.

기 회 의 땅 아 프 리 카

나는 외교관으로서 아프리카에 두 번 근무했다. 내가 처음 해외공관에 발령을 받은 곳은 케냐의 나이로비이다. 그리고 이 글을 쓰고 있는 현재 주짐바브웨 대사로 근무하고 있다. 만일 짐바브웨가 나의 마지막 해외근무지가 된다면 나는 아프리카에서 외교관 생활을 시작해서 아프리카에서 끝마치는 상당히 특이한 경우가 될 것이다.

1988년 초 케냐에 2등서기관으로 부임하던 때가 지금도 생각난다. 살림살이를 장만하느라 제다에 들러 냉장고, 냉동고, 단파라디오 등 주로 전기제품을 구입했다. 항공화물로 구입한 물건을 보내놓고 가족과 함께 나이로비 공항에 도착했다. 공항에 도착해서 가장 처음 느낀 것은 빛과 냄새가 다른 점이었다. 공항 밖으로 나가자 눈을 뜰 수 없었다. 햇볕이 너무 강할 뿐 아니라 초목과 꽃이 원색으로 너무 강렬했기 때문이다. 빨강색, 노란색, 파랑색들이 한국에서 본 것과는 달랐다. 아프리카의 원색은 훨씬 더 짙었다. 내 전임자가 편지에서 "아프리카에 오려면 반드시 선글라스를 준비해와야지 그렇지 않으면 눈을 상한다"는 말을 한 것이 실감났다. 두 번째로는 냄새가 너무 달랐다. 비릿하기도 하고 땀 냄새 같기도 하고 노린내 같은 냄새가 비위를 뒤집었다. 알고 보니 흑인 원주민들에게서 나는 냄새였다. 나중에 알았지만 이들은 별로 씻지를 않는다. 아니 의도적으로 씻지 않는다기보다는 물과 목욕 시설이 부족해서 씻지 못하는 것이다. 흑인 특유의 체취가 있는데다 몸을 씻지 않고 옷도 잘 갈아입지 않으니 이상한 냄새가 나는 것은 당연하다. 이런 냄새에 익숙해지기까지는 상당한 시일이 걸린다. 현재 근무하고 있는 짐바브웨에서도 상황은 마찬가지이다. 20여 년 만에 다시 아프리카에 도착하니 처음에 나를 반기는 것은 바로 이 냄새였다. 다행히 경험이 있는지라 이번에는 적응하는 데 그렇게 애를 먹지는 않았다.

아프리카를 일률적으로 말하기는 어렵다. 아프리카는 면적이 3천만 평방킬로미터가 넘는 아시아 다음으로 큰 대륙이며 인구도 10억 명이 넘는다. 북부와 서부 및 동남부의 사정도 판이하게 다르다. 아랍계가 주를 이루고 이슬람교를 신봉하고 있는 북부 아프리카 국가들이 있는가 하면, 서부 국가들은 프랑스 식민 통치 경험이 있어 언어와 제도가 대부분 프랑스식이다. 이에 반해 동남부 국가들은 대부분 영국 통치를 받았다. 따라서 언어와 제도가 영국식이다. 이 밖에도 이태리, 포르투갈, 독일, 벨기에, 스페인 등의 식민 통치를 받았던 국가들은 지금도 그 영향력 하에 있다. 아프리카 전체가 다양한 부족과 언어로 분열되어 있었던 데다 유럽의 많은 나라로부터 식민통치를 받은 연고로 인해 아프리카는 다양한 언어, 다양한 제도, 다양한 풍습과 문화를 가진 대륙으로 남게 되었다. 북부와 서부 및 동부의 서로 다른 기후와 자연 및 생태계가 이러한 다양성에 영향을 미친 것은 물론이다.

나는 동남부 아프리카에서 살았으니 비교적 이 지역의 사정에는 밝다고 말할 수 있다. 동부와 남부에도 많은 국가가 있고 기후와 자연적 여건이 조금씩 다르나 전반적으로 동남부는 사바나 기후로서 날씨가 좋고 말라리아 같은 풍토병이 심하지 않은 편이다. 그렇다고 해서 동남부 국가들이 서부 국가들에 비해 특별히 경제적으로 윤택하냐 하면 그렇지는 않은 것 같다. 동남부에 남아공 같은 큰 나라가 있지만 서부에도 나이지리아와 같이 못지않게 큰 나라가 있으며, 서부에서 가나와 같이 민주주의가 발달된 나라가 있는가 하면 라이베리아나 코트디부아르 같이 말썽 많았던 국가들도 있다. 동남부에서도 보츠와나, 나미비아, 모잠비크와 같이 민주화가 이루어지고 경제발전도 활발한 나라들이 있는가 하면 짐바브웨는 서방의 경제 제재를 받고 있고 소말리아와 같이 무정부상태인 부랑국가도 있다.

이와 같이 아프리카는 일률적으로 말하기 어렵다. 면적이 큰 아시아가 여러 면에서 다양하듯이 그다음으로 큰 대륙인 아프리카도 그만큼 다양하다고 생각하면 된다.

아프리카는 앞으로 기회의 땅이 될 것이다. 넓은 땅과 엄청난 자원 외에도 아프리카에는 풍부한 노동력이 있다. 30세 이하의 젊은 노동력이 전체 인구의 70%를 차지한다. 세계에서 경제성장률이 가장 높은 10개국 중 아프리카가 6-7개를 차지한다. 이는 서서히 중산층이 형성되고 있다는 이야기이다. 높은 출산율을 감안할 때 아프리카 인구가 20억 명이 되는 것은 시간문제이다. 구매력이 있는 인구를 20%만 잡아도 4억 명 시장이 생기는 셈이다. 막대한 토지, 노동, 자원에다가 구매력까지 갖추게 되면 국제 자본이 아프리카로 흘러 들어오게 될 것이 뻔하다.

중국이나 인도 같은 나라는 벌써 수십 년 전부터 아프리카에 공을 들이고 있다. 이들은 아프리카를 단순히 무역이나 자원 확보의 대상으로만 생각하지 않는다. 이들은 장기적으로 아프리카를 산업기지화하려는 생각을 가지고 있는 듯하다. 우리 기업들도 최근 아프리카에 대해 관심을 기울이고 있다. 그러나 생소한 땅에 본격적으로 투자하려는 기업은 아직 별로 없다. 다른 지역에 비해 아프리카 진출은 아직 초보 단계에 머물러 있다. 아프리카의 시장과 자원을 둘러싼 선진 기업 간의 경쟁은 점점 더 치열해질 것이다. 이 경쟁에서 이기기 위해서는 우리 기업이 장기적인 안목을 가지고 보다 과감하게 대처해야 할 것으로 본다.

짐바브웨에 근무하면서 압달라 수단 대사와 이야기를 나누곤 한다. 그는 한국에 근무한 적이 있고 아들을 한국에서 낳았으며 작은아들을 한국 대학에 보내려는 사람이다. 그만큼 한국을 좋아하고 아끼는 사람이다. 압달라가 늘 들먹이는 이야기는 김우중 대우그룹 회장에 관한 것이다. 김 회장이 80년대 수단에 타이어 재생공장을 만들고 여러 가지 사업을 벌인 것은 전설이 되어 있다고 한다. 김 회장을 기억하는 사람들은 그를 '마이더스의 손'으로 부른다고 한다. 압달라 대사는 "수단에게 제2의 김우중이 꼭 필요하다"고 하면서 한국 기업의 수단 진출을 늘 권유하고 있다. 문제는 이제 한국에서 김우중과 같이 물불을 가리지 않는 기업인을 찾아보기 어렵다는 점이다. 한국이 아프리카와 같이 열악한 환경을 가진 곳에 진출하고 또 성공 신화를 만들기 위해서는 위험을 꺼리지 않는 도전적인 기업인이 필요할 것으로 본다.

나는 아프리카에서 살면서 우리 젊은이들과 그들의 부모에게 최상의 교육으로 무장하되 아프리카를 떠날 생각은 하지 말라고 권유한다. 아프리카에 있는 우리 젊은이 중 많은 사람이 고교를 졸업한 뒤 한국이나 미국의 대학으로 진출하고 그 후에는 아예 아프리카를 떠나 산다.

나는 그들에게 더 이상 이런 경향을 따르지 말고 아프리카에 남아 주류사회로 진입하기를 권한다. 왜냐하면 이들이 한국이나 미국에서 살면 '많은 인재 중의 하나'에 불과하지만 그들이 나고 자란 아프리카에서 일하면 '돋보이는 인재'가 될 수 있기 때문이다. 아프리카에서 성장한 우리 젊은이들은 현지 언어와 문화 그리고 풍습에 익숙하다. 이들은 훌륭한 교육을 받았기 때문에 같은 또래의 아프리카인에 비해 경쟁에서 유리한 조건에 있다.

일본인 이주 2세인 페루의 후지모리는 페루의 주류 사회에 진입하여 대통령에까지 올랐다. 우리 후손들도 열심히 노력하면 아프리카에서 대통령이 될 수 있을 것이다. 한국의 후손이 아프리카에서 대통령이 된다면 얼마나 자랑스러운 일이겠는가? 입장을 바꾸어 한국인이 미국에 아무리 많이 진출한다고 해도 미국에서 한국계 대통령이 나올 수 있겠는가? 거의 불가능한 일일 것이다. 그러나 아프리카에서는 충분히 이런 일이 가능하다고 본다. 우리의 유능한 젊은이들은 아프리카의 주류 사회에서 고위 공직자, 정치인, 기업인, 사회사업가, 언론인 등으로 보람 있고 활발한 인생을 살아갈 수 있는 잠재력이 충분하다. 이들이 안락한 생활만을 추구해 아프리카를 떠나 다른 곳에서 산다면 안타까운 일이 아닐 수 없다.

아프리카는 앞으로 기회의 땅이 될 것이다. 특히 우리 젊은이들에게는 도전해볼 만한 곳이다. 세계의 모든 대륙 중에서 아직 한 번도 각광을 받지 못한 곳이 아프리카이다. 확률적으로 봐서도 앞으로 각광을 받을 가능성이 높다. 케냐 유학생의 아들 오바마는 미국 대통령이 되었고 가나 출신인 코피 아난은 유엔사무총장에 올랐다. 아프리카는 기독교와 이슬람교가 교차하는 곳이며, 열대와 온대가 공존하는 곳이며, 문명과 원시가 공존하는 곳이고, 다양한 언어가 사용되는 곳이다. 아프리카는 인도양과 대서양을 양쪽에 끼고 있고 사막과 평원과 밀림이 어우러져 있는 곳이며 석유와 가스는 물론 온갖 광물자원이 풍부하게 매장되어 있는 곳이다. 지금까지는 불행한 역사 속에서 가장 낙후된 지역이었으나 앞으로는 아프리카에도 기회가 올 것으로 본다.

2011년은 중동의 역사에 있어서 가장 중요한 한 해로 기록될 것이다. 연초부터 시작된 민중혁명으로 인해 튀니지, 이집트, 리비아, 예멘의 독재자들이 모두 몰락했고 시리아의 아사드 대통령도 불안한 상황에 놓여 있다. 철옹성을 구축했던 중동의 독재자들이 이렇게 허무하게 무너지리라고 누가 상상이나 할 수 있었는가? 불가능하게 보였던 일이 실제적으로 중동에서 일어난 것이다. 아프리카에서도 이러한 혁명적인 변화가 일어나지 않는다는 보장은 없다. 엄밀히 말해 중동의 변혁은 아프리카, 즉 북부아프리카에서 일어난 것이다. 아프리카 전체로 보아 이미 변화는 시작되었다고 볼 수 있다. 쿠데타와 내란으로 점철되었던 아프리카 국가들도 요즘에 와서는 민주적이고 평화적인 정권 교체가 일상화되고 있다. 가나, 세네갈, 보츠와나, 나미비아, 케냐, 잠비아, 남아공 등은 모두 이미 민주적인 전통을 수립한 나라들이다. 앞으로 보다 많은 국가가 동일한 전통을 수립해나갈 것이다.

이는 무엇을 뜻하는가? 아프리카가 보다 안정적인 투자 대상이 되어간다는 것이다. 과거에는 어느 정권과 친해 투자를 했다가도 정권이 바뀌면 하루아침에 재산을 몰수당하고 축출되는 일이 빈번했다. 이제는 정권이 바뀐다고 해도 그런 일이 좀처럼 일어나기 힘들다. 아프리카가 점차 안정적인 투자처로 바뀌고 있는 이유이다.

한국 기업들은 이러한 사실을 직시하고 아프리카에 보다 공격적으로 투자할 필요가 있다. 한국 기업이 좀 더 적극성을 띠면 아프리카에 진출할 기회는 열려 있다. 그러나 많은 기업이 남의 눈치만 살필 뿐 실제적으로는 진출을 꺼리는 것이 아직까지의 실정이다. 이러한 일은 결코 바람직한 일이 아니다. 남의 눈치만 살피다가는 기회를 놓치기 십상이다. 한번 놓친 기회는 잘 돌아오지 않는다. 우리 정부에서도 기업들이 보다 안심하고 아프리카 진출을 도모할 수 있도록 도와주어야 한다. 금융, 보험, 세금, 외환 등 측면에서 우리 기업의 아프리카 진출에 불편이 없도록 장려하면 보다 많은 기업이 공격적으로 선봉에 나설 것으로 생각한다.

한국 기업은 요즘 '헝그리 정신'이 사라졌다는 평가를 듣는다. 기업들의 세계는 치열한 경쟁 세계이다. 아무리 글로벌 기업으로 성장하고 잘 나간다고 해도 조금만 고삐를 늦추면 곧바로 추격당하는 것이 기업의 세계이다. 우리 기업은 아프리카에서 과거의 전통인 '헝그리 정신'을 되찾아야 할 것으로 생각한다. 아프리카는 그런 기회를 우리에게 제공하고 있고 우리 기업에게 우호적인 손짓을 보내고 있다. 이제는 우리 기업들이 나서야 할 때라고 본다.

아 프 리 카   진 출   전 략

나는 앞으로 한국에게 3개의 신천지(blue ocean)가 남아 있다고 생각한다.

첫 번째는 북한이다. 한국의 통일은 우리가 원하든 원하지 않든 간에 언젠가는 반드시 올 것이다. 한국의 통일은 방법의 문제라기보다 시간의 문제이다. 한국이 통일되면 북한은 남한의 스펙에 맞추어 재개발될 것이 확실하다. 독일 통일 후 동독도 마찬가지였다. 동독의 재개발을 위해 천문학적인 돈이 들었지만 동독은 재개발되었고 그 과정은 지금까지도 진행되고 있다.

북한도 마찬가지이다. 북한을 남한과 비슷한 수준으로 발전시키지 않는 한 통일은 되었어도 통합은 이루어지기가 어렵다. 독일의 경우와 같이 우리도 북한을 발전시키기 위해서는 천문학적인 돈이 필요할 것이다. 이 돈을 어떻게 염출할 것인지는 그 당시 상황에 따라 다르겠지만 분단으로 인한 비용을 감안하면 생각보다 많은 돈이 아닐 수도 있다.

하여간 북한 재개발이 본격적으로 이루어지면 북한은 우리에게 신천지로 다가올 것이 확실하다. 이렇게 될 때 우리 기업이 아니고 누가 북한에 들어가서 북한을 개발하겠으며 우리 젊은이들이 아니면 누가 북한에서 일하겠는가?

두 번째는 시베리아이다. 시베리아는 한반도의 60여 배에 달하는 엄청나게 큰 땅덩어리이다. 그러나 인구는 불과 4천만 명밖에 안 된다. 거의 사람이 살지 않는 곳이라고 생각해도 좋을 정도이다. 러시아는 이 시베리아를 아직 본격적으로 개발하지 않고 있다. 그 이유는 러시아가 워낙 큰 나라이기도 하지만 시베리아에 사람이 살 만한 인프라가 잘 갖추어져 있지 않기 때문이다.

하지만 러시아도 시베리아를 언제까지 방치해둘 수는 없다. 언젠가는 본격적으로 개발을 시작할 것이다. 이때 협력 가능국으로 중국, 일본, 한국이 유력하게 대두된다. 중국은 벌써 오래전부터 러시아에게 시베리아 개발에 관한 협력 의지를 밝혔다. 그러나 러시아의 반응은 부정적이다. 사람이 거의 살지 않는 시베리아에 중국의 진출을 허용하면 중국인이 대규모로 유입되어 결과적으로 시베리아는 중국 땅이 되어버리기 때문이다. 다음으로 유망한 협력대상국은 일본이다. 일본은 중국과 같이 대규모로 사람들이 이주할 나라도 아니며 자본과 기술을 갖춘 나라이다. 그러나 러시아는 일본에 대해 경계심을 가지고 있다. 두 나라는 러일전쟁을 벌였던 나라이며 러시아는 2차 대전 시 일본에 대한 전승국이다. 그뿐만 아니라 러시아는 2차 대전에서 승리한 후 쿠릴 열도에 있는 북방 4개도를 자신의 영토로 삼았으며 일본은 이를 회복하기 위해 안간힘을 다하고 있다. 양국은 이렇게 영욕의 역사를 공유하고 있고 영토 문제가 있기 때문에 상호 신뢰가 부족하다. 이런 상황에서 러시아가 일본에게 시베리아 개발권을 주겠는가? 마지막으로 등장하는 것이 한국이다. 러시아가 볼 때 한국은 하자가 없는 국가이다. 한국은 기술과 자본을 갖춘 소국으로서 러시아를 위협할 만한 요소를 가지고 있지 않다. 유일한 장애물은 북한이 가로막고 있다는 점이다.

한반도가 통일된다면 이 장애물이 없어지게 된다. 러시아와 국경을 접하게 된 한국은 시베리아 개발 협력에서 가장 적절한 파트너 국가로 떠오르게 될 것이다. 시베리아 개발을 위해서는 막대한 인력과 자본 그리고 기술이 필요하다. 이 세 가지를 다 갖추고 있는 한국으로서도 시베리아 개발은 벅찬 사업이 될 것이 분명하다. 그러나 시베리아는 한국의 미래 세대에게 큰 꿈을 안겨줄 신천지로 등장할 것이다.

그러면 세 번째 신천지는 어디인가? 바로 아프리카이다. 아프리카는 시베리아의 2.3배에 달하는 거대 대륙으로 현재 인구가 10억 명이 넘고 높은 인구증가율로 봐서 금세기 말까지 3배 이상 인구가 증가하여 36억 명에 달할 것으로 예상된다. 아프리카의 대부분 국가에서는 인구 중 70%가 30세 이하이다. 아프리카는 세상에서 가장 젊은 대륙이고 가장 인구증가율이 높은 대륙이다. 아프리카에는 54개국이 있고 최근에는 여러 나라가 연 6-8%씩 경제성장을 이루고 있다. 중국은 지난 30년간 연 10%씩 경제가 성장함으로써 세계 2위의 경제대국으로 등장했다. 아프리카 국가들도 앞으로 10-20년간 7%씩 경제가 성장하면 중산층이 형성되어 큰 시장으로 변모하게 될 것이다. 중산층이 늘어나면 생산과 소비 및 투자 모두가 증가하게 되어 있다. 현재의 아프리카만 바라보는 사람들에게는 아프리카가 아직도 미개한 곳으로 생각되겠지만 10-20년 후의 아프리카를 보는 사람들에게는 아프리카가 신천지로 다가올 것이다.

그러면 우리는 아프리카에 어떻게 진출해야 할 것인가? 아프리카를 단순히 무역 시장으로만 보거나 지하자원의 산지로만 보아서는 안 된다. 아프리카 국가들도 이제 단순히 원자재만을 수출하려고 하지는 않는다. 그들도 이제 자원을 활용해 부가가치가 높은 상품을 만들어 수출하려고 하며 이러한 경향은 앞으로 점차 심화될 것이다. 아프리카 국가들도 산업 진흥을 원하며 현대식 인프라를 구축하기를 원한다.

우리가 아프리카에 진출하기 위해서는 아프리카 국가의 이러한 열망을 충족시켜주는 방향으로 움직이는 것이 좋다. 이것이 서로가 윈-윈 하는 길이다. 아프리카에는 풍부한 노동력과 자원 그리고 넓은 땅이 모두 갖추어져 있다. 그들에게 부족한 것은 오직 자본과 기술이다. 과거에 한국은 산업 설비를 중국으로 많이 이전했으나 임금과 원자재 가격 상승으로 이제 중국은 더 이상 산업 이전의 적지가 아니며 오히려 기존 산업시설을 다른 곳으로 옮겨야 할 판이다. 다른 아시아 국가들의 사정도 점차 중국과 비슷하게 되어가고 있다. 아시아 국가들이 대부분 경제적으로 급성장하고 있으므로 이들 국가의 기업 환경은 점차 중국과 유사한 패턴을 밟게 될 것이다.

조금 앞을 내다보고 눈을 아프리카로 돌려보면 아프리카는 우리에게 적절한 투자처로 다가오게 된다. 우리가 취해야 할 전략으로는 아프리카에 우리의 산업 시설 일부를 이전하여 그곳에서 상품을 생산한 후 유럽이나 미국 등 선진국에 수출하는 방향으로 나아가는 것이 좋을 것으로 본다. 우리보다 아프리카에 먼저 진출한 중국이나 인도도 이런 방향으로 움직이고 있다. 아프리카 국가들도 한국의 우수한 산업 능력과 기술을 잘 알고 있기 때문에 우리가 중국이나 인도에 비해 진출이 좀 늦었어도 아직 충분한 기회가 있다. 우리는 이러한 기회를 잘 활용하여 아프리카를 우리의 산업기지로 삼을 필요가 있는 것이다. 조선, 기계, 철강, 석유화학, 자동차, 정보통신 등 한국의 핵심 산업의 일부를 아프리카로 이전하여 한국에서와 같이 훌륭한 상품을 만들어내면 판로는 열려 있다. 아프리카는 유럽과 미국 시장에 지리적으로 더 가까우니 물류비용 측면에서도 이점이 있다.

아프리카 국가로 봐서도 한국과 같은 나라가 자국에 진출하여 우수한 산업설비를 건설하고 최상급 상품을 생산하면 그들의 위상이 올라갈 뿐 아니라 경제에 직접적으로 도움이 된다. 한국은 이들에게 일부 기술을 이전하고 숙련노동자를 훈련시킬 수 있으며 고용 창출에 큰 도움을 줄 수 있다. 한국과 아프리카 모두에게 이익이 되는 일이다. 한국의 아프리카 진출은 중국과 같은 '싹쓸이 전략'을 택해서는 안 된다. 중국은 스타디움 건설, 대통령궁과 의회 및 외교부 건립 등과 같은 선심 외교를 펼치면서 아프리카에 진출했다. 아프리카인은 처음에는 이러한 중국의 선심을 환영했지만 나중에 중국 기업이 진출하면서 중국 노동자를 데려오고 공사가 끝난 후에는 이들이 불법으로 체류하면서 자신의 일자리까지 뺏는 것을 보고 중국에 대해 혐오감을 가지게 되었다. 중국은 결국 사탕발림으로 아프리카인을 속인 후 자신의 이익만 취한 셈이 된 것이다.

한국은 이러한 착취적인 방식으로 아프리카에 진출해서는 안 되며 서로에게 이익을 가져올 수 있는 방향으로 진출해야 한다. 그것이 우리에게 장기적으로 큰 이익을 안겨 줄 것이다.

남　부　아　프　리　카　교　통　망　건　설

　내가 관할하는 짐바브웨, 잠비아, 말라위, 모잠비크에서 많은 사람을 만나면서 여러 가지 이야기를 나누었다. 대부분 사람들은 이들 국가의 잠재력이 높다고 말한다. 중요한 이유 중 하나는 이들이 많은 천연자원을 가지고 있기 때문이다.

　짐바브웨는 40여 가지 중요한 광물을 가지고 있으나 광물 생산은 우선 현금을 확보할 수 있는 다이아몬드, 금, 백금 등 몇 가지 광물에 한정되어 있다. 나머지 광물들은 거의 개발이 되지 않은 채 땅속에 묻혀 있는 것이다.

　잠비아는 구리의 주생산국으로 유명한 국가이다. 북쪽 DR콩고와 접경하고 있는 광범한 지역에 엄청난 양의 구리가 묻혀 있고 이미 백여 년 전부터 구리를 채굴하고 있다. 코퍼벨트에는 구리만 매장되어 있는 것이 아니다. 코발트, 니켈, 망간 등 다른 광물도 다량 매장되어 있다. 코퍼벨트의 일부를 차지하고 있는 DR콩고는 아프리카 최대의 자원보유국이라고 해도 과언이 아닐 정도로 많은 천연자원을 보유하고 있다.

　말라위는 작은 국가이고 상대적으로 천연자원이 적다. 그러나 말라위에도 우라늄, 석탄, 희토류 등이 매장되어 있다. 세계적인 호수인 말라위 호수 밑에 석유가 매장되어 있을 가능성도 높다. 모잠비크는 테테에서 나오는 석탄으로 유명한 나라이다.

　모잠비크의 서북쪽 지역인 테테는 세계적인 석탄 생산지로 특히 용광로에서 쓰는 열량이 높은 점결탄(coking coal)이 다량으로 묻혀 있다. 모잠비크에 석탄만 있는 것은 물론 아니다. 한반도의 4배에 달하는 이 넓은 나라에는 석탄 외에도 철광석, 탄탈륨 등을 비롯 수많은 광물이 묻혀 있는데 아직 탐사가 제대로 되지 않아 광물의 종류와 매장량에 대한 정확한 정보가 부족하다. 2,600킬로미터에 달하는 긴 해안선을 가진 이 나라의 인도양 연안에서는 최근 대규모 가스전이 발견되었으며 석유 발견도 유망하다. 가히 자원의 보고라고 할 수 있는 나라이다.

이렇게 많은 자원을 보유한 나라들이니 발전 잠재력이 높다고 말하는 것은 과언이 아니다. 그러나 이 나라들에 결정적으로 부족한 것이 있다.

그것은 바로 교통 인프라이다. 구체적으로 말해 현대식 도로와 철도가 결핍되어 있는 것이다. 남아공을 제외한 남부 아프리카 국가들에게 공통적으로 필요한 것은 전기, 수도, 통신, 교통 등 인프라 개선이다. 나는 이 중에서도 가장 시급한 것이 교통 인프라라고 생각한다. 왜냐하면 이들이 경제 발전을 이루기 위해서는 가지고 있는 자원의 부가가치를 높여 이를 수출한 후 벌어들이는 돈으로 계획을 세워 다른 인프라를 하나하나 개선해나가는 것이 순리에 맞는 것으로 생각하기 때문이다.

돈이 없는 나라에서 우선적으로 자본을 형성하기 위해서는 자신이 가지고 있는 강점을 최대한 활용하는 것이 중요하다. 남부 아프리카 국가들의 경우 그것은 지하자원이다. 문제는 캐낸 광물을 제대로 수송할 수 있는 교통망이 없다는 사실이다. 도로와 철도가 있기는 하지만 빈약하기 짝이 없다. DR콩고의 코퍼벨트에서 캐낸 광물을 잠비아와 짐바브웨를 거쳐 먼 남쪽에 있는 남아공의 항구로 보내야 하는 실정인데 좁고 구불구불한 도로를 따라 트럭이 무거운 광물을 일일이 실어날라야 한다. 만일 4차선 산업 고속도로와 2차선 현대식 전기철도가 이 국가들을 상호 연결한다고 생각하면 얼마나 큰 변화를 가져올 것인지 상상하기 어렵지 않다.

문제는 도로나 철도가 한 나라에만 해당하는 일이 아니라는 사실이다. 내륙국들이 많고 국가가 서로 연결되어 있어서 남부 국가들을 한 그룹으로 해서 도로와 철도를 건설해야 실효성이 있다. 내가 구상하고 있는 것은 DR콩고, 잠비아, 짐바브웨, 말라위, 모잠비크 5개국이 합동으로 교통 인프라 건설 프로젝트를 추진하는 것이다.

나는 이 구상을 실현에 옮기기 위해 각 개별국가에게 아이디어를 설명하고 의사를 타진하기 시작했다. 내가 주재하고 있는 짐바브웨에서 관련 장관과 차관들에게 우선 제안을 설명한 후 대통령에게 보고해주기를 요청했다.

나는 이 프로젝트를 실현하기 위해 3단계 추진방안을 제시했다. 첫째 단계는 각국 정부가 전권을 가진 교섭대표를 임명하는 것이다. 이 교섭대표들이 지역 간 교통 인프라 구축협정 체결 협상을 시작하는 것이다. 한국의 역할은 교섭이 원활하게 그리고 신속하게 이루어질 수 있도록 도와주는 것이다. 이를 위해 협상 전문가를 파견하고 각국 수도에서 협상이 전개될 때 협상대표의 여비 등 필요한 경비를 지원하는 것이다. 이는 내가 루사카에서 잠비아 교통장관과 협의할 때 아프리카 측에서 나온 요청이다. 한마디로 처음부터 한국이 주인의식(ownership)을 가지고 이 프로젝트를 추진해주기 원하는 것이다.

이렇게 해서 협상이 타결되어 정부 간 협정이 체결될 경우 2단계에 돌입한다. 그것은 5개국이 공동 정부보증(sovereign guarantee)으로 프로젝트 추진에 필요한 자금을 마련하는 일이다. 이를 위해 5개국 재정 대표단을 구성하고 이 대표단에 대한 자문을 한국의 재정 전문가가 담당한다. 이들은 뉴욕과 런던 등 전통적인 금융시장은 물론 요즘 새롭게 등장한 국부펀드의 중심지인 사우디, 쿠웨이트, UAE 및 중국 등 중동과 아시아 국가들을 다니면서 이 프로젝트에 필요한 재원을 확보할 수 있도록 교섭하는 일이다.

아마 이 단계가 가장 어려울 것으로 생각한다. 가난한 아프리카 국가에게 막대한 자금을 선뜻 지원해줄 만한 국가가 흔치 않을 것이기 때문이다. 그러나 막대한 자원을 보유한 5개국이 공동으로 보증하고 또 이 사업의 성격이 매우 공익적인 점을 감안할 때 불가능한 일은 아닐 것으로 생각한다. 또 세계 금융의 흐름에 밝고 프로젝트 파이낸싱에 많은 경험을 가진 한국 전문가가 도울 경우 일을 성사시킬 수 있을 것으로 믿는다.

가장 어렵게 생각되는 2단계가 끝나면 일은 이미 절반쯤 성사된 것과 같다. 나머지 3단계는 많은 굵직한 해외 건설공사 경험을 가진 한국의 건설회사가 주계약자가 되어 남부 아프리카 5개국과 계약을 체결하고 주계약자 책임 하에 세계적인 기업들로 컨소시엄을 구성하여 사업에 착수할 진용을 갖추는 일이다. 이렇게 경험을 갖춘 일류기업들로 컨소시엄이 구성되면 남부 아프리카 5개국을 상호 연결하는 현대식 산업 고속도로와 철도를 건설하는 일대 역사가 시작되는 것이다. 몇 년이 걸릴지 장담할 수는 없지만 공사가 시작되면 요즘의 발달한 기술로 봐서 그렇게 오래 걸리지는 않을 것이다. 가히 남부 아프리카의 지도가 바뀌는 일이며 이 지역의 역사에 기록될 것이다.

나는 이 프로젝트를 추진하기 위해 내가 관할하는 4개국의 관련 장관들을 모두 직접 만나 아이디어를 설명하고 반응을 기다리고 있다. DR콩고에 주재하는 우리 대사를 통해 DR콩고 정부에도 이 프로젝트 참여를 요청해 놓았다.

이러한 큰일을 추진하는 것이 쉽지 않다는 것을 잘 알고 있다. 그러나 나는 이 일이 여러 가지 어려움에도 불구하고 추진해볼 가치가 있는 일이라고 믿고 있다. 내 임기 중에 이 일이 성사될 것으로 믿지는 않는다. 그러나 내가 첫 번째 단추를 끼울 수 있다면 만족한다. 첫 번째 단추가 잘 끼워진다면 어떻게든 일은 굴러갈 것이다. 남부 아프리카 사람들도 처음에는 반신반의하겠지만 이러한 웅장한 계획이 하나씩 하나씩 현실로 등장하는 것을 보면 인식이 달라지리라 믿는다. 사람은 눈으로 보아야 믿지 눈에 보이지 않는 것은 좀처럼 믿지 않는다. 정부 간 협정이 체결되고 금융 조달을 위한 대표단이 구성되어 이 나라 저 나라를 다니고 마침내 금융협상이 타결되고 그리고 드디어 한국 기업이 주계약자가 되어 컨소시엄이 구성된다는 소식을 들으면 남부 아프리카의 많은 사람이 환호성을 지를 것이다.

나는 그러한 일이 이루어지기를 바라고 그러한 순간을 목격하고 싶다. 남부 아프리카 교통인프라 프로젝트는 어느덧 나의 꿈이 되었다.

아 프 리 카　개 발 의　관 건 은　자 본

　　아프리카에 근무하면서 많은 사람과 만나 아프리카의 경제 발전에 관한 이야기를 나눈다. 한국은 아프리카의 경제 발전에 관한 한 특별한 교훈을 줄 수 있는 입장에 있다. 불과 50여 년 사이에 최빈국이었던 나라가 선진국의 반열에 올라선 것은 한국이 거의 유일하기 때문이다. 1960년대 초반까지만 하더라도 한국은 대부분의 아프리카 국가들보다 더 가난한 나라였다. 그러던 것이 50년이 지난 지금에는 그 당시 한국보다 나았던 아프리카 국가들도 감히 한국을 따라갈 엄두도 내지 못할 만큼 한국은 비약적으로 성장했다.

　　그러니 아프리카 국가들이 한국에게 경제발전의 비결이 무엇이냐고 묻는 것은 당연하다. 이들은 그 비결을 가급적 간단히 설명해달라고 요청하는 경우가 많다. 나는 그럴 때 보통 세 가지를 든다. 정부의 역할, 교육, 그리고 기업가 정신이다.

　　한국이 경제 성장을 함에 있어서 정부가 주도적인 역할을 한 것은 잘 알려져 있다. 정부의 개발 계획과 정책 그리고 기업에 대한 지원이 없었더라면 한국의 경제 발전은 불가능했을 것이다. 그다음에는 교육이다. 우리 부모 세대는 자신들은 못 배우고 못 입어도 자식들만은 잘 가르치려고 노력했다. 이와 같은 부모의 희생이 있었기에 한국은 경제 발전을 이룰 수 있었다. 부모들의 교육에 대한 지나친 관심은 요즘에 와서는 사회적인 문제가 되고 있지만 한국인의 자녀 교육에 대한 정열과 투자는 우리 경제 발전의 밑받침이 되었다. 그리고 기업가 정신이 있다. 이병철, 정주영, 김우중, 박태준 등으로 대표되는 한국의 전설적인 기업인들이 얼마나 투철한 정신으로 산업을 일으키고 기업을 키웠는지 모르는 사람은 없다. 이들은 지금 전 세계에서 한국의 브랜드가 된 삼성, 현대, LG, 대우, 포스코 등 대기업을 세웠고 이들을 세계적인 기업으로 키웠다. 남다른 정열과 도전정신을 가진 기업가들이 없었더라면 한국의 기업이 오늘과 같이 세계적인 대기업으로 성장하기는 어려웠을 것이고 대기업의 놀라운 성장이 없었더라면 한국의 오늘은 퍽 다른 모습을 가지고 있을 것이다. 나는 이 밖에도 한국의 경제 성장에는 많은 다른 요소가 있다는 전제를 달면서 이 세 가지 요소에 대해 자세히 설명해주곤 한다.

그러다가 혼자 곰곰이 생각한다. 과연 이 세 가지가 가장 중요한 요소였을까? 혹시 이 보다 더 중요한 요소는 없을까? 그러면서 무릎을 친다. 아 그렇다, 그것은 자본이다. 결국 여러 요소가 결합되어 무역, 산업, 투자 등이 발달하자 자본의 흐름이 풍성해지면서 한국은 경이적인 경제 성장을 이루게 된 것이다. 경제는 흐름이고 이 흐름 중에 가장 중요한 것은 돈의 흐름이다. 돈줄이 막히면 경제는 빈사 상태에 빠지기 마련이다. 돈은 흐르는 것이기 때문에 영어에서도 돈은 액체에 비유된다. 돈을 유동성(liquidity)이라고 하는 것이다.

한국이 경제개발 초기에 가장 애를 먹은 것은 사업에 필요한 자금을 확보하는 것이었다. 한국은 산업 개발에 필요한 자금을 마련하기 위해 일본으로부터 받은 청구권 보상금은 물론이고 일본과 미국 등으로부터 갖은 고초를 겪으면서 돈을 빌려다 썼다. 한국인의 특유한 근면과 성실로 우리는 어렵게 빌린 돈을 가지고 산업 투자에서 성공을 거둠으로써 한국은 점차 산업 국가로 변모했고 자동차, 전자, 제철, 조선, 석유화학 등에서 계속적으로 눈부신 성공을 거둠으로써 한국은 면모를 완전히 일신하고 세계적인 산업국가로 성장했다. 그 원동력이 된 것은 처음에 어려운 여건에도 불구 불굴의 용기와 투지를 가지고 필요한 자본을 외국으로부터 빌렸다는 사실이다. 한국 정부나 기업인이 외국으로부터 필요한 자금을 빌리지 못했더라면 초기 단계에서부터 한국의 산업 개발은 좌초되었을 것이고 공업입국이라는 한국의 계획은

꿈으로만 남게 되었을지도 모른다.

이와 같이 자본은 중요한 것이다. 자본은 자본을 낳는다고 한다. 한국이 산업의 한 분야, 한 분야에서 성공을 거두자 돈의 흐름이 훨씬 원활해졌다. 외국 은행들의 한국을 바라보는 시각이 달라지고 한국에 대한 신뢰가 생겨 보다 쉽게 돈을 빌려주었기 때문이다. 또 외국 투자가들도 한국 시장에 매력을 가지고 여러 분야에 투자를 하기 시작했다. 이렇게 되면 돈이 돌기 마련이다. 돈의 흐름이 좋아지면서 한국은 보다 공격적으로 신규 프로젝트를 개발하고 새로운 산업을 일으켰다. 산업 발전은 상승효과를 일으켜 전방과 후방으로 많은 일자리를 만들고 부품을 생산하는 많은 중소기업을 탄생시켰다. 이렇게 해서 대기업과 중소기업이 공존하는 산업 구조가 형성되고 국가 경제가 균형을 이루면서 발전하게 된 것이다. 이렇게 된 배경에는 돈의 흐름이 놓여 있다. 결국에는 돈의 원활한 흐름이 우리에게 놀라운 경제 발전을 가져다 준 것이다. 이것이 나에게 떠 오른 생각이었다.

아프리카로 눈을 돌려 보면, 아프리카가 빈곤과 저개발의 악순환을 되풀이하는 이유는 결국 자본의 부족이다. 정치, 경제, 사회 분야의 제반 문제, 즉 부패, 교육, 물, 위생, 전기, 통신, 교통 등 많은 숙제가 자본 부족으로 개선이 지연되거나 아예 개선이 이루어지지 않고 있다. 농산물과 천연자원의 수출 그리고 외국의 원조에 의존하는 경제구조를 가진 아프리카가 돈의 홍수를 맛볼 수 있는 기회는 거의 없다. 그러므로 자본이 부족한 아프리카 국가들은 자신이 안고 있는 문제에 대해 종합적으로 접근하지 못하고 단편적(piecemeal)으로 접근하고 있다. 이렇게 단편적으로 접근하다 보면 몇몇 문제가 다소 개선된다고 하더라도 그 사이에 다른 문제가 악화되거나 새로이 부각됨으로써 이를 상쇄해버릴 뿐 아니라 시간이 지나 다른 문제들에 신경을 쓰다 보면 한번 개선된 문제도 다시 악화되기 마련이다.

이렇게 악순환이 계속되기 때문에 아프리카는 항상 저개발, 저소득, 그리고 개선되지 않는 문제들에 시달리고 있다. 이를 근본적으로 타개하는 방법은 아프리카에 자본이 홍수와 같이 밀려들어오는 것이다. 이렇게 되면 갑자기 밀어닥친 많은 돈을 어떻게 쓸지 처음에는 당황할지 모르나 결국에는 시간이 지나면서 자본을 경제·사회의 각종 문제들을 해결하는 데 쓰게 되고 그동안 안고 왔던 많은 고질적인 문제가 한꺼번에 해결되면서 아프리카는 생각할 수 없는 변화의 경험을 맛보게 될 것이다.

세계의 여러 대륙 중에서 아프리카만이 지금까지 역사상 한 번도 영화를 누려보지 못한 대륙이라고 한다. 이 이야기는 뒤집어 놓고 보면 아프리카에도 영화가 닥쳐올 가능성이 높다는 것이다.

아프리카가 영화를 누리는 길은 단편적으로 발전하는 것이 아니라 종합적으로 발전하는 것이다. 아프리카는 자신이 안고 있는 문제들을 종합적으로 다루어야 할 필요가 있다. 이를 위해서는 통상적으로 생각하는 것보다 훨씬 많은 자본이 아프리카로 들어와야 한다.

세계 금융시장은 2008년 금융 위기 이후 빠른 속도로 변화하고 있다. 투자할 곳을 잃은 뭉칫돈이 적절한 투자처를 찾고 있다. 중국이 아프리카에 많은 공을 들이는 것도 따지고 보면 딱히 투자처가 없는 막대한 저축의 일부를 미래를 위해 아프리카에 투자하는 것으로 볼 수 있다. 중국은 자칫하면 인플레를 일으킬 수 있는 엄청난 저축을 국내에 쌓아 놓을 수 있는 입장이 아니며 이를 어디엔가 투자해야 하는 것이다. 세계에는 신흥 부자국가들이 많이 생겼으며 이들은 엄청난 국부펀드를 보유하고 있다. 중동 산유국, 러시아를 비롯한 CIS 국가, 중국, 한국, 동남아국가들, 인도, 브라질 등 신흥국가들로 인해 금융시장은 급속히 다변화되고 있다.

이제 더 이상 국제금융이 미국과 서유럽을 통해서 조달되는 그러한 시대는 지나가고 있다. 제2, 제3의 중국과 같은 국가들이 대규모 투자를 가지고 아프리카에 진출하고, 아프리카 국가들 스스로가 금융대표단을 구성해서 국부펀드 국가들을 상대로 금융을 조달하고, 아프리카의 풍부한 노동력과 막대한 토지를 이용하여 아프리카에 산업시설을 짓는 일이 늘어나고, 아프리카의 막대한 지하자원이 채굴된 후 현지 가공공장을 통해 부가가치가 높은 원자재로 외국에 수출되는 등 여건이 변화하면 아프리카라고 해서 영원히 자본의 불모지가 될 리는 없다.

아프리카에 막대한 자본이 유입될 경우 우리가 상상하는 이상으로 아프리카는 빠른 시일 내에 놀라운 변화를 체험하게 될 것이다.

코　카　서　스　　　산　맥

　　흑해와 카스피해 사이에 위치한 코카서스 산맥은 길이 1,200킬로미터, 폭이 180 킬로미터에 이르는 큰 산맥이다. 흔히 백인을 코카시안이라고 하는데 유럽인은 코카서스를 유럽의 일부로 생각한다. 따라서 유럽에서 가장 높은 산은 코카서스에 있는 해발 5,600미터의 엘브루스이다. 코카서스에서 가장 매력적인 산악지역은 북부 코카서스 서쪽의 클루코 능선으로부터 동쪽의 그루지야 군사도로에 이르는 지역이다. 이 지역에는 5천 미터가 넘는 준봉들이 밀집해 있다. 엘브루스를 비롯 쉬카라, 코쉬탄 등 바위산과 두 개의 뿔과 같이 생긴 우쉬바, 장엄한 모습의 카즈벡 등이 특히 유명하다. 서쪽인 아제르바이잔 쪽으로 오면 산들이 조금 낮아진다. 아제르바이잔 코카서스에는 주로 3천-4천 미터 급의 산들이 자리 잡고 있다.

　　코카서스는 원래 인종이 많기로 유명한 곳이다. 코카서스의 많은 인종 중 현재까지 남아 있는 민족은 소수에 불과하다. 체첸, 잉구세티야, 다게스탄, 오세티야, 압하지야, 레즈기, 그루지야, 아제르바이잔 등이다. 그러나 옛날에는 달랐다고 한다. 로마인들은 코카서스에서 비즈니스를 하기 위해서는 수십 명의 통역을 대동해야 할 정도였다. 10세기 아랍 학자 알 마수디는 이 지역에 사는 민족이 얼마나 많은지는 신만이 알고 있다고 말하기도 했다.

　　나는 아제르바이잔에서 대사로 있던 때 코카서스를 방문할 기회를 여러 번 가졌다. 처음에는 높은 산과 좋은 경치에 감탄하면서 산기슭이나 산 주변 등 차로 접근이 가능한 곳만 다녔으나 나중에는 직접 등산을 했다. 내가 등산한 산은 2,500-3,000

미터 정도의 산들이었다. 등산하면서 우리나라와는 여러 가지 다른 점이 있음을 발견했다. 우선 사람이 전혀 없다. 등산객은 물론 마을사람이나 아이들도 좀처럼 산에 다니지 않는다. 오직 목동들이 닦아놓은 길만이 있을 뿐이다. 산속에 들어서면 이 넓은 곳을 독차지했다는 느낌이 든다. 사람으로 붐비는 우리나라의 산에 익숙해 있다가 전혀 다른 환경에 접하니 신선한 충격이었다. 다음으로는 등산이 비교적 용이했다. 한참을 끙끙거리고 올라가면 넓은 목초지대가 나와 가볍게 거닐면서 휴식을 취할 수 있었다. 이 목초지대를 지나면 다시 산을 올라가는 구조로 되어 있고 힘들다 싶으면 또 목초지대가 나타난다. 이런 식으로 몇 번을 거듭하다 보면 정상에 오르는 것이다. 마지막으로 큰 산맥지대에서 느낄 수 있는 것이지만 가도 가도 끝이 없는 첩첩산중이라는 것을 확실히 느낄 수 있다. 자기가 오르고 있는 산은 코카서스 산맥의 극히 일부에 지나지 않는다. 동서남북 어디를 보아도 수많은 산에 둘러싸여 있다는 사실에 자연의 웅장함을 실감할 수 있다.

산속의 양치기 캠프에서 먹는 점심은 정말 꿀맛이다. 동네 사람들끼리 당번을 정해 1-2주일씩 산속에서 지내면서 마을 사람들의 양을 공동으로 돌본다고 하는데 양고기와 양젖의 맛이 일품이다. 양젖을 어떻게 짜며 치즈는 어떻게 만드는지도 바로 옆에서 지켜볼 수 있다. 목동들은 정말 순박한 사람이다. 이들의 친절과 환대는 코카서스 등산의 기쁨을 훨씬 증가시킨다. 고지대에 있는 마을에서 하루 저녁을 잔 뒤 다음 날 등산한 적도 있었는데 밤하늘을 뒤덮은 찬란한 별들의 모습에 감동을 받았다. 사막에서 본 것과 비슷하게 하늘 전체를 별로 도배해놓은 것 같았다.

코카서스를 가 본 사람이면 모두 느끼지만 전혀 개발이 되지 않았다는 사실이다. 원시림과 때 묻지 않은 자연이 그대로 보존되어 있으며 도로, 통신, 전기 등 문명의 흔적이 거의 없다. 여기에는 이유가 있다. 러시아가 코카서스를 점령하는 데는 많은 시간이 걸렸고 많은 희생이 있었다. 코카서스인이 완강히 저항했기 때문이다. 1801년 그루지야 병합으로부터 1864년 시르카시아 점령에 이르기까지 코카서스 전쟁에

아제르바이잔에서 흔히 보는 길을 건너는 양떼의 모습

서 약 2만 4천 명의 러시아 병사와 8백 명의 장교가 전사했으며 이보다 세배 정도의 병력이 부상하거나 포로가 되었다.

지금도 체첸이나 다게스탄 같은 곳에서는 반러시아 세력이 있으며 이들에 의한 테러가 심심치 않게 발생한다. 이러한 상황에서 제정러시아나 그 뒤를 이은 소련은 코카서스를 개발하려고 하지 않았다. 괜히 도로나 통신시설 같은 것을 만들어 놓으면 산악 민족끼리 연합하여 반란을 일으킬 염려가 있었기 때문이다. 이러한 정치적인 이유 때문에 오히려 코카서스는 자연 그대로 남게 되었다. 코카서스인에게는 화가 복이 될지도 모를 일이다.

석 유 의 나 라 아 제 르 바 이 잔

나는 2006년 3월 1인 공관장으로 아제르바이잔에 부임했다. 유엔대표부에서 근무하던 중 신설되는 아제르바이잔 공관장으로 내정되었는데 당시 노무현 대통령의 국빈 방문이 확정되자 부랴부랴 임지로 떠난 것이다. 제대로 정착도 못 한 상태에서 정신없이 대통령 방문 행사를 치르게 되었다. 다행히 정상 방문은 성공적이었으며 양국 간에 정규 대사관을 개설키로 합의했다. 이런 연고로 해서 나는 그해 12월 초대 아제르바이잔 상주대사로 임명되었다.

아제르바이잔은 한국보다 약간 작은 땅에 900만 명 정도의 인구를 가진 나라이나 석유와 가스가 많은 자원부국이다. 아제르바이잔의 수도 바쿠는 서양에 일찍부터 잘 알려진 도시이다. 그것은 바쿠의 석유 때문이다. 바쿠는 1848년 세계에서 최초로 상업적으로 원유를 채굴하기 시작한 곳이다. 펜실베이니아의 타이투스빌에서 1859년부터 상업적 원유를 생산했으니 바쿠는 미국보다 11년이나 앞선 셈이다. 우리도 잘 알고 있는 노벨형제들, 유태인 자본가 로스차일드, 로열 더치 셸의 창업자 사무엘 형제 등이 모두 바쿠의 원유 개발에 참여했다. 바쿠는 그루지야 출신의 젊은 혁명가 스탈린이 원유노동자들을 선동하여 파업을 일으킨 혁명학습장으로도 유명하다. 당시 스탈린은 '코바'(제어할 수 없다는 뜻)라는 암호명으로 활동했다.

2차 대전 시 히틀러는 바쿠 점령에 우선순위를 두었으나 독일군이 스탈린그라드에서 패하는 통에 살아남게 되었다. 측근들이 파티에서 준비한 소련 모양의 케이크에서 히틀러는 바쿠를 상징하는 초콜릿을 집을 정도로 바쿠 공략에 집착을 보였다

바쿠 근처에 있는 조로아스터교(배화교) 기념 사원. 이슬람이 들어오기 전 아제르바이잔에는 조로아스터교가 성행했다.

고 한다. 어쨌든 바쿠는 살아남아 소련군에게 에너지를 공급함으로써 2차 대전의 명운을 가른 도시가 되었다. 1991년 소련으로부터 독립한 바쿠는 1994년 서방 메이저들과 원유 개발 계약을 체결하고 카스피해에서 대규모 유전 개발에 성공한 데 이어 바쿠-트빌리시-제이한을 잇는 BTC 파이프라인까지 건설함으로써 옛날의 화려했던 명성을 되찾아가고 있다.

아제르바이잔은 흑해와 카스피해 사이에 위치해 있는데 동서남북으로 러시아, 터키, 이란, 중앙아시아국가 등 강국에 둘러싸여 있는 형태로서 복잡한 역사를 가지고 있다. 원래 아제르바이잔의 원주민은 코카서스 민족과 이란계 민족이 중심이었는

데 복잡한 역사를 거치면서 현재
는 터키민족이 주류를 이루는 터
키계 국가로 바뀌었다.

아제르바이잔의 국부로 알려
진 헤이다르 알리예프 전 대통령
은 원래 소련의 정보요원 출신이
다. 헤이다르는 독립 직후 혼란한
국내정세를 안정시키고 서방 메
이저들과 유전개발 계약을 체결
하여 경제 발전의 초석을 놓은 공
로로 국부 취급을 받고 있다. 현
재의 대통령은 그의 아들 일함 알
리예프이다. 일함은 아버지의 병
세가 위중해지자 권력을 이양받
기 위해 급조된 인물이다. 2008
년 일함은 대통령으로 재선되었
는데 재선된 후에도 각료들을 전

바쿠 근처에 있는 가스가 분출하는 곳. '영겁의 불'이라고 불린다. 가스
가 많은 아제르바이잔에서는 이러한 곳이 많이 있다. 심지어 깊은 산
중인 코카서스 산맥 중턱에도 있다.

혀 교체하지 않았다. 일함 곁에는 아버지 때부터의 구세력과 자신이 새로 임명한 신
세력이 있다. 일함은 신구세력 간의 균형을 유지하는 데 능하다. 따라서 정권은 안
정되어 있으나 개혁은 어렵다.

아제르바이잔 각료 대부분이 개인 사업을 운영하고 있다. 이들은 호주머니가 두
개인 셈이다. 정부 각료가 개인 사업을 운영하면 부정부패가 심할 것은 뻔한 일이다.
아제르바이잔이 정상적으로 발전하기 위해서는 부패의 고리와 정경유착의 고리를
끊어야 한다. 이를 위해 우선적으로 필요한 것은 깨끗하고 유능한 인물을 등용하는

아제르바이잔의 전형적인 육상 유전지대

바쿠 근처 육상에 있는 오래된 석유채굴시설. 카스피해의 해상유전에는 최신식 시설이 설치되어 있다.

카스피해 근처에 있는 진흙화산(mud volcano). 가스 압력으로 진흙이 분출하여 형성된다.

유전지대를 배경으로 한 바쿠시 전경

것인데 현 대통령은 그런 일을 전혀 하지 않고 있다. 아제르바이잔이 비록 석유·가스 부국이지만 아직 갈 길이 먼 나라라는 평가를 받고 있는 이유가 여기에 있다.

나는 아제르바이잔에서 3년 8개월간 근무하면서 쓴맛과 단맛을 다 보았다. 아제르바이잔은 내가 최초로 대사로 임명된 곳이자 가장 오래 근무한 곳이기도 하다. 창설 공관이다 보니 대사관과 관저를 정하는 것부터 시작해서 직원을 보강하고 업무 시스템을 갖추는 등 여러 가지 일이 많았다. 양국 정상들의 상호 교환 방문을 필두로 국무총리와 국회의장 등 최고위급의 교환방문으로 많은 행사를 치러야 했으며 우리 기업들의 진출이 줄을 이었다. 그러나 처음 기대와는 달리 막상 아제르바이잔에서 이루어지는 일은 많지 않았다.

그것은 그들이 우리와 파트너십을 이룰 만한 여건을 아직 갖추고 있지 않기 때문이었다. 가장 두드러진 차이는 한국의 시계와 아제르바이잔의 시계가 서로 다른 점이었다. 빠르게 움직이는 한국의 시곗바늘을 아제르바이잔이 따라오는 것은 역부족이었다. 결국 수많은 일을 마무리 짓지 못한 채 한국으로 돌아왔다. 한국에 와서도 아제르바이잔 소식이 들리면 저절로 귀를 기울이게 된다. 내가 아제르바이잔에서 쓰려고 했던 교향곡은 미완성으로 남았지만 언젠가, 누군가는 이를 완성시켜 줄 것으로 기대하고 있다.

내가 살았던 바쿠는 원유로 유명한 도시이다. 1848년 세계에서 최초로 상업적으로 원유를 채굴하기 시작한 이 도시에 19세기 말에는 노벨형제를 비롯 프랑스, 스웨덴, 독일, 벨기에, 덴마크, 그리스 등 유럽 각국의 투자 회사들이 정착했다. 이들이 원유로 돈을 벌어서 지은 유럽풍의 멋있는 건물들은 현재 바쿠의 상징이 되었으며 유네스코 문화재로 지정되어 있다.

1873년 노벨 가문의 장형 로버트가 라이플에 쓸 호두나무 목재를 구하러 바쿠에 왔다가 원유에 흥미를 가져 이곳에 주저앉았다. 화학전문가인 로버트는 원유를 정유할 때 가성소다를 써서 연기와 냄새를 없애는 방법을 개발했다. 이로써 바쿠의 많은 정유공장 중 로버트의 공장만이 깨끗한 등유를 생산했으며 이 등유는 유럽으로 수출되기 시작했다. 그러나 노벨이 바쿠의 석유재벌로 등장한 것은 1876년 동생 루드비히가 러시아로부터 바쿠에 도착한 뒤였다. 루드비히는 러시아 황실의 지원을 등에 업고 대기업가적인 자질을 발휘하여 석유산업에 몰두한 결과 수년 내에 미국을 능가할 만큼 비약적으로 생산을 증가시켰다. 루드비히는 '바쿠의 석유 왕'으로 등극했다.

석유 수송을 위해 파이프라인을 처음 설치한 사람도 루드비히다. 19세기 말까지 노벨회사는 112킬로미터에 걸쳐 326개의 파이프라인을 건설할 정도로 수송 분야에서 우위를 차지했다. 루드비히는 바쿠의 석유를 외부로 운송하기 위해 벌크 유조선을 최초로 진수시키기도 했다. 그가 고안한 벌크선은 카스피해의 높은 파도에 대비 선박의 안전을 위해 원유저장고를 21개로 분산시킨 형태였다. 1878년 진수된 이 선박은 배화교 창시자의 이름을 따 '조로아스터호'로 명명되었다. 그러나 본격적으로 바쿠의 원유를 유럽으로 수출하기 위해 바쿠로부터 흑해의 바투미까지 철도를 건설한 기업인은 유명한 유태계 재벌 로스차일드가의 알폰스와 에드몬드 형제들이다. 바쿠산 원유의 수출이 급증함에 따라 세계시장에서 미국의 점유율은 1888년 78%에서 1891년 71%로 떨어졌다. 이를 시발로 록펠러의 스탠다드 오일과 러시안 오일로 알려진 바쿠의 원유 간에 약 30년간 치열한 경쟁이 벌어졌다. 스탠다드 오일이 나중에 집요한 노력 끝에 노벨석유회사의 지분을 인수한 것은 이러한 경쟁으로 인한 것이다.

초기 원유 개발시대에 성공한 아제르바이잔인 중에서 타기예프가 가장 유명하다. 원래 석공이었던 타기예프는 1872년 러시아 황제의 칙령으로 유전 경매가 시작되었을 때 쓸모없이 보이던 비비-헤이바트 황무지를 906파운드에 구입했는데 이로부터 14년 후인 1886년 이 황무지의 석유공에서 시간당 3,500배럴이나 되는 석유가 솟아나왔다. 6일 동안 분출된 엄청난 석유로 바쿠시청이 잠길 정도가 되자 시당국에서는 석유공 폐쇄를 명할 정도였다. 타기예프는 석유 채굴에 이어 정유공장을 세우고 효과적인 수송체계를 갖춤으로써 석유재벌이 되었다. 타기예프는 모은 재산으로 교육, 문화, 신문 등 사회사업을 벌이고 많은 자선을 베풂으로써 '선한 사마리아인'으로 알려져 있다. 1920년 볼셰비키가 바쿠를 장악한 후에도 타기예프는 건드리지 못했는데 이는 대부분 볼셰비키 혁명가들이 타기예프의 은덕을 입은 때문이었다. 타기예프는 1924년 101세를 일기로 사망했으며 그의 바쿠 저택은 현재 역사박물관으로 사용되고 있다.

석유로 인해 영화를 누리던 바쿠는 1917년 제정러시아의 몰락과 1920년 볼셰비키의 바쿠 점령 그리고 소련의 출범으로 1994년 서방메이저들이 진출하기 전까지 74년간 외국의 투자가 차단되었다. 서방메이저들은 바쿠가 제정러시아와 소련에 의해 심한 수탈을 당했기 때문에 과연 석유가 충분히 있을지 의구심을 가졌는데 육지에서의 매장량은 많이 고갈되었으나 카스피해에 묻혀 있는 석유는 충분히 상업성이 있다는 결론을 내렸다고 한다. 어찌 되었든 서방메이저의 석유 및 가스 개발은 큰 성공을 거두어 ACG 유전, 샤데니즈 가스전 같은 우량 광구에서는 지금 석유와 가스가 펑펑 쏟아져 나온다. 서방회사들은 러시아를 거치지 않고 카스피해의 원유를 바로 지중해로 수송할 수 있는 BTC(바쿠-트빌리시-제이한) 파이프라인까지 건설함으로써 바쿠는 제2의 전성기를 맞고 있다.

서방메이저들이 바쿠의 원유와 가스를 독차지하고 있지만 우리에게도 기회는 있다. 카스피해에는 이남, 알로프, 카파즈, 압셰론, 우미드, 바벡 등 아직 미개발인 광구가 여럿 있으며 이들이 대박을 터뜨릴 가능성은 언제든지 있다. 또 서방메이저들이 카스피해에서 가지고 있는 광구를 매각하는 경우도 흔히 있으므로 늘 관심과 주의를 기울이면서 주재국과 평소에 좋은 관계를 유지하고 있으면 우리에게 기회가 올 수 있다. 바쿠는 아직도 우리에게 매력적인 도시인 것이다.

나 고 르 노 - 카 라 바 흐 (N K) 영 토 분 쟁

우리에게는 잘 알려지지 않았지만 아제르바이잔과 아르메니아 사이에는 나고르노-카라바흐(Nagorno-Karabakh)라는 지역이 있다. 이 지역은 구소련 시절 아제르바이잔의 땅이었는데 소련 해체 후 아르메니아가 이를 차지했다. 물론 평화적인 방법으로 주인이 바뀐 것은 아니다. 처음에는 주민들 간의 충돌, 그다음에는 민병대 간의 충돌로 점차 확대되더니 결국에는 양국 정규군 간 전쟁으로 확대되었다. 이 전쟁에서 승리한 아르메니아가 NK를 차지한 것이다. 이로 인해 양국은 원수가 되었으며 국경이 단절되었다. OSCE와 유엔은 이 문제를 평화적으로 해결하기 위해 중재 노력을 하고 있으나 양국의 입장이 첨예하게 대립되어 아직 실마리를 찾지 못하고 있다.

사실 아제르바이잔에는 2개의 영토 문제가 있다. 하나는 NK문제이고 또 하나는 '남아제르바이잔'이라고 불리는 이란 내의 아제르인 거주 지역 문제이다. 아제르바이잔이 분단된 것은 19세기 초반 남진 정책을 구사하는 러시아와 역내 강국 이란 간에 벌어진 10년 전쟁에서 패한 이란이 러시아와 두 번에 걸쳐 조약을 체결하면서 경계를 정하기 위해, 아제르 민족의 의사와는 관계없이 아제르바이잔을 남북으로 갈라 북은 러시아가 차지하고 남은 이란이 차지하면서 일어난 일이다. 강국들의 다툼으로 인해 소국 아제르바이잔이 희생양이 된 셈이다. 아제르인은 남·북 아제르바이잔의 통일에 대해서는 거의 거론하지 않는다. 거론해봤자 가능성이 없기 때문이다. 이란이 자신의 땅을 아제르바이잔에게 돌려줘야 하는데 이것이 가능하겠는가?

반면 아제르인은 20여년 전 상실한 NK를 회복하는 문제에 전력을 기울이고 있

나호치반과 아르메니아 간의 국경지대. 저격수들이 지키고 있다. 나고르노-카라바흐 사태로 인해 아르메니아에 둘러싸이게 된 섬과 같은 존재인 나호치반은 아제르바이잔의 특별자치지역이다.

다. NK 회복은 국가적으로 제1의 과제이며 언론도 NK 문제를 최우선적으로 다루고 있다. TV에서 NK의 옛 모습을 방영하지 않는 날은 하루도 없다. 대통령을 비롯하여 정치인들은 모든 연설에서 반드시 NK 문제를 거론하는 것이 철칙이다. 정치인뿐 아니고 공무원, 경제인, 예술인, 학자 할 것 없이 모든 지식층이 NK 문제에 대해서는 한목소리를 내고 있다. 마치 주문과도 같이 뺏긴 영토의 회복을 갈망하고 있는 것이다. 이에 반해 아르메니아는 NK 점령을 기정사실화하는 분위기이다. 아르메니아 언론은 NK 문제에 대해 시큰둥하다. 아르메니아인은 전쟁에서 이겼으니 NK는 아르메니아 땅이 되는 것이 당연하다고 생각하고 있다. 아르메니아에서는 설사 양보한다고 해도 NK를 아제르바이잔에 돌려주는 것보다 독립국으로 만들어야 한다고 생각하는 사람들이 더 많다.

'카라바흐'라는 말은 터키어와 페르시아어가 혼합된 단어로서 보통 '검은 정원(Black Garden)'으로 번역된다. NK사태로 말미암아 이제 '검은'이라는 단어는 죽음과 비참함을 상징하는 말이 되고 말았다. 카라바흐의 연원은 14세기로 거슬러 올라가며 아르메니아 쪽에서는 '아르트사크(Artsakh)'라고 부른다. 지리적으로 카라바흐는 고원지대와 아제르바이잔 평원을 포함하는 광범위한 지역이다. '나고르노'라는 말은 러시아어로 산악지대를 일컫는 말이다. 아제르바이잔은 NK의 상실로 국토의 20%를 잃었으며 수많은 난민을 갖게 되었다. 역사를 따져보면 보다 복잡하지만 NK 사태가 일어난 이유는 한마디로 이슬람교도인 소수 아제르인(5만 명)이 기독교도인 다수 아르메니아인(14만 명)을 지배하는 구조가 근본적인 원인이었다. 다수인 NK의 아르메니아인은 이 땅을 아르메니아로 귀속시키려고 하고 아제르바이잔은 절대 안 된다고 하니 분쟁이 일어나지 않을 수 없었던 것이다. 소련이 붕괴하려고 할 때부터 양측 사이에 충돌이 간헐적으로 일어났던 이 사태는 아제르바이잔과 아르메니아가 각각 독립한 후 본격적인 전쟁으로 돌입함으로써 돌아올 수 없는 강을 건너고 말았다.

양측 합쳐서 3만 명 이상의 사망자와 아르메니아 측에서 30만 그리고 아제르바이잔 측에서 1백만 난민을 발생시킨 NK 사태의 최대 피해자는 결국 양국 국민이다. 서로 적국이 된 채 교류가 단절된 양국의 젊은이들은 점차 멀어지고 있다. 사람들 모두 예전에 평화롭게 공존하던 시절이 있었다는 사실을 망각해가고 있는 것이다.

지난 2세기 동안 양 민족 간에는 대량학살과 같은 불행한 과거가 있었지만 항상 갈등 속에서 지내지는 않았다. 양 민족 간에 이루어진 수많은 결혼이 이를 증명하고 있다. 난민들의 고통, 이산가족들의 아픔이 이 문제에 깊이 연루되어 있다. 단절이 오래 갈수록 이들의 고통이 커질 것은 뻔한 일이다. 그뿐만 아니라 양 국민 간에

나흐치반에 있는 한 호수. 여기 보이는 섬이 움직여다니는 것으로 유명하다.

제정러시아 시대의 한 궁전 내부

오해와 적개심이 보다 깊어질 위험에 놓여 있다. 양측이 조금씩 양보하면 이 문제의 해결 방법이 전혀 없는 것은 아니다. 비극이 새로운 희망으로 전환되는 놀라운 일이 외교적 협상을 통해 NK에서 일어나기를 기대해본다.

제 2 의 유 태 인 이 라 는 아 르 메 니 아 인

아제르바이잔에서 살다보면 아르메니아라는 나라에 대해 저절로 관심이 가게 된다. 바로 옆 나라인데도 상호 적대 관계로 갈 수 없기 때문이기도 하지만 아제르 언론에서 나고르노-카라바흐 문제로 인해 하루도 빠짐없이 아르메니아를 비난하기 때문이다. 남코카서스 국가라고 하면 아제르바이잔, 아르메니아, 그루지야 3개국을 말하는데 아제르바이잔과 아르메니아 두 나라가 서로 원수가 되었으니 관광이나 물자 이동 등 여러 측면에서 불편한 점이 많다. 그루지야와 아제르바이잔 사이에도 문화적, 종교적 차이가 크지만 서로 적대감은 없다. 왜냐하면 두 나라 사람들은 서로를 위협으로 생각하지 않기 때문이다. 오히려 아제르바이잔이 아르메니아와 적이 된 후 그루지야와는 보다 가까운 관계를 유지하고 있는 측면도 없지 않다.

아르메니아인을 유태인과 유사하다고 평가하는 사람들이 많다. 그 이유는 첫째, 이들이 사방에 흩어져 살고 있다는 점이고, 둘째는 이들이 교육수준이나 경제력에 있어서 대체적으로 거주국 국민보다 우월하기 때문이다. 남의 땅에 들어온 이민족이 너무 잘 살면 경계의 대상이 되는 것은 당연하다. 코카서스에서 아르메니아인과 아제르인 간의 관계는 중동에서 유태인과 팔레스타인인 간의 관계와 비슷하게 되었다.

유럽과 아시아, 러시아, 페르시아, 터키 등 강국으로 둘러싸인 코카서스의 지형적 특성으로 인해 아르메니아도 굴곡이 많은 역사를 가진 나라이다. 이 나라 사람들이 여러 지역에 흩어져 살게 된 것은 메디아, 히타이트, 로마, 비잔틴, 터키, 페르시아, 러시아 등에 의해 여러 차례 정복당했기 때문이다. 그러나 아르메니아는 강국의 침공 속에서도 기회만 있으면 독립국을 유지했다. 아르메니아는 301년 코카서스에서 최초로 기독교를 국교로 받아들여 그레고리안파 정교를 창설한 나라이며 405년 독자적인 알파벳을 고안해낸 나라이다.

아르메니아인은 놀라운 기동성과 순발력 그리고 상업 능력을 가진 것으로 정평이 나 있다. 세계에서 가장 역사가 복잡한 도시라고 할 수 있는 예루살렘의 구시가지 내에 종교에 따라 4개 구역이 있는데 이 중 하나를 아르메니아가 차지하고 있다. 유태교, 기독교, 이슬람교에 이어 아르메니아 정교가 명함을 내민 것이다. 아르메니아인은 비잔틴 제국에 정복당했으면서도 비잔틴 시대에 수 명의 황제를 배출했다. 813년 제위에 올랐던 레오 5세, 무식한 농부 출신이었으나 867년 황제가 된 후 유스티니아누스 이후 가장 훌륭한 황제였다는 평가를 얻은 바실리우스 1세 등이 바로 그들이다. 정복자를 피해 이곳저곳으로 흩어진 아르메니아인들은 베니스, 크라코우, 이스탄불, 예루살렘, 캘커타 등 세계 여러 지역에서 디아스포라 사회를 형성했다.

아르메니아인도 유태인과 같이 분파가 많다. 숫자도 많지 않은 아르메니아 정교의 수장만 해도 두 명이다. 수도인 예레반을 중심으로 하는 '에치미아진'파와 레바논의 '안텔리아스'파 등 둘로 갈라져 있기 때문이다. 이렇게 된 이유는 15세기에 아르메니아 본토 외에 실리시아 지방에서 북동부 지중해 연안을 따라 별도 왕국이 창립되었던 데 있다. 별도 왕국이 생기자 실리시아 교회에 별도의 수장이 등장했던 것이다. 세계에 흩어져 있는 아르메니아 교회들은 이러한 전통에 따라 파가 둘로 나뉘어져 있다. 디아스포라 아르메니아인이 가장 많이 살고 있는 미국에도 아르메니아 정교는 2개 파로 나뉘어 있다. 뉴욕과 미국의 주요 도시들에 대주교가 두 명씩 있고 워싱턴에도 로비단체가 둘로 나뉘어 있다. 언어적인 차이도 분파를 형성하는 요인 중 하나이다. 아나톨리아 지역과 유럽 및 지중해 지역에서 사용되는 서부 언어와 현재의 아르메니아, 이란 및 인근 지역에서 사용되는 동부 언어 간에는 큰 차이가 있다고 한다.

1915년 1차 대전 당시 터키가 약 1백만 명의 아르메니아인을 학살한 사건은 그동안 잘 알려져 있지 않다가 최근 들어 논란의 대상이다. 서방국가에서 로비력이 강한 아르메니아가 이 사건을 제노사이드로 규정하고 있는 데 반해 터키는 학살 자체를 부인하기 때문이다. 터키는 1차 대전 당시 아르메니아인이 많이 죽었다는 사실은 인정하나 전쟁이라는 특수한 상황에서 부득이하게 일어난 사건이지 터키가 특정 민족을 말살시키기 위해 제노사이드를 저질렀다는 것은 사실이 아니라고 한다. 전쟁 중 터키계 아르메니아인들이 적국인 러시아 및 프랑스와 내통을 했고 이를 경계한 오스만 터키 당국이 아르메니아인을 다른 곳으로 이주시키는 과정에서 사망자가 발생했다는 것이다. 터키 형법 301조는 '터키성(turkishness)'을 모욕하는 것을 중죄로 규정하고 있다. 터키인들은 자신의 행위를 제노사이드라고 하는 것은 터키민족에 대한 모욕이므로 용납할 수 없다고 주장한다. 그러나 계속되는 아르메니아 디아스포라의 로비와 서방 인권 옹호가들의 노력에 힘입어 프랑스 의회 또는 미국 하원 외교소위에서 터키의 학살 책임을 인정하는 결의가 채택되기도 했다.

에로틱 이미지의 상징 시르카시아(Circassia)인

유럽 백인의 고향이라는 코카서스에는 여러 민족이 살았다. 코카서스는 인종 전시장으로 알려진 곳으로 1,200킬로미터에 이르는 길이와 180킬로미터의 폭에 걸친 산맥의 이곳저곳에 많은 민족이 살았다. 남한에서 가장 분포가 넓은 지리산의 경우 화개에 가면 쌍계사가 있고 구례로 오면 화엄사와 천은사가 있으며 남원 쪽으로 가면 연곡사가 있다. 이와 같이 코카서스 산맥의 구비 구비에 다른 언어를 쓰고 풍습이 다른 수많은 민족이 모여 살았던 것이다.

예를 들어 아제르바이잔 동북부의 중심 도시인 구바(Quba)에서 서북쪽으로 50킬로미터 정도 떨어진 흐날루(Xnalu)라는 산악 지역에 가면 2,500미터 고지에 마을이 세 개가 있는데 민족과 언어가 다 다르다. 서로 나란히 살고 있지만 흐날루족, 타트족 그리고 제크족으로서 각각 종족이 다르다. 이렇게 많았던 코카서스의 민족 중 현재까지 남아 있는 민족은 소수에 불과한데 체첸, 잉구세티야, 다게스탄, 오세티야, 압하지야, 레즈기 등이 대표적인 예에 속한다. 코카서스의 다양한 민족, 문화, 언어, 기후 등에 대해서는 고대와 근대에 걸쳐 많은 여행자가 기술하고 있다. 아랍 지리학자들은 이 지역을 '자발 알 알순(djabal al-alsun)' 즉 '언어의 산'이라고 기술했다. 또 1870년 미국의 여행가 케난(George Kennan)은 고대의 기록과 비슷하게 "코카서스 산맥 지역에는 넓적한 얼굴의 몽골인으로부터 각진 모습의 그리스인에 이르기까지 유럽과 서아시아의 각종 인종이 살고 있다"라고 기술하고 있다. 코카서스에 가본 사람은 누구나 너무나 다양한 언어와 종교 그리고 사회구조 등 다채로운 요소들이 텍사

스보다 작은 지역에 밀집해 있는데 놀라지 않을 수 없다.

시르카시안은 많은 코카서스 민족 중 하나이다. 지금 50만 명 정도 남은 이 민족은 약 30만 명이 터키, 나머지 20만 명 정도가 러시아에 살고 있다. 이 민족이 관심을 끄는 것은 이들에 대해 묘사된 에로틱한 이미지 때문이다. 러시아, 유럽 및 미국의 문학과 예술 그리고 대중문화에는 시르카시안, 즉 북서부 코카서스의 아디가 (Adyga) 민족에 대한 에로틱한 이미지가 형성되어 있다. '시르카시아 여자' 하면 오스만 터키 시절 하렘에 끌려와 술탄의 정부가 된 미인을 연상하게 하는 그러한 정서가 유럽에서는 오래전부터 형성되어 왔다. 시르카시아 여성은 유럽인에게 통상 미인을 상징하는데 검은 눈과 흑갈색 머리털, 길고 곧게 뻗은 코, 작은 입, 풍만한 가슴, 가는 다리 및 고상한 자태 등 예술 작품에서 등장하는 고대 그리스인과 로마인을 합쳐놓은 것과 같은 이상적인 미인상으로 각인되어 있다. 이러한 전통은 헬레니즘 시대 때 흑해를 항행하며 금, 곡식 및 노예 등을 거래하던 상인들로부터 시작된 것으로 추정되는데 과장된 것은 확실하다. 그러나 시르카시아인이 빼어난 용모를 가졌던 것은 사실인 것 같다. 하여튼 이런 이미지는 일종의 판타지를 형성하였고 작가들의 상상력에 의해 구체화되었다. 19세기 러시아가 코카서스를 점령하고 유럽인의 코카서스에 대한 접근이 보다 용이해지면서 시르카시안에 대한 인위적인 이미지는 연극, 영화, 서커스 등을 통해 보다 구체적으로 상업화되었다.

시르카시아인은 중세 아랍세계에서 번성한 맘룩 출신 술탄들의 한 축을 이루는 것으로도 유명하다. 노예로 끌려와 강제로 군인이 된 맘룩은 세력이 커져 나중에 큰 왕조를 이루었는데 바흐리(Bahri) 왕조(1250-1382년)와 부르지(Burji) 왕조(1382-1517년) 둘로 나뉜다. 이집트에 바흐리 왕조를 창건한 맘룩들이 주로 터키와 몽골 출신 노예들인 데 반해 부르지 맘룩은 대부분 시르카시아 출신 노예들이었다. 23명의 부르지 왕조 술탄 중 그리스계 2명을 제외하고는 모두 시르카시아인이었다.

숫자가 많지 않은 민족이 먼 흑해 북쪽 지방에서 아랍으로 끌려와 강제적으로 군인이 되었다는 사실만 해도 어디 동화에서나 나오는 이야기일 것 같은데, 이들이 나중에 기회를 잘 포착해서 중동에 왕조를 세웠고 이 왕조가 130년 이상이나 지속되었다는 것은 경이적인 일이다.

풍 성 한 유 적 지 가 있 는 요 르 단

요르단은 요단강과 사해를 경계
로 이스라엘과 이웃한 나라이다. 요
르단에는 성경에서 나오는 유적지
가 수도 없이 많다. 구약과 신약에
서 언급된 많은 사건이 요르단 내에
서 일어났고 선지자나 예언자에 관
한 이야기도 많다. 요르단의 수도
암만은 높낮이가 심한 도시이다. 신
시가지에서 구시가지를 내려다보면

요르단의 로마 유적지 제라시에 있는 노천극장

마치 산 위에서 계곡을 내려다보는 것 같다. 길도 구불구불하고 수많은 언덕을 오르
락내리락 해야 하는 구조로 되어 있다. 구시가지는 돌집으로 빽빽이 채워져 있으며
골목길은 거의 미로와 같아 안내인이 없으면 길을 잃어버리기 십상이다.

요르단에는 기독교 유적지만 있는 것이 아니다. 제라시에는 거대한 로마 유적지
가 있다. 이곳에 큰 병영이 있었고 많은 군인과 로마 관리가 거주했다. 원형 경기장
과 노천극장 및 신전 등 로마의 한 도시를 그대로 옮겨놓은 듯한 많은 유적이 이곳
에 보존되어 있다. 내 아들은 암만에서 고등학교를 졸업했는데 졸업식을 노천극장
에서 했다. 이 극장은 마이크가 없어도 소리가 잘 울려 퍼지도록 설계되어 있다. 연
설과 음악연주 등을 하기에 아주 적합한 구조이다. 로마식 노천극장에서 졸업식을

가졌다는 것은 그에게 아주 특별한 기억이 될 것이다.

사해는 매우 특이한 곳이다. 지구상 가장 낮은 곳에 위치한 이곳은 온도가 높고 산소가 풍부하다. 요단강에서 흘러온 물이 뜨거운 햇볕에 계속 증발되고 있는 이곳은 염분과 각종 미네랄이 풍부한 곳이다. 염도가 높은 물에 들어가서 중심만 잘 잡으면 몸이 저절로 물 위에 뜨기 때문에 신문도 읽을 수 있다. 주의할 것은 물속에 너무 오래 있지 말 것과 물이 눈에 들어가지 않도록 하는 것이다. 사해 주변의 시꺼면 진흙은 피부 미용에 좋다고 해서 진흙을 바르고 모래밭에 누워있는 사람들이 많이 있다. 사해를 따라 남쪽으로 내려가다 보면 소돔과 고모라가 망할 때 도망치던 롯의 아내가 뒤를 돌아보아 소금기둥이 되었다는 유적도 있고, 헤롯왕이 자주 찾았다는 뜨거운 물이 쏟아지는 폭포도 있다.

한번은 딸 녀석이 물의 비등점을 직접 실험해보라는 학교숙제가 있다고 해서 알코올램프와 비커 등을 챙겨 사해로 갔다. 마침 한국인이 단체로 관광을 와서 사해 해수욕을 즐기고 있었다. 이 중 몇 사람은 사해 진흙이 피부에 좋다는 것을 알고 있는지 주변에 있는 진흙을 파서 몸에 바르고 있었다. 그러나 이들이 바르고 있는 진흙은 질이 좋은 것은 아니었다. 이것을 본 아내는 그곳에서 일하는 사람을 시켜 사해 한편에 있는 좋은 진흙을 파서 관광객에게 발라보라고 권했다. 뜻밖에 이들은 모두 아내의 친절을 거부하는 것이 아닌가! 어안이 벙벙해진 아내가 무안한 표정을 짓고 있는데 이런 말이 들려왔다. "한국 사람들 참 지독해. 이곳까지 와서 진흙 장사를 하고 있다니!" 관광객들은 아내를 장사꾼으로 생각한 것이다. 이때 생각을 하면 지금도 실소를 감출 수 없다.

뭐니 뭐니 해도 요르단에서 백미는 페트라이다. 사해를 지나 남쪽으로 한참 가다 보면 뾰족뾰족한 봉우리들이 등장하는데 이곳이 바로 페트라이다. 고대 나바티안 족의 근거지였다는 이곳의 지형은 정말 이상야릇하다. 붉은 사암층이 물에 녹아 기묘한 계곡이 형성되었다는데 계곡의 입구를 봉쇄하면 천연의 요새가 될 수 있는 구

조이다. 사람들은 이 계곡 안에 있
는 바위에 구멍을 뚫어 도시를 건설
했다. 홍수를 막기 위해 댐, 우물 및
수로를 건설하기도 했으며 집, 공회
당, 신전, 무덤 등 도시로서의 모습
을 갖추고 있다. 남쪽의 사우디 및
북쪽의 시리아와 교역을 하면서 경
제를 유지해나갔다고 하는데 매우
흥미 있는 고대도시이다. '인디애나
존스' 등 영화와 관광 자료 등에 의
해 이미 잘 알려졌지만 사실 페트라
는 오랫동안 전설 속의 도시였다.
19세기 초 서양의 여행가에 의해 재
발견되기 전까지 페트라는 전설 속
도시로 남아 있었다. 도처에서 위험
이 도사리고 있는 사막과 황무지를

요르단 남쪽의 페트라

홍해 근처에 있는 붉은 사막 '와디 럼'의 모습

건너 꽁꽁 숨어 있는 페트라를 발견하기는 쉽지 않았을 것이다. 페트라와 인근 지역
을 전부 둘러보려면 일주일이 걸린다고 한다. 나는 서너 번 이곳을 방문했으나 사람
들이 주로 가는 곳만 가보았을 뿐 다른 지역은 못 가보았다. 지금도 아쉬움이 남는
부분이다.

　페트라에서 동쪽으로 가까운 곳에 와디 럼이 있다. 이곳도 참 특이한 곳이다. 사
막은 사막인데 군데군데 기묘한 모습의 바위산들이 있고 모래의 색깔은 붉은색이
다. 이곳의 높은 산은 1,700-1,800미터에 이른다. 유명한 아라비아의 로렌스가 1917-
1918년 아랍 혁명 시 비정규군을 이끌고 오스만 터키에 저항해 싸울 때 이곳을 본부

로 삼았다. 이곳에는 지금도 로렌스와 관련된 유적지가 남아 있다. 사막이라도 숨을 곳이 있고 진영을 꾸미기에 적합한 지형이어서 로렌스가 이곳을 본부로 택했을 것 같다.

사막 한가운데로 들어가서 베두인 천막에서 하룻밤을 지내보는 것은 매우 특이한 경험이다. 저녁에 사막 한가운데서 감상하는 별의 잔치는 정말 환상적이다. 내 동료는 '하늘에 전구를 박아놓은' 그런 모습이라고 표현했는데 동감이 갔다. 별이 너무 가깝고 크게 보인다. 아무리 봐도 싫증이 나지 않았다. 언덕에서 모래 스키를 타는 것도 재미있고 붉은 모래를 파고 그 속에 들어가는 놀이도 흥미 있다. 모래층이 얼마나 두꺼운지 사람 키만큼 파내도 계속 모래이다. 저녁에 잘 때는 주의해야 한다. 온도가 급하게 내려가기 때문이다. 한낮에는 천막 속에 있어야 한다. 햇볕이 너무 뜨거워 다른 방법이 없기 때문이다. 주변에 있는 바위산에 올라가는 것도 매우 흥미 있다. 이곳에 올라가서 내려다보면 세상이 달라 보인다. 별로 높지도 않은 것 같은데 이렇게 사막의 모습이 다르다니! 참 신기한 일이다.

와디 럼에서 남쪽으로 조금 더 내려가면 홍해가 시작되는 곳에 아카바가 있다. 조그만 항구도시인데 물안경을 끼고 홍해 바다 속을 들여다보는 것이 매우 흥미롭다. 이곳의 바다는 깨끗하고 산호초가 잘 발달되어 있으며 물이 깊지 않아 스노클링을 하기에 적합한 곳이다. 주의할 것은 강한 햇볕을 쬐며 스노클링을 즐기다보면 몸이 쉽게 피곤해진다는 사실이다.

1999년인가 독일에서 딸 친구가 놀러왔다. 이들을 데리고 사해와 페트라를 거쳐 아카바로 갔다. 아카바에서 스노클링을 즐긴 후 와디 럼에 가서 1박할 예정이었다. 애들이 너무 신나게 잘 노는 통에 아카바에서 꽤 오랜 시간을 보냈다. 오후 늦게 와디 럼으로 올라가는데 몸이 피곤해 졸음이 왔다. 2차선 도로를 타고 긴 언덕을 올라가는데 나도 모르게 깜빡 존 것 같았다. 예감이 이상해 정신을 차리고 보니 바로 앞에서 차 하나가 쏜살같이 달려오고 있었다. 부딪치면 모든 것이 끝나는 순간이었다.

나는 거의 비명을 지르며 운전대를 우측으로 꺾었는데 우측 길에는 트럭 하나가 느린 속도로 올라가고 있었다. 브레이크를 밟았지만 이미 늦었다. 내 차는 트럭의 뒤를 받고 멈췄다. 충격으로 내 차의 후드가 반으로 접어져 있었다. "이 일을 어떻게 수습할까" 생각하고 있는데 트럭 운전사들이 차 뒤를 살피더니 자기 차는 괜찮다고 하면서 그냥 가겠다고 한다. 내 차를 살펴보니 기적과 같이 후드만 접혔을 뿐 다른 부분은 무사했다. 승용차와 트럭의 높이 차이 때문이었다. 이제 문제는 운전이었다. 접혀진 후드가 시야를 가려 앞이 잘 보이지 않았기 때문이다. 나는 거의 선 채로 운전을 해서 와디 럼에 무사히 도착했다. 이튿날 그곳의 정비소에서 접혀진 후드를 다시 편 후 암만으로 돌아왔다. 하마터면 우리 모두가 끝날 뻔한 아찔한 여행이었다. 지금도 그 생각을 하면 목덜미가 서늘하다. 나중에 알고 보니 수년 전 사우디 대사관 직원 가족 일행이 차를 가지고 아카바에 왔다가 암만으로 올라가는 도중 내가 사고 당할 뻔했던 바로 그 장소에서 추월을 하다가 앞에서 오는 차와 정면충돌하여 몇 명이 사망하는 큰 사고가 발생했다고 한다.

아 랍 인   그 들 은   누 구 인 가 ?

나는 요르단, 이라크 그리고 아제르바이잔에서 살았기 때문에 비교적 회교국가의 전통이나 문화에 익숙한 편이다. 지금 중동의 주인공은 아랍인이지만 이들은 이슬람교가 탄생하기 전까지만 하더라도 주로 아라비아 반도의 사막에서 조용히 살았던 민족이다. 아랍의 역사는 폭풍의 역사와 같다. 마호메트라는 선지자가 이슬람교를 창시한 후 이를 전파하기 위해 아라비아 반도로부터 중동 전역과 북아프리카에 이르기까지 아랍인이 짧은 시간에 이슬람 세계를 구축한 것이다.

이들의 힘은 어디서 나온 것이었을까? 물론 신앙의 힘이 큰 토대였지만 잘 조직되고 사기가 충천한 군사력이 있었다는 사실을 간과해서는 안 될 것이다. 아랍 군대는 점령지에 들어가면 민간인에게 피해를 준다는 이유로 도시에 들어가지도 않고 주변에 숙영지를 만들어 주둔했다. 그만큼 백성을 배려한 것이다. 민심을 등에 업은 아랍 군대가 승승장구했을 것은 당연한 일이다. 아랍인은 처음에 피정복민에게 이슬람교를 강요하지도 않았다. 신성한 종교를 억지로 이방인에게 믿게 하는 것은 옳지 않다고 생각했기 때문이다. 피정복민들은 이슬람교를 믿지 않는 것이 자신에게 사회적, 경제적으로 불이익이 된다는 사실을 깨닫고 스스로 이슬람으로 개종했다. 아랍인이 '한 손에 칼, 한 손에는 코란'을 들고 이슬람교를 강요했다는 이야기는 사실이 아니다.

중동에 이슬람 왕국이 건설된 후 서양에서 문예부흥이 일어나기 전까지 중동은 세계의 문명을 주도했다. 11-12세기 십자군 원정대가 팔레스타인에 왔을 때 이들은 중동의 찬란한 문명에 깜짝 놀랐다고 한다. 서양은 중동에 비하면 미개한 땅이었던 것이다. 13세기 세계를 휩쓸었던 몽골군도 유럽을 유린하였으나 정작 경제적으로 얻을 것이 없다는 사실을 알고는 그 기수를 중동으로 돌렸다. 찬란한 문화와 융성한 경제를 자랑하던 아랍의 전성기는 그러나 오래가지 못했다. 이슬람교의 분열과 권력 투쟁 그리고 지나치게 엄격한 회교의 계율은 시대변화를 따라가지 못했다. 아랍은 서양에 뒤지고 종속되었으며 발전이 더딘 지역으로 남게 되었다. 만일 아랍에서 석유와 가스가 발견되지 않았더라면 아랍은 지금까지도 별 주목을 받지 못하고 있을 것이다.

이러한 역사의 영욕을 거친 아랍인의 내면세계가 단순하다고 생각할 수는 없다. 아랍인은 이방인에게 친절하고 관용을 베풀지만 자신에게 해를 끼치는 사람들에게는 매우 엄격한 사람들이다. 아랍인의 기질을 잘 나타내는 말로 '아랍인은 낙타를 닮았다'라는 이야기가 있다. 낙타는 등에 짐을 싣고 그 뜨거운 사막을 하루 수백 킬로미터씩 걸어가는 동물이다. 낙타는 사막을 횡단하는 긴 여정에서 보름 동안 물을 먹지 않고도 버틸 수 있을 정도로 강인한 동물이다. 한마디로 독하다고 할 수 있을 정도로 인내심이 강한 동물인 것이다. 평소에 아무 소리도 없이 주인에게 순종하는 낙타는 그러나 자기에게 해를 끼치는 사람에게는 반드시 복수한다고 한다. 한낮의 피곤한 일정을 끝내고 대상들이 저녁에 천막에서 깊은 잠에 빠져있을 때 낙타는 원한을 품은 사람의 천막에 들어가 육중한 몸으로 그를 밟아버린다는 것이다.

아랍인이 이러한 낙타의 기질을 닮았다고 한다. 자객을 가리키는 '어새신'이라는 말은 원래 '해시시를 씹는 사람들'이라는 뜻이다. 중세 시대 시아파의 일종인 페르시아의 이스마엘파 이슬람들이 기독교도나 노선이 다른 이슬람교도를 살해하기 위해 자객단을 조직한 것이다. 사람을 죽이는데 맨정신으로는 힘들었는지 자객들은 거사 전 마약의 일종인 해시시를 씹었다고 한다. 과격 아랍인이 이러한 전통을 승계했는지 이들은 종교적인 신념을 지키기 위해 자살폭탄 테러를 자행하는 것을 서슴지 않는다. 죽은 알 카에다의 지도자 오사마 빈 라덴도 아랍인이며 강경한 아랍인들은 전 세계의 회교권에 파고들어 비밀단체를 조직하고 테러행위를 주도하고 있다. 이들은 가문의 명예를 지키기 위해 정절을 잃은 딸이나 누이를 죽이는 것도 서슴지 않는다. 이것이 소위 '명예살인'이라는 것이며 이에 대해서는 사법적 처분도 관대하다. 아랍인의 보복 문화는 과연 언제까지 지속될 것인지?

아랍인과 개인적으로 친분이 있는 사람들은 그들의 관대함과 아량에 놀란다. 점잖고 조용하며 온화한 모습을 지니고 있는 이 사람들에게 어디서 그렇게 과격한 행동이 나오는지 신기할 정도이다. 아랍인이 가장 중요시 여기는 것은 종교적 신념, 그리고 명예와 자존심이다. 아랍인과 상대할 때 이슬람을 비판한다든지 이들의 자존심을 상하게 하는 이야기는 피하는 것이 현명하다. 아랍인은 모욕을 결코 잊지 않는다. 심기를 잘못 건드린 이야기가 비수가 되어 우리에게 되돌아올지도 모르는 것이다.

회 교 의 양 대 파 벌 순 니 파 와 시 아 파

신도 수 15억 명으로 세계 3대 종교의 하나이며 가장 강한 응집력을 지닌 신앙 중 하나인 이슬람교가 이방인의 눈에 비치는 이미지는 그렇게 긍정적이지 못하다. 이슬람교는 늘 분쟁, 테러, 보복, 갈등과 같은 단어들의 중심에 서왔기 때문이다.

회교에 대해 이러한 부정적인 이미지가 형성된 요인 중 하나는 회교가 순니파와 시아파로 갈라져 있으며 이들 종파 간에 피비린내 나는 싸움이 계속되어왔다는 점이다. 7세기에 선지자 마호메트에 의해 시작된 회교가 둘로 갈라진 이유는 유혈 충돌 때문이다. 메카의 평범한 상인이었던 마호메트가 가브리엘 천사장을 통해 신으로부터 받은 계시를 메카의 주민들에게 구술하고 이것이 경진인 코란이 됨으로써 회교가 탄생했다. 그러나 마호메트는 메카 내 강력한 부족의 질시를 받아 메디나로 피신해야 했으며 그곳에서 메디나의 원주민과 메카로부터의 이주자들을 규합하여 정치적, 종교적 집합체를 만들고 이를 중심으로 세력을 키워 메카의 부족과 싸웠다. 이 싸움에서 승리한 마호메트는 아랍세계를 하나로 단합시킬 수 있었으며 이로써 회교가 커나갈 수 있는 발판을 마련했다.

마호메트가 죽은 후 그 후계자를 놓고 분쟁이 시작되었다. 아들이 없는 마호메트에게는 사촌이자 사위인 알리 이븐 아비 탈립이 있었다. 어떤 사람들은 마호메트의 인척인 알리가 대통을 이어받아야 한다고 했지만 많은 사람은 원로 중에서 후계자가 나와야 한다고 했다. 이렇게 해서 마호메트와 함께 일했던 동역자 중에서 후계자가 나왔다. 아부 바크르라는 사람이 최초의 칼리프가 된 것이다. 그 후에도 칼리프 자리는 원로들이 계승했다. 나이 많은 우마르와 우트만이 계속해서 대통을 이어받았다. 그러나 이들은 모두 암살되고 말았다. 이런 일이 벌어진 후 드디어 처음에 거론되었던 마호메트의 사위 알리가 권한을 이어받았다. 이렇게 초기에 나온 4명의 칼리프를 '알 라쉬둔'이라고 한다. 이는 '올바로 인도된 칼리프'라는 뜻이다. 그러나 이런 체제가 지속될 수는 없었다. 아들이 왕권을 이어받는 세습체제가 아닌 한 권력이 선출된 사람에게 집중되기는 힘들다. 민주주의 체제와 같이 지도자가 선거를 통해서 선출되는 것이 아니므로 선택받은 사람이 정통성을 확보하기는 어려웠던 것이다. 알리 자신도 칼리프가 된 지 얼마 되지 않아 반대 세력에게 암살당하고 말았다.

이때 나타난 사람이 무와이야이다. 정세 판단이 빠른 무와이야는 세력을 규합하여 다마스커스에 왕권을 확립했다. 이것이 바로 우마이야드 왕조이다. 회교 최초의 왕조인 셈이다. 알리가 죽은 후 그를 계승한 맏아들 하산은 무와이야와 협정을 맺어 더 이상의 유혈사태를 막았다. 그러나 무와이야가 아들 야지드를 칼리프로 세워 세습체제를 세우려 하자 알리의 추종자들은 이에 맹렬히 반대했다. 알리의 둘째아들 후세인을 지도자로 한 반군은 야지드를 진압하기 위해 출정했으나 수적으로 워낙 열세인 이들은 이라크의 카르발라 평원에서 전멸하고 말았다. 70여 명의 희생자 중에는 후세인의 가족도 포함되었다. 이 사건은 회교를 순니파와 시아파로 나누는 결정적인 계기가 되고 말았다.

이렇게 태생부터 피의 역사를 통해 갈라진 순니와 시아는 갈등과 대립을 계속해왔다. 회교의 다수는 순니이다. 순니는 회교도의 75% 이상을 차지하며 시아는 10-20%를 차지한다. 그러나 시아의 세력을 만만하게 봐서는 안 된다. 우선 최대 시아파 국가는 이란이다. 그리고 이라크도 시아가 다수인 국가이다. 회교권 내에서 이란과 이라크의 영향력은 막강하다. 이 두 국가가 시아파 국가라는 사실만 봐도 결코 시아의 영향력이 만만치 않음을 알 수 있다. 시아와 순니가 서로 피비린내 나는 보복을 펼친 대표적인 시기는 오스만 터키와 페르시아(이란) 간의 세력 다툼 때이다.

서로 정복전쟁을 여러 번 벌인 이 두 국가는 전쟁에서 이길 때마다 다른 종파의 신도를 숙청했다. 순니 국가인 오스만 터키는 시아파, 그리고 시아 국가인 페르시아는 순니파를 각각 숙청했던 것이다.

지금도 순니파와 시아파는 물론 사이가 좋지 않다. 사담 후세인 시절 이라크의 순니파는 독점적인 권세를 누렸으며 다수인 시아파는 이란으로 쫓겨나거나 여러 가지 박해를 받았다. 사담이 무너지자 곧 시아파가 권력을 잡았고 이번에는 순니파가 곤경에 처했다. 곤경에 처한 순니파는 불안한 이라크 정세를 이용, 알 카에다 등과 손을 잡고 자살특공대를 조직하여 미국과 시아파 정부 등을 상대로 테러 활동을 벌였으며 이러한 테러는 아직까지 지속되고 있다.

1978년 호메이니가 팔레비 왕조를 무너뜨리자 이란은 급변의 회오리 속으로 들어갔다. 미국과 가까운 관계를 유지하며 대표적인 세속적 회교 국가였던 이란은 신정주의 체제를 신봉하는 시아 원리주의 국가로 탈바꿈했으며 미국 대사관을 점령하는 등 강한 반미 국가로 돌아섰다. 막대한 석유와 가스를 보유한 이란이 반미로 돌아섬으로써 미국의 중동에서의 외교정책은 근본적으로 수정되어야 했다.

이란은 회교 국가이지만 아랍국가가 아니므로 아랍은 이란을 경계한다. 더군다나 이란은 대부분의 아랍국가와 달리 시아파이므로 아랍은 이란을 잠재적인 적으로 간주하고 있다. 이런 처지에 있는 이란이 본격적으로 핵무기 개발에 나서고 있으니 아랍국가들의 근심이 깊어질 수밖에 없다. 이란이 핵을 보유하게 되면 이는 '페르시아 핵'이자 '시아 핵'이지 '아랍 핵' 또는 '순니 핵'은 아니기 때문이다. 이란의 핵개발에 대해 비상한 관심을 보이고 있는 또 하나의 국가는 이스라엘이다. 이란의 강한 반이스라엘, 친팔레스타인 정책으로 이스라엘은 이란과 심한 적대관계에 놓여 있는데 이란이 핵무기를 보유하게 되면 이스라엘의 안보는 직접적으로 위협을 받게 된다. 국가 안보를 최우선시하는 이스라엘이 이란의 핵보유를 가만히 앉아서 바라만 보고 있을 것이라고 생각하는 사람은 없을 것이다. 이렇게 시아파 국가인 이란의 핵개발은 주변 정세를 복잡하게 만들고 있다. 만일 이란이 순니파 국가라면 핵개발로 인한 주변에 대한 영향은 지금보다 훨씬 덜 복잡할 것이다.

1,400년 전 카르발라에서 벌어진 살육행위로 인해 갈라진 회교의 파벌은 현재에 와서까지 그 영향을 심대하게 끼치고 있는 것이다. 사실 양 파 간에 교리에 관한 차이는 크지 않으나 시조를 둘러싼 갈등과 역사적인 대립으로 인해 양 파는 각자의 길을 걷게 되었다. 순니파에는 몇 개의 종파들이 있고 시아파도 몇 개의 종파를 가지고 있다. 와하비즘(또는 살라피즘)으로 알려진 초기 이슬람시대의 엄격한 율법을 지키는 사우디의 종파는 순니의 종파 중 대표적인 것이다. 시아에서는 열두 이맘파, 일곱 이맘파, 이스마일파 등이 있다.

회교의 역사는 사실 기독교 역사에 비하면 단순하다. 만일 이들이 이러한 단순함을 지켜 순니와 시아로 갈라지지 않았더라면 회교는 훨씬 강력한 응집력을 가진 종교로 성장했을 것이다. 협상을 통해 타협할 수도 있었을 것으로 보이는 상호 갈등이 살육으로 종결되는 순간 회교는 갈라지게 된 것이다. 그리고 이 갈라짐으로 인해 회교도들은 늘 종파 간의 분쟁과 갈등을 겪으며 살아왔으며 지금까지도 이러한 현상은 지속되고 있다. 회교는 기독교에 대항할 때는 하나라고 주장하지만 내실은 이렇게 종파 간의 갈등으로 인해 심한 내상을 입고 있는 것이 현실이다. 이로 인해 회교는 통일된 힘을 충분히 발휘하지 못하고 있다.

이 라 크 의 　 문 화 재

　이라크는 세계에서 가장 오래된 메소포타미아 문명의 중심지로서 약 8천 년 전부터 수메르, 아카디아, 아시리아, 바빌론 문명 등이 생겨났다가 소멸하곤 했다. 내가 이라크에 근무할 때는 사담 후세인이 미국인과 국제 사찰단원들을 모두 쫓아버리고 철권통치를 하던 시절이었다. 사담 후세인은 미국의 공습을 무서워해서 이곳저곳으로 숙소를 옮겨 다니며 잠을 잤다. 항간에는 사담의 숙소가 이라크 곳곳에 50여 개에 이른다는 소문도 있었다. 거리에는 정보요원과 비밀경찰이 쫙 깔려 있었고 대사관의 현지 고용원 중에도 이들의 끄나풀이 있었다. 역설적으로 이런 상황이 이라크 국내를 여행하는 데는 좋은 여건이 되었다. 외교부로부터 여행 허가만 얻으면 어디든지 안전하게 다닐 수 있었기 때문이다.

　나는 이라크 곳곳을 방문했다. 다니면서 느낀 것은 이렇게 오랜 역사를 가진 나라에 남아 있는 문화재가 별로 없다는 점이었다. 함무라비, 느부카드네자르, 키루스 등 역사적인 인물들의 발자취가 남은 바빌론을 방문했는데 앙상하게 남은 성터 외에 문화재는 없었다. 오직 머릿속으로만 화려했던 바빌론성의 옛 모습을 상상해 보는 수밖에 없다. 느부카드네자르가 기원전 6세기 유다 왕국을 멸망시키고 이스라엘 사람들을 포로로 잡아오던 모습, 유프라테스강의 물을 끌어올려 성 위에 꾸몄다는 고대 7대 불가사의 중의 하나인 공중정원, 화려한 청색의 이쉬타르 성문, 고가멜라 전투에서 다리우스 3세를 물리친 알렉산더가 이 성문으로 늠름히 들어가는 모습, 이러한 것을 상상으로만 즐길 수밖에 없다. 남아 있는 것이 아무것도 없기 때문이다. 조각이나 벽화, 장식품 등 바빌론의 유적은 베를린에 있는 페르가몬 박물관에 대부분 소장되어 있다. 바빌론은 당시 인구 10만 명의 도시였다고 하니 고대도시로 서는 꽤 큰 도시였음이 틀림없다. 그러나 지금은 인적을 찾아볼 수 없는 폐허이다. 바빌론성의 옆에는 성경에서 나오는 바벨탑이 있었다는 자리가 있는데 흔적만 있을 뿐이지 이 역시 상상에 의존해야 한다.

웅장한 모습의 석상이 그나마 조금 남아 있는 곳은 이라크 북부의 니느웨이다. 군 국주의 국가였던 아시리아의 수도 니느웨에는 수염을 길게 기른 장대한 모습의 남 성 석상들이 일부 남아 있다. 그러나 이것도 제대로 보려면 대영박물관에 가야 한 다. 훨씬 더 많은 석상이 그곳에 있으며 아시리아인이 사냥하는 모습을 묘사한 조각 도 있다. 이라크의 구석구석을 다니면서 느낀 것은 문화재 약탈을 심하게 당했다는 사실이다. 분명히 엄청난 문화재가 있었을 텐데 남아 있는 것은 거의 없다. 2003년 미국의 이라크 침공 시 치안 공백이 생기자 바그다드에 있는 박물관의 문화재도 일 부 도난당했다고 한다. 이래저래 이라크 문화재의 수난은 계속되는 셈이다. 니느웨 부근에 있는 이라크 제2의 도시 모술에 가면 성경에 나오는 선지자 요나가 묻혀 있 다는 사원이 있다. 하나님 말씀을 거역하여 배를 타고 도망가다가 물고기 뱃속에 갇 혔다는 바로 그 요나이다.

이라크인은 성경에 나오는 에덴동산도 이라크에 있다고 주장한다. 티그리스강과 유프라테스강이 합류하는 지점에 풍경 좋은 언덕이 하나 있는데 이곳이 바로 에덴 동산이라는 것이다. 이라크인은 여기에 '에덴동산'이라는 팻말까지 붙여놓고 관광 객을 끌어 모으고 있다. 이곳에서 조금 더 내려가면 '샤트 알 아랍' 수로가 나온다. 폭이 200-800미터 정도인 이 수로는 페르시아만으로 연결된다. 바스라를 지나 남쪽 으로 내려가면 좁은 수로 양안에 한쪽은 이라크, 다른 한쪽은 이란으로 나뉜다. 30 여 년 전 이란과 이라크 간에 8년에 이르는 전쟁을 유발했던 곳이다. 이 전쟁으로 인해 양측은 백만 명 이상의 희생자를 냈으나 피차 아무 소득도 없었다. 그렇게 오랫동안 죽어라고 싸웠어도 소득 없이 원상으로 돌아가고 만 것이다. 사람들에게 전쟁의 덧없음을 일깨워주고 있다. 바스라는 유명한 석유 생산지이자 이라크의 유일한 항구도시이다. 바스라 주변에 있는 유전에서 나오는 수많은 가스 불길을 보면 이 나라에 얼마나 석유가 많은지 실감이 간다.

아닌 게 아니라 이라크에는 오래된 유적들이 수도 없이 많다. 성경에 나오는 믿음의 조상 아브라함이 살았다는 남쪽 우르에 가면 당시 수메르인의 왕국 터가 있다. 그리고 이곳에는 당시 왕과 왕비의 무덤으로 추정되는 터도 있다. 소장품은 없지만 고대 왕들의 무덤을 보는 것은 특이한 경험이다. 이곳에는 약 4천 년 전 '우르 남무' 왕이 지었다는 신전 모습의 '지구라트'가 남아 있다. 높이가 약 20미터 정도 되는 펑퍼짐한 구조물이다. 지구라트라는 것은 고대 메소포타미아의 특수한 건축 양식으로 신전을 지을 때 썼는데 소라껍질을 연상시킨다. 빙글빙글 돌면서 밑에서 위로 피라미드를 올라가는 것 같은 그러한 구조이다. 바그다드 북쪽 사마라에 가면 마치 골뱅이처럼 생긴 지구라트 모양의 사원을 볼 수 있다. 사마라는 시아파 회교의 성지 중 하나이다. 아마 바벨탑도 이러한 지구라트 양식으로 짓다가 허물어지지 않았을까 생각한다. 우르보다 더 오래된 문명이었다는 우룩에 가면 독일 고고학자들이 발굴하다가 중단한 폐허 더미를 볼 수 있다. 그 속에 무엇이 있는지 알 수 없는 우리로서는 5천-6천 년 전에 있었다는 고대문화를 상상해보는 수밖에 다른 방법이 없다.

이라크와 같이 흙더미 형태로 묻혀 있는 문화재를 '텔(Tel)'이라고 한다. 수천 년 전부터 한 문명이 탄생했다가 없어지고 다른 문명이 또 생기고 하는 과정을 반복한 결과라고 한다. 고고학자들에게는 이보다 더 소중한 문화재가 없다. 다만 고대문명을 복원시키려면 막대한 돈과 노력이 필요하다. 이라크에는 이러한 텔이 약 7천 개 정도 있다고 하는데 자금 문제 등으로 대부분 아직 발굴되지 않고 있다. 인류 문명의 보고라고 할 수 있는 이라크에서 텔이 본격적으로 발굴되어 고대문명의 신비가 밝혀질 날이 속히 오기를 기대해 본다. 또 이러한 고대 유산은 이라크의 것이므로 발굴되더라도 이라크에 남아 있어야 한다고 본다. 물론 이러한 문화유산을 잘 보존하기 위해서는 국제사회의 지원이 필요할 것이다.

이 란 - 이 라 크   전 쟁 에 서   돌 아 온   포 로 들

이라크에서 근무하던 당시 바그다드에 주재하는 국제적십자사 대표와 친하게 지냈다. 스위스인이었는데 박애 정신과 사명감이 투철한 사람이었다. 적십자 대표가 하는 가장 중요한 일은 이란-이라크 전쟁 때 포로로 잡힌 이라크인을 본국으로 귀환시키는 일이었다. 이란-이라크 전쟁이 1988년 끝났음에도 불구하고 많은 이라크 포로들은 10년 넘게 이란에 억류되어 있었다. 포로의 숫자가 수만 명에 이르다 보니 한꺼번에 데려오기는 어렵고 한번 교섭에 성공할 때마다 수백 명씩 데려오고 있었다.

나는 돌아온 포로들을 직접 보지는 못했다. 하지만 많은 사진을 볼 수 있었다. 포로의 모습을 보고 나는 처음에는 이들이 나이 많은 군인들인 줄 알았다. 그런데 적십자 대표의 말을 들어보니 그것이 아니었다. 이들은 20대 초반에 징집되어 전쟁터에 갔다가 포로로 잡힌 뒤 10년 후에 돌아온 병사들이라는 것이었다. 나는 이 말을 듣고 너무 놀랐다. 왜냐하면 내가 사진 속에서 본 군인들은 분명히 60대 이상으로 보였기 때문이다. 나는 도저히 믿기지 않아 사진을 보고 또 보았다. 적십자 대표 말이 사실이라면 이들은 30대 초·중반일 텐데 거의 예외 없이 모두 60대 이상의 늙은 이로 보였다.

나는 적십자 대표에게 포로들이 늙게 보이는 이유를 물었다. 대표도 확실한 이유는 모른다고 했다. 다만 10여 년 동안 너무 고생했기 때문인 것으로 추측하고 있었다. 이 사람들이 어디서 어떤 고생을 했기에 10년 사이에 이렇게 늙을 수가 있을까? 이라크에 있으면서 이런 의문을 계속 갖고 있었고 그 의문은 지금까지도 풀리지 않고 있다. 2차 대전 중 가장 치열한 전투의 하나였던 스탈린그라드 전투 시 9만 1천 명의 독일군이 포로로 잡혀 소련으로 끌려갔는데 전쟁이 끝난 후 돌아온 사람은 5천 여 명에 불과했다고 한다. 소련에서 눌러 살 생각을 한 사람은 소수에 불과했을 것이니 결론적으로 대부분 병사들이 사망했다는 이야기이다. 전쟁의 끔찍함과 포로들의 고통을 생각해보면 숨이 막힐 정도이다. 이라크 병사가 이란에서 당했던 고통과 수모도 아마 이와 비슷했을 것이다. 두 전쟁 다 시작한 쪽은 독일과 이라크였으니 가해국의 병사로서 포로생활을 한다는 것이 얼마나 힘든 일이었을까? 아마도 이라크의 젊은 포로가 늙게 보이는 이유를 여기에서 찾아야 할 것 같다.

이란-이라크 전쟁은 비슷한 시기에 정권을 장악한 사담 후세인과 호메이니 간의 갈등과 의심에서 비롯된 전쟁이다. 두 나라 다 시아파가 다수인 국가들인데 한쪽은 시아파 정권이고 다른 한 쪽은 순니파 정권이니 전쟁은 예정되었다고 볼 수 있다. 팔레비에게 쫓겨 이라크의 시아파 지역에서 13년 동안이나 망명생활을 한 호메이니는 후세인에게는 가장 두려운 존재였다. 그를 놓아두면 언젠가는 이라크 시아파와 결탁하여 자신을 권좌에서 몰아낼 것으로 생각했기 때문이다. 반면 호메이니가 보기에 후세인은 회교 이념에 충실하지도 않고 권력욕에 사로잡힌 이단자였을 뿐 아니라 자신을 보호해준 이라크 시아파를 탄압하는 위험한 인물이었다. 샤트 알 아랍 수로의 영유권을 핑계로 전쟁이 발발하기는 했지만 실제적으로는 서로 용납할 수 없는 동 시대 두 지도자 간의 갈등이 전쟁의 원인이 된 셈이다. 1981-1988년 8년간 지속된 전쟁으로 인해 이라크에서만 사망자 10만 명, 부상자 30만 명이 발생했다. 이란의 피해는 더 컸던 것으로 알려졌으니 양측의 희생자 수를 합치면 100만 명이 넘는 것이다.

이러한 치열하고 소모적인 전쟁을 하고도 전쟁이 끝난 후 양측 모두에게 남는 이익은 아무것도 없었다. 국경도 그대로이고 전쟁배상금도 없고 오직 남은 것은 전쟁 포로들뿐이었다. 세상에 이렇게 허망한 전쟁도 있을까? 바그다드에 있는 전쟁기념관에 가보면 이란-이라크 전쟁 시 사망자 명단을 석판에 새겨놓았다. 알리, 후세인, 아메드, 마호메트 등 아랍인에게 흔한 이름이 즐비하게 이 자리를 차지하고 있다. 바스라에는 군인들이 손가락으로 같은 방향을 가리키고 있는 동상이 여럿 서 있다. 그들이 가리키고 있는 곳은 이란이다. 많은 이라크 군인이 이란에서 전사한 사실을 상징하는 것이다.

이란-이라크 전쟁으로 정권이 바뀌지도 않았다. 사담 후세인은 그 뒤에도 1990년 쿠웨이트를 침공했다가 다국적군의 응징을 받아 곤경에 몰렸으나 살아남아 오랫동안 이라크에 해를 끼쳤다. 2003년 미국의 이라크 침공이 없었더라면 아마 지금까지 권좌에 남아 있을지도 모른다. 호메이니도 마찬가지이다. 이란-이라크 전쟁 후 호메이니 정권은 오히려 더 강화되었고 그가 자연적인 죽음을 맞은 후 그의 후계자 하메네이가 권력을 물려받아 지금까지 신정정치가 계속되고 있다. 내가 바그다드 전쟁기념관에서 본 이란-이라크 전쟁 희생자들의 영혼은 현재의 이란과 이라크를 보고 내세에서 과연 무슨 생각을 하고 있을지 궁금하다.

예 루 살 렘 의   추 억

　내가 예루살렘을 처음 방문한 것은 1993년이다. 당시 나는 본부 중동과에 근무하고 있었다. 당시 이스라엘과 한국은 서로 대사관을 교환할 필요성을 느끼고 있었다. 양국의 통상 관계가 서서히 증가하고 있는 것에도 이유가 있었지만 이스라엘로서는 북한이 중동국가에 미사일을 수출하고 기술을 제공하는 것에 큰 우려를 가지고 있었다. 이스라엘은 이를 저지하기 위해 비밀리에 북경에서 북한과 담판을 벌이기도 했다. 이스라엘이 북한과 접촉하는 것은 우리의 신경을 거슬렀다. 까딱하면 북한이 중동에 미사일 수출을 자제하는 대신 이스라엘이 북한에게 경제원조 등 다른 양보를 할 가능성도 있었기 때문이다. 이스라엘은 작지만 강한 나라이고 유태인을 상징하는 국가이다. 게다가 이스라엘은 미국의 51번째 주라는 이야기가 있을 정도로 미국의 맹방이다. 또 이스라엘은 방위산업이 발달한 나라이고 과학기술에서도 선진국 수준을 갖고 있는 나라였다. 이러한 이유로 인해 양국은 서로를 필요로 하고 있었고 이해관계가 맞아 떨어졌다.

　양국은 예루살렘에서 최초로 정책협의회를 개최키로 했다. 우리 측은 정무차관보를 수석대표로 해서 주이태리 대사관 참사관과 내가 대표로 참가했다. 예루살렘에 처음 도착해서 놀란 것은 코딱지만 한 구시가지가 종교에 따라 4개 지구로 나누어져 있다는 사실이었다. 유태교, 이슬람교 그리고 기독교 지구까지는 괜찮았는데 아르메니아정교 지구가 끼어들어 있다는 사실에 또 한 번 놀랐다. 내가 아르메니아인 그리고 아르메니아 정교에 대해 알게 된 것은 이것이 처음이었다. 예루살렘은 조금

복잡하게는 보였지만 볼 것이 많고
활기찬 느낌을 주는 도시였다. 그리
고 지형이 높낮이의 폭이 심한 구조
로 되어 있는 것이 인상적이었다.

예루살렘의 무덤교회

우리는 우선 이스라엘 외교장관
을 예방했다. 당시 외교장관은 나중
에 대통령을 지낸 원로정치인 시몬
페레즈였다. 외교장관을 방문할 때
놀란 것은 사무실의 크기였다. 장관

사무실이 우리 국장 사무실의 절반 정도밖에는 되지 않았다. 우리는 이스라엘 사람
들이 얼마나 실용적인지 실감할 수 있었다. 면담 시에도 허례허식은 전혀 없었고 서
로 필요한 말만 하고 헤어졌다. 정책협의회는 외교부 회의실에서 열렸는데 의제가
바뀔 때마다 이스라엘 측에서는 대표가 바뀌었다. 자기 나라에서 하는 회의니까 그
렇다고 생각할 수도 있지만 그만큼 전문성을 중시하는 분위기가 느껴졌다. 이스라
엘 외교부는 이 나라의 상징인 예루살렘에 있지만 대부분 다른 정부 부처와 외국 공
관들은 수도인 텔아비브에 있었다. 우리는 이때 다른 부처를 방문할 필요는 없었고
오직 외교부만 상대했기 때문에 계속 예루살렘에 머물렀다. 정책협의회가 끝나고
이스라엘 차관보 주최로 만찬이 개최되었다. 만찬에서는 양측 대표 간에 많은 농담
이 오갔다. 이스라엘 측이 농담을 건네는 분위기를 먼저 만들었기 때문에 우리도 이
에 응해야 했다. 이스라엘 차관보는 이스라엘인이 조크를 좋아하는 이유를 설명했
다. 자신들은 2천 년 동안 세계 각처에 뿔뿔이 흩어져 끊임없이 박해를 당하고 많은
어려움을 겪어야 했는데 순간순간을 이겨내는 힘이 조크에 있었다는 것이다. 유태
인은 나치 시절 아우슈비츠에서 죽음을 앞두고도 늘 농담을 했다고 한다. 이것이 전
통이 되어서 지금까지 이스라엘 사람은 농담을 나누는 것을 좋아한다는 것이었다.

이 이야기를 듣고 공감이 갔다. 우리도 조선시대 서민들이 소설과 해학 그리고 판소리 등으로 익살과 농담을 통해 고통과 슬픔을 이겨냈던 역사가 생각났던 것이다. 우리는 최초 정책협의회를 잘 마치고 기분 좋게 헤어졌으며 이 결과를 바탕으로 곧 양국의 수도에 서로 대사관을 교환하는 데까지 발전했다.

나와 예루살렘과의 인연은 이렇게 시작되었다. 내가 다시 예루살렘을 방문한 것은 1999년 이라크 대사대리로 부임한 때였다. 나는 당시 바그다드에 대사관과 직원들을 거느리고 있었으나 사담 후세인과 미국과의 관계가 악화되면서 미국의 눈치를 보느라 바그다드에 상주할 수 없었다. 이 때문에 나는 암만에 있는 우리 대사관에 사무실을 얻어 더부살이를 해야 했다. 가족은 암만에 두고 나는 육로로 바그다드에 가서 2주일 동안 그곳에서 활동을 하고 다시 육로로 암만에 돌아와서 2주일을 지내는 이중생활을 하고 있었다. 암만에 있는 동안 나는 옛날 추억도 되살릴 겸 예루살렘 방문을 계획했다. 차로 암만에서 예루살렘을 방문하는 것이 그렇게 쉬운 일은 아니다. 엄격한 보안 검문과 입국 절차 때문이다. 또 여권에 이스라엘 입국 스탬프가 찍히지 않도록 각별히 신경을 써야 한다. 여권에 이스라엘 입출국 도장이 찍히면 아랍국가를 갈 때 입국이 거부되기 때문이다. 이스라엘 보안군은 외교관 번호판이 달린 내 차에 대해서도 지뢰탐지기같이 생긴 장비로 차의 밑바닥과 트렁크 등을 철저히 수색했다. 암만과 예루살렘은 요단강과 사해를 사이에 두고 서로 높은 곳에 위치해 있다. 암만에서 예루살렘을 가려면 계곡 밑으로 내려가서 요단강을 지난 후 국경을 통과해서 평야지대에 위치한 오래된 도시 제리코를 거쳐 다시 계곡을 올라가야 한다. 이 높낮이로 인해 직선거리로는 가깝지만 실제로는 상당한 시간이 걸린다. 암만과 예루살렘은 사실 비슷한 점이 많은 도시이다. 그도 그럴 것이 모두 돌집인데다가 집의 형태도 비슷하며 높낮이가 심한 곳이라 꾸불꾸불하게 도로가 만들어져 있는 형태도 비슷하다. 다른 것이 있다면 예루살렘이 세 종교의 유적지를 모두 간직하고 있는 데 반해 암만은 순수 이슬람 도시라는 점일 것이다. 그러나 옛 암만성에 올라가보면 다윗왕이 밧세바에게 빠져 그 남편 우리야를 일부러 사지로 보내 죽게 만들었다는 유적지가 있다. 당시 이스라엘과 암몬 왕국 사이에 전쟁이 벌어졌고 다윗은 이 전쟁터의 맨 선봉에 우리야를 보냈던 것이다. 자세히 보면 예루살렘과 암만 간에는 차이가 많다. 건물이 유지 및 관리되고 있는 모습이라든지

예루살렘의 황금 돔사원. 그 앞에 보이는 벽이 '통곡의 벽'이다.

건물 내의 장식이라든지 하는 면에서는 큰 차이가 있다. 이는 양국의 경제력 차이 때문이다. 건물의 겉모양은 서로 비슷하지만 내부에 들어가 보면 확연히 차이가 드러난다. 이스라엘 쪽의 건물들이 훨씬 돈을 더 많이 들였다는 느낌을 금방 받을 수 있다.

나는 예루살렘뿐 아니라 이스라엘 내 주요 유적지를 볼 목적으로 시간을 넉넉히 잡고 왔기 때문에 이곳저곳을 돌아다녔다. 예수님이 십자가를 지고 고난의 행군을 했던 비아 돌로로사를 비롯 예수의 시신을 염하고 묻었던 무덤교회와 동굴교회도 둘러보았고 최후의 만찬 장소, 앉은뱅이가 나은 장소, 예수가 대제사장에게 잡혀가기 전 마지막 기도를 했던 올리브숲 등 성경에 나오는 여러 가지 사건의 현장을 방문했다. 예루살렘은 봐도 봐도 또 볼거리가 있는 곳이며 아무리 설명을 들어도 알쏭달쏭한 점이 많은 곳이기도 하다. 그만큼 복잡하고 다양한 역사의 현장이기 때문이다.

예루살렘을 지나 텔아비브를 거쳐 북으로 올라가면서 므깃도 평원, 나자렛 교회 등 기독교 유적지들을 쭉 훑어 다녔다. 그리고 포도주 이적으로 유명한 가나를 지나 갈릴리 호수로 들어섰다. 갈릴리 호수 지역은 예수가 제자들을 모으고 많은 사역과 이적을 남긴 지역으로 볼 만한 것이 많이 있다. 산상수훈으로 알려진 유명한 말씀을

남긴 자리도 갈릴리 호수 근처의 언덕에 있다. 허몬산에서 내려온 물이 쌓여 큰 호수를 만들고 이 호수에서 종착역을 이룬다. 성경에서 왜 요단강 이서 지역을 '젖과 꿀이 흐르는 땅'이라고 했는지 그 이유가 확실하지는 않다. 한 가지 확실한 것은 수천 년의 세월이 흘러 이 '젖과 꿀이 흐르는 땅'에 이스라엘이라는 강국이 자리 잡고 있다는 사실이다. 요단강 이동이든 이서이든 황량한 황무지인 이 지역이 젖과 꿀이 흐르는 땅이 될 만한 과학적인 근거는 없다. 그러나 이스라엘인은 바닷물을 담수화하여 이 황무지를 옥토로 만들고 과학기술을 응용하여 첨단 산업시설을 만들었으며 아랍국가의 침공에 대비한 안전판으로 핵무기를 개발했다. 가히 이 땅은 이제 안전하고 풍요로운 '젖과 꿀이 흐르는 땅'이 된 것이다.

나는 이후에도 몇 번 더 예루살렘을 방문했다. 다니다보니 예루살렘성 입구 바로 밑에 있는 식당에서 파는 스테이크가 가장 맛있다는 사실도 알게 되었다. 이들은 아르헨티나 산 쇠고기를 수입해서 스테이크를 만드는데 정말 맛이 있었다. 내가 예루살렘을 방문할 때마다 느끼는 것은 앞으로 이 도시의 미래가 어떻게 될 것인가 하는 점이다. 예루살렘 문제는 팔레스타인과의 협상에서 가장 어려운 난관 중 하나이다. 유태인에게도 팔레스타인인에게도 예루살렘은 양보할 수 없는 성지이기 때문이다. 서기 70년 로마군은 어렵게 예루살렘을 점령한 후 수많은 유태인을 죽이고 그들이 가장 소중하게 여기는 신전을 완전히 파괴했다. 솔로몬왕이 짓고 이후에 여러 번 신·개축되었던 이 유태 신전은 이제 남아 있지 않다. 오직 '통곡의 벽'으로 알려진 서쪽 벽만이 남아 있을 뿐이다. 이 서벽은 이제 유태인들에게 마음의 고향이다. 이들은 이 벽 앞에서 늘 기도한다. 기도문을 적어 벽의 돌 사이에 끼어놓는 경우가 워낙 많아 전체 벽이 쪽지로 뒤덮이기도 한다. 귀밑머리를 딴 사람들이 유태인 복장을 하고 기도를 하면서 몸을 위아래로 흔드는 모습이 펭귄과 비슷하다고 해서 이들 기도하는 유태인은 펭귄으로 비유되기도 한다.

유태인은 민족의 한과 얼이 서리어 있는 예루살렘을 결코 포기하지 않을 것이다.

예루살렘은 기독교의 발상지이며 기독교의 성지이기도 하다. 기독교인들도 예루살렘을 이슬람인에게 내어주는 일에는 결코 동조하지 않을 것이다. 그러나 한편으로 예루살렘은 이슬람의 성지이기도 하다. 아랍인은 이 도시를 '알 쿠드스'(신성한 도시)라고 부른다. 이슬람의 창시자인 마호메트가 가브리엘 천사의 안내로 메카로부터 날아서 예루살렘을 방문했다는 전설적인 이야기는 회교도에게 하나의 신화이다. 그뿐만 아니라 살라알딘이 십자군으로부터 예루살렘을 회복한 후 예루살렘은 다시 이슬람의 도시가 되었다. 알 악사 모스크와 황금돔 사원 등 현재 예루살렘에 있는 이슬람 유적들은 이슬람 교도에게는 모두 신성한 것들이다. 이렇게 양측의 입장이 대립하다보니 국제사회는 예루살렘을 분할하는 방안, 예루살렘을 국제도시화 하는 방안 등 여러 가지 안을 내놓고 있으나 이스라엘과 팔레스타인 양측이 수락할 수 있는 안은 아직 나오지 않고 있다. 이스라엘측은 오히려 예루살렘의 아랍인 거주 지역에 장벽을 쌓아 이들의 출입을 통제하는 조치를 취하고 있어 분란을 가중시키기도 한다. 양측의 입장을 들어보면 다 이해할 수 있는 이야기들이다. 다만 한데 모아놓고 이야기를 하면 서로의 입장이 상충되어 합의점을 찾기 어려울 뿐이다. 문제를 해결하지 못하는 것이 아니라 문제를 해결하지 않는 것이 이들의 공통점이다.

조금씩 양보하고 조금씩 타협하면 어떤 어려운 문제도 해결하지 못할 것은 없다. 예루살렘 문제는 복잡한 역사와 고도의 정치성을 가지고 있어 어려운 문제임이 틀림없으나 결국 해결 방안은 양측이 어떤 양보와 타협을 통해 합의를 이끌어내느냐에 달려 있다.

유 태 인   그 들 은   누 구 인 가 ?

유태인은 세상에서 가장 지독한 민족, 가장 성공한 민족, 그리고 가장 박해를 많이 받은 민족이라고 한다. 유태인은 태생은 중동 민족 중 하나이나 현재에는 중동인이라고 보기는 어렵다. 이들은 중동에서 쫓겨나 세상에 뿔뿔이 흩어져 살다가 온갖 시련을 겪은 후 1948년 이스라엘을 세워 다시 조상의 고향인 중동으로 돌아온 사람들이다. 이들이 2천 년가량 유랑생활을 하다가 천신만고 끝에 세운 나라는 그러나 이들에게 평화와 안식을 안겨주지는 못했다. 이들이 나라를 세운 대신 이 땅에 오랫동안 살아온 팔레스타인 사람들이 쫓겨났기 때문이다. 살 곳을 뺏기고 가만히 있는 사람은 아무도 없다. 팔레스타인은 온갖 수단과 방법을 다해 뺏긴 땅을 다시 찾기 위해 노력했다

거처를 잃은 팔레스타인인이 중동의 여러 곳으로 흩어지자 아랍 국가들에게도 큰 부담이 되었다. 팔레스타인 난민을 수용해야 하기 때문이었다. 특히 이스라엘의 이웃나라인 요르단에는 팔레스타인인이 인구의 60%를 차지할 정도로 세력이 매우 크다. 팔레스타인인의 입김이 요르단 정치를 좌지우지할 정도이다.

애급으로부터 탈출한 유태인이 모세를 지도자로 광야에서 유랑 생활을 하다가 40년 만에 '젖과 꿀이 흐르는 땅', 즉 요단강 서쪽의 가나안으로 들어갔으나 그곳의 원주민과 끊임없는 갈등 속에서 살았다. 다윗이라는 영주가 나타나 통일 이스라엘을 이루고 강력한 국가를 건설했으나 얼마 가지 못하고 남북 이스라엘로 갈라져 서로 다툼을 벌이다가 마침내 북이스라엘은 아시리아에게 망하고 남유다는 바빌론에게

망하고 말았다. 아시리아인은 유태인을 강제로 다른 지역으로 이주시키고 이들이 살던 사마리아 땅에 다른 민족이 들어와 살도록 했다. 남유다인은 바빌론의 느부카드네자르 왕에게 망한 후 수만 명이 바빌론으로 끌려가 그곳에서 70년을 포로로서 지내야 했다. 이윽고 바빌론 왕국이 신흥 메도-페르시아의 영주 키루스 왕에 의해 함락된 후 키루스는 끌려온 유태인을 풀어주고 고향으로 돌아가도록 했으나 오랫동안 외지 생활에 익숙해진 유태인 중 많은 사람이 고향으로 돌아가지 않았다. 고향으로 돌아온 일부 유태인들은 신전을 다시 세우고 허물어진 예루살렘 성벽을 복구했으며 옛날의 영화로웠던 유태 왕국을 재건하려 했으나 한번 세력이 약해진 유태인은 더 이상 다윗 왕조를 일으켜 세울 수 없었다. 유태인의 시련은 계속되었다. 이들은 알렉산더의 침공 이후 그리스 세력의 지배를 받았으며 그리스가 쇠퇴한 후에는 로마의 지배를 받았다. 한때 강성했던 이스라엘 왕국은 결코 복원되지 않았다. 그러다가 서기 70년 로마에 저항하던 예루살렘이 함락당하고 수많은 사람이 학살된 후 이스라엘 민족은 마침내 자신이 살던 땅을 떠나기 시작했다. 132년 로마에 저항하는 바르 코크바의 반란이 실패하자 이스라엘 민족은 본격적으로 고향 땅으로부터 축출되었다. 중동 민족으로서 출발한 유태인은 모세와 여호수아 시절 다른 중동 민족을 몰아내고 오랫동안 번성했으나 또 다른 중동 민족에 의해 정복되었으며 그 후에는 온갖 노력에도 불구하고 끝내 강력한 왕국을 재건하지 못하고 있다가 결국 유럽 민족에 의해 완전히 망하고 말았다. 이렇게 해서 기구한 운명의 길을 걷게 된 이스라엘이 거의 2천 년이라는 긴 세월이 흐른 후 다시 다른 중동 민족을 희생양 삼아 중동에 나라를 건설한 것은 역사의 아이러니가 아닐 수 없다.

이렇게 시련과 고통의 역사를 가진 유태인이 오늘날까지 건재하며 어느 나라에서 살든 특별한 재능을 발휘하여 특출한 업적을 남기는 이유는 무엇일까? 내가 보기에 유태인의 비밀은 종교와 교육에 있다. 유태인은 아직도 세계 3대 일신교 중의 하나인 유태교를 굳건히 지키고 있다. 유태교라는 것은 모세 5경을 경전으로 하는 종교이다. 이 종교의 특징은 선민사상이다. 자신들이 여호와 하나님으로부터 선택받은 유일한 민족이며 하나님은 유태인을 축복했고 이 축복의 약속은 자손만대에 걸쳐 지속된다는 것이다. 모세 5경을 보면 하나님이 유태인을 선택한 것은 맞으나 이들은 수도 없이 하나님을 배신했다. 구약성경에 나오는 유태인의 모습은 배신의 대가로 많은 사람이 죽고 역병에 걸리고 고통을 겪으면서도 조금만 성에 차지 않으면 또 배신에 배신을 거듭하는 것이 특징이다. 그러면서도 이들은 늘 하나님에게 기도하고 자신의 죄를 회개한다. 옷을 찢고 머리에 재를 뒤집어쓰고 베옷을 입고 울며불며 죄를 뉘우치는 것이다. 그러나 이 회개는 얼마 가지 못한다. 다시 이들은 율법을 어기고 하나님께 불평을 늘어놓으며 우상을 섬긴다. 참 이상한 민족이다. 변덕이 죽끓듯 하고 뻔뻔스럽기까지 하다. 어떻게 이런 사람들이 그 오랜 세월을 다른 나라에서 살면서 지금까지 버텨왔을까 신기할 정도이다. 그러나 이것은 신화적인 요소가 있는 구약성경에 나오는 이야기이지 현실 세계의 유태인이 이렇게 변덕스럽다고 볼 수는 없다. 오히려 유태인은 강한 신앙과 지속적인 유대감 속에서 살아온 민족이다. 이들의 한결같은 믿음으로 인해 다른 민족들이 유태인에 대해 경외심을 갖게 되었다고 보는 것이 옳다. 따라서 유태교는 이들의 신앙이자 이들을 하나로 묶는 커다란 자산이다. 이스라엘 사람 중 75%가량이 유태교를 믿지만 이스라엘 내 종교는 이슬람교, 기독교, 드루즈 등 다양하고 유태교 내의 파벌도 정통파, 개혁파, 보수파 등 실로 다양하다. 그러나 한 가지 확실한 점은 유태교가 서로 다양한 배경을 가진 사람들 사이에서 중심축의 역할을 한다는 사실이다. 유태인이 있는 곳에는 반드시 유태교회인 시나고그가 있고 랍비가 있으며 이 교회들은 유태사회의 견인차 역할을 하고 있다. 구약성경 외에도 유태인의 전통을 유지하는 데 기여하고 있는 다른 기록들이 있는데 그것은 미쉬나와 탈무드이다. 미쉬나와 탈무드는 유태인이 구두로 전승해 내려온 법을 정리한 책이다. 미쉬나가 먼저 정리되었고 탈무드는 미쉬나를 다시 정리한 책이다. 유태인은 가정에서 이 책들을 읽고 민족의 전통을 승계해나간다. 유태인은 이 책에서 지혜를 얻고 용기와 위로를 얻는다. 이렇게 해서 그들은 유태인으로서의 정체성을 유지해나가는 것이다.

유태인의 특징이 잘 드러나는 다른 분야는 교육이다. 유태인의 교육에 대한 열정은 대단하다. 교육의 중요성에 대한 가르침은 신명기와 잠언을 비롯하여 구약성경의 여러 곳에 등장하고 있으며 탈무드에서도 특별히 강조되고 있다. 탈무드는 아이들의 학교 교육이 6세 때부터 시작되어야 한다고 말한다. 또 부모는 애들을 막대기나 지팡이로 때려서는 안 되며 나이 많은 학생은 어린 학생을 도와야 한다고 가르친다. 공부하는 애들이 다른 일 때문에 학습을 방해받아서는 안 된다는 점도 탈무드는 강조하고 있다. 외국에 흩어져 살았던 유태인은 이러한 가르침에 따라 18세기 말까지 독립적인 학교를 세우거나 가정교사를 고용해 아이들을 가르쳤다. 유태인의 교육에 대한 이러한 열정에 따라 유태 가정의 아이들은 자신의 형편에 따라 최선의 교육을 받게 되며 이는 유태인이 어느 사회에서 살든 그 사회에서 성공하는 원동력이 되었다. 마치 한국인이 60여 년 전 지구상에서 가장 가난한 나라 중 하나였음에도 불구하고 부모들이 자녀의 교육을 위해 스스로를 희생하면서까지 열심히 뒷바라지한 결과 오늘의 한국을 이룬 것과 같이, 유태인도 모든 핍박과 어려움 속에서도 애들의 교육에 힘쓴 결과 자녀가 성장하여 각 분야에서 성공하고 이것이 합해져서 전 세계적으로 막강한 유태인 세력을 이룬 것과 흡사하다.

유태인 성공의 원동력은 무엇일까? 내가 보기에 유태인의 성공 동력은 그들의 강한 정신세계에 있다. 종교와 교육으로 무장된 유태인의 정신세계는 매우 독특하며 풍부한 상상력과 인내심 그리고 감수성으로 가득 차 있다. 유태인은 IQ보다 EQ가 높은 민족이라고 할 수 있다. 이러한 정신세계를 바탕으로 유태인은 어떤 분야에서 무슨 연구를 하거나 일을 하든지 크게 성공할 수 있었다. 유독 유태인 중에 노벨상 수상자가 많은 것은 이러한 이유 때문이다.

그러나 성공한 유태인, 뛰어난 유태인은 그들에게 축복만을 가져다주지는 못했다. 다른 민족의 시기와 질시를 받았기 때문이다. 남의 나라에 와서 잘사는 유태인, 그것도 자신들만의 독특한 종교와 풍습을 지키면서 독보적으로 살아가는 유태인의 모습이 현지인에게 좋게만 보였을 리는 만무하다. 평화 시에는 이러한 갈등 요인이 있어도 큰 문제없이 넘어갔지만 정치적 또는 사회적으로 격동하는 변화의 시기에는 유태인은 왕왕 희생양이 되었다. 대표적인 것이 나치에 의한 유태인 대학살이다. 히틀러는 독일 민족을 단결시키기 위해 희생양이 필요했고 선택된 것은 유태인이었다. 유태인은 독일 민족을 이간질시키고 음모를 꾸며 파멸에 이르게 할 악의 존재로 묘사되었고 2차 대전이 일어나자 유태인은 아우슈비츠를 비롯한 강제수용소에 집단으로 수감된 후 학살되었다. 6백만 명이 학살되었으니 실로 처참한 홀로코스트가 일어난 것이다. 그러나 이러한 시련을 딛고 유태인은 다시 일어나 조상의 고향인 중동에서 새로운 나라를 세우고 이 나라를 강력한 국가로 성장시켰으니 역시 대단한 민족임에는 틀림없다.

이스라엘이 취하는 모든 정책 중에서 가장 중요한 것은 국가의 안보이다. 나라가 망하고 국민이 뿔뿔이 흩어져 오랫동안 유랑생활을 한 쓰라린 경험이 있는 이스라엘로서는 나라의 안보를 굳건히 지켜 언제 어떤 경우라도 다시 국가가 외적에 의해 점령당하는 일이 일어나지 않도록 만전을 기한다는 것이다. 안보에 대한 이스라엘의 초민감성은 강경한 대외정책을 낳았고 이로 인해 간헐적으로 중동에서 전쟁이 일어나기도 하지만 이스라엘의 역사를 이해하는 사람들에게는 이스라엘의 정책이 놀라운 것은 아니다. 요즘 이란의 핵개발이 본격화하면서 이스라엘의 공격설이 끊임없이 등장하는 것도 바로 이스라엘의 철두철미한 안보관 때문이다.

이스라엘은 조그만 나라이지만 결코 조그만 나라는 아니다. 왜냐하면 유태인 디아스포라의 존재 때문이다. 세상 모든 민족의 디아스포라 중 유태인 디아스포라만큼 강력한 세력은 없다. 특히 미국에서 유태인 디아스포라의 힘은 사회 각 분야에서 막강한 영향력을 가지고 있다. 미국이 극도의 친이스라엘 정책을 취하는 이면에는 유태인 디아스포라의 영향력이 놓여 있다. 본국의 힘과 디아스포라의 힘이 합쳐져 탄탄한 국력을 갖추고 있는 이스라엘이 2천 년 전과 같이 망하는 일은 다시는 일어나기 어려울 것이다. 아랍 국가들도 현실을 인정하고 이스라엘과의 오랜 원한을 풀어 서로 평화 공존하는 방안을 찾는 것이 현실적으로 옳은 선택이 될 것이다.

노 예 가 주 인 이 된 맘 룩

세계 역사에는 참 희한한 일이 많은데 맘룩이 그중 하나이다. 맘룩은 노예로 끌려와 강제로 군인이 되었다가 점차 강성하여 오히려 주인을 몰아내고 왕조를 세운 군인들의 이야기이다. 이 이야기를 들으면서 느끼는 것은 아무리 군대가 필요하다고 해도 이방민족으로 군대를 구성해서는 위험하다는 사실이다. 군주가 건재하고 나라가 강성할 때에는 이들이 군주에게 절대적인 충성을 바치므로 별 문제가 없지만 나라가 어지러워지면 힘을 가진 군인들이 다른 생각을 품게 된다. 이들을 견제할 만한 무력이 없는 군주는 결국 이들에 의해 쫓겨나고 마는 것이다.

이슬람 세계에서 탄생한 맘룩은 9세기부터 19세기까지 무려 천 년 동안 존재했다. 맘룩이 왕조를 세우고 전성기를 누린 것은 주로 이집트에서이지만 이집트뿐 아니라 레반트 지역, 이라크, 인도 등에도 맘룩이 있었다. 맘룩은 스스로 왕조를 세워 왕이 되기도 했지만 어떤 곳에서는 귀족의 지위를 누렸다. 맘룩은 터키계 민족 특히 흑해 주변에 살았던 큐만-킵차크 민족으로 구성되었다. 이들이 살았던 곳은 지금의 러시아, 불가리아, 세르비아, 헝가리, 몰다비아, 그루지야, 왈라키아 등을 포함한다.

맘룩의 역사는 9세기 압바시드 칼리프가 있었던 바그다드에서 시작한다. 9세기 중반 군인은 필요하나 자국인만으로는 충분한 병력을 양성할 수 없게 된 압바시드 왕조는 맘룩을 사와서 군인으로 양성했다. 맘룩의 세력이 강해지자 바그다드 원주민과 갈등이 생겼으며 불똥이 칼리프에게까지 미치자 이를 피해 당시 칼리프 알 무타심은 수도를 바그다드 북쪽 사마라로 옮기기까지 했다. 알 무타심의 뒤를 이은 칼리프 알 무타와킬은 이런 와중에 결국 맘룩 군인에 의해 암살당했다. 압바시드 왕조가 사온 맘룩은 처음에는 시르카시아인과 그루지야인이 대부분이었으나 나중에 흑해 북쪽으로부터 킵착인과 다른 터키계 민족도 데려왔다. 이들은 물론 이슬람교도가 아닌 이방인이었다. 칼리프가 맘룩을 사온 이유는 사병 양성으로 독자 세력을 구축한 귀족들을 견제하기 위해서였다. 맘룩이 아닌 일반 사병들은 보통 술탄이나 칼리프보다 자신의 주인에게 더 충성을 바쳤다. 만일 귀족이 칼리프에 대해 반란을 획책할 경우 칼리프는 큰 소동 없이 반란을 제압하기 어려웠다. 귀족의 사병들이 자신의 주인이 잡혀가는 것을 순순히 바라만 보고는 있지 않았기 때문이다. 이런 이유로 칼리프는 중립적인 군대가 필요했다. 맘룩은 외국인이고 이슬람교도도 아니므로 귀족과는 아무 연대가 없었다. 칼리프는 이들의 힘을 빌려 사병으로 무장한 귀족들을 제압할 수 있었다. 돈을 주고 사온 노예인 맘룩의 신분은 최하위였으므로 이들이 칼리프에 대해 반기를 들 염려는 적었다. 또한 맘룩이 말썽을 일으키면 칼리프는 군기를 유지하기 위해 소동자들을 즉각 처벌했다. 정치적으로 중립이고 명령에 복종하며 왕에게 충성하는 맘룩은 군사적인 가치로 봐서 최고였다. 이런 이유로 칼리프들은 계속해서 이곳저곳에서 맘룩을 데려왔다.

이집트의 파티미드 왕조는 아르메니아, 터키 및 수단에서 데려온 노예들을 맘룩으로 양성했다. 살라알딘이 1174년 이집트에 아유비드 왕조를 세우고 통치를 시작한 후 맘룩의 세력은 급격히 커졌으며 맘룩은 마침내 1250년 맘룩 왕조를 세울 수 있었다. 살라알딘이 죽고 아들들 간에 권력 쟁탈이 벌어지자 아들들이 모두 각자가 양성한 맘룩에게 의존함으로써 내전이 벌어졌다. 이 난을 평정한 것은 살라알딘의 동생 알 아딜이었다. 알 아딜과 그의 뒤를 이은 아들 알 카밀은 맘룩군을 자신의 군대로 편입시켰다. 이렇게 해서 세력이 커진 맘룩은 아유브 왕조의 술탄 살리흐가 죽은 후 그의 아내 샤자즈 알두르가 임시 통치자로 등장하자 당시 맘룩군 총사령관이었던 아이박을 그녀와 결혼시켜 맘룩 왕조를 출범시켰다. 그동안 이집트에서는 통치자가 바뀔 때마다 맘룩을 양성하면서 이들로 하여금 왕실의 경호를 맡게 했다. 이렇게 맘룩에 대한 신임이 높아지자 맘룩 중에서 높은 벼슬에 오르는 사람들이 차차 많아졌으며 급기야 다마스커스 주지사까지 맘룩 출신이 맡게 되었다. 이렇게 영향력이 커진 맘룩은 마침내 이집트에서 기존 왕조를 몰아내고 자신의 왕조를 세운 것이다. 이집트로 봐서는 호랑이 새끼를 집에서 키운 것이나 다름없었다.

맘룩이 명성을 높이고 그 세력을 굳건히 한 것은 13세기 몽골과의 전쟁 때이다. 1258년 바그다드를 점령한 칭기즈칸의 손자 훌라구는 이어서 다마스커스에 무혈 입성한 후 여세를 몰아 군대를 카이로로 향했다. 훌라구는 카이로의 술탄 쿠투즈에게 항복할 것을 요구했다. 그러나 강경파 맘룩 장군 베이바르의 사주를 받은 쿠투즈는 훌라구의 사신을 죽이고 군대를 동원했다. 몽골군에 정면으로 맞서기로 결심한 것이다. 마침 이때 몽케 대칸의 사망 소식을 접수한 훌라구는 작전 지휘를 부관인 키트부카에게 맡기고 장례식 참석을 위해 고향으로 돌아가야 했다. 몽골군과 이집트군 간의 전투는 팔레스타인 북쪽에 위치한 아인 잘루트에서 벌어졌다. 이 전쟁에서 지면 이집트는 몽골의 손에 넘어가고 아랍세계 전체가 몽골의 노예가 될 판이었다. 절체절명의 순간 베이바르와 쿠투즈의 연합군은 매복 작전으로 몽골군을 쳐부수고 지휘관 키트부카를 죽였다. 몽골의 세계 제패 전략이 차질을 빚는 순간이었다. 이 전투의 승리로 베이바르는 쿠투즈를 살해하고 바흐리 맘룩 왕조의 제5대 술탄으로 등극하게 된다. 상승세를 탄 맘룩군은 1260년 시리아의 홈스에서 벌어진 전투에서 두 번째로 몽골군을 격파했으며 이들을 동쪽으로 몰아내기 시작했다. 이후에도 몽골군과 맘룩군 간에 여러 번 전투가 벌어졌으며 서로 이기고 지기를 번갈아 했으나 맘룩군은 끝내 밀리지 않았다. 전쟁에서 성과가 없자 아랍 세계를 점령하겠다는 꿈을 포기한 몽골군은 1323년 마침내 맘룩군과 평화협정을 체결했으며 이로써 아랍군과 몽골군 간의 오랜 전쟁은 일단락되었다.

맘룩이 아랍 세계의 이곳저곳에서 왕조를 창건한 것은 놀라운 일이다. 이러한 일은 그만큼 맘룩의 조직력과 단결력이 뛰어났다는 사실을 증명하고 있다. 맘룩이 최고의 전성시대를 구가한 것은 이집트에서이다. 이들은 이집트에서 2개의 왕조를 창건했다. 1250년에서 1382년까지 지속된 바흐리 왕조와 1382년에서 1517년까지 지속된 부르지 왕조가 그것이다. 맘룩은 270여 년에 이르는 긴 세월 동안 세습왕조를 잘 유지하였으며 50명이 넘는 왕(술탄)을 배출했다. 나중에 이집트가 오스만 터키의 속국이 되고 난 후에도 맘룩은 1811년까지 이집트를 통치했다. 맘룩 왕조가 이집트에서만 이루어진 것은 아니다. 맘룩들은 압바스 칼리프의 본산인 바그다드에서도 왕조를 세워 이 도시와 인근지역을 1832년까지 통치했고, 이들이 델리에 세운 왕조는 1211-1290년 간 인도를 통치했다.

세계 역사에서 주객이 바뀐 경우가 없지는 않을 것이나 아마 가장 대표적인 사례는 맘룩의 역사일 것이다. 현대사회에서는 이러한 일이 일어나지 않을까? 장담하지는 못할 것 같다. 아프리카의 조그만 섬나라 코모로에서는 외국 용병을 고용해서 치안을 유지하다 보니 나중에 이들이 쿠데타를 일으켜 정권을 좌지우지한 적도 있었다. 비단 용병뿐 만이 아니다. 노동력이 부족하다고 해서 외국 노동자를 지나치게 많이 데려오면 사회문제가 발생할 뿐만 아니라 과하면 더 심각한 문제가 발생할 수도 있다. 미국과 같이 처음부터 다민족국가라면 몰라도 그렇지 않은 경우에는 이민정책이나 근로자정책은 장기적인 관점에서 보다 신중하게 펼쳐야 할 필요가 있다고 본다. 맘룩의 역사가 주는 교훈은 오늘날을 사는 우리에게도 유효하다.

아 름 다 운 알 프 스

빼어난 알프스의 풍경

유럽에 근무할 때 알프스는 나에게 희망과 용기를 주는 원동력이었다. 우울할 때나 기분이 좋지 않을 때 알프스를 방문하면 이런 것들이 사라지고 새로운 힘이 생겼다. 그래서 나는 유럽에 있는 동안 시간이 나는 대로 알프스를 많이 다녔다.

빈에 근무할 때는 틈만 나면 차를 몰고 잘츠부르크 쪽으로 달렸다. '잘츠캄머구트'로 알려진 주변의 수려한 산과 호수 등 경치를 감상하기 위한 것이었다. '잘츠캄머구트'란 '소금청의 영지'라는 뜻이다. 합스부르크 왕국 시절 이곳에 있는 소금광산을 관할하는 관청의 땅이었기 때문일 것이다. 지금도 환상적인 알프스의 모습에 감동을 받은 첫 경험이 생각난다. 빈에 도착한 지 얼마 되지 않아서 가족을 태우고 무작정 잘츠부르크 쪽으로 달렸다. 근처에 도착하자 밤이 되었으므로 여관을 찾아갔는데 조그만 여관이었으나 정치인 등 유명한 인사들이 많이 다녀간 곳이라고 했다. 아침에 일어나보니 그 주변의 경치가 절경이었다. 여관 바로 뒤에는 깎아지른 듯한 바위산이 있었고 앞으로는 알프스의 수려한 봉우리들이 수도 없이 눈에 들어왔다. 빈에 돌아가서 선배에게 이러한 곳을 다녀왔다고 자랑했더니 잘츠부

르크 주변이 세계에서 가장 아름다
운 곳이라고 했다. 그 말에 공감한
나는 이후 진정한 '잘츠캄머구트' 팬
이 되었다.

알프스는 넓고 다양하다. 스위스,
오스트리아, 이태리, 프랑스, 독일
등에 걸쳐 있는 알프스의 풍경은 비
슷비슷한 것 같으면서도 다르다. 보
통 스위스에 있는 몽블랑, 융프라우,

잘츠부르크 시가지 모습

마테호른을 알프스의 3대 봉우리라고 하는데 모두 다른 맛이 난다. 몽블랑에 오르면
유럽을 한눈에 내려다볼 수 있을 것 같고, 융프라우는 아이거 북벽 등 깎아지른 듯한
절벽이 일품이며, 마테호른의 뿔과 같이 생긴 기묘한 봉우리를 보면 파라마운트사
가 로고로 채택한 이유를 알 수 있을 것 같다.

나는 알프스에서 가족과 함께 주로 캠핑을 많이 했다. 특히 오스트리아 시절 애들
이 아직 어렸기 때문에 애들을 데리고 알프스의 구석구석을 다니면서 캠핑을 했다.
오스트리아 알프스는 절경에 비해 그렇게 높은 곳이 없기 때문에 비교적 다니기가
쉬웠다. 특히 이태리와 국경을 이루는 남부 티롤 지방의 목가적인 풍경은 지금도 눈
에 선하다. 알프스의 이 아름다운 여름 풍경은 겨울이 되면 대부분 스키장으로 바뀐
다. 알프스 주민의 소득이 높은 이유는 여름에는 관광객을 유치하고 겨울에는 스키
어들을 맞이함으로써 이중으로 소득을 올리기 때문이다.

알프스의 만년설과 빙하는 정말 장관이다. 그리고 주변 환경이 얼마나 깨끗하고
아름답게 가꾸어져 있는지! 예전에 알프스의 계곡 구석구석에서 많은 전투가 벌어
져 수많은 사람이 죽었다는 사실이 도저히 믿어지지 않는다. 이곳에서 이렇게 아름
다운 집을 가지고 꽃을 가꾸고 가축을 기르며 평화롭게 살아가는 사람들이 옛날에

는 서로 죽고 죽이는 전쟁을 무수히 치렀다는 사실이 실감이 나지 않는 것이다. 노르웨이의 피요르드를 가 본 사람 중에는 인위적인 알프스보다 피요르드의 자연적인 경치가 더 아름답다고 말하는 사람들이 있다. 나도 피요르드를 가보았다. 그곳은 확실히 알프스와는 다른 경치이고 다른 맛이 난다. 빙하가 바다로 밀고나온 곳에 이루어진 호수가 바다와 연결되어 있어 늘 배를 타고 이곳저곳을 옮겨 다녀야 하고, 수도 없이 많은 폭포가 주변 산에서 쏟아지는 등 특이한 풍경이 있는 것은 사실이다. 그러나 전반적으로 알프스의 웅장하고 다양한 경치와 비교할 수는 없다는 것이 나의 생각이다.

나에게 유럽을 좋아하는 이유를 물어보면 나는 서슴지 않고 박물관과 알프스를 든다. 둘 다 눈을 씻을 수 있는 곳이기 때문이다. 소장품과 자연을 눈으로 보는 것도 즐겁지만, 박물관에서는 역사를 훑어보면서 정신적인 눈을 씻을 수 있고 알프스에서는 자연을 통해 마음의 눈을 씻을 수 있다. 유럽은 세계에서 관광객이 가장 많이 모여드는 곳인데 알프스도 한몫을 톡톡히 담당할 것이다.

요즘은 알프스 어디를 가도 한국인을 흔히 만난다. 그만큼 한국관광객이 늘어난 때문이지만 한국인이 일부러 남들이 잘 찾지 않는 곳을 찾아다니는 이유도 있다. 여행도 내공이 쌓여야 진미를 느낄 수 있는 것인데 한국인이 알프스의 구석구석을 찾아다니는 것은 좋은 일이라고 생각한다. 언젠가 국내에서 알프스의 매력에 빠진 사람을 만나면 함께 술잔을 기울이며 오랫동안 이야기하고 싶다.

사　라　예　보　의　　추　억

　　2008년으로 기억되는데 보스니아의 수도 사라예보에 갈 기회가 있었다. 보스니아에서 총선이 있었고 OSCE에서 선거감시단을 파견했는데 한국도 포함되었다. 한국이 OSCE의 옵서버였기 때문이다. 우리 정부에서도 선거감시단을 파견키로 결정하고 나를 단장으로 임명했다. 우리 대표단은 모두 현역 외교관으로 구성되었다.

　　당시 보스니아는 정세가 불안했기 때문에 OSCE에서는 우리 대표단에 대해 생명보험을 들어주었다. 아내에게 이 이야기를 했더니 상당히 불안한 눈치였다. 나는 제법 비장한 마음으로 길을 떠나야했다. 나는 당시 독일에서 참사관으로 근무하고 있었기 때문에 쾰른에서 루프트한자를 타고 우선 뮌헨으로 날아갔다. 이곳에서 비행기를 갈아타고 크로아티아의 수도인 자그레브에 집결하는 것이 1차 목표였다. 비행기 스케줄을 보니 뮌헨에서 환승하는 시간이 너무 짧아 "과연 짐이 무사히 올까?" 걱정이 되었다. 그러나 정확하기로 소문난 루프트한자이므로 어련히 알아서 하지 않을까 하는 심산도 있었다. 결과는 걱정한 대로 나쁜 쪽이었다. 짐이 오지 않은 것이다. 각지에서 온 선거감시단원들이 모두 모여 등록을 하고 하룻밤을 지낸 후 다음날 버스 편으로 사라예보로 향했다. 자그레브에서 사라예보로 향하는 곳곳에 전쟁의 상처가 남아 있었다. 부서진 건물, 폐허가 된 마을, 끊긴 다리 등을 볼 수 있었다.

　　조금 살벌한 느낌이 들기는 했지만 무사히 사라예보에 도착하여 외곽에 위치한 콘도 비슷한 곳에 여장을 풀었다. 내 짐은 콘도에 온 지 이틀이 지나서야 도착했다. 안내자는 여러 가지 주의사항을 말했는데 가장 귀에 와 닿는 것은 "흙을 밟지 말라"

는 말이었다. 전쟁 중에 매설한 지뢰들이 군데군데 묻혀 있기 때문이다. 당시 사라예보는 흉물스런 모습이었다. 많은 건물이 파괴되어 시커먼 모습으로 방치되어 있었으며 어디선가 총소리가 들려올 것 같은 을씨년스러운 분위기를 띠고 있었다. 숙소에서 시내 쪽으로 갈 때에는 다리를 하나 건너야 하는데 안내자는 전쟁 중 이 다리에서 많은 사망자가 발생했다고 알려주었다. 미리 말을 들어서인지 실제 다리를 건널 때 기분이 별로 좋지 않았다. 시내에 있는 한 골목은 역사의 현장이다. 1914년 범슬라브주의파에 속한 한 세르비아 청년이 오스트리아 황태자 부부를 권총으로 살해함으로써 엄청난 살육과 피해를 가져 온 제1차 세계대전이 발발한 것이다. 사라예보는 기독교와 회교가 공존하고 있는 독특한 도시이다. 유고 연방이 분할되면서 전쟁이 발생한 원인 중 하나가 바로 이 종교 차이 때문이다. 회교도가 살고 있는 지역에 가보니 터키나 북아프리카의 회교 국가에 온 듯한 느낌이 들었다. 유럽국가의 한 귀퉁이에 이렇게 회교도들이 집단으로 살고 있다니… 역사책을 읽어서 알고는 있었지만 막상 눈으로 목격해보니 물과 불이 한데 섞여서 살고 있다는 느낌을 받았다. 지금은 조용해졌지만 언제 또 소용돌이가 있을지는 아무도 모른다. 과거의 역사가 이들의 책임은 아니다. 오직 이들이 평화롭게 공존하기를 바랄 뿐이다.

사라예보에서 체류하는 1주일 동안 유일한 낙은 숙소에서 걸어갈 수 있는 거리에 있는 아이리시 바에 가는 것이었다. 별로 갈 곳이 없는 도시인지라 저녁에 바는 우리 선거감시단원과 외국인으로 붐비었다. 나는 이곳에서 아일랜드 군 출신의 선거단원 한 사람과 가깝게 지냈다. 이 친구 이야기로는 저녁에 친교를 나눌 수 있는 주점으로 '아이리시 바'가 최고이며 이곳에서는 '아이리시 위스키'가 최고라고 했다. 우리에게 잘 알려진 '스카치 위스키'는 사실은 아일랜드에서 시작한 것이며 3번에 걸쳐 증류하는 아이리시 위스키가 2번 증류하는 스카치 위스키보다 더 나은 술이라는 것이다. 아일랜드는 위스키의 원조를 지키기 위해 영어 스펠링도 다르게 쓴다고 했다. 즉 스코틀랜드에서는 'Whisky'라고 쓰는데 아일랜드는 'Whiskey'로 쓴다는 것이다. 이 친구는 아이리시 위스키가 더 독하고 남성적인 술이라는 등 계속 자랑을 늘어놓았다. 담배연기가 자욱한 가운데 와자지껄한 분위기 속에서 연신 아이리시 위스키를 마셔대면서 우리는 밤늦게까지 이런저런 이야기를 나누었다. 위스키에 취하고 이야기에 취하면서 보낸 한 주일이었다.

우리는 1주일 동안 선거감시 교육을 받고 실제 상황에 투입되었다. 개별 선거구에 배치된 사람도 있었고 선거본부에 배치된 사람도 있었다. 나는 선거본부에 배치되었다. 각 지역 선거구에서 올라오는 보고를 접수하고 필요한 사항을 지원하거나 응급상황 발생 시 이를 해결하는 것이 주 임무였다. 다행히 선거는 큰 문제없이 잘 끝났다. 우리는 다시 자그레브로 돌아와 하룻밤을 지낸 후 각자의 임지로 돌아갔다. 나는 자그레브에 갈 때 짐이 도착하지 않은 경험이 있어 이번에는 뮌헨 공항에서 아예 짐을 체크인하지 않고 손짐으로 가지고 가려고 했다. 루프트한자 직원은 "가방이 커서 안 된다"면서 회사의 명예를 걸고 이번에는 짐이 도착할 것이니 걱정 말라고 했다. 나는 이 말을 믿기로 했다. 그러나 쾰른 공항에 내려 보니 또 짐이 도착하지 않았다. 나는 정확하기로 이름 난 루프트한자가 이럴 수가 있느냐면서 거세게 항의했다. 이틀 후 짐이 집으로 배달되었는데 조그만 박스가 하나 딸려 있었다. 열어 보니 매니저 명의의 카드와 함께 샴페인이 두 병 들어 있었다. 카드에는 이렇게 적혀있었다. "귀하에게 예기치 못한 불편을 끼쳐 정말 미안하다. 앞으로 이런 일은 다시 없을 것이다."

독 일 인 의 지 적 우 수 성

본에 있는 베토벤 생가

1990년대 중반 독일에서 근무할 때이다. 이 시절은 독일이 통일을 이룬 후 동서독 통합을 강력히 추구하던 시기였으며 수도는 아직 본에서 베를린으로 이전하기 전이었다. 따라서 본국에서 독일 통일의 경험을 습득하기 위해 많은 사람이 독일을 방문했다. 학자, 전문가는 물론이고 정치인들이 줄을 이어 독일을 방문했다. 대권을 꿈꾸는 정치인은 반드시 독일을 방문해야 한다는 말이 있을 정도였다. 본국에서 공관에 대한 주문사항도 많았다. 독일은 원래 주요공관 중 하나이기도 하지만 이 당시는 특히 독일의 사고와 경험을 배우기 위해 이것저것 알아보라는 주문이 많았다.

나는 정무과에서 근무했고 나중에 정무참사관이 되었는데 외교부는 물론 각 부처와 의회, 연구소, 싱크탱크 및 민간전문가 등을 만나기 위해 부지런히 뛰어다녔다. 독일에서 일하는 여건은 참 좋았다. 우리 대사관은 2차 대전 후 첫 수상의 이름을 딴 '아데나워' 거리에 위치하고 있었는데 이 거리는 '정치와 행정의 거리'로 불리었다. 외교부를 비롯해서 각 부처, 의회, 연구소 등이 대부분 이 거리에 있었기 때문이다. 특히 외교부는 우리 대사관 길 건너에 있어 방문하기가 매우 편리했다. 사

독일의 젖줄 라인강

람들을 만나러 다닐 때 차를 타지 않고 걸어 다닐 수 있다면 최선이다. 이 당시 본이 바로 그런 곳이었다.

나는 본국 정부의 지시를 이행하느라 이곳저곳을 뛰어다니면서 많은 사람을 만났는데 만날수록 신기한 생각이 들었다. 그것은 내가 만난 독일 사람들이 하나같이 빼어난 전문가들이었기 때문이다. 무엇을 물어보든지 척척이었고 답변에 궁하거나 뜸을 들이지도 않았다. 한 분야에서 해박한 지식을 쌓는 것, 분석 능력과 독자적인 생각을 가지는 것, 그리고 이를 잘 설명하고 표현하는 것, 이 모두가 쉽지 않은 일인데 독일 사람의 능력은 놀라웠다.

나는 점차 독일 사람들을 만나는 데 재미를 붙였다. 독일인은 지적인 호기심을 가지고 진지하게 물어보면 그만큼 진지하게 상대해준다. 나는 독일 전문가들의 지적인 그릇이 얼마나 큰지 한번 시험해보고 싶었다. 나는 접촉의 범위를 점차 넓혔다. 세상에서 일어나는 주요 이슈에 관해 독일인이 어떤 견해를 가지고 있는지 알아보고자 했다. 그러다보니 만나는 사람들의 범위가 훨씬 넓어졌다. 가령 외교부에서도 동북아국은 물론이고 미국, 러시아, 동남아, 중동, 아프리카 등을 담당하는 각종 지역국, 경제국, 조약국, 다자외교국 등 여러 분야의 담당자들과 늘 교류하게 되었다. 정치, 경제, 사회 분야의 다양한 연구소 전문가들과도 친분을 쌓게 되었다.

이렇게 바쁘게 사람들을 만나고 다니면서 놀란 것은 독일 지성인의 해박한 지식과 분석능력이었다. 이들은 언제 어느 때나 질문에 응답할 준비가 되어 있었다. 거의 예외 없이 하나같이 해박한 전문가들이었다. 나는 이들 덕분에 부수적으로 이익을 얻었다. 그것은 이들과의 대담을 잘 정리해서 본국 정부에 보고한 때문이다. 이들 덕분에 보고서의 질이 높아져서 나는 "좋은 보고서를 많이 보내는 사람"이라는 평가를 얻었다.

　왜 독일인의 지적 능력이 이렇게 우수할까? 나는 그 이유를 그들의 근면함과 끈기 그리고 사고력에서 찾는다. 독일인에게는 소위 밤 문화가 별로 없다. 이들은 직장 근무가 끝나면 곧장 집으로 가서 가족과 함께 지낸다. 대부분이 매우 가정적이고 성실한 사람들이다. 이러한 근면, 성실함이 이들의 전문성을 배양하는 데 원천적인 요인이라고 생각한다. 또 독일인은 사색을 좋아한다. 공원이나 거리를 거닐며 깊은 사색에 빠진 독일인을 흔히 볼 수 있다. 사색은 자신이 알고 있는 지식에 깊이를 더해주고 발표 능력을 키워준다. 우수한 전문가라는 게 쉽게 길러지는 것이 아니다. 부단한 노력과 깊은 성찰이 뛰어난 전문가를 배출하는 원동력이 되는 것이다. 나는 이러한 모델을 독일에서 보았다.

골 프 점 수 계 산 에 서 보 는 독 일 인

본에서 근무할 때 근교에 있는 골프장에 등록하여 자주 골프장을 찾았다. 기후가 좋지 않은 독일에서 여름은 최상의 골프 시즌이다. 해가 길고 비가 오지 않기 때문이다. 한여름에는 거의 밤 열시까지 골프를 칠 수 있으므로 사무실 근무를 다 마치고 골프장에 가도 거의 18홀을 돌 수 있다. 10시경에 운동을 마치고 클럽하우스에서 간단한 식사를 겸해 맥주를 한잔 마시고 집으로 돌아오면 자정 가까이 되곤 했다. 반면 여름을 제외한 다른 시즌에는 거의 비와 싸우다시피 해야 한다. 시도 때도 없이 비가 쏟아지기 때문이다. 도중에 게임을 중단하는 일도 흔하고 비가 그칠 때까지 몇 시간이나 기다렸다가 다시 게임을 속개하는 일도 많았다.

내가 다니는 골프장에 할아버지와 할머니들이 많았다. 직장에서 은퇴한 후 연금으로 노후를 보내는 분들인데 늘그막에 골프를 시작한 분들이다. 나이가 많아서 골프를 시작했으니 실력이 빨리 향상되기는 어려워 대부분이 아주 초보 수준이었다. 문제는 이분들이 그냥 운동으로만 골프를 즐기는 것이 아니라 시합을 하는 것이었다. 클럽에서 주최하는 시합에는 경기의 신속한 진행을 위해 '스테이블포드' 방식을 취하므로 별 문제가 없지만 자기들끼리 칠 때에는 보통 '스트로크' 게임을 했다. 스트로크 게임을 할 때 이분들은 타수를 모두 계산했다. 초보자가 자신의 타수를 정확하게 계산한다는 것이 결코 쉬운 일이 아니다. 핸디가 36일 경우 막상 게임을 하면 핸디보다 훨씬 많은 타수를 기록하는 것이 보통이다. 이러다보니 어떤 때는 서로 계산을 놓고 시비가 붙는 일이 많았다. 시비가 해소되지 않으면 이들은 티박스로 돌아와 처음부터 자기가 친 타수를 상대방과 함께 복기하는 일도 잦았다. 복기하는 일도 결코 쉽지 않다. 워낙 공을 많이 치다보면 어떻게 쳤는지 잊어버리기 때문이다. 따라서 노인들이 스트로크 게임을 할 때에는 끊임없이 분쟁이 일어났다. 나는 이를 보면서 "도대체 저 분들은 골프를 왜 칠까? 저렇게 스트레스를 받을 것 같으면 차라리 안 하는 게 낫지"라고 생각하곤 했다.

그러나 내 생각과는 달리 이분들은 계속 시합을 했고 또 계속 타수를 놓고 싸웠다. 마치 일부러 스트레스를 받기 위해 골프를 치는 사람들 같았다. 이분들을 오래 지켜보면서 나는 차츰 깨닫게 되었다. 그것은 이분들이 골프의 즐거움보다 골프 규칙의 준수를 더 중요하게 여긴다는 사실이었다. 이분들에게는 시합에서 이기고 지는 것보다 올바로 타수를 계산하는 것이 보다 중요했다. 이것은 그들의 명예와 자존심이 걸린 문제였던 것이다. 나는 이 노인들의 골프에서 독일인의 진면목을 보았다고 생각한다. 규칙 잘 지키고 절도 있는 독일인의 이미지가 저절로 형성된 것이 아니다. 즐거움을 포기하고 스트레스를 감수하면서까지 규칙을 지키려는 독일인의 사고방식과 행동이 '엄격한 독일인'의 이미지를 생성시킨 것이다.

독일 사람들은 '괜찮다(all right)'라는 뜻으로 'Alles in Ordnung'이라는 말을 흔히 사용한다. '모든 것이 잘 정돈되어 있다'는 뜻이다. 독일인이 얼마나 정돈을 중요시하는지 시골을 여행해보면 금방 알 수 있다. 어떤 시골구석을 가도 도로, 마을, 집, 밭, 숲 등이 가지런하게 정비되어 있다. 독일을 처음 여행하는 사람은 시골의 조그만 여관에 들어가도 너무 깨끗하고 정리정돈이 잘 되어 있는 것에 감동을 받기 마련이다. 이렇게 정돈이 잘 되어 있는 것은 독일인의 성격이 깔끔하고 근면한 탓도 있지만 결국 규칙을 잘 지키는 습성 때문이다. 조그만 여관을 경영하든 큰 호텔을 경영하든 늘 좋은 환경을 유지하기 위해 규칙을 정해놓고 이를 지킨다. 이러한 습성이 사회 전체에 퍼져 있기 때문에 초보자들이 골프를 칠 때도 규칙을 지키기 위해 안간힘을 쓰는 것이다.

독 일 병 의 정 체

1990년대 중후반 독일병(German disease)이라는 말이 유행한 적이 있었다. 이는 독일이 변화에 둔감한 것을 꼬집는 말이다. 나는 그때 독일에 있었기 때문에 독일 사람들이 이를 어떻게 받아들이는지 궁금했다. 그래서 여러 사람의 의견을 물어보았는데 그들의 대답은 한결같았다. 즉 독일인에게 이러한 경향이 있는 것은 사실이며 이런 비판을 긍정적으로 수용한다는 것이었다.

나는 유독 독일인이 왜 변화를 싫어하는지 그 이유를 알고 싶어 몇 사람에게 자세히 캐물었다. 그중 한 사람의 대답이 가장 흥미로웠다. 그는 다음과 같이 대답했다.

우리 독일인은 역사상 현재가 가장 살기 좋다고 생각한다. 독일 민족은 오랫동안 고통 속에서 살아온 사람들이다. 독일은 통일국가를 이루지 못하고 수십 개의 공국으로 갈라져 서로 대립해왔으며 이러한 과정에서 국민 대부분은 농노로서 험한 세월을 살아왔다. 유럽에서 가장 늦게 통일국가를 이룬 후에는 보불전쟁 그리고 1차 대전과 2차 대전의 수렁에 빠져 많은 사람이 죽고 남은 사람들도 고통의 세월을 살아야 했다. 2차 대전이 끝나고 미국의 마셜 플랜에 의해 독일이 부흥하고 평화로운 공업국가가 되면서 사람들은 비로소 안정을 찾았다. 독일에게 평화를 안겨준 것은 공업이다. 바로 이것이 독일의 산업력이 강한 이유이다. 독일 사람들은 공장에서 기계와 함께 있으면 마음의 평화를 얻는다. 우리가 찾은 행복과 평화는 역사상 최초의 것이며 사람들은 이를 절대 놓치려 하지 않는다. 독일이 금융, 정보산업, 서비스업 등에서 너무 보수적이며 변화를 잘 수용하지 않으려 한다고 하는데 이는 어느 정도 사실이다. 그것은 새로운 것을 받아들임으로써 행복의 원천이 된 제조업에 영향을 미칠까 두려워하기 때문이다. 제조업은 손 안에 들어온 새이며 독일은 이를 놓치지 않을 것이다. 독일은 시대에 뒤지는 한이 있어도 제조업 기반의 사회 구조를 결코 포기하지 않을 것이다.

나는 이 말을 듣고 독일병은 독일의 역사와 밀접한 관계가 있음을 알게 되었다. 사실 독일은 국력에 비해 금융이나 서비스분야는 약한 편이다. 정보통신 분야도 그렇게 강한 편이 아니다. 독일의 주식시장은 국력에 비해 규모가 작다. 기업들은 주식시장에서 회사를 공개해서 자금을 조달하는 대신 아직도 은행이나 보험회사 등 전통적인 금융기관을 통해 필요한 자금을 융통하는 방법을 선호한다. 서비스업이 약한 독일에서는 업종이나 일자리가 그렇게 다양하지도 않다. 독일에는 구두닦이라는 업종이 없다는 이야기도 있다. 정보통신도 마찬가지이다. 독일에는 정보통신 분야에서 한국의 삼성이나 핀란드의 노키아와 같은 일류기업이 없다. 반면 자동차, 철강, 기계, 전기, 화학 등 전통적인 제조업 분야에서 독일의 힘은 막강하다. 또 산업의 허리를 이루는 중소기업의 기술력이 대단하다. 약 1천 개의 중소기업들이 각 분야에서 세계의 리더인 것이다. 쇠나 기계를 만지면 저절로 신이 난다는 독일인의 기질과 맞아 떨어지기 때문일 것이다.

제조업이 강한 독일경제는 2008년 세계 금융위기를 거치면서 그 진가를 발휘하고 있다. 독일은 유럽에서 금융위기의 여파를 가장 적게 받았을 뿐 아니라 이를 비교적 쉽게 극복하고 유럽경제를 이끌어나가고 있다. 아일랜드, 포르투갈, 그리스, 스페인, 이태리, 프랑스 등 대부분 유로존 국가들이 국가부도에 몰리거나 경제가 악화일로에 있는 반면 유독 독일만이 성장세에 있다. 제조업에만 치중하는 극히 보수적인 독일인의 성향으로 인해 병자 취급을 받았던 독일은 승승장구하고 있는 반면 변화를 빨리 받아들였던 국가들이 고전하고 있는 것이다. 이러한 현상을 어떻게 받아들여야 할까? 앞으로도 이러한 경향은 지속될 것인가? 이러한 의문에 대한 답을 내리기는 아직 이르다고 본다. 그러나 한 가지 확실한 것은 독일이 더 이상 병자 취급을 받지는 않을 것이라는 사실이다.

독 일   외 교 부 의   조 직   관 리

독일에 있을 때 독일 외교부는 어떻게 조직을 관리하는지 알아본 적이 있다. 내가 파악한 바에 의하면 독일 외교부는 매우 합리적으로 조직을 관리하고 있었다. 그들은 특히 감사관을 잘 활용했다. 외교부 내 감사관은 3명인데 모두 대사급이었다. 그 중 한 명은 수석 감사관으로 은퇴를 앞둔 최고참 대사가 맡고 있었다. 곧 은퇴할 사람이니 이해관계가 없어 보다 객관적으로 감사를 할 수 있다는 취지에서 나온 임명직이었다. 이 세 명이 팀장이 되어 전 세계 공관을 지역별로 나누어 감사하는 것이다. 감사관은 철저히 공관과 분리되어 감사 시 공관으로부터 어떠한 대접도 받지 못하도록 되어 있다. 식사 대접은 물론 안 되고 호텔 예약이나 교통편 같은 것도 모두 감사관이 직접 해야 한다. 이들은 감사를 시작하면 공관의 규모에 관계없이 최소 2주일 이상은 감사를 했다. 큰 공관의 경우에는 한 달 이상 감사가 지속되었다. 그만큼 철저하게 감사를 하는 것이다. 이들의 감사는 우리와는 달리 회계가 아니라 업무에 중점을 두었다. 공관 인원이 몇 명이고 예산이 얼마인데 하는 일에 비추어 인원과 예산이 적정한 수준인지 감사하는 것이었다.

감사관은 일 년 내내 공관을 다니면서 감사를 한 후 그 결과를 본부로 가지고 와 분석한다. 이들이 분석한 결과는 장관에게 보고되며 장관은 이를 기초로 다음 해 외교를 꾸려 나갈 조직을 개편하게 된다. 의원내각제를 취하고 있는 독일의 외교장관은 정치인이므로 외교부가 하는 일에 대해서는 전적으로 권한과 책임을 가진다. 전체 인원과 예산의 범위 내에서 조직을 개편하는 것은 전적으로 장관의 권한에 속한다. 장관은 감사관이 보고한 자료를 가지고 어떤 공관에 인력과 조직이 부족한지 또는 어떤 공관은 인력과 조직이 초과 상태인지를 파악할 수 있다. 장관은 객관적인 데이터에 따라 일에 비해 인력이 부족한 곳은 인원을 늘리고 그 반대의 경우에는 인력을 줄인다. 이렇게 해서 매년 초가 되면 조직이 조금씩 개편되는 것

베를린에 있는 독일 국회의사당의 모습

이다. 정부로서는 외교부 장관이 하는 일에 일절 간섭하지 않는다. 오직 추가 예산, 추가 인력이 필요한 경우에만 각료회의와 의회의 승인을 얻어야 한다.

이렇게 감사관 제도를 잘 활용해서 객관적인 평가를 통해 조직 관리를 하는 것이 독일의 방식이다. 일이 많은 곳에는 인력과 예산을 더 주고 적은 곳에는 삭감하지만, 1년 후에는 상황에 따라 또 바뀔 수 있다. 이렇게 합리적으로 조직 관리를 해나가니 불평, 불만이 적은 것으로 보였다. 우리와는 방식이 크게 다르다. 우리는 감사를 회계감사 위주로 한다. 업무 감사도 하기는 하지만 그보다는 회계 쪽에 중점을 두는 것이다. 그러므로 감사관이 조직 개편에 끼어들 여지는 많지 않다. 우리의 경우 안전행정부가 각 부처의 조직을 관리하고 있다. 조직 개편을 하거나 인력을 줄이고 늘릴 때에는 일일이 안전행정부의 승인을 얻어야 가능하다. 이러한 상황 하에서는 외교장관이 책임을 지고 조직 개편을 할 수 없다. 어느 공관의 외교수요가 늘어났다고 해서 탄력성 있게 바로 인력을 증원하는 일이 불가능하다. 반대로 외교수요가 줄었다고 해서 바로 인력을 감축하는 일도 없다.

변화무쌍한 국제사회에서 외교활동을 효과적으로 하기 위해서는 외교 조직의 신축적 운용이 필요하다. 우리도 독일과 같이 장관에게 전체 인원과 예산의 범위 내에

서 조직을 신축적으로 운영할 수 있도록 전권을 부여하는 시스템을 도입하는 것이
필요하다고 생각한다.

독 일 외 교 부 내 외 국 인 부 인 클 럽

독일 외교관들이 자신이 하는 일을 즐기고 넓은 세상을 상대로 다양한 경험을 쌓는 것을 좋아하는 증표 중 하나는 그들의 부인이다. 독일 외교관 중에는 외국인을 부인으로 맞아들인 사람이 유난히 많다. 내가 알고 있는 독일 외교관의 부인들을 보면 아프리카, 아시아, 중남미 등 실로 다양했다. 이들은 젊어서 미혼으로 외국 공관에 부임했다가 현지 여성과 사랑에 빠져 결혼한 사람들이 대부분이다.

독일 외교관의 부인들은 당시 본에서 '외국인 부인 클럽'을 조직하고 있었다. 이들은 숫자가 많고 단합이 잘 되며 독일 외교부 내에서 큰 영향력을 행사하고 있다고 했다. 이들은 음악회, 전시회, 무용 발표회 등 문화행사도 주최하고 봉사활동도 전개하며 아이들의 교육에 관한 정보도 교환하는 등 다양한 활동을 펼치고 있었다. 독일이란 국가를 상당히 보수적인 곳으로 생각하고 있었는데 독일 외교관의 이렇게 자유분방한 모습을 보고 깜짝 놀랐다. 지금도 생각나는 사람으로 '무크'라는 외교관이 있었다. 이 사람은 당시 인권외교를 담당하고 있었는데 나와 가깝게 지냈다. 집에 초대받아서 가보니 부인의 피부색이 검었다. 부인을 어디서 만났는가 물어보았더니 자메이카에서 근무할 때 만나 결혼했다고 했다. 아들이 하나 있는데 피부색은 아빠와 엄마의 딱 중간 정도였고 얼굴은 아빠를 빼다 닮았다. 이름을 물어보니 아빠의 이름인 '크리스티안'을 그대로 물려받았다. 무크와는 내가 유엔에 근무할 때 또 만났는데 서로 담당하는 업무가 다르고 바빠 자주 어울리지는 못했다. 그를 볼 때마다 그의 카리브해 출신 부인과 아들이 생각났다. 까맣지만 예쁜 얼굴의 부인 그리고 자신을 빼닮았지만 피부가 검은 아들에게 자신의 이름을 물려주고 가족과 함께 더할 나위 없이 행복한 표정을 짓고 있는 이 외교관의 모습을 보고 독일인의 보수적인 이미지를 떨쳐버릴 수 있었다.

우리의 경우를 생각해보면 독일 외교관과는 큰 차이가 있다. 만일 많은 한국 외교관이 외국인과 결혼한다면 어떻게 될까? 아마 사회적 문제가 될 것이다. 나라를 대표하는 외교관이라고 뽑아서 외국으로 보내놓으니 나라 생각은 하지 않고 외국인과 결혼했다는 비판이 쏟아질지 모른다. 내가 알기에 외국인과 결혼한 한국 외교관은 극히 드물다. 외교관 초년 시절 한 원로대사의 부인이 서양인인 것을 보았고 독일에 근무할 때 특채로 외교부에 들어온 여성 참사관의 남편이 미국인인 것을 본 것이 전부이다. 그러나 한국 사회도 점차 다민족화되어 가고 있으니 외교관 중에도 외국인과 결혼하는 사람이 늘어나게 될 것이다. 외교관이라고 해서 외국인과 결혼하지 않는다는 것은 우스운 일이다. 다른 나라 외교관과 결혼한 우리나라 여성들은 많이 볼 수 있다. 전 짐바브웨 주재 미국대사의 부인, 전 주한 파키스탄 대사의 부인 등 여러 명을 보았다.

음 악 의 　 도 시 　 빈

빈에서 지내면서 가장 잊을 수 없
는 기억은 역시 음악이다. 음악의
도시로 알려진 빈에는 수많은 극장
과 콘서트홀이 있다. 세계적으로 유
명한 오페라극장인 슈타스오퍼를
비롯 폴크스오퍼, 테아터 안 데어
빈, 부르크 테아터 등 오페라극장들
이 있고 콘서트홀은 숫자를 셀 수 없
을 만큼 많다. 새해를 여는 신년음

음악도시 빈의 명소인 오페라하우스(슈타스오퍼)

악회로 유명한 무직페어라인은 빈 필하모닉의 전용 공연장이다. 매년 새해 첫날 이
곳에서 열리는 연주회는 전 세계에 생방송으로 중계된다. 그만큼 권위 있는 연주회
일 뿐 아니라 빈이 '세계의 음악수도'라는 상징적인 의미를 내포하고 있는 것이다.
사람들에게 잘 알려진 클래식 음악을 모아서 연주하는 콘체르트 하우스에서는 음악
가들이 전통적인 복장으로 연주한다.

이곳에 가면 마치 자신이 18세기에 있는 것 같은 착각을 일으킨다. 주로 관광객을
위한 극장이지만 빈에 사는 사람들도 자주 이용한다. 언제 들어도 친근하고 감미로
운 음악들에 접할 수 있기 때문이다. 시내 한복판에 있는 슈타트파크에는 요한 슈트
라우스의 동상이 있고 슈트라우스의 음악이 자주 연주된다. 연인과 함께 와인을 마

시면서 왈츠를 춰보고 싶은 사람에게 이보다 더 좋은 장소가 있을까? 빈의 곳곳에 있는 공원, 공회당, 광장 등은 모두 음악을 접할 수 있는 장소들이다. 빈 19구에 있는 서민적 와인으로 유명한 그린칭도 음악이라면 빼놓을 수 없는 곳이다. 이곳에 있는 음식점과 카페에서는 어느 곳이나 악사들이 음악을 연주한다. 한국 음악을 연주하는 악사들도 많이 있다. 빈에서 음악 공부하는 학생들이 한국 음악을 전파했기 때문이다. 클래식 음악과 한국 음악의 절묘한 조화는 빈에서만 맛볼 수 있는 정취이다.

빈이 음악도시로 유명한 이유 중 첫째는 빼어난 음악가들을 많이 배출했기 때문이다. 모차르트, 베토벤, 슈베르트, 브람스, 말러, 하이든, 슈트라우스 등 이름만 들어도 가슴이 설레는 거장들이 빈에서 활동했다. 빈 외곽에 있는 악성 묘지에 가면 음악가 묘역이 있는데 관광객의 필수 코스로 꼽힌다. 둘째는 빈 시민의 음악에 대한 관심과 사랑이다. 빈 사람들과 만나서 대화하는 데 음악은 필수이다. 이들은 음악이라면 사족을 못 쓰는 사람들이다. 음악을 듣고 즐기는 데만 그치지 않고 음악에 관한 이야기를 나누기 좋아한다. 어떤 지휘자는 어떻고, 어느 소프라노가 '마법의 피리'에 나오는 아리아를 가장 잘 부르며, 어느 피아니스트가 모차르트의 곡 해석을 가장 잘 한다는 등 이들의 음악에 관한 이야기는 끝이 없다. 셋째 빈 시민의 이러한 음악사랑 때문인지 빈에는 빼어난 음악가들의 발길이 그치지 않는다. 현대로 접어들면서도 쇤베르크, 리하르트 슈트라우스, 게오르그 솔티, 제임스 레바인, 주빈 메타, 클라우디오 압바도, 다니엘 바렌보임, 카라얀, 레오나드 번슈타인 등 빈을 거쳐간 마에스트로는 헤아릴 수 없이 많다. 마치 맨체스터 유나이티드나 바르셀로나가 세계 축구 거성의 양성소인 것처럼 빈은 음악 거장의 양성소이다. 시너지 효과라고나 할까. 유명하니까 인재가 모이고 인재가 모이니까 유명한 사람들이 끝없이 생산되는 것이다.

독일계 국가로 법질서가 엄격한 빈이지만 음악가들에게는 유독 관대하다. 보통 사람이 속도위반을 하면 어김없이 벌금을 물어야 하지만 음악가가 속도위반을 하면

봐준다고 한다. 경찰에 걸렸을 때 물론 음악가의 변명은 "음악회에 늦었다"이다. 이러면 경찰은 틀림없이 눈 감아 주고 보다 친절한 경찰은 연주회장까지 에스코트해 주는 경우도 있다고 한다. 경찰들도 대단한 음악 애호가인 셈이다. 음악이 이렇게까지 사랑을 받는 이유는 무엇일까? 그것은 음악이 빈의 전통이 된 때문이다. 18세기 중반부터 음악을 애호하는 귀족들의 비호 하에 유럽 전역에서 뛰어난 음악가들이 빈으로 모여들게 되었다. 이들은 경쟁적으로 작곡한 곡을 음악회에서 발표했으며 초연된 음악에 대해 세인의 관심이 집중되는 것은 하나의 전통이 되었다. 이러한 전통이 쌓이다 보니까 빈은 음악의 도시로 이름을 날리게 되었고 빈 시민은 이러한 전통을 계승해 나가기 위해 노력하고 있는 것이다.

빈에서 살면서 그곳에 있는 한인교회 중 한군데를 나가게 되었다. 신도 수가 많지 않은 조그만 교회였으나 성가대의 수준은 어느 큰 교회에 못지않았다. 그도 그럴 것이 성가대원 한 사람 한 사람이 모두 빈에서 유학하고 있는 음악가들이었다. 지휘자와 피아노 반주자를 비롯하여 소프라노, 알토, 테너, 베이스 등이 모두 프로급 음악가들이었으니 비록 숫자는 적으나 성가대의 연주는 일품이었던 것이다. 성가대의 연주를 듣는 재미로 교회에 온다는 사람이 있을 정도로 이들의 연주는 훌륭했다. 지금도 엄청난 성량을 가진 소프라노의 독창이 귀에 울려오는 듯하다.

뉴 욕, 뉴 욕

　　흔히 뉴욕은 모든 것을 가진 도시라고 한다. 나는 이 도시에서 꼬박 3년을 살았다. 내가 살던 곳은 뉴욕시에서 북쪽으로 올라가는 뉴욕주에 있는 스카스데일이었으며 나는 이곳에서 맨해튼 중심부에 있는 한국 대표부까지 매일 기차로 출근을 했다. 뉴욕에서 가장 큰 기차 정거장인 그랜드 센트럴 역에서 기차를 타면 스카스데일까지 약 30분 걸린다. 신문 한 부를 읽기에 딱 좋은 거리인 셈이다. 기차에서 내려서 집까지는 주로 걸어서 다녔다. 아침 출근 시에도 마찬가지로 걸어서 스카스데일 역까지 간 후 기차를 타고 그랜트 센트럴에서 내려 사무실까지 걸어갔다. 걷는 시간 30분, 기차 타는 시간 30분, 도합 편도로 1시간이니 왕복이면 2시간을 매일 길에서 소모한 셈이다. 뉴욕-스카스데일 간에는 직행, 준급행, 완행이 모두 있고 기차의 운행횟수도 잦아 기다리는 시간은 별로 없었다. 하지만 출근할 때는 문제가 없었으나 퇴근할 때는 가끔 문제가 발생했다. 그랜드 센트럴에서 스카스데일로 가는 동안 내가 잠들어버리는 경우가 왕왕 있었기 때문이다. 맨해튼에서 식사를 한 뒤라도 동료들과 함께 기차를 타면 문제가 없지만 혼자 기차를 타면 여지없이 졸음이 왔다. 이 졸음이라는 것이 묘해서 한번 졸기 시작하면 걷잡을 수 없이 졸음이 쏟아졌다. "다음 역이 스카스데일이니 내려야지" 하고 마음을 먹고 있어도 나도 모르게 졸면 그것으로 끝장이다. 역을 지나쳐버리는 것이다. 어떨 때는 대여섯 개 역을 지나친 후에야 깨어나는 경우도 있었다. 이럴 때는 할 수 없이 집에 전화를 해서 아내나 아들 신세를 져야 했다. 그들이 차로 데려가지 않으면 나는 미아 신세가 되는 것이다.

스카스데일은 전원 지역으로 잘 꾸며져 있고 뉴욕주에서도 꽤 부유한 동네에 들어간다. 뉴욕시에서 가까운데다가 학교가 좋은 것으로 알려져 사람들이 선호하는 곳이다. 이곳에 사는 사람들 중에는 금융인, 변호사, 의사, 회계사 등 전문 직업을 가진 사람이 많고 특히 유태인이 많다. 유태인이 이 동네를 선호하는 이유는 확실히는 모르겠는데 뉴욕과 가까운데다가 역사적인 이유가 좀 있는 것 같고 특히 학교가 좋아서인 것 같다. 인구가 2만 명이 채 안 되는 이 조그만 동네에 골프장이 45개나 된다고 하는데 4-5개를 빼놓고는 모두 사립 골프장이다. 사립 골프장은 매우 폐쇄적이어서 회원이 초대하지 않으면 출입할 수 없다. 한국인도 이 동네에 제법 많이 살고 있는데 대부분이 의사, 변호사, 사업가, 교수 등 전문 직업을 가진 사람들이다. 대표부나 총영사관 직원 다수가 선호하는 뉴저지를 택하지 않고 내가 스카스데일을 선택한 이유는 딸이 이곳에 있는 고등학교를 다니겠다고 고집한 이유 때문이다. 한국에서 중학교와 고등학교를 다닐 때 적응하는 데 애를 먹었던 딸은 가급적 한국 학생이 많지 않은 학교를 다니고 싶어 했던 것 같다.

지금의 뉴욕은 상당히 안전한 도시이지만 80년대나 90년대 초반까지만 하더라도 그렇지 않았다. 유학시절인 80년대 중반 내가 뉴욕을 잠시 방문했을 때만 해도 뉴욕은 범죄가 많은 위험한 도시였다. 나를 안내한 친척이 인적이 으슥한 곳이나 차량 통행이 뜸한 곳은 절대 가지 말라고 신신당부했던 기억이 난다. 그러던 뉴욕이 90년대 중반 이후로는 확 바뀌었다. 뉴욕을 안전한 도시로 만든 일등공신은 뭐니 뭐니 해도 줄리아니 전 시장이다. 줄리아니가 취임하면서 쓴 전략은 우선적으로 작은 범죄를 소탕하는 것이었다고 한다. 낙서, 무임승차, 마리화나 소지와 같은 경범죄자들을 집중적으로 단속함으로써 실제적으로 범죄 건수를 줄이고 잠재적 중범죄자들에게 경고의 메시지를 던진 것이 주효했던 것이다. 줄리아니는 또 마피아같이 큰 범죄 조직으로 하여금 조무래기 범법자들을 제압토록 하는 '큰 물고기가 작은 물고기를 쫓아내는' 작전도 구사했다고 한다. 지금의 뉴욕은 비교적 안전하다. 아직도 맨해튼

미국의 심장 뉴욕 맨해튼

북부의 할렘 같은 곳을 방문할 때는 경계해야 하지만 옛날같이 강도가 총을 들이밀 경우에 대비해서 20불짜리 'life money'를 꼭 지참하고 다닐 필요는 없어졌다.

'자본주의의 심장'이라는 맨해튼의 핵심은 월 스트리트이다. 세계에서 가장 큰 주식시장인 뉴욕 증권거래소를 비롯 모건 체이스, 시티그룹, 골드만 삭스, 모간 스탠리, 뱅크 오브 아메리카, 도이체 방크 등 세계적인 투자은행들이 즐비하게 늘어서 있다. 가히 이곳은 미국의 돈줄이자 세계의 돈줄인 셈이다. 그러나 월 스트리트의 화려한 명성은 2008년 금융위기를 겪으면서 점차 쇠퇴하고 있다. 경제에 활력을 주고 기업에 새로운 피를 공급해주는 '좋은 녀석'으로 알았던 은행들이 알고 보니 자신의 이익만 챙기려는 '나쁜 녀석'들이었다는 인식이 팽배하고 있기 때문이다. 탐욕의 대명사 격이 된 금융인에 대한 일반인의 나쁜 인식이 사라지지 않는 한 월 스트리트의 앞날이 그렇게 밝아 보이지는 않는다. 사실 뉴욕은 정말 다양한 곳이다. 금융은 그저 일각에 불과할 뿐 보통 사람들의 생활과는 별 관계가 없다. 사람들의 관심은 그보다는 음악, 미술, 무용, 음식 등 예술과 다양한 볼거리, 쇼핑, 그리고 학교 등에 있다.

뉴욕에 있는 많은 박물관과 미술관, 오페라 극장, 콘서트 홀, 수많은 쇼핑센터, 그리고 세계의 모든 음식을 모아놓은 것 같은 다양한 식당들, 맨해튼의 북쪽과 남쪽에 각각 위치한 콜럼비아대와 뉴욕대를 비롯한 수준 높은 대학들이 뉴욕을 대표한다고 해도 과언은 아닐 것이다. 우리에게 비교적 잘 알려진 줄리아드, 파슨스, 쿠퍼 유니온 등도 뉴욕을 대표하는 유명한 대학들이다. 뉴욕에는 상대적으로 적게 알려졌

지만 굉장한 대학들도 있다. 대표적
인 것이 맨해튼 동쪽 이스트 리버 강
가에 위치하고 있는 록펠러 대학이
다. 1901년 록펠러 1세가 창립한 이
대학은 생물학 연구를 전문으로 하
는 기관으로 학부는 없고 대학원만
있다. 학생이 약 200여 명에 불과한
조그만 대학이다. 그러나 이 학교의
연구 업적은 놀랍다. 지금까지 노벨

뉴욕 시민의 휴식처 센트럴 파크

과학상을 받은 학자들을 무려 24명이나 배출했기 때문이다. 나도 노벨상 수상자를
직접 만나본 적이 있다. 생물무기 문제로 이 대학 교수 한 분을 만나기로 했다. 가서
보니 청력이 약해 보청기를 끼고 있는 노교수였다. 이분은 소탈한 모습에 직접 커피
를 대접하면서 친절하게 대해주었다. 한참을 대화하다가 아무래도 전문성이 남다
른 것 같아 경력을 물어보니 노벨상 수상자였다. 그 후에도 이분은 찾아갈 때마다
친절한 설명과 함께 격의 없이 대해주었다.

나의 뉴욕 생활에서 가장 기억에 남는 것 두 가지는 '센트럴 파크'에서 산책하는
것과 대서양에서의 바다낚시이다. 원래 걷기를 좋아하는 나는 운동을 겸해 틈만 있
으면 센트럴 파크에서 걸었다. 유엔 회의는 오전 10시-오후 1시 그리고 오후 3시-6
시를 원칙으로 한다. 따라서 1시부터 3시 사이에는 개인적인 시간을 가질 수 있다.
나는 주로 이 시간을 이용해서 샌드위치 등으로 점심을 간단히 때운 후 센트럴 파크
를 걸었다. 워낙 넓은 공원이라 모든 곳을 다닐 수는 없으므로 다니는 곳만 열심히
다니게 되는데 그래도 좋았다. 도심 한가운데 호수와 넓은 잔디밭이 있는 이런 공원
을 가진 뉴요커들은 행운아임에 틀림이 없다고 생각한다. 나뿐만 아니고 센트럴 파
크는 점심 때 걷거나 뛰는 사람들로 늘 붐빈다. 운동할 시간이 부족한 도시인에게

이 시간은 건강을 관리할 수 있는 매우 소중한 틈이 되는 것이다. 그러한 여건을 훌륭히 제공하고 있는 곳이 바로 센트럴 파크이다.

또 하나 잊을 수 없는 추억은 바다낚시이다. 바다로 둘러싸여 있는 뉴욕에서 바다낚시를 할 수 있는 곳은 많다. 그러나 나에게 가장 인상적인 곳은 롱 아일랜드 동쪽 끝에 있는 '몬탁'이다. 동료들과 함께 맨해튼에서 차를 몰고 밤늦게 몬탁에 도착하여 낚시꾼들이 모이는 모텔에서 1박을 한 후 새벽에 대서양으로 낚시를 나가는 것이다. 우리가 임대하는 배는 보통 8인승의 조그만 배이다. 6명의 낚시꾼에 선장과 선원 1명이 승선한다. 이 배를 타고 2시간가량 원양으로 나가서 5-6시간 낚시를 한 후 다시 돌아오는 코스이다. 철에 따라 대구, 광어, 우럭, 상어 등 어종이 다양하지만 우리가 선호하는 어종은 '줄농어(striped bass)'이다. 고기가 크기 때문에 어획은 한 사람당 두 마리밖에 허용되지 않는다. 이 녀석을 낚기 위해서는 우선 미끼로 쓸 고기가 필요한데 롱 아일랜드 연안에서 30분쯤 낚시를 하면 새벽이라 그런지 충분한 양의 돔을 낚을 수 있다. 이 돔을 통째 미끼로 써서 줄농어를 낚는 것이다. 1미터-1.5미터 길이에 무게가 30-40킬로그램이나 되는 줄농어가 한 마리 낚이면 모두 긴장해야 한다. 줄농어가 미끼를 물고 이리저리 움직이기 때문이다. 낚싯줄이 엉키지 않도록 모두 도와주어야 한다. 한참을 움직이던 줄농어가 조용해지면 힘이 빠졌다는 징조이다. 이때를 이용해 낚싯줄을 서서히 감아올려야 한다. 은빛 줄농어가 눈앞에 나타나면 선원이 작살을 가지고 찍어 고기를 배 위로 올릴 수 있도록 도와준다. 이렇게 해서 줄농어를 낚으면 그날은 기분이 최고이다.

어떤 날은 나 혼자 4마리까지 줄농어를 낚은 적도 있다. 그날은 다른 사람 몫까지 내가 낚은 셈이었다. 반대로 어떤 날은 한 사람당 1마리도 안 될 정도로 흉어인 날도 있다. 풍어인 날은 선장이 미리 낚시 잡지사에 연락을 해서 항구에 도착하면 사진기자가 낚은 고기를 들고 포즈를 취하도록 한다. 낚시 저널에 사진이 실리는 것이다. 집에 돌아오면 동네 친구들이 모여 있다. 잡은 고기를 가지고 회를 뜨고 매운탕을 끓여 조그만 잔치를 벌이는 것이다. 고기를 많이 잡은 날은 아무 문제가 없지만 고기를 못 잡은 날은 어시장에서 생선을 사가야 한다. 동네 친구들을 빈손으로 돌려보낼 수는 없기 때문이다. 이래저래 뉴욕에서의 낚시는 즐거운 추억으로 남아 있다.

뉴욕에 있는 한국 공관은 유엔대표부와 총영사관이 공유하고 있다. 원래는 따로따로 건물을 임대해서 쓰고 있었는데 국유화가 되면서 건물이 우리 정부 자산이 되었기 때문이다. 이 건물은 루브르 박물관의 '유리로 된 피라미드'를 설계한 것으로 유명한 세계적인 건축가 '아이 엠 페이'가 설계한 것이다. 유엔 본부에서 길 하나만 건너면 되는 최적지에 위치한데다 초현대식으로 멋있게 지어진 이 건물은 우리의 자랑이 아닐 수 없다. 뉴욕에 관광 온 한국인들은 이 건물 앞에서 기념사진을 찍곤 한다.

대표부와 총영사관이 한 건물에 있으면 좀 불편하지 않느냐고 묻는 사람도 있는데 내 경험에 의하면 그렇지는 않은 것 같다. 하는 일이 워낙 다른데다가 대통령 방문 행사 같은 큰 행사가 있을 경우에는 서로 협조해서 일하기가 편하기 때문이다. 대표부와 총영사관은 뉴욕 하늘 아래 '한 지붕 두 식구' 격인데 모두 한국을 대표하는 기관으로서 모범적인 관계를 이루고 있다고 말할 수 있다.

미 국 의 국 력 이 왜 약 해 졌 는 가 ?

나는 1980년대 중반 미국으로 유학을 갔다. 외국 경험이 적은 나에게 그 당시 미국은 경이적이었다. 가운데 넓은 공간을 두고 양쪽으로 시원하게 뻗은 고속도로는 정말 장관이었다. 중간에 있는 유휴부지에 농사만 지어도 우리 한국이 필요로 하는 양만큼 식량을 생산할 수 있을 것 같았다. 그 당시에도 뉴욕과 같은 대도시는 물가가 비쌌으나 시골의 물가는 정말 쌌다. 나는 인디애나주에서 살았는데 뉴욕에서 쓰는 생활비의 절반만 가지고도 우리 가족은 충분히 살 수 있었다. 어디를 가든지 연결이 가능한 엄청난 도로망, 잘 가꾸어진 강과 숲과 토지가 이루어내는 아름다운 경치, 조그만 시골도시에 가도 넘치는 물품 등 미국의 부는 끝이 없었다. 나는 당시 미국에 압도되어 미국의 전성기는 계속될 것으로 믿었다.

그러던 것이 30년도 채 안 되어 미국은 서서히 쇠퇴의 기미를 보이고 있다. 내가 미국이 쇠퇴하고 있다고 느끼는 이유 중 첫 번째는 미국의 관대함과 아량이 점차 사라지고 있다는 점이다. 당시 시골에 와 있는 우리 유학생에게 미국 사회는 정말 관대했다. 가난한 유학생들이라 의료보험에 들어 있는 학생이 거의 없었는데 아파도 큰 걱정은 없었다. 병원에 입원해도 돈이 없는 유학생이라는 것이 증명만 되면 모두 무료로 치료를 해주었다. 어떤 주에서는 유학생 부부가 임신을 하면 출산 시까지 모두 무료로 돌보아주었다.

내가 있는 인디애나주에서도 비슷한 프로그램이 있어 유학생 부부에게는 임신부터 출산까지 매우 저렴한 비용으로 애를 낳을 수 있도록 돌보아주는 제도가 있었다.

나도 이 제도로 인해 혜택을 입었다. 딸아이를 그곳에서 낳았기 때문이다. 늘 친절하게 돌보아주던 산부인과 의사, 진통이 시작되어 아내가 병원에 입원했을 때 분만실로 옮길 때까지 쉴 새 없이 돌보아주던 간호사, 분만실에서 편안한 출산을 위해 아내를 격려하던 의사, 그리고 출산 후 우리 애를 정성스럽게 돌보아주던 소아과 의사와 간호사들, 나중에 퇴원할 때 우리 부부를 위해서 아름다운 점심을 차려주고 격려해주던 친절한 병원 사람들, 이러한 사람들로 인해 미국의 엄청난 저력을 보다 더 피부로 느낄 수 있었다.

그러던 미국이 요즘은 달라졌다. 미국은 이제 더 이상 과거와 같은 자비로운 국가가 아니다. 미국의 의료보험은 엄격해졌고 외국인에 대한 통제도 엄격해졌다. 더 이상 미국에서 무료로 의료 혜택을 받을 기대는 접는 것이 좋다. 미국 내에는 자국민이 의료보험 혜택을 받지 못하는 숫자가 5천만 명에 이른다. 이런 나라가 외국인에게 더 이상 자비를 베풀 수 있겠는가? 미국에서 일자리를 잡는 것도 요즘은 너무 어려워졌다. 미국에서 대학을 나온 한국인들도 part time job 등으로 버티다가 장기 체류 비자를 얻지 못해 한국으로 돌아오는 사람이 늘어났다. 9.11이라는 미증유의 테러를 당한 후 미국의 외국인에 대한 태도는 전면적으로 바뀌었다. 미국으로의 입국이나 이민이 어려워진 이유 중 하나는 불법입국자의 증가이다. 멕시코와의 국경지대에는 불법입국자를 방지하기 위해 수천 킬로미터에 이르는 철조망이 쳐졌다. 이것이 오늘날 미국의 현실인데 이러한 현상은 앞으로 보다 심화될 가능성이 높다.

사실상 미국의 약화는 예고되었다고 볼 수 있다. 냉전시대 미국의 국력과 경쟁할 수 있는 유일한 국가는 소련이었다. 그러나 공산주의의 태생적 약점을 안고 있는 소련은 갈수록 국력이 쇠퇴했고 마침내 고르바초프가 개혁 정책을 추진하자 곧바로 무너지고 말았다. 냉전이 끝나자 미국은 세계 유일의 강대국이 되었지만 상황은 미국에게 유리하게 돌아가지 않았다. 냉전시대에는 세계가 양분되었기 때문에 미국은 우방국과 힘을 합쳐 공산권에 대응하기만 하면 되었다. 그리고 군사력을 중심으로 한 이 대립에서 미국은 승리했다. 이러한 싸움은 사실 미국에 유리했다. 미국은 힘을 분산시킬 필요가 없었고 NATO나 동맹국 중심으로 병력을 일부 국가에만 배치하면 되었다. 적과 아군이 확실하다 보니 관리하기가 쉬웠던 것이다.

그러나 냉전 후 상황은 달라졌다. 이제 미국은 보다 많은 적과 상대해야 한다. 적과 아군의 구분이 명확하지도 않다. 미국의 전선은 아프가니스탄과 이라크 등으로 확대되었고 미국을 겨냥하는 테러리스트 그룹에 대해 끊임없이 신경을 써야 한다. 적이 다양하고 많다 보니 미국의 국력은 분산될 수밖에 없다. 이렇게 되면 천하의 미국이라도 견디기 어렵게 되는 것이다. 미국의 약화는 리비아 사태 시 주도권이 영국과 프랑스 등 유럽 국가들에게 주어진 점을 봐도 알 수 있다. 미국은 더 이상 과거와 같이 세계의 모든 분쟁에서 주도권을 쥐고 문제를 해결하는 국가가 아닌 것이다.

경제에 있어서도 EU가 한 블록으로서는 미국보다 더 큰 경제권을 형성하고 중국이 미국의 아성에 맹렬히 도전해오는 것이 현실이다. 그뿐만 아니라 BRICS라고 불리는 브라질, 러시아, 인도, 중국, 남아공 등 신흥 대국들의 약진도 무서운 현상이다. 어디 이뿐인가? 아시아에는 한국, 싱가포르, 대만, 홍콩 등 4용이 있으며 동남아국가, 중동국가, 구소련국가들도 막대한 자원을 배경으로 무섭게 성장하고 있다. 미국은 더 이상 세계 경제를 좌지우지할 수 없게 되었다. 달러화는 아직도 막강하지만 유로화의 세력도 만만치 않고 중국의 위안화도 세계의 기축화폐로 명함을 내밀기 위해 전진 중이다. 경제력의 약화는 미국이 점차 약화되고 있는 추세를 대표하는 현상이다.

미국의 약화를 가속화하는 것은 중국의 부상이다. 1979년 등소평이 미국을 방문한 후 미국의 국력에 감동을 받아 시작한 중국의 자본주의화는 극적인 성공을 거두었으며 중국은 이제 명실상부한 세계 제2의 경제대국이 되었다. 중국의 미국 뒤쫓기는 계속되고 있으며 이런 식으로 나간다면 10-15년 후면 중국이 미국을 제치고 세계 제1의 경제대국으로 부상할 가능성이 있다.

중국이 제1 경제대국이 되는 것은 사실 과거의 자리를 되찾는 것이라고 할 수 있다. 중국은 18세기까지만 해도 수백 년 이상 세계 1위의 자리를 지켜왔기 때문이다. 중국의 경제력이 미국보다 커지면 세상은 어떻게 될까? 우선 세계 경제의 축이 서로부터 동으로 옮겨오게 된다. 이런 현상은 사실 이미 일어나고 있다. 동쪽에는 중국뿐 아니라 일본, 한국 및 인도와 동남아국가 등 부상하고 있는 아시아 국가들이 포진하고 있다. 중국의 약진에 따라 세계 경제의 거대한 축이 서로부터 동으로 옮겨오게 되는 것이다. 둘째 미국을 중심으로 한 세계의 안보체제가 바뀌게 될 것이다. 핵무기와 핵잠수함, 항공모함을 중심으로 한 미국의 군사력은 당분간 계속 우위를 차지할 것이나 경제력에서 앞서는 중국은 언젠가는 군사력에 있어서도 미국을 앞서게 될 것이고 이렇게 되면 미국을 중심으로 한 안보체제는 근본적인 변화를 맞게 될 것이다. 미국의 우위는 첨단산업과 질 높은 대학교육에 있는데 이러한 전통적인 분야에서도 미국은 곧 도전에 직면하게 될 것이다. 중국은 이미 우주선 발사와 우주에서의 도킹에 성공하고 항공, 우주 산업에서도 미국의 아성에 도전하고 있다. 중국의 첨단산업 장악에 대한 욕심은 대단하다. 중국은 과학자와 엔지니어들의 양산에 있어서도 유리한 고지에 있다. 정부와 학계 및 산업계가 공동 협력하여 첨단산업을 육성할 경우 중국은 첨단산업 분야에 있어서도 곧 미국의 심각한 경쟁자로 부상할 것이다. 중국은 대학교육에 있어서도 많은 투자를 하고 있다. 중국의 경제력이 성장하면서 벌써 많은 외국 유학생이 중국에 와서 중국어와 중국 문화를 배우고 있다. 중국에는 한국 유학생 7만 명과 미국 유학생 2만 명이 있다. 앞으로 이런 현상이 보다 심화될 것은 분명하다. 한국은 가장 많은 유학생을 중국에 보내고 있는 나라이다. 중국 대학의 질이 높아질수록 미국에 가는 대신 중국에 가는 유학생의 숫자가 더 많아질 것으로 보인다.

아직까지는 가상에 불과하겠지만, 국력이 계속 약해질 경우 미국은 언젠가는 19세기 먼로독트린 시대로 회귀할지도 모른다. 다른 지역에서 벌어지는 사건에 가급적 개입하지 않고 국내와 앞마당인 중남미 그리고 유럽에만 신경을 쓰는 소승적인 자세로 변화할 가능성도 있다. 이렇게 되면 미국은 오히려 세계 문제에 있어서는 유엔을 활용하려고 할 것이다. 미국은 자국 내에 본부가 있는 유엔을 지금까지 그렇게 중요시하지 않았다. 미국에 불만을 품은 많은 국가가 미국 내에 있는 유엔에서 반미적인 태도를 취해왔기 때문에 미국에서는 유엔 무용론이 등장하기까지 했다. 시대가 바뀌어 미국이 중국을 견제하기 위해 유엔을 적극적으로 활용한다면 이 또한 재미있는 현상이 될 것이다.